Elizabeth Gould Davis

Am Anfang war die Frau

— THE FIRST SEX —

Verlag Frauenoffensive

4. Auflage, 1981
C 1971 – Elizabeth Gould Davis
Orig. Titel: The First Sex
C deutsche Übersetzung Verlag Frauenoffensive, München 1977
Kellerstr. 39, 8 München 80

ISBN 3-88104-022-6

Druck: Werkstätten für Behinderte, Druck- und Verlagshaus Bauland Hohenlohe, Krautheim/ Jagst
Umschlaggestaltung: Elisabeth Petersen, München

Übersetzung aus dem Amerikanischen
Lektorat: Susanne Kahn-Ackermann

INHALT

7 **Einleitung**

12 **Vorwort: Die verlorene Kultur**
13 Nachweis durch Sprache
16 Nachweis durch Karten
19 Die alten Seefahrer

25 **1 Die Frau und das zweite Geschlecht**
25 Die Ursprünge
33 Die Frau als Kulturbringerin
36 Der Logos
38 Die göttliche Frau

42 **2 Aussagen der Mythologie**
42 Erneuerung und Verbreitung
44 Sumer und das keltische Kreuz
50 Orpheus und das Druidentum
56 Der heilige Stier

60 **3 Das Goldene Zeitalter und die Mutter Gottes**
60 Die Zeitalter des Menschen
62 Das Goldene Zeitalter
66 Die Mutter Gottes

71 **4 Aussagen der Archäologie**
71 Die Große Göttin
73 Die matriarchale Theorie
75 Catal Hüyük
80 Selbst Gräber haben Zungen

86 **5 Aussagen der Anthropologie**
86 Die erste Familie und der Ursprung der Tabus
88 Das Verbrechen des Inzests
91 Die Heiligkeit des weiblichen Blutes
93 Stärke und sexuelle Auswahl

98	**6 Fetische und ihre Ursprünge**
98	Die Phallus-Verehrung
101	Kastration und Priestertum
103	Männliche Beschneidung
106	Der Brustfetisch
112	Geschlechtssymbolik
118	**7 Mutterrecht**
118	Die Mütter
123	Die natürliche Überlegenheit der Königinnen
124	Die mütterliche Erbfolge
132	Mütterliche Erbfolge in der Bibel
136	**8 Widder gegen Stier**
136	Die Zeitalter des Stiers und des Widders
139	Kain und Abel
141	Die Gegenrevolution
144	Babylon und die Juden
146	Adam und Eva
149	Zeus und Athene
153	**9 Die sexuelle Revolution**
153	Das Bedürfnis zu bestrafen
155	Penisneid gegen Gebärneid
159	Weibliche Beschneidung
164	**10 Patriarchat und Hymenkult**
164	Das Jungfernhäutchen und das Bluttabu
170	Infibulation
172	Der Keuschheitsgürtel
174	Hymenverehrung im Verlauf der Zeit
180	**11 Vorchristliche Frauen in der keltisch-ionischen Welt** **Die frühen Hellenen**
190	**12 Die Frauen Griechenlands und Italiens**
190	Die Frauen des klassischen Griechenlands
198	Die etruskischen Frauen
202	Die römischen Frauen

211	**13 Die Kelten**
211	Das Auftauchen der Kelten
214	Die Frauen Galliens
218	Die Kriegerköniginnen
223	„Groß und schön und blond"
225	Das Brehon-Recht und das Christentum
229	Lugh und die Große Göttin
233	**14 Das Emporkommen des Christentums**
233	Die Kirchenväter
236	Helena und Konstantin
240	Der allerchristlichste Kaiser Konstantin
243	Rückfall in die Barbarei
248	**15 Maria und die Große Göttin**
248	Die Entdeckung Mariens
250	„Kann das Ewige weiblich sein?"
252	Maria im Mittelalter
254	Maria und die britischen Kelten
258	**16 Frauen im Mittelalter**
258	Häusliche Züchtigung
262	Der lüsterne Priester und der unzüchtige Bruder
267	Die grausame Vernichtung der Frauen
271	**17 Einige mittelalterliche Frauen**
271	Die heilige Johanna
273	Päpstin Johanna
276	„Gynikomnemonikothanasie"
280	Die Feministin Philippa
284	Die Sozialreformerinnen
289	**18 Frauen in der Reformation**
289	Kurze Blüte: Das 16. Jahrhundert
294	Zurück in die Knechtschaft: Das 17. Jahrhundert
302	**19 Die Aufklärung: Das 18. Jahrhundert**
302	„Ausgeschlossen, eingeschüchtert und geschlagen"
305	„Ich fordere zum Kampf heraus!"
308	Verbrechen und Strafe

312 20 Nicht ganz Menschen: Das 19. Jahrhundert
312 Eine besondere Art von Besitz
320 Der Scheiterhaufen der Ehe

325 **21 Die Vorurteile bestehen fort**
325 Einige männliche Mythen über die Frauen
326 Der Mythos vom Masochismus
327 Der Sex-Mythos
328 „Hysterie" und ähnliche Mythen
333 Das Bild der Frau

338 **22 Die Frau im Zeitalter des Wassermanns**

354 **Anmerkungen**

Einleitung

Dieses Buch ist das Ergebnis der Verbindung zweier Gedankengänge: erstens, daß es sich bei der frühesten uns bekannten Kultur lediglich um das Wiederaufleben einer älteren Kultur handelt, an die damals nur eine verschwommene Erinnerung bestand, heute jedoch total in Vergessenheit geraten ist; und zweitens, daß die antreibende und wiederbelebende Kraft dieser sogenannten Kultur die Frau war. Diese beiden ursprünglich voneinander getrennten Gedankengänge, denen unabhängig voneinander eine eigene Beweisführung zugrunde liegt, fließen schließlich zusammen und münden in einer Überzeugung, die nun endlich zum Ausdruck gebracht werden soll.

Es geht hier einerseits um die Überzeugung, die inzwischen von einer wachsenden ,,kognitiven Minderheit" (1) geteilt wird, daß den frühesten überlieferten Gesellschaften irgendetwas vorausgegangen sein muß, das die vielen allgemein auftretenden Widersprüchlichkeiten — wie es der sowjetische Ethnologe M.M. Agrest nannte — erklärt. Diese unerklärlichen Anomalien, wie das Aufblitzen eines Goldzahns im Munde eines Säuglings, rüttelt an der eigenen Selbstgefälligkeit über die intellektuelle Überlegenheit des heutigen Menschen und erschüttert den alten Glauben an die technische Unwissenheit unserer frühesten Vorfahren.

So drängte sich immer wieder der Gedanke auf, daß der heutige Mensch ein *Wiederholer* war — daß jede Entdeckung, die er machte, und jede Erfindung, die er entwickelte, schon vorher in einer vergessenen früheren Kultur vor zehntausenden oder sogar hunderttausenden von Jahren entdeckt worden war.

Der zweite Gedankengang bestand darin, daß in alten Zeiten, und zwar bis weit in die geschichtliche Ära hinein, Frauen eine dominierende Rolle gespielt haben. Die Überlieferung, die sich bei allen frühen Völkern findet, aber von späteren Historikern und Mythen-Auslegern vertuscht wurde, daß es nämlich die Frau war, die den Keim der verlorenen Kultur bewahrt und zur zweiten Blüte gebracht hatte, war allzu beständig, um sich ignorieren zu lassen. Das Primat der Göttinnen über Götter, der Königinnen über Könige, der großen Matriarchinnen, die den Mann erst gezähmt und dann umerzogen haben, all das weist auf das Bestehen einer einst gynaikokratischen Welt hin. Je weiter wir die Geschichte des Menschen zurückverfolgen, desto bedeutender wird die Gestalt der Frau. Wenn aber die Götter und Göttinnen von heute die Helden und Heldinnen von gestern sind, dann waren die Göttinnen historischer Zeiten auch zweifellos eine Widerspiegelung der Erinnerung an die herrschende Hierarchie einer früheren Kultur.

Die Existenz einer solchen Kultur würde, wie keine andere Theorie, die Allgemeingültigkeit gewisser Bräuche, Riten und Tabus erklären, die zu historischen Zeiten nicht hätten verbreitet werden können. Es würde die Ähnlichkeit aller in der Welt bestehenden Schöpfungsmythen erklären, und die offensichtliche Verwandtschaft der mythischen Götter und Helden aller Völker belegen. Es würde die weltweite Überlieferung von den wunderbaren Fremden erklären, das Vorhandensein der alten Landkarten, den ansonsten unverständlichen Ursprung der Sprache, die ungewöhnlichen Goldminen von Thrakien und Krasnoyarsk, die nicht einzuordnende optische Linse des alten Ninive und die „gewirkten Golffäden", die in einer vor Jahrtausenden entstandenen Gesteinsablagerung gefunden wurden. Es würde das sumerische Siegel erklären, das die wahre Struktur des Kosmos darstellt, die Genauigkeit der alten Kalender und Sonnenuhren, die über die ganze Welt verstreuten megalithischen Gebäude und Monumente, die Sieben Weisen des alten Griechenlands mit ihrer offensichtlichen Kenntnis wissenschaftlicher Tatsachen, die später angezweifelt und vergessen wurden, und die Legenden von Hermes Trismegistus, Thot und anderen Zauberern des Altertums. Und es würde die allgemeine Überlieferung von einer großen Katastrophe begründen, die einst die Welt in einem Inferno von Flammen und Fluten versenkte.

„Mit Zufall", schrieb Sylvain Bailly, „lassen sich solch wunderbare Übereinstimmungen nicht erklären. Sie müssen alle einen gemeinsamen Ursprung haben." (2)

Mit dem Anfang der Geschichtsschreibung erblicken wir das Finale des langen Schauspiels der Vorgeschichte, das Schauspiel der großen, verlorenen Kultur, die den Ursprung all dieser „wunderbaren Übereinstimmungen" bildete. Der Vorhang der überlieferten Geschichte hebt sich über dem — so scheint es — tragischen letzten Akt eines sich lang hinziehenden Dramas. Auf der Bühne erscheint die Frau, gesichert und fest auf ihrem uralten Thron, die Heldin des Spiels. Um sie herum führen ihre unermüdlichen Untertanen ihre jahrhundertealten Rollen aus. Friede, Gerechtigkeit, Fortschritt, Gleichheit spielen ihren Part mit geübter Perfektion.

Hinter den Kulissen aber hören wir ein schwaches Rumoren — das Rumoren der Unzufriedenen, die eifersüchtigen Klagen der neuen Männer, die mit ihrer zweitrangigen Stellung in der Gesellschaft nicht mehr zufrieden sind. Vielleicht von einem Vertrauten der Königin angeführt, stürmen die aufbegehrenden Männer auf die Bühne, stürzen den königlichen Thron und nehmen die Königin gefangen. Ihr Vertrauter begibt sich in die Mitte der Bühne. Er erhebt sein blutiges Schwert über den Köpfen der Hofleute. Die Untertanen der Königin — Demokratie, Friede, Gerechtigkeit und alle anderen — stürzen davon. Und der Mann bleibt zum ersten Mal in der Geschichte als triumphierender Sieger auf der Bühne zurück, wenn der Vorhang fällt. Der Statusverfall der Frau verlief gleichzeitig mit dem dunklen Zeitalter, das dieser patriarchalen Revolution folgte und sich langsam vom Nahen Osten aus nach Westen zu bewegte und Westeuropa erst im 5. Jahrhundert n. Chr. erreichte. In Europa und auf den Britischen Inseln bewahrten die Kelten, die letzten Überlebenden der großen Weltkultur, die Tradition der weiblichen Vorherrschaft bis zum Untergang Roms, als aus den nordöstlichen Wäldern Welle auf Welle germanischer Barbaren über das Land nach Süden fegte und auf den Ansturm orientalischen Christentums traf, das sich aus dem Mittelmeerraum nach Norden ausbreitete. Zwischen diesen beiden Mühlsteinen des „Maskulinismus" wurden die Kelten am Ende zerrieben. Aber sogar noch in der Niederlage war es ihnen möglich, die erstickende Flamme der Kultur zu erhalten, denn „noch während sie von den Barbaren aufgerieben wurden, kultivierten sie diese (...). Die Kelten hielten den einfallenden Wilden stand, bis diese fast keine Wilden mehr waren." (3)

Aber trotz der Kelten behauptete sich am Ende das teutonischsemitische Patriarchat in Europa. Die keltische Kultur geriet in Vergessenheit, die keltische Göttinnenreligion verschwand aus der Öffentlichkeit, keltische Bräuche und keltischer Glaube degenerierten zu „heidnischem" Aberglauben und keltischer Feminismus wurde von den patriarchalen Eroberern als Sünde verdammt. Die Unerbittlichkeit, mit der der westliche Mann bisher an der Frau Vergeltung geübt hat, bestätigt nur ihre frühere Herrschaft, eine Herrschaft, die auszumerzen und zu vergessen der Mann sich genötigt sah. Was war „diese dunkle Notwendigkeit, diese erbitterte Misogynie (Frauenhaß)", die „den Mann zwang, das verhaßte Geschlecht zu stürzen" (4), was war es anderes, als eine Art Rache — eine Entschädigung für seine frühere Knechtschaft, verbunden mit der Angst, daß die Frau irgendwann einmal ihre Macht wiedererlangen könnte. „Ist es nicht erstaunlich," fragt Karen Horney, „daß die im Mann unterschwellige Angst vor Frauen und ein Unbehagen ihnen gegenüber so wenig beachtet wird (...)" und daß sein Haß sogar von seinen Opfern, den Frauen selber, übersehen wird. (5)

Es ist jedoch die Angst und das Unbehagen des Mannes dem verhaßten Geschlecht gegenüber, die das Los der Frau so grausam hat werden lassen in dieser schönen, neuen, männlichen Welt. Aus seiner Angst vor Frauen, aus der manischen Unsicherheit heraus, hat der Mann die Gesellschaft nach seinem eigenen Muster der Verwirrung und Zerstrittenheit (6) neu geformt und eine Welt geschaffen, in der die Frau die Außenseiterin ist. Er hat die Geschichte neu geschrieben mit dem bewußten Ziel, die großen Frauen der Vergangenheit zu ignorieren, unscheinbar und lächerlich zu machen, genau wie die heutigen Historiker und Journalisten sich bemühen, die Errungenschaften der modernen Frau zu ignorieren, unscheinbar und lächerlich zu machen. Er hat die Frau zu einem Objekt seiner niedrigsten körperlichen Bedürfnisse gemacht (7) und hat Gott nach seinem eigenen Bildnis neu geschaffen, — „einen Gott, der Frauen nicht liebt". (8) Und das Schlimmste ist, er hat versucht, die Frau in ein gehirnloses Scheinbild ihrer selbst zu verwandeln, in einen Roboter, der sich bescheiden in den Glauben an die eigene Minderwertigkeit ergeben hat.

Der Mythos der weiblichen Minderwertigkeit hat sich so lange behauptet, daß die Frauen selber nur schwerlich glauben können, daß ihr eigenes Geschlecht einst und über einen langen Zeitraum hinweg das überlegene und herrschende Geschlecht war. Um in ihnen ihre ureigene Würde und ihren Stolz wieder zu erwecken, muß den Frauen ihre eigene Geschichte gelehrt werden, so wie den schwarzen Amerikanern die ihre gelehrt wird.

Wir müssen die zweitausend Jahre währende Propaganda über die Minderwertigkeit der Frau als ungerechtfertigt zurückweisen. Der Papst hat vor kurzem das jahrhundertealte Brandmal der

Juden als „Mörder Christi" beseitigt, und die Vereinigten Staaten haben mit Hilfe der Gesetzgebung versucht, dem schwarzen Amerikaner das Brandmal zu nehmen. Aber wer hat für die Frau gesprochen? Wer ist vorgetreten und hat „Gottes Fluch" von Eva genommen?

Die Zeit ist offensichtlich gekommen, die Frau in den Geschichtsbüchern wieder erscheinen zu lassen und — wie Mary Wollstonecraft vor 200 Jahren schrieb — sie wieder in die menschliche Gattung miteinzubeziehen. Ihr Beitrag zur Zivilisation war größer als der des Mannes, und der Mann hat sie lange genug ignoriert.

Die Geschichtsschreibung beginnt mit einer patriarchalen Revolution. Laßt sie uns mit der matriarchalen Gegenrevotion fortsetzen; das ist die einzige Hoffnung für das Überleben der menschlichen Gattung.

Vorwort:
Die verlorene Kultur

Nirgendwo in der Geschichte finden wir einen Anfang, sondern immer eine Folge. ... Wie können wir aber das Ende verstehen, wenn der Anfang ein Geheimnis bleibt?

J.J.Bachofen

Vor hundert Jahren noch schien die Weltgeschichte sehr einfach. Auch wenn die Erschaffung des Menschen nicht an einem sonnigen Freitagmorgen des Jahres 4004 v. Chr. stattgefunden hätte, wie es von Bischof James Ussher verkündet worden und vor Charles Darwin ein weit verbreiteter Glaube war, so hätte doch in jedem Fall diese neue Sache, die Evolution, den Menschen erst vor kurzem hervorgebracht. Man war des festen Glaubens, daß die Welt jung war und die Menschheit noch jünger, daß sie die Zivilisation reibungslos und wie geplant aus der Unzivilisiertheit zu dem an Vollkommenheit grenzenden Stadium des 19. Jahrhunderts entwickelt hatte, und daß der Mensch — das heißt, der männliche Teil der menschlichen Gattung — tatsächlich der Mittelpunkt des Universums und die Krönung der Schöpfung war.

Wenn der Mensch sich vom Stand des Wilden durch einen langsamen aber stetigen Aufstieg entwickelt hatte, wie Darwin und Thomas Huxley behaupten, dann hatte die menschliche Gesellschaft dasselbe getan. ,,Vorwärts und Aufwärts" war die Parole. Man glaubte, die Zivilisation habe im Niltal um ungefähr 2500 v. Chr. begonnen und daß die Menschen davor wie halbe Tiere in Höhlen gehaust hätten. Historiker lächelten nur über die Behauptung von Manetho, die Geschichte Ägyptens hätte 17 000 Jahre vor seiner Zeit bestanden, oder 20 000 Jahre vor Darwin. Das sei natürlich unmöglich, sagten die Viktorianer, denn der Mensch habe ja zu diesem frühen Zeitpunkt überhaupt noch nicht existiert.

Heute wissen wir, daß der Mensch seit mehr als einer Million Jahre auf der Welt ist, daß die Geschichte Ägyptens tatsächlich so weit zurück reicht, wie Manetho sagte, daß eine bedeutende Kultur, die sumerische, der ägyptischen vorausging und daß es mit großer Wahrscheinlichkeit vor der sumerischen Kultur eine noch größere gab. (1) Je tiefer die Archäologen graben, desto weiter zurück verlagert sich der Ursprung des Menschen und der Gesellschaft, und desto größer wird die Unsicherheit, ob sich die Zivilisation wirklich weiter entwickelt hat — wie die Viktorianer so fest glaubten. Sehr viel wahrscheinlicher ist, daß die bedeutendsten Kulturen der Vergangenheit erst noch entdeckt werden müssen.

Eine Studie über den Aufstieg und Untergang bekannter Kulturen läßt stark auf eine große, weltweite Kultur schließen, die dem Dunklen Zeitalter, das wir Vorgeschichte nennen — ein Wort, das durch die Beweise der Ausgrabungen mehr und mehr an Bedeutung verliert — vorausgegangen ist. Wir wissen, daß in Europa der Zerstörung der großen griechisch-keltisch-römischen Kultur im 5. Jahrhundert n. Chr. ein dunkles Zeitalter folgte, daß um 1000 v. Chr. in der Ägäis der Zerstörung der großen minoisch-mykenischen Kultur Griechenlands ein dunkles Zeitalter folgte und daß um 2500 v. Chr. im Nahen Osten der Zerstörung der großen matriarchalen Stadtstaaten von Sumer durch die semitischen Hirtenstämme ein dunkles Zeitalter folgte. (2) Wir haben also den letzten Teil eines Rhythmus vor uns, nach dem die Geschichte zu verlaufen scheint, eine bedeutende, umfassende Kultur, die alle 1500 Jahr aufsteigt und untergeht. Wie steht es dann um das sogenannte dunkle Zeitalter, das der sumerischen Kultur vorausging? Könnte ihr eine noch größere Kultur, die vor Anbruch der Geschichtsschreibung zu Ende gegangen ist, vorangegangen sein?

Nachweise über diese frühere Kultur häufen sich beständig. Wo ihr Ursprung liegt, ist eine strittige Frage. Aber daß sie sich über die ganze Erde erstreckte, kann angesichts der letzten Funde kaum noch angezweifelt werden.

Nachweis durch Sprache

Falls der Mensch infolge der Evolution immer kultivierter, intelligenter und vielschichtiger wurde, warum hat seine Sprache eine umgekehrte Evolution durchgemacht? Die heutigen Sprachen sind offensichtlich viel weniger komplex als die klassischen Sprachen; und die Philologen sagen uns, daß Latein,

Griechisch und Sanskrit einfacher sind als die gebräuchliche indo-europäische Sprache, von der sie sich alle ableiten. Wenn es sich bei diesen toten Sprachen um ein Labyrinth von Kasusendungen, Deklinationen und Konjugationen handelt, die für heutige Schüler so schwer erlernbar sind, dann war die Originalsprache ein noch komplizierteres Labyrinth.

Doch scheint es, als stoßen sich wenige Laien an dem Widerspruch, daß es einerseits diese hochentwickelte Originalsprache gibt, und andererseits der weitverbreitete Glaube existiert, daß sich der frühe Mensch nur durch Grunzlaute verständigt habe.

Wie können wir die Tatsache, daß zum Beispiel das komplexe Latein eine vereinfachte prähistorische Sprache ist, mit dem vorherrschenden Glauben, daß die Sprache sich durch Onomatopöie entwickelt habe — einer Art Babysprache, die sich aus nachgeahmten Lauten zusammensetzt — in Einklang bringen? Die beiden sind gänzlich unvereinbar.

Wo kam aber dann die ursprünglich gemeinsame Sprache her und wer erfand sie? Sicher nicht der bekannte Höhlenmensch populärer Vorstellung, samt Keule und Bärenhaut. Jean Jacques Rousseau schrieb vor 250 Jahren: „Ich bin so von der Unmöglichkeit überzeugt, daß die Sprache ihre ursprüngliche Einrichtung nur menschlichen Mitteln verdanken soll, daß ich das Problem denen überlasse, die einen Versuch zu seiner Lösung machen wollen." (3) Rousseau hatte natürlich eine sehr ähnliche Vorstellung von unseren Vorfahren, wie wir sie haben. Tatsache ist, daß das populäre Bild vom Höhlenmenschen teilweise von Rousseau selbst und seiner Vorstellung vom „edlen Wilden" stammt. Und natürlich konnte er einen solchen Wilden nicht als den Erfinder der Sprache begreifen. Das Problem brachte ihn in Verlegenheit. Es würde auch uns in Verlegenheit bringen, wenn wir nicht wüßten, daß die Menschheit viel älter ist als Rousseau dachte.

Georg Wilhelm Hegel schreibt in *Die Vernunft in der Geschichte*: „Die Philologie weiß, daß die vom Menschen in seinem früheren *primitiven* Zustand gesprochene Sprache sehr kompliziert war; und eine umfassende, folgerichtige Grammatik bedarf der Kopfarbeit." (4) Wie könnten „*primitive*" (rohe, unwissende, ungeschlachtete, ungebildete, unkultivierte) Vorfahren eine umfassende, folgerichtige und höchst komplizierte Grammatik erarbeitet haben? Wenn es aber doch so war, dann konnten sie nicht so schrecklich primitiv gewesen sein. Und wenn sie primitiv waren, wer entwickelte dann die Grammatik für sie?

Theodor Mommsen schreibt, „daß die Sprache der wahre Spiegel und Ausdruck des erreichten Kulturgrades ist" und gibt zu, daß die primitiven Indo-Europäer, ehe sie sich in die klassischen und modernen Nationen Europas und Asiens aufteilten, ein sehr umfangreiches Vokabular hatten.

Daraus muß geschlossen werden, daß entweder unsere primitiven Vorfahren ihre eigene Sprache nicht erfunden haben, oder aber nicht so primitiv und ungeschlachtet waren, wie wir es sind, wenn die einfache englische Grammatik den meisten Amerikanern unbegreiflich bleibt.

An dieser Originalsprache ist unter anderem interessant, daß sie im Subarktischen entstanden zu sein scheint, denn die ältesten Ursprungswörter, die allen Späterentwicklungen gemeinsam sind, beziehen sich auf nördliche Breitengrade − Rentier, Fichte, Schnee, Tanne, usw. Diese eigenartige Tatsache scheint der Erkenntnis zu widersprechen, daß unsere gegenwärtige Kultur ihren Ursprung in den Hochebenen Südosteuropas und in Anatolien hat. Diese widersprüchlichen Vermutungen könnten in Übereinstimmung gebracht werden, wenn man die von Immanuel Velikovsky, Hugh Brown und anderen vorgebrachte Umwälzungstheorie oder die Theorie der Polverschiebung übernähme. Denn die anatolischen Ebenen könnten einst subarktisch gewesen sein, und die subtropische Fauna, die vor wenigen Jahren aus dem arktischen Eis gegraben wurde, könnte sich während einer weltweiten geologischen Umwälzung in einem tropischen Dschungel genährt haben.

Im 6. Jahrhundert v. Chr. lehrte Pythagoras die Theorie der Polverschiebung, und führte diese Anschauung auf die Ägypter und die alten Völker Indiens zurück. Diese Völker sprachen ebenfalls von einer roten Menschenrasse (einer rothaarigen?), die vor der vorletzten umwälzenden Verschiebung der Pole, die ihrer Ansicht nach im 10. Jahrhundert stattgefunden hat, die Welt von einem heute versunkenen Kontinent (6) regierten; und sie sprachen von einer späteren Umwälzung, fünftausend Jahre danach, was ungefähr in die Zeit des Versinkens des antarktischen Kontinents und der Überschwemmungen fällt, von denen Mythen und Legenden berichten.

Die philologische Erkenntnis, daß es eine Ursprache gibt, wird von den Mythen unterstützt. In der Bibel (1. Buch Moses, 11) steht, „es hatte aber alle Welt einerlei Zunge und Sprache". Flavius Josephus sagt, daß alle Kreaturen zu jener Zeit eine Sprache hatten (7), und impliziert, daß die Tiere ebenfalls sprachen. Louis Ginzberg vertritt die Ansicht, daß die Sprache, samt einem Alphabet zum Schreiben, von oben kam. (8) Die Sumerer glaubten, daß ihnen die Sprache und alle Künste der Kultur von einem mysteriösen Wesen, halb Mensch und halb Fisch, überbracht worden sei, von einem Wesen, das aus dem Meer kam und später dorthin zurückkehrte. In Anbetracht dieser Legende weist der berühmte Exobiologe und Weltraumphysiker Carl Sagan darauf hin, daß dieses Meereswesen ein Gast aus dem Weltraum gewesen sein könnte. (9)

Aber das würde zu weit führen. Hier interessiert uns die weltweite Tradition einer einst allgemeingültigen Sprache, eine Tradition, die nicht nur im Mittelmeerraum und in Europa zu finden war, sondern auch in Asien, Afrika und der westlichen Hemisphäre. Zeichen gemeinsamen Ursprungs erscheinen aber nicht nur hinsichtlich der Sprache, sondern betreffen alle Künste und Gebräuche der Zivilisation. Daß dieser gemeinsame Ursprung zeitlich vor der ägyptischen und sogar vor der sumerischen Kultur liegt, ist heute allgemein anerkannt. Ehe den Historikern die Sumerer noch bekannt waren, wunderten sie sich darüber, daß die ägyptische Kultur, ohne sich eine barbarische Vorgeschichte zunutze zu machen, voll entwickelt dagestanden haben sollte. Heute erscheint es gleichermaßen erstaunlich, daß der sumerischen Kultur dasselbe widerfahren sein soll. Offensichtlich muß es also etwas vor der sumerischen gegeben haben, das ihre scheinbar plötzlichen kulturellen Leistungen ganz am Anfang der überlieferten Geschichtsschreibung erklären würde. Es könnte wohl zutreffen, daß, wie S.R.K. Glanville sagte, „die Wissenschaft, die wir zu Geschichtsbeginn sehen, nicht die Wissenschaft in ihren Anfängen war, sondern Überreste der Wissenschaft einer großen und noch nicht aufgespürten Kultur aus der Vergangenheit darstellen" (10)

Nachweis durch Karten

H.J. Massingham zufolge, war von einem Volk, das die „Alten Seefahrer" genannt wird und vorläufig als das seefahrende Volk Kretas identifiziert worden ist, die Zivilisation überall in der Welt

„bewußt begründet worden." (11). Es war sehr kühn von Massingham, Anfang dieses Jahrhunderts einem Volk aus dem 3. Jahrhundert Weltumseglungen zuzuschreiben, aber heute wissen wir, daß die „Alten Seefahrer" einer noch früheren Epoche in der Geschichte angehören als Massingham vermutete. Denn so unglaublich es auch scheinen mag, diese alten Seefahrer verfertigten eine genaue Karte von einem Kontinent, nämlich der Antarktis, die vor mindestens 6000 Jahren unter 3 Meilen dickem Eis verschwand und deren Existenz überhaupt bis 1820 n. Chr. dem modernen Menschen unbekannt war. (12)

Mit Hilfe moderner wissenschaftlicher Instrumente wurde bestätigt, daß der antarktische Kontinent spätestens 4000 v. Chr. vereiste, und daß er seither unter einer undurchdringlichen Eisschicht gelegen hat. Diese Tatsache und die Wahrscheinlichkeit, daß vor 4000 v. Chr. die Antarktis in klimatisch milden Breiten lag, zusammen mit einer weiteren Tatsache, daß nämlich Kohleablagerungen von größerem Ausmaß gefunden wurden, die auf einen Waldbestand schließen lassen, führen zu dem unglaublichen Gedanken, daß die Karte von Antarktis von einem *Antarktikaner* gezeichnet worden sein muß — *vor* der Vergletscherung vor 6000 Jahren. War dieser antarktische Kartograph ein Bewohner von Atlantis? Und war der riesige antarktische Kontinent einst der riesige Kontinent von Atlantis?

Eine Karte, die ein gewisser Orontius Fineus 1532 n. Chr. von einer alten, nicht mehr existierenden Karte abzeichnete, stellt die Küsten und Flüsse dieses verlorenen antarktischen Kontinents mit solcher Genauigkeit dar, daß sie fast in allen Einzelheiten mit heutigen Karten übereinstimmen, welche mit Hilfe hochentwickelter Instrumente, durch Küsten und Flüsse verdeckende Eismassen hindurch, verfertigt wurden. Man nimmt an, daß die Karte des Orontius Fineus von derselben Vorlage stammt, wie die heute berühmte Piri Reis Karte. Als 1929 die 1513 datierte Piri Reis Karte entdeckt wurde, bezweifelten die damaligen Kartographen, daß es das Werk eines mittelalterlichen oder gar antiken Kartenzeichners sei. Sie war so akkurat, daß sie nicht ohne gewisse Instrumente verfertigt worden sein konnte, die aber wiederum erst Jahrhunderte später entwickelt worden waren.

In den 30er und 40er Jahren kamen noch weitere Karten aus dem 13. bis 16. Jahrhundert ans Licht und setzten die moderne Wissenschaft durch ihre Präzision in Erstaunen. Seltsam an diesen Karten war, daß die unerforschten Gebiete der mittelalterlichen

Welt genauer gezeichnet waren als die, die tatsächlich im Altertum und im Mittelalter erforscht worden waren! Zum Beispiel waren Mercators spätere Karten, in die von Ptolemäos und späteren Geographen gezeichnete Teile der Welt eingearbeitet waren, *weniger* genau als seine früheren Karten, die ganz auf den heute verschollenen Karten der entferntesten Antike beruhen. Auf einer dieser mittelalterlichen Weltkarten sieht die pazifische Küste des nord- und südamerikanischen Kontinents genauso aus wie in Atlanten von heute. Und doch hat das Mittelalter nicht einmal im Traum eine Vorstellung von dieser Küste gehabt. Sogar Kolumbus besaß keine Kenntnis vom Pazifischen Ozean.

Das Geheimnis der Karten konnte schließlich erklärt werden. Das alte Original, dessen Ursprung unbekannt ist, war von den Christen gerettet und nach Konstantinopel gebracht worden, nachdem diese im 5. Jahrhundert die große Bibliothek im ägyptischen Alexandrien verbrannt hatten. Bis zu den Kreuzzügen des 13. Jahrhunderts lag sie in Konstantinopel. Zu dieser Zeit griff die venetianische Flotte die Stadt an und brachte die Karte, zusammen mit anderer Beute nach Venedig, wo sie von zeitgenössischen Kartographen gefunden und benutzt wurde. Was letztlich mit ihr geschah, ist unbekannt.

So kennen wir den Ursprung der erstaunlichen mittelalterlichen Karten. Aber wir wissen nicht, wer oder welches Volk die Originale zeichnete, auf denen sie beruhen.

Wenn Gibbon im 18. Jahrhundert von Byzanz oder der großen byzantinischen Kultur sagt, sie habe „nicht ein einziges historisches oder philosophisches oder literarisches Werk vor dem Vergessen gerettet", so war ihm natürlich dieses eine, so zufällig gerettete Stück Pergament unbekannt — diese uralte Karte, die bis zu ihrem Eintreffen in Byzanz viele Jahrtausende hindurch immer wieder abgezeichnet worden war. Und doch hat diese eine Karte weit mehr Licht in die Vorgeschichte gebracht und in die alte Kultur, aus der sie stammt, als seither sämliche Historiker und Theoretiker.

Wer waren diese alten Seefahrer, die 10 000 Jahre vor der christlichen Ära die Sieben Meere besegelten? Wer waren sie, die die Welt mit einer bis ins 20. Jahrhundert unserer Zeit nie wieder erreichten Genauigkeit aufzeichneten? Wer sie auch immer waren, es ist unumstritten, daß ihre wissenschaftlichen Kenntnisse den unseren glichen. Und gewiß hatten sie seetüchtige, für lange Fahrten ausgerüstete Schiffe, die für die Weltumseglung geeignet waren. Sie fuhren nicht nur an der pazifischen Küste entlang, die sie verhältnismäßig genau und gründlich kartographierten, sondern besuchten auch den nördlichen Polarkreis, die Antarktis, Afrika, Australien und die Inseln Ozeaniens, wie wir sehen werden. (13)

Die alten Seefahrer

Wer auch immer diese alten Seefahrer gewesen sein mögen, sie sind wahrscheinlich für die Überlieferung des ,,wunderbaren Fremden" verantwortlich, die bei so vielen primitiven Völkern der Welt zu finden ist. Massingham weist darauf hin, daß Völker an den unwahrscheinlichsten Orten — zwischen der Arktis, Australien und den Ozeanischen Inseln — Bräuche und Traditionen haben oder einst gehabt haben, die sie selbst nicht mehr erklären können, und die in ihrem Leben keine Aufgabe zu erfüllen scheinen. Spuren, die auf eine Berührung mit den wunderbaren Fremden zurückzuführen sind, finden sich bei den friedliebenden Eskimos, die einen aus Muscheln nachgeahmten, übereinandergreifenden Plattenpanzer tragen; bei den Eingeborenen der Torres Strait in Australien, die ihre Toten mumifizieren, ein Brauch, der nicht aus Ägypten entlehnt sein konnte, weil Ägypter sich bekanntermaßen vor dem Meer und der Seefahrt fürchteten; (14) der weitverbreitete Brauch, Werkzeuge aus Feuerstein zu polieren, eine Handlung, die keinen praktischen Sinn hatte und nur die Nachahmung hochpolierter metallener Werkzeuge, wie die wunderbaren Fremden sie verwandten, gedient haben muß; und vor allem die über die ganze Welt verstreuten, großartigen megalithischen Monumente, das ,,Ich bin hier gewesen" der alten Seefahrer. Die scheinbar sinnlosen moralischen Tabus wie Inzest und die Bluttabus, an die sich die sonst amoralischen Primitiven hielten, und das häufige Auftreten der Penisverstümmelung, deren Ursprung später besprochen werden wird, sind weitere Überreste vergessener Einflüsse auf die wilden Völker, die die Forscher viel späterer Zeitalter überraschten und verwirrten.

Bei all diesen primitiven Völkern von Yukatan bis Tasmanien bezog sich die Tradition des wunderbaren Fremden auf eine blauäugige, golden- oder rothaarige Rasse. Das allein läßt darauf schließen, daß es sich nicht um die alten Kreter handeln kann, denn sie, wie die ganze „mediterrane Rasse", die die uns bekannte Kultur begründete, waren verhältnismäßig kleine, schlanke, gutgewachsene Menschen mit dunklem Haar und weißer Haut, kleinen geraden Nasen und länglichen Köpfen, was wir den alten Reliefs und Porträts aus Sumer, Ägypten und Kreta entnehmen können. Sie waren weder semitisch noch arisch, und niemand weiß, woher sie kamen und in welche heutige Rasse sie hineinwuchsen.

Es sollte noch erwähnt werden, daß die Ägypter, Angehörige dieser dunkelhaarigen mediterranen Rasse, in den frühen Tagen Europa und Asien nach Rotköpfen durchkämmten, damit diese ihren Göttinnen in den Tempeln dienten. Könnte diese Nachfrage nach rothaarigen Menschen aus der verschwommenen Erinnerung der Ägypter an eine längst verschollene Überrasse gekommen sein, welche sie einst die Künste der Kultur gelehrt hatte? Und könnte der Bezug auf die Göttinnentempel die Religion der verschollenen Kultur widerspiegeln, eine Religion, die den Ägyptern wie allen mittelmeerländischen und frühen indo-europäischen Völkern und auch den Semiten die Göttinnenverehrung als Vermächtnis hinterließ?

Und falls es so war, wer waren dann diese goldenen Fremden? Unter den bekannten Rassen tritt Rothaarigkeit *nur* bei den europäischen Kelten auf. Terence Powell sagt, daß „die Kelten wegen ihrer Größe, der hellen Haut, den blauen Augen und dem blonden Haar für das mittelmeerländische Auge ungewöhnlich waren". (15) Könnten die uns bekannten Kelten, die „goldenen Fremden" aus dem vorgeschichtlichen Britannien und die „Großen, Hellrassigen, mit rot-blondem Haar" von Irland (16) die letzten Überlebenden jener alten, unbekannten Kultur sein, die sogar für sie selbst nur noch eine schwache, durch eine unverständliche Überlieferung am Leben erhaltene, vage Erinnerung war?

Denn Herodot erzählt, daß ihre heiligsten Relikte, die alle aus reinstem Gold waren, aus einem Pflug, einem Joch, einer Axt und einem *Trinkgefäß* bestanden. „Sie hüten diese heiligen Relikte mit der allergrößten Sorgfalt," sagt Herodot, „und bringen ihnen zu Ehren jährlich Opfer dar. Sie sagen, daß diese Relikte eintausend Jahre vor Darius vom Himmel herabgefallen waren." (17) All diese Relikte sind Symbole des Matriarchats: der Pflug und das Joch symbolisieren in der Reihenfolge die Erfindung der Landwirtschaft und die Domestizierung von

Tieren, beides traditionell den Frauen des matriarchalen Zeitalters zugeschrieben; die Axt ist das Ursprungssymbol der matriarchalen Kultur, die in Kreta, wo die Doppelaxt eine ganz besondere Bedeutung hatte, ihren Höhepunkt erreichte; und das Trinkgefäß war ein heiliges Emblem der alten Göttinnenriten, die sogar noch zu Herodots Zeit in Argos und Ägina, und in Irland bis in das 2. Jahrhundert n. Chr. hinein, fortbestanden hatten. (18)

Aus dem heiligen Joch aus Herodots Bericht könnte das goldene Halsband der späteren Kelten entstanden sein, ein keltisches Schmuckstück, das mit anderen heiligen Emblemen der alten Ägäer von R.E.M. Wheeler identifiziert wurde. All diese Relikte waren „aus reinstem Gold". Gold war zu Herodots Zeit ein Edelmetall und eintausend Jahre vor Darius (und hier bedeuten eintausend Jahre nichts anderes als eine sehr lange Zeitspanne) war Gold, wie alle Metalle, heilig. Die alten Seefahrer aber waren Metallverarbeiter und daß sie überall in der Welt nach Gold schürften, ist durch die von England bis Thrakien und von Sibirien bis Rhodesien gefundenen Überreste ihrer Bergwerke belegt. Eines der Rätsel im klassischen Griechenland waren die im 5. Jahrhundert v. Chr. entdeckten Goldbergwerke von Thrakien. (19) Darüber hinaus kam das Wort „Gold" aus der ursprünglich indo-europäischen Sprache. (20)

Eine andere Geschichte besagt, daß die Vorfahren der Kelten von „einer Insel in der Nähe von Gades (Cadiz an der atlantischen Küste Spaniens) hinter den Säulen des Herkules (Gibraltar) auf dem Ozean (dem Atlantik)" kamen. (21) Könnte diese Insel Atlantis gewesen sein? Und könnte Atlantis die Heimat der alten Seefahrer gewesen sein? Herodot führt weiter aus, daß diesem Bericht zufolge die Mutter der Skythen „Königin und alleinige Gebieterin des Landes" war. Das Merkwürdige an dieser Geschichte liegt in der Beschreibung dieser meerjungfrauähnlichen Königin, die mit der Beschreibung des seltsamen Meerwesens, das den Sumerern die Künste der Kultur gebracht hatte, übereinstimmt!

Ehe wir uns von den alten Seefahrern abwenden, sei hier noch auf einige beiläufig zusammengetragene Hinweise auf eine alte, zur See fahrende, vor mehreren Jahrtausenden bestehende Kultur verwiesen. Sie entstammen tatsächlichen Zeitungsberichten, die von dem unermüdlichen Charles Fort ausgeschnitten und gesammelt wurden.

London *Times*, 22. Juni 1884 — Ein in *Gold* gearbeiteter Faden wurde *in Gestein* gebettet 2,45 m tief in einem Steinbruch unterhalb von Rutherford Mills am Tweedfluß gefunden.

Ein vollendet geformter Nagel aus Schnitteisen, mit tadellosem Kopf, eingebettet in ein goldhaltiges Quarzstück, in Kalifornien gefunden. Ohne Datum.

Ein Nagel in einem 23 cm dicken Steinblock im Steinbruch von Kingoodie gefunden, Nordbritannien, 1845.

Noch ein Nagel, in einem Quarzkristall in Carson, Nevada, in 1884.

Eine Kristallinse („kein Ornament, sondern eine richtige optische Linse, die wahrscheinlich mit modernen Mitteln geschliffen wurde", so das British Scientific Association *Journal*), gefunden bei den Ausgrabungen 1871 in Ninive in einem Haus vergraben. „Die British Scientific Association (Vereinigung Britischer Wissenschaftler) kann unter gar keinen Umständen akzeptieren, daß Kristallinsen je in der Antike hergestellt wurden", fügt Fort hinzu. (22)

Woher kamen aber dann all diese Hinweise auf eine technologische Zivilisation, die alle an solchen Stellen gefunden worden waren, wo sie innerhalb der letzten 10 000 Jahre nicht hatten hinterlassen werden können?

Wir wissen noch längst nicht, wer die alten Seefahrer waren. Und nur durch Mutmaßungen, Analysen und Synthesen können wir je dahinter kommen. Und die Analysen und Synthesen von Mythen, primitiven Bräuchen, archäologischen Funden und der Sprache führen zu der Vermutung, daß es sich bei der verschollenen Kultur der alten Seefahrer um eine Frauenkultur handelt.

„Die alte Welt war voller Erinnerungen und Mythen an eine solche verschollene Kultur — eine Kultur, die vor der ägyptischen und sumerischen lag, nicht ein bloßer barbarischer Vorläufer derselben, sondern eine alte Kultur höheren Ranges, deren Erbe sie waren", und von welcher ihre Kultur in vieler Hinsicht einen Verfall darstellte. (23)

Platons ideale Republik war eher eine Rückschau auf diese früher glorreiche Zeit als eine Vorausschau. Im *Kritias* hatte er von dem ehemaligen Primat der Göttinnen und von der Gleichheit zwischen Mann und Frau in den alten Zeiten gesprochen. (24) In *Der Staat* schafft er eine ähnliche ideale Welt, in der Führungseigenschaften nur auf Grund von intellektueller Überlegenheit beurteilt wird, und in der Frauen dasselbe Bildungsprivileg und dieselben Aufstiegsmöglichkeiten haben werden wie Männer. „Öffentliche Ämter sollen von Frauen wie auch von Männern innegehalten werden", wie es der Brauch bei den Alten war. (25)

In den Chroniken aller Völker weisen Erzählungen von einer älteren Rasse „übereinstimmend auf einen unveränderbaren Glauben an die Existenz einer früheren Kultur hin, deren Alter und Überlegenheit unbestritten war (...). Dieses herrschende System der älteren Welt, so nahm man an, war in einer geologischen Umwälzung zuende gegangen (...) und ausnahmslos wird erwähnt, daß es zu einer so frühen Zeit existiert haben soll, daß seine Geschichte nur noch in gröbsten Zügen (in der Überlieferung fortbestanden hat)." (26)

Denn wenn eine verheerende Umwälzung stattfindet, wie Platon im *Timaios* sagt, „läßt sie nur jene zurück, denen es an Schrift und Bildung mangelt. Und dann müssen wir wieder von Neuem beginnen, wie die Kinder, und wissen nichts von dem, was in alten Zeiten geschah." (27) Und weiter im *Kritias* „Denn die Bevölkerungsgruppe, die sich jeweils erhalten hat (...) war ohne Schrift; so hörten sie nur eben die Namen ihrer Landesfürsten und dazu ein Weniges von ihren Taten. Und durch viele Menschenalter lebten sie und ihre Kinder im Mangel an den notwendigen Dingen und richteten ihre Gedanken einzig auf das, was ihnen fehlte. (...), aber wie ihre Vorfahren gelebt hatten und was sich in der Vorzeit ereignet hatte, darum kümmerten sie sich nicht. Erforschung der Mythen und Altertumskunde stellen sich ja erst mit beginnender Muße (...) ein, wenn einzelne zur Feststellung kommen, daß die lebensnotwendigen Dinge nun vorhanden seien, vorher aber nicht." (28)

Als schließlich ein Minimum an Sicherheit erreicht worden war und die Menschen endlich die Freiheit hatten, ihre Vergangenheit zu erforschen, war ihnen außer den schwachen Erinnerungen an die Namen und Taten längst toter Helden und Heldinnen, die von Generation zu Generation mündlich überliefert worden waren, wenig geblieben, worauf sie ihre Geschichte aufbauen konnten. Die ehemaligen Führer wurden die Gottheiten und Halbgottheiten, Helden und Heldinnen der neuen Welt, und ihre Taten sind in den mythischen Geschichten ihrer Nachkommen enthalten. Denn, wie Peter Buck gesagt hat, „die Mythologie von heute ist nichts anderes als die Geschichte von gestern." (29)

Und „Mythen sind die Erinnerungen an wirkliche, von den Menschen erlebte Ereignisse", wie Bachofen mit soviel Voraussicht vor hundert Jahren bemerkte. (30)

„Was wissen wir denn überhaupt bis jetzt über die alte Welt, daß wir uns erlauben, die tief verwurzelte, so oft in den ehrwürdigsten Überlieferungen wiederholte Tradition in Frage zu stellen, daß zu einer Zeit, die fast unser Vorstellungsvermögen sprengt, eine hochentwickelte Kultur, von der alle Kulturen dieses Planeten ausgingen, leuchtete, flackerte und wie eine geborstene Sonne ihr gebrochenes Licht in die dunklen Winkel unseres Sternes warf?" (31)

Vor zweihundert Jahren schrieb der große französische Akademiker, Astronom, Philosoph und Literat Sylvain Bailley in *History of Ancient and Modern Astronomy*, als einzig vernünftige Mutmaßung bliebe, daß es eine große, ursprüngliche, jetzt vollkommen ausgelöschte Nation gegeben haben muß, von deren Geschichte kein Dokument überliefert worden ist, und die es in Wissenschaft und Kunst zu einem sehr hohen Grad an Vollkommenheit gebracht hatte; die andere Teile der Welt kolonisiert hat, kurz, die die Vermittlerin war, und ihr Wissen an Völker weitergab, die weniger entwickelt waren als sie selbst. (32)

1

Die Frau und das zweite Geschlecht

Ohne Kenntnis der Urspünge kann die Geschichtswissenschaft zu keinem Ergebnis kommen.

J.J. Bachofen

Die Ursprünge

„Als oben die Himmel noch nicht gebildet waren und unten die Erde noch keinen Namen hatte, brachte Tiamat beide hervor (...) Tiamat, die Mutter der Götter, die Schöpferin des Alls." So lautet der erste festgehaltene Bericht der Schöpfung des Universums und des Menschen. (1)

In *allen* Mythen auf der ganzen Welt, vom Anfang der Sonne jenseits der fernsten Küsten Asiens bis zu ihrem Untergang westlich der entferntesten Inseln des weiten Pazifik, ist die erste Schöpferin des Alls eine Göttin. Ihre Namen sind so zahlreich und so verschieden wie die Völker, die sie erschuf und die sie anbeteten als den ersten Ursprung. In späteren Mythen wird sie durch einen Gott ersetzt, manchmal absichtlich wie im Falle 'Anats und Jehovas, manchmal durch den willkürlichen Wechsel des Geschlechts, aber nicht des Namens, z.B. bei Ea in Syrien, Siva in Indien und Atea in Polynesien, und manchmal durch eine schrittweise Umwandlung vom Weiblichen zum Männlichen bei Metis-Phanes.

In der frühesten griechischen Mythologie ist das Schöpfungsprinzip Metis — ein weibliches Wesen. Sie ist die Schöpferin des Alls, die, wie die phönizisch-karthagische Tanit, wie Tiamat, wie Gaia und wie 'Anat, die Welt ohne einen männlichen Partner erschafft. Ursprünglich war sie ganz und gar weiblich. Zur Zeit des Orpheus war sie zweigeschlechtlich geworden, eine Hermaphrodite, Metis-Phanes, Schöpferin und Erzeuger in einem Körper. Ihre endgültige Umwandlung in den rein männlichen Phanes zur Zeit der Klassik beleuchtet die alte Auffassung von der Entwicklung der Menschheit; denn die ursprüngliche Weiblichkeit aller menschlicher Wesen spiegelt sich wider im Glauben der Alten und wird auch von Platon in seinem „Gastmahl" ausgedrückt, daß nämlich die menschliche Rasse einmal eingeschlechtlich war — weiblich und männlich verbunden in einem sich selbst fortzeugenden weiblichen Körper. (2)

In der orphischen Religion stammt, im Gegensatz zum Irrtum des Hl. Paulus, „der Mann von der Frau" und nicht „die Frau vom Mann" ab (3). Deshalb ist die moderne Vorstellung, die Frau sei für den Mann geschaffen worden, sehr jungen Ursprungs. Doch vom Hl. Paulus bis Rousseau, der im *Emile* sagt, der Körper der Frau sei ausdrücklich dazu gemacht, den Mann zu erfreuen, wurde diese Falschmeldung häufig wiederholt. (Im neunzehnten Jahrhundert erzählte ein bekannter anglikanischer Geistlicher seiner Kongregation, die Linien der Beutelmelone seien ausdrücklich dazu geschaffen, damit sie der Mensch bequemer öffnen könne!)

Worauf aber gründet sich die Annahme, der Körper der Frau sei zu des Mannes Annehmlichkeit gemacht worden? Wer sagt denn, daß nicht gerade das Gegenteil die Wahrheit ist, und des Mannes Körper nur deshalb geschaffen wurde, die Frau zu erfreuen? Auf Grund biologischer Erkenntnis scheint die letztere Annahme logischer als die gegenteilige und deren Bekräftigung durch solche Erzfrauengegner wie Paulus und Rousseau.

Die weiblichen Fortpflanzungsorgane sind viel älter als die männlichen und viel höher entwickelt. Selbst bei den niedrigsten Säugetieren sind die Eierstöcke, die Gebärmutter, die Vagina usw. ähnlich denen der Frau, und das zeigt, daß die weiblichen Fortpflanzungsorgane die ersten sind, die von der Natur vervollkommnet wurden. Auf der anderen Seite sind die männlichen Fortpflanzungsorgane, die Hoden und der Penis, unter den Arten und im Verlauf der Evolution so verschieden wie die Gestalt des Fußes vom Huf bis zur Pfote. Offensichtlich entwickelte sich also der Penis, um der Vagina zu entsprechen, und nicht die Vagina, um sich dem Penis anzupassen.

Den Beweis dafür, daß der Penis eine viel spätere Entwicklung als die weibliche Vulva ist, findet man in der Erkenntnis, daß der Mann selbst eine späte Mutation eines ursprünglich weiblichen Geschöpfes war. Denn der Mann ist nur ein unvollkommenes Weib. Genetiker und Physiologen sagen uns, daß das Y-Chromosom, das das männliche Geschlecht bewirkt, ein verformtes weibliches X-Chromosom ist. Alle Frauen haben zwei X-Chromosome, während der Mann ein X-Chromosom von seiner Mutter und ein Y-Chromosom von seinem Vater erhalten hat. Es erscheint sehr logisch, daß dieses kleine und verdrehte Y-Chromosom ein genetischer Irrtum ist, ein Unfall der Natur, und daß es ursprünglich nur ein Geschlecht gegeben hat, nämlich das weibliche.

Ungeschlechtliche Fortpflanzung durch Frauen, die Parthenogenese, ist nicht nur möglich, sondern tritt hin und wieder in der modernen Welt auf, vielleicht als atavistisches Überbleibsel der vormals *einzigen* Fortpflanzungsmöglichkeit in einer rein weiblichen Welt. Seit der Entdeckung des Beweises für die Parthenogenese durch Jacques Loeb im Jahre 1911 „ist bekannt, daß das männliche Geschlecht zur Fortpflanzung nicht nötig ist, und daß ein einziges physikochemisches Agens im weiblichen Körper genügt, sie hervorzurufen". (4)

Susan Michelmore beschreibt einen Vogel, bei dem der *weibliche* einen Eierstock und einen Hoden besitzt, wobei jedes Organ unter verschiedenen Umständen aktiv werden kann". (5) Diese Erscheinung weist auf die ursprüngliche Beschaffenheit des Menschen hin, nämlich männlich und weiblich in einem weiblichen Körper. Als sich eine Hälfte dieses Wesens löste, traten die beiden Geschlechter in Erscheinung. Die Katastrophe, die die männliche Mutation und das Abbrechen oder Verkrüppeln des X-Chromosoms hervorrief, so daß das verformte Y-Chromosom entstand, ist vielleicht in Platons Menschheitserinnerung von der Trennung der Geschlechter dargestellt.

Die ersten Männer waren Mutanten, Mißgeburten, hervorgerufen durch einen Genschaden, der vielleicht durch eine Krankheit oder ein Strahlenbombardement von der Sonne verursacht wurde. Die Männlichkeit bleibt ein rezessives Erbmerkmal wie Farbenblindheit oder Bluterkrankheit, die geschlechtsgebunden sind. Der Verdacht, daß das männliche Geschlecht abnormal und das Y-Chromosom eine zufällige Mutation ist, die nichts Gutes für die Menschheit bedeutet, wird nachdrücklich durch die kürzliche Entdeckung von Genetikern unterstützt, daß kongenitale Mörder und Verbrecher nicht nur ein, sondern zwei Y-Chromosome besitzen und damit eine doppelte Menge sozusagen unerwünschter Männlichkeit. Wenn das Y-Chromosom eine Degeneration und Deformation des weiblichen X-Chromosoms ist, dann stellt das männliche Geschlecht eine Degeneration und Deformation des weiblichen dar.

Es ist nicht nur so, daß sich das Y-Chromosom negativ auf die Erbmasse von Männern auswirkt. In Untersuchungen von Curt Stern und Arthur Jensen stellte sich auch heraus, daß das zusätzliche X-Chromosom bei Frauen nicht nur eine geringere Häufigkeit von Geburtsfehlern und angeborenen Krankheiten bewirkt, eine Tatsache, die schon lange bekannt ist, sondern auch die im Vergleich zum Mann überragende physiologische Verfassung und *Intelligenz* der Frauen.

„Die Frauen sind die Art an sich (...) das starke ursprüngliche Geschlecht und der Mann ist der nachträgliche biologische Einfall", schrieb ein Wissenschaftler des 19. Jahrhunderts, ein Vorläufer von Ashley Montagu. (6)

In prähistorischen Zeiten „war der Mann ein verachtetes Geschlecht", schrieb Robert Graves mit typischer gravesischer Voraussicht 1955. (7) Denn spätere archäologische Untersuchungen haben das Ausmaß der „Unterwürfigkeit des Mannes gegenüber den Frauen" enthüllt (8) und auch die zweitrangige Rolle, die Männer in einer der gegenwärtigen historischen Zeit unmittelbar vorausgehenden Periode gespielt haben.

„Der Mann war das schwächere Geschlecht (...) Die Männer konnten mit dem Jagen und Fischen, dem Bewachen und Betreuen der Herden und dem Sammeln von bestimmten Früchten betraut werden, solange sie nicht das matriarchale Gesetz übertraten" oder sich in die Regierungsangelegenheiten einmischten (9). „Die Frau war das herrschende Geschlecht und der Mann ihr angsterfülltes Opfer." (10)

„Die Männer besitzen eine Stellung, die nur die natürliche Überlegenheit der Frauen erhöhen konnte (...). Die Frau überragt den Mann, und die körperliche Schönheit, die die Frauen matriarchaler Gesellschaften auszeichnet, spiegelt das Ansehen ihrer Stellung wider.", schreibt Bachofen. „Schon die Namen der Männer zeugen von der Verachtung, hervorgerufen durch ihre plündernde Lebensweise. Die Schmach, die in all ihren Namen liegt, kennzeichnet den Gegensatz zwischen der herrschenden Frau und dem dienenden Mann." (11)

Typische von Bachofen genannte Namen, die die Männer damals erhielten, sind: Sintian, was *Dieb*, Ozolae, was *schlechter Geruch*, Psoloeis, was *schmutzig* bedeutet. Was für Namen! Sintian, Ozolae, Psoloeis — Dieb, Stinker, Schmutz! Die Hinz und Kunz von damals.

„Die Männer waren nur die Diener der Frauen", schreibt Charles Seltman von den prä-mykenischen Griechen (12). Und dasselbe galt für die ganze alte Welt. Der Mythos von Herkules und Omphale kennzeichnet das Verhältnis zwischen Mann und Frau der Bronzezeit. Omphale, die große Königin von Lydien, wählt Herkules, den wilden Muskelmann, zu ihrem Sklaven und Sexobjekt. Er wird von ihr als Sklave gehalten, nicht, um ihr als Leibwächter oder Krieger, sondern nur, um als Liebhaber zu dienen. Zwischen den Liebesorgien schickt sie ihn auf gefährliche und entwürdigende Fahrten — zu den „Arbeiten des Herkules", von denen einige die Tätigkeit kennzeichnen, die den Männern von den Frauen des Altertums abverlangt wurde: entehrend und schmutzig, wie z.B. das Reinigen des Augiasstalles, oder wenn Stück für Stück die Exkremente der riesigen stymphalischen Vögel aufgelesen werden mußten. All ihren Befehlen, diesen erniedrigenden genauso wie jenen nur launischen, wie z.B. das Stehlen des Gürtels der Amazonenkönigin, gehorchte Herkules ohne Murren.

Mit typisch männlicher Schlußfolgerung, wie Graves schreibt, haben Männer diesen Mythos als schreckliches Beispiel der Macht ausgelegt, die ein zügelloses, böses Weib selbst auf den edelsten der Männer ausüben kann. Aber das ist ganz und gar nicht dessen Bedeutung. Tatsächlich enthält dieser Mythos wie die meisten einen geschichtlich wahren Kern. Ohne Zweifel gab es eine Königin von Lydien mit Namen Omphale, und es gab sicher in frühen Zeiten viele Männer, die Herkules oder Herakles hießen. (Der Name selbst bedeutet „Sohn einer berühmten Ahnfrau", wobei Hera (13), der Begriff des Heroischen, ursprünglich weiblich war.) Und ebenfalls ohne Zweifel war einer von diesen ein Sklave, der der Königin

Omphale gehörte, deren auf ihren Befehl hin ausgeführte Großtaten von späteren patriarchalen Schriftstellern in die wunderbaren Heldentaten des Herkules umgewandelt wurden.

„Herakles wurde (für drei silberne Talente) von Omphale, der Königin von Lydien gekauft, einer Frau mit einem guten Auge für einen Handel; und er diente ihr treu", schreibt Graves, indem er Appollodorus zitiert. (14)

Die fremdartigen Einführungsriten und sexuellen Gebräuche unter primitiven Völkern, die die europäischen Forscher des sechzehnten bis neunzehnten Jahrhunderts so verwunderten, drücken die weltweite Überlieferung der ursprünglichen und natürlichen Unterlegenheit der Männer aus. Bei allen männlichen Einführungsbräuchen in die Geschlechtsreife, in der Vergangenheit wie in der Gegenwart, bestehen die Riten ausschließlich darin, daß die Männer vorgeben, Frauen zu sein, „als ob Männer nur Männer werden können, indem (...) sie die Funktionen übernehmen, die die Frauen von Natur aus erfüllen", wie Margaret Mead schreibt. (15)

Diese Riten, einschließlich der Verstümmelung des Penis, der Kastration, der nachgeahmten Geburt, der Menstruation und des Brauches, das männliche Geschlechtsteil aufzuschneiden, damit es der weiblichen Vulva ähnele, sind nahezu universal und gehen zurück bis in die fernste Vorzeit. Daß das Aufschlitzen des Penis ein offener Versuch ist, den Frauen nachzueifern, wird durch die Tatsache bestätigt, daß sich in Australien der Name des aufgeschlitzten Penis von dem Wort Vulva ableitet, und daß jene, die sich der Operation unterzogen haben, als „Besitzer einer Vulva" angesehen werden. (16)

In den *Journals of Expedition and Discovery into Central America* beschreibt ein Missionar die „mica" (Glimmer), das Aufschlitzen des Penis, mit folgenden Worten: „Man findet die Harnröhre von der Spitze des Penis bis zum Hodensack gespalten mit einem Stück geschärften Quarzes. Ich konnte den Grund für diese seltsame Verstümmelung nicht erfahren. Wenn man sie fragt, antworten sie: *‚So machten es unsere Vorfahren und deshalb müssen wir dasselbe tun'*." (17)

In derselben Zeitschrift beschreibt ein Herr Gason die gleiche Operation bei einem Stamm in Australien: „Sie wird ausgeführt, indem der Penis des jungen Mannes auf ein Stück Baumrinde gelegt wird, woraufhin das Glied mit einem Stück Feuerstein gespalten und dann in die Wunde ein anderes

Stück Rinde gelegt wird, damit sie sich nicht wieder schließt." (18)

Ein späterer Australienreisender berichtet, daß „mit einem Stück geschärften Feuersteins ein Einschnitt von der Eichel bis zum Hodensack gemacht und dann ein Rindenstück hinzugefügt wird, um zu verhindern, daß sich der Schnitt wieder schließt. Männer, die sich einer solchen Operation unterzogen haben, müssen im Sitzen urinieren. Indem sie den Penis heben, lassen sie Wasser wie unsere Frauen". (19) Die Operation wirkt sich offensichtlich nicht auf die Potenz oder Fruchtbarkeit des Mannes aus, denn „bei der Erektion wird das operierte Glied sehr breit und flach. Das haben viele Missionare gesehen, die eingeborene Frauen und Männer überredet haben, sich vor ihnen zu begatten". (20) Könnte das ein Grund sein für die ursprüngliche Operation in der fernen Vergangenheit, daß nämlich für Frauen der Geschlechtsverkehr mit solch einem verformten Glied anregender war, genauso wie später Moslemfrauen den Coitus mit unbeschnittenen Christen befriedigender fanden als den mit ihren eigenen beschnittenen Männern? (21)

Theodor Reik berichtet, daß die Einführung von Jungen in die Geschlechtsreife ihre Wiedergeburt als Kinder des Vaters und nicht der Mutter kennzeichnen sollte. Die Männer ahmen die Frauen nach und „die ganze Einführungszeremonie vermittelt den Eindruck, daß der Vater wirklich das Kind gebiert (...). Sie tragen die Jungen wie die Frauen Säuglinge tragen, und sie vollführen sogar dieselben Reinigungsriten wie die Frauen nach der Geburt". (22) Die männliche Mutter zieht einen Rock an und kauert auf dem Gebärstuhl. Während er grunzt und stöhnt und in nachgeahmten Wehen Grimassen schneidet, kriecht der junge Mann, nackt und von roter Farbe glänzend, unter den Rock und wird plötzlich zwischen den Beinen des älteren Mannes ausgestoßen, wobei jeder Freudenrufe ausstößt, d.h. jeder mit Ausnahme der „Mutter", die von ihrer Anstrengung prompt ohnmächtig wird. Die Griechen hatten einen ähnlichen Brauch, denn in den „Bacchantinnen" läßt Euripides den Gott Zeus zu dem Kind Dionys sagen: „Durchschreite nur des Lebens geheimes Tor, mutterloses Mysterium! Siehe, ich breche meinen eigenen Körper auf um deinetwillen (...). Komm, betritt diesen meinen männlichen Schoß." (23)

Das Männerkindbett, der Brauch, bei dem sich der Vater während der Niederkunft seiner Frau in sein Bett legt und vom

Medizinmann betreut und versorgt wird, ist eine Abwandlung des älteren Ritus, bei dem der Vater die tatsächlichen Vorgänge der Geburt nachvollzieht. „Ganze Gesellschaften", schreibt Margaret Mead, „haben ihre Zeremonien auf dem Neid auf die weibliche Rolle und dem Wunsch, sie nachzuahmen, aufgebaut." (24) Manche Kulturen gehen so weit, künstliche männliche Menstruation einzuführen, und selbst in der Menopause finden wir den Versuch, einen ähnlichen männlichen Vorgang auszudrücken. Margaret Mead fährt fort: „Für den Menschen der westlichen Welt, der in einer Gesellschaft aufgewachsen ist, die die Männer überhöht (...) und die Rolle der Frauen abgewertet hat, scheint das alles weit hergeholt." (25) Doch weit hergeholt oder nicht, es war und ist immer der unbewußte Wunsch des Mannes gewesen, dasselbe vollbringen zu können wie die Frauen. Dieser ursprüngliche Geschlechtsneid ist die Grundlage der späteren Zwangsvorstellung des Mannes gewesen, „die Rolle der Frauen abzuwerten" und alle weiblichen Dinge zu verkleinern, besonders die weiblichen Funktionen, denen er so sehr nachzueifern wünscht.

Daß diese rituelle Nachahmung der Frauen durch Männer sehr alt ist, darauf weist die oben erwähnte Bemerkung des Eingeborenen hin: „So haben es unsere Vorfahren gemacht (...)." Es ist möglich, daß seine Vorfahren diesen Brauch, ebenso wie vieles andere, von den alten Seefahrern übernommen haben. Doch ist es unwahrscheinlich, daß ein Volk, das so fortentwickelt war wie offensichtlich die alten Seefahrer, solche Bräuche in der Form eingesetzt haben könnte, wie sie später praktiziert wurden. Sie müssen eine Degeneration von etwas vollkommen Verschiedenem sein, etwas, das die Wilden falsch ausgelegt haben. Könnte es sein, daß die „Eingeborenen" nicht eine männliche Nachahmung der Frauen darstellten, sondern die tatsächlichen, natürlichen Funktionen der alten Seefahrer selbst, der Führerinnen der sie besuchenden großen Flotten, der Frauen? Das weibliche Geschlecht der alten Seefahrer, besonders ihrer Kapitäne und Admirale, würde eine Reihe anderer sehr sonderbarer Bräuche und Legenden erklären, die man auf der ganzen Welt findet. Man denke daran, daß es im Mythos die Große Göttin war, die das Schiff erfand, und daß in allen Mythen die Göttin ein Synonym für Gynaikokratie ist: Wo die Göttin herrschte, regierte die Frau.

Wenn die Führer der alten Seefahrer tatsächlich Frauen waren, so würden nicht nur die Einführungsriten der Primitiven erklärt, sondern auch der weltumspannende Glaube, daß die Frau die Kulturbringerin und die Erzieherin des Menschen sei.

Die Frau als Kulturbringerin

In der Erinnerung der Alten stand im Gegensatz zum Kleinmut des Mannes der Frühzeit die erhöhte Stellung, ja sogar Göttlichkeit der Frauen. In der ganzen alten Welt hielt sich die Überlieferung, daß die Frauen die Geheimnisse der Natur besaßen und die einzigen Kanäle waren, durch die die Weisheit und Erkenntnis der Jahrhunderte floß. Dieser Glaube spiegelt sich wider in der Bevorzugung der weiblichen Orakel, der Prophetinnen, Priesterinnen, Wahrsagerinnen, Orakelpriesterinnen, Mänaden, Erinyen, Schamaninnen usw.

„Die Frauen waren die Urheberinnen und Bewahrerinnen aller Kultur (...) und die Quelle der ersten Zivilisation." (26) Tatsächlich zogen die Frauen den um sich schlagenden und schreienden Mann aus dem Zustand der Wildheit in die Neusteinzeit, wie es Anthropologie und Archäologie erwiesen und Mythos und Überlieferung immer schon behauptet haben.

„Die Frauen organisierten die Heimgruppe, die das Getreide drosch, das Korn zerstampfte, die Wolle kämmte, die Häute trocknete usw. Die Frauen erfanden die Töpferei und das Weben, sie entdeckten, wie Nahrungsmittel durch kühle Lagerung oder Kochen haltbar gemacht werden konnten. Die Frauen erfanden tatsächlich die Industrialisierung", schreibt Buckminster Fuller. (27)

Diese Hausarbeiten zur Ernährung und Pflege, die jetzt von den Männern als Frauenarbeit verachtet werden, waren in der Tat die Arbeit der Frauen, die erste wichtige Arbeit der menschlichen Gesellschaft. „Die Männer konnten mit Jagen und Fischen betraut werden", sagt Graves (28), solange sie sich nicht in die wichtige Arbeit der Gemeinschaft einmischten. Die Männer ließen sich diese Herabsetzung gefallen, und zwar nicht aus männlichem Stolz, sondern weil sie glaubten, daß die Frauen eher dazu fähig waren, diese Aufgaben zu erfüllen, die sie erfunden und begonnen hatten.

Die Errungenschaften, die die Neusteinzeit von der Altsteinzeit unterscheiden, sind „das Herstellen von Töpfen, das Weben von Bekleidungsstücken, das Pflanzen und Ernten von Getreide und die Zähmung von Tieren". (29) „Und die Frau webte und sie erfand die Herstellung irdener Töpfe. Mehr noch, ihr ist das Anpflanzen und Ernten von Getreide zuzuschreiben, denn während ihr Herr und Meister sich vergnügte, sammelte sie Früchte und Nüsse und eßbare Samen, und sie bemerkte bald, daß Samen, die man auf den Misthaufen warf, neue und größere Pflanzen hervorbrachten." (30) So entdeckte sie den Ackerbau und damit die Kultur, denn „aus dem Ackerbau entwickelte sich eine geordnete Gemeinschaft und ein Mehr an Nahrung und erlaubte den Wenigen (...) nachzudenken, zu pflanzen und eine Kultur aufzubauen." (31)

„Sie allein schuf in Wirklichkeit die Neusteinzeit", schreibt MacGowan, „denn sie erfand die Mühlsteine, um das Korn zu mahlen, während ihr Mann immer noch ein Mensch der Altsteinzeit war." (32) „Vielleicht bemerkte sie, wie sich Mörser und Stößel und Mühlstein abnutzten, während sie ihre Körner zu Mehl zwischen ihnen mahlte, und ihr kam der Gedanke, (...) daß es möglich war, Steine zu Äxten und anderem Werkzeug zu schleifen"; so erfand sie das Handwerk. (33)

Berichtigen wir unsere alte, abgedroschene Vorstellung, die von den Lehrbüchern in unsere Gehirne eingepflanzt wurde, daß der zottelhaarige Höhlenmensch entdeckt habe, daß das Einsalzen von Fischen und das Kochen der Nahrung diese vor dem Verderben bewahrt, daß Ton, den man zu Töpfen formte und auf dem Herd brannte, Flüssigkeiten hielt, daß aus miteinander verwobenem Schilfrohr Körbe, Dächer, Bekleidung und Behälter entstanden, daß Steine, die man zerbrach und zu einer Gestalt schliff, Werkzeuge ergaben. Berichtigen wir die alte Vorstellung, daß es ein zottiger Mann war, der zuerst die Nützlichkeit des Feuers erkannte und darüber nachdachte, es zu erhalten, zu nützen und zu entfachen; daß ein zottelhaariger Mann erkannte, daß mit einem unter seine Last gelegtem Klotz, diese fortgerollt werden konnte, und daß er so das Rad erfand; daß ein haariger Mann entdeckte, daß ein schwimmender Klotz sein Gewicht tragen und ihn über den Fluß bringen konnte, woraus dann die Boote entstanden. Vor allem müssen wir uns von dem widersprüchlichen Bild lösen, daß ein behaarter Höhlenmensch seine Töpfereien und Körbe mit zierlichen Darstellungen ausgestattet und die Wände seines Höhlenhauses mit hervorragenden Nachbildungen der Natur bemalt hat.

Denn es war nicht der Mann, sondern die Frau, die all dies entdeckte und diese Hilfsmittel erfand, die Frau, die ständig darum kämpfte, das Beste aus den Dingen zu machen, für Nahrung zu sorgen und für einen Schutz ihrer Kinder, um ihr „Heim" behaglich für sie zu machen, um ihr Leben zu erleichtern und zu verschönern und um aus der Welt einen angenehmeren und sichereren Platz zu machen, auf dem sie heranwachsen konnten. Während der Mann seinem Steckenpferd beim Jagen und Fischen nachging und seine Treffen in den Männerhäusern abhielt, wurde die wirkliche Arbeit der Welt von der Frau begonnen und fortgeführt. „Die Frau erfand die Arbeit, denn der primitive Mann war nur ein Müßiggänger", schreibt MacGowan. (34)

„Es war die Frau als Sammlerin und nicht der Mann als Jäger, die die primitive Familie ernährte", schreibt Irvin DeVore. „Wie auch heute noch, so wurde die Tätigkeit des Mannes allgemein beachtet, und sie machte auch den stärksten Eindruck nach außen hin, aber es war die stille Arbeit der Frau, die die Dinge am laufen hielt (...). Die Frau war die tatsächlich Versorgerin des Haushaltes (...)." (35)

Sogar der gelehrte Jesuit Joseph Götz bestätigt die alte Überlegenheit der Frau: „Alles weist darauf hin, daß die Frau damit begonnen hat, Pflanzen für die Ernährung anzubauen (...). Hier hatte der persönliche Besitz seinen Ursprung (...). Die Frau besitzt die Felder und Behausungen (...). Heiraten binden an den Ort der Frau. Der Mann lebt mit seiner Frau in *ihrem* Dorf oder er bleibt bei seiner Mutter. Wirtschaft und Gesetz drehen sich um die Frau. Das derart auf sie ausgerichtete Universum ist die pflanzliche Erscheinungsform der Natur, mit der sie sich durch *technische Beherrschung* verband", genauso wie mit den meteorologischen und astronomischen Erscheinungen, die das Pflanzenwachstum und das Wohlbefinden der Gemeinschaft beeinflussen. (36)

„Als die Frau mit ihrem Fleiß und ihrem Erfindungsgeist schließlich den Mann befähigt hatte, in Sicherheit in einer von der Frau beherrschten Kultur zu leben", sagt Briffault, „machte er es sich zur Gewohnheit, ihre Ideen zu übernehmen und handelsfähig zu machen. Das Land selbst jedoch blieb weiterhin im Besitz der Frauen, und in Europa mußte der Mann sogar noch in verhältnismäßig später geschichtlicher Zeit als Bittsteller zur Frau kommen, durch die allein er Landbesitz erwerben konnte." (37)

Die ältesten Wörter in den Sprachen aller indo-europäischen Völker, Wörter, die zurückgehen in das gynaikokratische Zeitalter vor der Spaltung in Völker, sind solche, die sich auf Frauenarbeit beziehen: die Wörter für Spinnen und Nähen, für das Zerreiben und Mahlen von Getreide, für das Getreide selbst, für den Ackerbau, das Feld und den Pflug, für das Zähmen und Abrichten von Tieren, für den Gebrauch des Feuers beim Kochen und für das Salzen beim Bereiten von Nahrungsmitteln, für die Kunst, mit Ziffern zu zählen, für die Achse, den Karren, das Schiff und das Erz, für das Errichten von Wänden und Häusern, für das Bauen von Booten und das Tragen von Kleidern als Zierde. (38)

Darüber hinaus sprechen Mythos und Überlieferung den Frauen alle Entdeckungen zu, die diese Wörter bezeichnen. Und wir wiederholen: Die Mythologie ist die Erinnerung an wirkliche Vorgänge, die das Menschengeschlecht erlebt hat.

„Wer wird weiterhin fragen, warum all die Qualitäten, die des Mannes Leben verschönern, mit Namen oder Begriffen weiblichen Geschlechts bezeichnet werden?" (39) Warum sind Gerechtigkeit, Frieden, Intelligenz, Weisheit, Aufrichtigkeit, Opferbereitschaft, Freiheit, Gnade, Verstand, Adel, Eintracht, Milde, Güte, Edelmut, Freundlichkeit, Würde, Geist, Seele, Unabhängigkeit, alle, alle weibliche Wörter? „Diese Wahl ist keine freie Erfindung oder ein Zufall, sondern ein Ausdruck historischer Wahrheit (...). Die Übereinstimmung zwischen historischen Tatsachen und sprachlichen Erscheinungen ist offensichtlich." (40)

Der Logos

„Sowohl im Ackerbau, der von den Frauen erfunden wurde, als auch beim Bau von Mauern, die die Alten mit der matriarchalen Ära identifizierten, erreichten die Frauen eine Vollkommenheit, die spätere Generationen in Erstaunen versetzte." (41)

„Von den Ufern des Nils bis an die Küsten des Schwarzen Meeres, von Zentralasien bis nach Italien sind Namen und Daten von Frauen verwoben mit der Gründungsgeschichte von Städten, die berühmt wurden." (42)

Die weltweite Überlieferung, daß Frauen zuerst Städte und Mauern bauten, ist nicht nur Hinweis auf die Tatsache, daß Frauen die ersten Kulturbringerinnen waren, sondern auch darauf, daß die rätselhaften Megalithbauwerke, deren technisches Geheimnis schon in den frühen patriarchalen Zeiten verlorenging, das Werk der matriarchalen Zeit waren.

Die griechische Legende von Amphion, dessen Leier Töne erzeugte, die riesige Steine sich zu Mauern auftürmen ließen (43), drückte den allgemeinen Glauben unter den primitiven Völkern aus, daß diese gewaltigen Steinbauten, von Gizeh bis nach Avebury, von Indien bis nach Yucatan und Peru mit einer Kraft erbaut wurden, die der Menschheit längst verlorengegangen ist.

Den Spaniern des 16. Jahrhunderts wurde von den Inkas erzählt, daß die alten megalithischen Ruinen von Peru und Kolumbien von einem fernen Volk errichtet worden seien, das, wenn es nur einen Ton anschlug, die gewaltigen Steine sich erheben und an ihren Platz gleiten ließ. Und Herodot berichtet, daß unter den Lydiern die Überlieferung bis in seine Zeit hinein erhalten blieb, die Megalithbauten von Lydien seien von den Frauen der alten Zeit errichtet worden. Selbst die beachtenswerten Bauwerke des historischen Babylon, die zu den Sieben Weltwundern zählten, wurden von den Alten dem Genius zweier Königinnen, Semiramis und Nitokris, zugeschrieben. (44)

Das Alte Testament schreibt die Erfindung von Kulturkünsten Tubal-Kain zu. Doch wer ist das? Kain selbst ist, wie wir in einem späteren Kapitel sehen werden, nur ein Symbol für die alten matriarchalen Stadtstaaten, die von den Hirtennomaden, den Abels, vernichtet wurden. (45) Tubal-Kain gehört in eine spätere Zeit, doch merkwürdigerweise wird auf ihn die Erfindung von kulturellen Kunstfertigkeiten zurückgeführt, die zeitlich noch vor Kain liegen. Die Lösung des Geheimnisses liegt im Namen selbst, in Tubal.

Im *Interpreter's Dictionary of the Bible* steht unter diesem Wort, daß Tubal (heb. Tub-Hal) „einer, der hervorbringt" bedeutet — ein weibliches Wesen — und so erhält der Name Tubal-Kain eine doppelte weibliche Bedeutung. (46) Das Buch „*The Mythology of All Races*" sagt uns, daß Tibir das ursprüngliche Wort für Tubal war und in demselben Band finden wir, daß Tibir oder Tibirra ein anderer Name der sumerischen Großen Göttin Tiamat war. (47)

Das sumerische Epos von Tagtug (Tibir) und Dilmun spricht von einer frühen Zeit, „als Tibir noch nichts gegründet hatte", ein Hinweis, der den Glauben bestärkt, daß Frauen die ersten Gründerinnen waren, das heißt von Mauern und Städten, und somit die ersten Gestalterinnen kultivierter Gemeinschaften der eigentlichen Tubal-Kains.

Ebenso wie die Geschichte von Noah und der Arche dem sumerischen Gilgamesch-Epos und die Schöpfungsgeschichte dem babylonischen Epos Enuma Elisch entlehnt ist, so stammt auch der ganze Kain-Tubal-Kain-Zyklus in der Genesis von dem Epos Tagtug und Dilmun — und Tagtug oder Tibir ist Tubal-Kain. (48)

Hier haben wir ein, wenn auch etwas dünnes Bindeglied zwischen Sumer und der verlorenen Kultur einerseits und den Kelten andererseits. Denn Herodot schreibt, daß die Große Göttin der Kelten in seiner Zeit als Tabiti (49) bekannt war, was eine keltische Veränderung des älteren Namens Tibirra bedeuten könnte, wie Tubal eine hebräische Abwandlung von Tibir.

Athene, einer späteren Verkörperung der Großen Göttin, wurde von den Griechen die Erfindung „der Flöte, der Trompete, der irdenen Töferwaren, des Pfluges und Rechens, des Ochsen- und Pferdejoches, des Wagens, des Rades, des Schiffes, der Rechenkunst, des Feuers, Webens und Spinnens zugeschrieben." (50) Mit anderen Worten, die Frau erfand, entdeckte oder übte zuerst Musik, Keramik und Ackerbau aus, zähmte die Tiere, übte als erste Erd- und Wasserbeförderung, Handel, Mathematik, Hauswirtschaft und Industrie aus. — Was Weiteres, irgendwie Nützliches wurde in den Jahrhunderten seit dem Ende der matriarchalen Zeit noch erfunden?

Die göttliche Frau

„Die Frau wurde schon auf Grund ihrer Natur als Teilhaberin an der Göttlichkeit betrachtet." (51) „Die Männer hielten sie für göttlich." (52) „Frauen wurden als heilig angesehen." (53) „Die Frauen gaben durch ihre Intuition den ersten gewaltigen Anstoß für die Kultur des Menschengeschlechtes." (54)

Doch was ist diese Intuition, die den Frauen anstelle des Verstandes zugeschrieben wird? Lassen wir den unvergleichlichen H.L. Mencken diese Frage beantworten:

All diese Intuition ist nicht mehr und nicht weniger als *Intelligenz*, eine Intelligenz, die so scharf ist, daß sie zur versteckten Wahrheit durch die stärksten Hüllen falschen Anscheins und falschen Benehmens dringen kann (...). Frauen entscheiden die größeren Lebensfragen genau und schnell, nicht aus Intuition, sondern einfach und allein, weil sie Verstand haben. Sie sehen auf einen Blick, was die Männer nicht einmal mit Taschenlampen und Ferngläsern erkennen können; sie haben den Kern eines Problems schon erfaßt, bevor die Männer aufgehört haben, sich mit reinen Äußerlichkeiten abzugeben (...). Der Mann ist sehr, sehr selten, der genauso intelligent, genauso beständig in seinem Urteil ist und so wenig vom Schein beeindruckt wird wie die durchschnittliche Frau. (55)

Diese Überlegenheit des Intellekts übte einen starken Einfluß auf den primitiven Mann aus. Die Männer konnten nicht anders als glauben, daß die Frau dem Göttlichen näher war als der Mann und daß sie ein besseres Verständnis der Naturgesetze besaß, von Gesetzen, die seine schwächere Auffassungsgabe verblüfften und ihn von der Frau als Vermittlerin zwischen den Menschen und zwischen Mensch und Gottheit abhängig machte.

„Die Frau übt Gerechtigkeit unbewußt, aber vollkommen sicher. Sie ist von Natur aus gerecht und weise. Deshalb trennten sich auf ihren Befehl hin die Schlachtlinien, deshalb war sie die Schiedsrichterin, die einen Streit zwischen Stämmen oder Völkern schlichten konnte (...)." (56)

„Die Frau beherrschte den Mann. Sie war eine fesselnde Zauberin, vor der seine Seele erzitterte (...). Aus ihr entsprangen Dichtung, Musik und alle Künste." (57)

Als die Höhlenmalereien von Altamira in Spanien vor wenigen hundert Jahren entdeckt wurden, war die Welt erstaunt über ihre Schönheit und künstlerische Vollkommenheit. Sicherlich konnte kein kinnloser, in Häute gekleideter Wilder mit vorspringenden Backenknochen dies erdacht oder geschaffen haben! Man schrieb sie dem Cro-Magnon-Menschen, dem Vorfahren der modernen Europäer zu, und sie wurden von früheren, dem Männlichen verhafteten „Altertumsforschern" als magische Symbole gedeutet, die von Männern gezeichnet wurden, um die Tiere zu veranlassen, sich ihren menschlichen Jägern ruhig zu unterwerfen. Doch in dieser Hypothese gab es viele Lücken:

Die Malereien fanden sich in Schlafräumen mit niedrigeren Decken, die schwer zugänglich waren und selten von Männern benutzt wurden; die weibliche Feinheit ihrer Linienführung, der Ausdruck des Mitgefühls für die gejagten Tiere; die karikaturartigen Abbildungen der Jäger, gewiß nicht schmeichelhaft für das männliche Geschlecht — und das Vorhandensein von Abdrücken von Frauen- und Kleinkinderhänden an den Wänden rings um die Gemälde.

„Die Gemälde müssen Kunst um der Kunst willen gewesen sein" und nicht magische Symbole, wie man ursprünglich annahm. „Sie waren an Wände von als Wohnraum benützten Felsenunterkünften gemalt", (58) um diese zu verschönern, wie man beispielsweise Schonbezüge und neue Vorhänge benützt. Und wann kümmerte sich der Mann je darum, die Räume zu verschönern, in denen er sich selten oder nie aufhielt?

„Die Höhlenkunst ist eine echt weibliche Kunst", schreibt die Künstlerin Violeta Miqueli; (59) und, weit davon entfernt, ein nur nützliches Mittel zu sein, „hat sie ein einziges Motiv, nämlich die Wertschätzung der Schönheit der Form", bemerkt Henry Fairfield Osborn. (60) Die an die Höhlenwände gemalten wilden Tiere sind von durchgeistigter Schönheit. Die Anmut der Bewegung und die Feinheit der Linien reichen weit über eine für magische Zwecke dienliche Abbildung hinaus. Die verwundeten Tiere werden mit dem Ausdruck menschlichen Kummers und Erschreckens in ihren Gesichtern dargestellt, und die Sterbenden sind die Verkörperung der Verzweiflung.

Im Gegensatz zu den Tieren werden die männlichen Jäger als Strichfiguren dargestellt, wie ein Kind eine menschliche Gestalt zeichnen könnte (und vielleicht haben Kinder sie gezeichnet). Sie tragen Tiermasken, die viel grausamer aussehen als die Gesichter der gejagten Tiere. (Diese wenig schmeichelhaften Abbildungen von Männern erinnern an die watschelnden, wie Kretins aussehenden Krieger auf der berühmten Kriegervase, die man bei Mykene gefunden hat. (61) Könnte auch diese das Werk weiblicher Künstler sein?)

Am überzeugendsten beweisen die Abdrücke von Frauen- und Kinderhänden rings um das Gemälde, daß diese Höhlenmalereien das Werk von Frauen sind. Wir könnten uns vorstellen, daß eine Frau der Vorzeit, die an einem regnerischen Tag mit ihren Kindern allein war, diese zu unterhalten begann, indem sie ihnen zeigte, wo die Männer waren, nämlich auf der Jagd nach wilden

Tieren. Sie hatte Farbe angerührt und ihre gefühlvollen Abbildungen der armen, gejagten Tiere dargestellt und dann den Kindern erlaubt, zu dem Bild das zu malen, was in jenen matriarchalen Tagen als „Papa" herhalten mußte, in einer Zeit, da „die Männer den Frauen nur als Jäger und Fischer dienten", wie Seltman sagt. (62) Weil sie noch einen Rest Farbe übrig hatte und der Regen die Kinder weiterhin daran hinderte, hinauszugehen und zu spielen, tauchte die Cro-Magnon-Mutter abwesend ihre Hand in die Farbe und drückte sie gegen die Wand. Die Kinder ahmten ihre Handlungsweise nach. Und zwanzigtausend Jahre später entdeckte Senor Don Marcelino de Sautuola, als er mit seiner kleinen Tochter die Höhle von Altamira erforschte, die Handabdrücke, die Tiere und die Strichmännchen. — Und die Welt war erstaunt.

Mythos, Sage und Überlieferung erkennen der Frau die Erfindung der schmückenden Künste zu und Archäologie und Anthropologie bekräftigen die Überlieferung. Ähnlich werden von der Mythologie Musik, Gesang, Dichtkunst und Tanz auf die Frauen der Urzeit zurückgeführt.

2

Aussagen der Mythologie

> *Wo lassen sich aber diese Ursprünge erkennen? Die Antwort ist zweifelsfrei. In den Mythen, dem getreuen Bilde der ältesten Zeit."*
>
> J.J. Bachofen

Erneuerung und Verbreitung

Die europäischen Forscher des großen Zeitalters der Entdeckungen vom 15. bis zum 18. Jahrhundert waren sehr verwundert über die Gleichartigkeiten, die sie unter primitiven Stämmen fanden, die so von der Welt abgeschnitten waren, daß sie nicht einmal etwas von dem Volk auf der nächsten Insel wußten. Die Europäer waren überrascht, als sie bestimmte Glaubensanschauungen, Legenden, Mythen, Überlieferungen, Bräuche und Tabus auf der ganzen Welt fanden, die von Sibirien bis zur Südsee sich nur in unwesentlichen Dingen unterschieden.

Die Entdeckung dieser unerklärlichen Ähnlichkeiten brachte die Anthropologen des 19. Jahrhunderts, vor allem die Deutschen Georg Waitz und Adolf Bastian, dazu, die „autochtone" Theorie der lokalen Evolution zu entwickeln, d.h. die Theorie, daß alle Völker durch bestimmte Entwicklungsstufen fortschreiten ohne die Unterstützung durch Begegnung oder des Vorbildes. Im 20. Jahrhundert „war diese Theorie in Vergessenheit geraten, aus der sie nie hätte emporkommen sollen", wie A.C. Haddon sagt (1), und an ihre Stelle trat die „Verbreitungs"-Theorie. Diese jetzt von verständigeren Gelehrten übernommene Theorie behauptet, „daß die Entwicklung nur an einem Punkt stattfand und sich von dort aus über die Erde ausbreitete". (2)

Wo dieses ursprüngliche Gebiet gewesen sein kann, ist nicht geklärt. Jüngere archäologische Untersuchungen scheinen auf einen Ursprung in Anatolien hinzuweisen, doch das war möglicherweise nur der letzte Vorposten der ersten Kultur.

Die große Frage ist, ob die Kultur durch Völkerwanderung von einem Ursprungspunkt aus verbreitet wurde, oder ob sie in einem verlorenen Zeitalter, als Weltreisen selbstverständlich waren, bewußt ringsum auf der Welt gegründet wurde.

Wenn die Wanderung von einem zentralen Ursprung aus die Antwort wäre, so hätte es allem Anschein nach keinen Rückschritt gegeben, der offensichtlich unter den Völkern der Welt stattgefunden hat. „Eine bewußte Gründung" durch ein überragendes Geschlecht könnte die Tatsache erklären, daß mit dem Tod der zentralen Kultur nicht nur die Welt aufhörte, sich weiterzuentwickeln, sondern tatsächlich in den Zustand der Wildheit zurückfiel. Unsere Forscher fanden, daß die „wilden" Völker auf der ganzen Erde „durch ihre Folklore, ihre Bräuche und ihre verschwommenen metaphysischen Vorstellungen ihren Zustand enthüllten", daß sie nicht echte Primitive waren, frisch aus des Schöpfers Hand, sondern daß „sie sich in einem *in die Wildheit zurückversetzten Kulturzustand* befanden". (3)

Je weiter wir in der Untersuchung der Völker wie auch ihrer Sprache zurückgehen, umso. mehr erkennen wir, wie entwickelt sie waren. In Irland bewahrten die allerersten Siedler, die Firbolgs, die „kleinen Leute" des irischen Mythos, ein altes Wissen, das selbst ihren Eroberern, den hervorragenden und begabten Tuatha De Danann, nicht voll verständlich war. Und die Milesier, die die Tuathas unterwarfen, hatten, wie alle späteren Kelten, „das komplexe astronomische System verloren und nur noch sehr verschwommene Vorstellungen von der Unsterblichkeit der Seele bewahrt." (4)

„Die gemeinsame Religion der archaischen Kultur", schreibt John Rhys, „von der Ostsee bis nach Gibraltar war das Druidentum." (5) Und das Druidentum war die Religion der Kelten. Es kann in die entfernteste Vergangenheit zurückverfolgt werden, fährt Rhys fort, über das keltische Europa hinaus bis in das ägäische Gebiet. Die Druiden waren einst alle Frauen, die Druidinnen; und, wie Cäsar bemerkt, selbst in römischen Zeiten wurden diese weiblichen Druiden von den keltischen Führern Galliens befragt. Im ersten Jahrhundert unserer Zeitrechnung war nach Tacitus der Gegenstand der druidischen Verehrung eine Große Göttin, deren Heiligtum in einem Eichenhain auf einer Meeresinsel stand. (6)

Sumer und das keltische Kreuz

„Das Wissen der Druiden von den geschichtlichen Zeiten, ihre astronomischen und physikalischen Kenntnisse und ihre Vorstellungen von der Unsterblichkeit der Seele waren viel zu genau, als daß sie von Barbaren hätten erfunden werden können." (7) Wo hatten sie also diese alte Weisheit erworben, die durch die alten Seefahrer und später, viel später, durch den Thrakier Orpheus offenkundig wurde?

Dürfen wir die Hypothese wagen, daß der Mittelpunkt der großen verlorenen Kultur, wo immer er auch gewesen sein mag, von der die ganze Welt beeinträchtigenden Sintflut des 10. Jahrtausend zerstört wurde, als sich der Nordpol zum Sudanbecken verlagerte, und daß ihre wenigen überlebenden Führer eine Zuflucht in den Bergfestungen des ägäischen Thrakien fanden? Denn in Thrakien wurde die alte Wissenschaft bis in Orpheus' Zeit hinein überliefert, in Thrakien fanden die klassischen Griechen Zeugnisse einer alten Technik, die weit über ihre eigenen Fähigkeiten hinausging. (8) Thrakien war nach Apuleius der Ursprungsort der Hexerei (der Frauenweisheit), und nicht weit entfernt wohnte der Stamm der Amazonen, dieses blauäugige Frauengeschlecht, das vollkommen ohne Männer lebte und jeden Mann ermordete, der es wagte, sich seinen Grenzen zu nähern. (In der keltischen Mythologie finden wir ein Frauenland, ähnlich dem der Amazonen in der ägäischen Sage. John A. McCulloch schreibt, „daß im irischen Volk immer noch diese Überlieferung vom Frauenland besteht".) (9)

Vielleicht entkamen *nur* die weisen Frauen der großen Katastrophe, und um die Art zu erhalten, wurde die Fortpflanzung durch Parthenogenese allgemein üblich. Dies könnte den von Platon bewahrten Mythos der Alten, daß *alle* ihre Vorfahren weiblich waren, und auch die von den Amazonen angewandte Fortpflanzung erklären. Denn der Sage entsprechend zogen die Amazonen, obwohl sie ohne Männer waren, ihre Mädchen groß und töteten die Knaben. In Thrakien, so können wir hinzufügen, wurde auch Orpheus, der „geheimnisvolle Mann des Altertums", geboren und ermordet.

Vor allem hatten in Thrakien die Druiden ihren Ursprung.

Das Druidentum kann ohne weiteres die alte und ursprüngliche Religion sein, und es wäre interessant, sie von ihrem Ursprung über Sumer ins geschichtliche keltische Europa und in die moderne Zeit hinein zu verfolgen.

Im sumerischen Mythos erschien die Schöpfergöttin Tiamat aus den Wellen der Eriträischen See (dem heutigen Persischen Golf) als eine „Fischfrau" und sie lehrte die Menschen die Künste des Lebens: „Städte zu bauen, Tempel zu gründen — und Gesetze aufzustellen; und sie unterwies sie, kurz gesagt, in all dem, was die Gebräuche verfeinerte und ihr Leben gesitteter gestaltete". So berichtet es Berosos von Babylon im 4. Jahrhundert vor Christus. „(Ihre) Anweisungen waren so umfassend" sagt Polyhistor, „daß seit dieser Zeit nichts Wesentliches mehr hinzugefügt worden ist." (10) Man glaubte, daß dieses Ereignis um 16 000 vor Christus stattgefunden habe, doch ein späterer Zeitpunkt scheint plausibler. Tiamat kann eine matriarchale Königin des thrakisch-anatolischen Restes der verlorenen Kultur gewesen sein, die etwa in der Zeit des neunten oder zehnten Jahrtausends zu ihrer Kolonie am Persischen Golf reiste und ihr Volk erneut in den verlorenen Kulturkünsten unterwies. Der Euphrat floß damals wie heute von Zentral-Anatolien hinab zu seiner Mündung am Persischen Golf, und es ist geologisch gesichert, daß er selbst in biblischen Zeiten viel breiter und tiefer war als heute.

Es kann sein, daß Tiamat diesen breiten Fluß von Anatolien oder dem nahen Thrakien in einem Schiff hinabgesegelt ist, dessen Gallionsfigur eine nixenartige Gestalt der alten Sage war, halb Fisch, halb Mensch. Im späteren babylonischen Mythos wurde die *Meerjungfrau* zu einem *Meermann*, dem Oannes. Doch Meermänner sind in der mythologischen Tierkunde eine Anomalie, und Oannes ist offensichtlich ein späterer patriarchaler Versuch, der Kulturbringerin ein männliches Geschlecht zu geben.

Daß Meerjungfrauen in der späteren Mythologie fast ausschließlich keltisch waren, stützt unsere Hypothese von der engen, unmittelbaren Verbindung zwischen den matriarchalen Kelten und der verlorenen Kultur. „Das Vorherrschen von Geschichten über Meerjungfrauen unter keltischen Völkern weist darauf hin, daß diese Nymphen ursprünglich *Gottheiten* dieser Völker waren", schreibt Sabine Baring

Gould. (11) Es deutet auch darauf hin, daß die Kelten, die in geschichtlichen Zeiten keine Flotte besaßen, zu einer bestimmten Zeit eine enge Verbindung zum Meer, dem Lebensraum der Nixen, gehabt haben müssen. Morgan le Fay aus der Arthus-Sage, Morrigan aus der irischen Sage und Morgana aus den dänischen und italienisch-keltischen Überlieferungen sind alle ein und dieselbe Feenkönigin, deren Name Kind des Meeres bedeutet, wobei „mor" das keltische Wort für Meer ist.

Der auf alten vorchristlichen keltischen Münzen dargestellte Zusammenhang zwischen dem keltischen Kreuz und der Meerjungfrau oder Wassergöttin bietet ein fesselndes Forschungsgebiet. Diese Münzen wurden bei Marseille, Loiret, Quimper und in anderen Teilen des gallischen Frankreich gefunden, ebenso auch in Spanien und in der Bretagne, und sie weisen nach, daß das Kreuz das Zeichen der alten, vielleicht mit Tiamat selbst identischen Göttin war. Bezeichnenderweise war das Kreuz auch ein druidisches Wahrzeichen, und das druidische Kreuz hatte, wie das auf den keltischen Münzen, abgerundete Arme von gleicher Länge: die Gestalt eines vierblättrigen Kleeblattes. Deswegen, und nicht auf Grund einer christlichen Analogie, wird das Kleeblatt in Irland verehrt und in der modernen keltischen Welt als Glücksbringer betrachtet.

Es ist interessant zu beobachten, daß dasselbe gleicharmige Kreuz ein Wahrzeichen des Poseidon war, des griechischen Meeres- oder Wassergottes, nach Platon eine Gottheit der Bewohner von Atlantis, dessen Hauptstadt nach ihm benannt war. In der kretisch-griechischen Mythologie war Poseidon der Sohn-Gemahl der Großen Göttin von Mykene und Kreta, der Göttin Potnia. In der natürlichen Entwicklung der Mythen verwandeln sich Göttinnen unvermeidlich in Götter, besonders wenn sie sehr wichtige Schöpfungsgöttinnen sind. W.R. Smith schreibt, daß er sehr erstaunt war, als er fand, daß die Göttinnen der alten Semiten tatsächlich in historischen Zeiten „ihr Geschlecht änderten und Götter wurden". (12) Und Buck weist darauf hin, daß noch vor fünfhundert Jahren Atea, der große Gott von Polynesien, eine Göttin war. (13) So kann es auch bei Poseidon gewesen sein. Vielleicht war er ursprünglich eine Göttin und zwar tatsächlich *die* Göttin, Tiamat-Potnia, die große Schöpfergöttin Sumers, Atlantis und der Kelten. Sein Wahrzeichen, das Kreuz, wäre daher eigentlich das Zeichen der Großen Göttin, wie es das in der keltischen Religion geblieben zu sein scheint.

Das gleicharmige Kreuz wurde auf Urnen der gynaikokratischen Etrusker und besonders bezeichnend, auf einer alten phönizischen Münze gefunden, die auf ihrer Vorderseite den heiligen Stier zeigt, das Symbol der Frauenherrschaft. An der Stätte des alten Bablos fand man eine Münze, die die Göttin Astarte (Ishtar-Tiamat) darstellt, die das gleiche Kreuz hält und deren Fuß auf dem Bug eines Schiffes ruht!

Dieses keltische Kreuz reiste im Gegensatz zu Kreuzen anderer Art, von denen es sehr viele gibt, in prähistorischen Zeiten in viele Gegenden, denn es tauchte im fernen Ozeanien auf, eingezeichnet auf den heiligen Steinen Neuguineas und der Osterinseln. In Australien fand man ein entsprechendes Amulett aus Grünstein, das in der Gestalt des keltischen Kreuzes geformt war, ein genaues Gegenstück zu einem Amulett, das man in Ägypten fand, dem Platz der alten Stadt, wo Nofretete und Pharao Echnaton vor 3500 Jahren Hof hielten.

Die Algonquin- und Siouxindianer von Nordamerika verbanden genauso wie die arktischen Athabasken und die Stämme von Zentralamerika das gleicharmige Kreuz mit der Mondgöttin (der Wassergöttin), und die araukanischen Mondpriesterinnen bezogen es in ihre heiligen Rituale ein. In China und Tibet „stand das keltische Kreuz an hervorragender Stelle in den Heiligtümern der Großen Göttin und war als religiöses Symbol in ganz Westasien weit verbreitet". (14) In den Ruinen der Akropolis von Susa, der alten Hauptstadt des persischen Reiches, die auf dem Platz einer sogar noch älteren sumerischen Stadt errichtet worden war, hat man dieses Kreuz auf Scherben von Tempelvasen gefunden.

Und schließlich entdeckte man in Spanien alte keltische Münzen, auf denen das keltische Kreuz zusammen mit dem Stier und der Mondsichel zu sehen war, beides alte Symbole der Göttin und weiblicher Souveränität.

Das christliche Kreuz mit seinem langen senkrechten und

seinem kurzen Querarm hat eine andere Geschichte, wie wir in Kapitel 6 („Geschlechtssymbolik") sehen werden.

Der keltisch-druidische Einfluß ist in unserem modernen Leben weit größer als allgemein bemerkt wird. Von den Druiden haben die meisten Christen ihren Glauben vom Überleben der Seele und von den Schutzengeln als den Geistern der geliebten Toten übernommen. Hesiod, „der Dichter der Matriarchate", schrieb im 8. Jahrhundert v. Chr. von Engeln als den schützenden Geistern der Toten (15), eine Vorstellung, die bei den Griechen der Klassik nicht mehr bestand. Der Gedanke vom Überleben der Seele in Engelform war ohne Zweifel in der ursprünglichen Religion verbreitet und *nur* unter den Kelten bewahrt worden. Was Gerard Murphy „fremdartige Lieblichkeit der keltischen Mythologie" nennt, mag seinen Ursprung in der Tatsache haben, daß der keltische Mythos der letzte Widerhall der ursprünglichen Universalreligion des matriarchalen Zeitalters ist, einer Religion, die im Unterbewußtsein des modernen Menschen als Teil seiner eigentlichen Seele begraben liegt.

Diese Vorstellungen werden vom Christentum mißbilligt und geleugnet, wie das auch in der jüdischen Religion der Fall war. Der Hl. Paulus beharrt darauf, daß unsere einzige Überlebenshoffnung in der Auferstehung des Körpers beim letzten Gericht besteht, und das Alte Testament lehrt, wie der ägyptische Atomismus, daß es keine Unsterblichkeit irgendwelcher Art gibt. In der christlichen und in der jüdischen Engelslehre, die beide von der persischen Weltentstehungslehre abgeleitet sind, stellen die Engel eine vollkommen getrennte Schöpfung dar, nie menschlich und nur halb göttlich. Darüber hinaus sind sie im christlichen Glauben männlichen Geschlechts, wohingegen die Engel in den frühen griechischen und keltischen Religionen, die Geister oder *animae* der Toten, *immer* weiblich sind.

Ein ironischer Aspekt der christlichen Symbolik ist, daß die in der Kirchenkunst dargestellten männlichen Engel nichts anderes als ein Bildnis der Großen Göttin selbst sind. Denn als man ihren Kult in Rom gnadenlos austilgte und ihre Tempel für den christlichen Gebrauch umwandelte, blieb ihr beflügeltes Abbild auf den römischen Münzen eingeprägt, ungeachtet der neuen christlichen Priesterherrschaft in Konstantinopel. Was konnte die bedrängte Kirche damals anderes tun, als die Große Göttin als den „Engel des Herrn", den Erzengel Michael, zu übernehmen? (16)

Doch zurück nach Thrakien. Von hier aus überschritt eine spätere Generation den nahen Hellespont nach Anatolien und errichtete dort, neben anderen, die „vorgeschichtlichen", jüngst von Archäologen ausgegrabenen Städte von Catal Hüyük, Mersin, Hacilar und Alalakh. Das von diesen matriarchalen Völkern bewahrte Wissen führte, wie wir vermutet haben, zu der Blüte der großen sumerischen Kultur, „die nie begonnen zu haben scheint", wie die Historiker beklagen. „Sozusagen über Nacht", schreibt Thorkild Jacobsen, ein Sumerologe von Harvard, „begann die (sumerische) Kultur, vollständig in all ihren wesentlichen Merkmalen." (17) Ihre astronomischen Kenntnisse übertrafen die des modernen Menschen bis zum Jahre 1930, denn erst damals entdeckte Clyde Tombaugh den neunten Planeten Pluto, und erst 1781 bzw. 1846 entdeckte William Herschel Uranus, den siebten Planeten und Urbain Leverier Neptun, den achten. Doch auf Siegeln, die man an alten Plätzen ausgrub, die zu Sumer gehörten, ist unsere Sonne mit allen *neun* sich um die Sonne drehenden Planeten dargestellt. Die Siegel zeigen aber nicht nur das, sondern auch andere Sonnen, mit weiteren, noch unentdeckten Welten, die um sie kreisen. (18)

Das heliozentrische Universum und die Vielfalt der Welten, ein Glaube, der von der christlichen Kirche noch bis vor 400 Jahren als Ketzerei gebrandmarkt wurde, war den alten Sumerern bereits vor 7 000 Jahren bekannt. Woher hatten sie diese Erkenntnis? — Im Gegensatz zur Annahme früherer Archäologen, in Anatolien fänden sich keinerlei Spuren von früheren Kulturen, häufen sich jetzt die Beweise, daß es der Ursprungsort aller geschichtlichen Kultur gewesen sein kann. Dort schlummerten nicht nur die Samen der alten verlorenen Kultur, um schließlich die großen Kulturen der Sumerer, Kreter und Ägypter hervorzubringen, sondern als diese von den Patriarchen zerstört worden waren, fanden die ursprünglichen Samen wieder Brachland im anatolischen Ionien. Hier erblühten sie in späten geschichtlichen Zeiten zu dem Glanz, den Athen darstellte, und zu der großen keltisch-ionischen Kultur, die vor erst 1 500 Jahren mit dem Aufkommen des offiziellen Christentums und dem endgültigen Fall Roms endete, jenen zwei zusammenhängenden Ereignissen, die in das finstere Mittelalter Europas führten.

Orpheus und das Druidentum

Thrakien war der Ursprung des anatolischen Wunders, das Bindeglied zwischen der großen verlorenen Kultur und all den geschichtlichen Kulturen, einschließlich unserer eigenen. „Die Thrakier", schrieb Herodot, „wohnen zwischen hohen Bergen, die mit Wäldern überzogen und deren Spitzen mit Schnee bedeckt sind. (...) Ihr Orakel befindet sich auf der höchsten Bergspitze, und ihr Prophet ist eine Frau." (19) Aus Thrakien kamen die neun Musen, „Berggöttinnen", und es war die Heimat der geheimnisvollen Mänaden, über die wir jetzt mehr zu sagen haben.

In diesem Land wurde die Göttin Diana verehrt, und zwar in ähnlicher Weise wie bei den alten Kelten der Britischen Inseln: Sowohl die Thrakier als auch die Kelten versahen nach Herodot in gleicher Weise die Opfergaben für ihre Göttin *wie kein anderes Volk* mit „Weizenstroh". Seit ältesten Zeiten, schreibt Herodot, hatten „die Hyperboreer" (das Volk aus dem hohen Norden, das heißt von den Britischen Inseln) ihre Opfergaben zum Tempel der Diana auf Delos geschickt. Diese mit Weizenstroh *umwickelten* Opfergaben wurden durch Europa über Land zum Adriatischen Meer geschickt, hinab zur Bucht von Korinth nach Euböa und dann nach Tenos, „von wo die dortigen Bewohner von Thenos diese schließlich, ohne in Andros zu halten, nach Delos" im Ägäischen Meer brachten. „Die Frauen von Thrakien", fährt er fort, „bringen bei ihren Opferungen für die königliche Diana immer *Weizenstroh* mit ihren Gaben. Aus eigener Anschauung kann ich bestätigen, daß das so ist." (20) Aber der sonst so verständige Herodot hatte für die Ähnlichkeit der Bräuche dieser zwei so weit voneinander entfernten Völker keine Erklärung.

Die Diana von Delos selbst war es, die nach Geoffrey of Monmouth die ersten Briten nach England sandte. Als Brutus, der sagenhafte Gründer Britanniens, sie in Delos aufsuchte, versprach sie ihm, daß er der Stammvater eines großen Geschlechts werde. „Jenseits des Sonnenuntergangs und der Gebiete von Gallien liegt eine Insel im Meer. Im Verlauf der Jahre wird sich diese Insel als geeigneter Wohnraum für dein Volk erweisen. Dort wird aus deinem Stamm ein Geschlecht von Königen geboren werden und der ganze Erdkreis wird ihnen untertan sein." (21)

Bezeichnenderweise war dieser Brutus, der Vater der britischen Kelten, ein Anatolier. Aus Italien vertrieben, wohin er sich mit den geschlagenen Trojanern unter Äneas gewandt hatte, suchte er Zuflucht in Griechenland, wo er ebenfalls nicht bleiben konnte. Auf Delos erfuhr er seine wahre Bestimmung, und um die Göttin zu danken, versprach er, sie werde für immer die Göttin seines Volkes werden. „Mein Volk wird dich zu allen Zeiten verehren und dir Tempel weihen." (22) Und die Geschichte beweist, daß er sein Wort gehalten hat, denn als die Christen zu den Kelten Galliens, Britanniens und Irlands kamen, verehrten diese innig die Göttin Dana, „die Göttin der Lichtungen und der wilden Wälder", und sandten ihr alljährlich Gaben zu ihrem alten Heiligtum auf der ägäischen Insel Delos.

Diana war eine sehr alte ägäische Göttin, viel älter als sie im hellenisch-griechischen Mythos auf Grund ihrer Zwillingsgeburt mit Apollon auf Delos wäre. Wir dürfen nicht vergessen, daß die griechischen Mythen, wie sie uns überliefert worden sind, spätere hellenische Auslegungen von viel älteren Sagen darstellen. Häufig war die Göttin in Übereinstimmung mit ihren vielen Benennungen in den verschiedenen Teilen der Erde geteilt und neu benannt worden. Genauso wie in späteren Mythen der Donnergott zu Zeus, Thor, Jupiter, Jove, Jehova, Jahweh usw. wurde, war in früheren Mythen die Große Göttin zu Potnia, Ceres, Cybele, Athene, Diana, Artemis, Anat, Isis, Ishtar, Astarte, Minerva, Dana usw. geworden.

Dana (Diana) war die Göttin der Kelten Europas und der Britischen Inseln. Ihr Name wurde in vielen Ortsbezeichnungen unsterblich, vom Fluß Don in Osteuropa bis selbst London (23) und Irland, wo die Tuatha De Danann, das „Volk der Göttin Dana", frühe keltische Siedler waren. Die Eiche, die den alten Thrakiern ebenso wie den keltischen Druiden heilig war, wurde mit dieser Göttin verbunden. Selbst in Italien war der Hain der Diana auf Aricia, wo Äneas den Mistelzweig (den „goldenen Zweig") gepflückt hatte, ein *Eichenhain*. Und der Mistelzweig war den Druiden ein Gegenstand kultischer Verehrung.

Die keltische Dana und die delische Diana des klassischen Griechenland müssen beide aus Thrakien gekommen sein, wo ihr Tempel, wie Herodot sagt, „auf der höchsten Bergspitze stand" und „eine Frau ihre Prophetin war". Die Mänaden waren die Priesterinnen dieser thrakischen Göttin und deshalb, wie die späteren keltischen Priester der Dana, die Druiden, Wächterinnen der alten Weisheit.

Von dem thrakischen Orpheus erzählten sowohl Platon als

auch Plutarch, daß er Zugang zu dem alten Wissen gehabt habe, das in hellenischen Zeiten verlorengegangen war. Er wußte zum Beispiel, daß die Sonne und nicht die Erde den Mittelpunkt unseres Universums bildet, daß andere Systeme mit anderen Sonnen in der Weite des Raumes bestehen und daß andere Welten als unsere eigene sich um die Sonne drehen. „Die Ägypter", schreibt Richard Knight, „konnten Orpheus sicherlich nicht die Vielzahl der Welten und das wahre Sonnensystem gelehrt haben, die die fundamentalen Prinzipien seiner Philosophie gewesen zu sein scheinen. Er kann auch sein Wissen von keinem Volk erworben haben, von dem irgendwelche geschichtlichen Zeugnisse erhalten blieben, denn wir kennen keines, bei dem sich die Wissenschaft so entwickelt hätte, daß eine Weisheit, die so wenig mit der allgemeinen Beobachtung übereinstimmte und so im Gegensatz zum normalen Sinneseindruck stand, nicht zurückgewiesen worden wäre, wie es alle Sekten der griechischen Philosophie taten, mit Ausnahme der des Pythagoras." (24)

Pythagoras lehrte in der Zeit nach Orpheus nicht nur die Vielzahl der Welten, das heliozentrische System, die Theorie von der umwälzenden Entwicklung, die periodische Bewegung der Pole und die sphärische Gestalt der Erde, sondern er vertrat auch die Wiedergeburt und Unsterblichkeit der Seele. Könnte er all das von Orpheus übernommen haben? Und wo hatte sich Orpheus das Wissen erworben wenn nicht in Thrakien, seinem Heimatland, mit seinen schroffen Bergfestungen, wo die andernorts längst vergessene wissenschaftliche Kenntnis der alten Seefahrer bewahrt worden war.

„Thrakien war sicherlich in einer weit zurückliegenden Zeit von einem hochkultivierten Volk bewohnt", schreibt Knight, „denn als Philipp von Mazedonien im 5. Jahrhundert v. Chr. die Goldminen in jenem Land öffnete, entdeckte er, daß sie schon vorher in großem Ausmaß und mit besonderem Können von einem Volk betrieben worden waren, das technisch weit entwickelt war und von dem in keinem Teil der Erde damals irgendwelche Erinnerungen bestanden." (25)

Hier haben wir erneut die alten Goldminen, die Minen der alten Seefahrer, die in der ganzen Welt nach Gold suchten und mehr über unser Universum wußten, als die moderne Wissenschaft bisher zu erfahren fähig war. Der Thrakier Orpheus gab seine Kenntnis vom Kosmos an Pythagoras weiter. Könnte er auch Epikur in das Geheimnis der Atomtheorie eingeführt haben? Pythagoras wie Epikur gehörten zu den alten Philosophen, deren Werke man absichtlich während des Finsteren Mittelalters Europas zerstörte, als, wie Gibbon behauptet, das Licht der Erkenntnis bewußt von der christlichen Kirche ausgelöscht wurde. (26) So mußten zwei Jahrtausende vergehen, bevor Kepler, Galilei und Kopernikus das wiederentdeckten, was Orpheus, Aristarch und Pythagoras die Alten gelehrt hatten, und bis Albert Einstein auf die alte Atomtheorie Epikurs stieß. Sir William Harvey fand bei seiner Entdeckung des Blutkreislaufes nur das wieder, worum die Alten schon wußten, wie Philostratus aussagt. (27) Auch die Evolutionstheorie war Anaximander bereits 2 400 Jahre vor Darwin bekannt, doch wurde sie später von Aristoteles bezweifelt. (28) Dieser, „der weiseste der Heiden", war von den frühen Christen verehrt worden, die deshalb seine Werke erhielten, während sie verbrecherischerweise die Werke der ihm Überlegenen zerstörten. Er war ein Vorbote der mittelalterlichen Unwissenheit, ein unbewußter Verbündeter der Kirchenväter. Weil Aristoteles die alte Wahrheit ablehnte, die den Sumerern, den Chaldäern und den frühen Griechen bekannt war, nämlich daß die Erde eine Kugel ist, die sich um die Sonne dreht, konnte die christliche Kirche so lange ihr Dogma verteidigen, die Erde sei eine Scheibe, gestützt von den Säulen der Hölle und bedeckt vom Himmelsgewölbe, über dem die Sonne gefällig auf- und untergehe.

Doch all dies war den Weisen der voraristotelischen Welt des 6. und 7. Jahrhunderts vor Christus bekannt, der Zeit der Sieben Weisen, die die klassischen Griechen wegen ihres Besitzes der alten Wahrheiten so verehrten, Wahrheiten, die zu Platons Zeiten aufgegeben oder bezweifelt wurden und in der Plutarchs vergessen waren. Könnte Orpheus die „alte Weisheit" den Weisen übermittelt haben? Und könnte es sein, daß er deswegen starb, weil er sie enthüllt hatte? Nach dem Mythos wurde Orpheus von den Mänaden aus verschiedenen weltlichen Gründen ermordet. Doch wenn die Mänaden Druidinnen waren, wie ich vermute, so waren sie in Wirklichkeit die Wächterinnen alter Weisheit, und Orpheus wurde von ihnen getötet, weil er, selbst ein Druide, ihre Geheimnisse entschleiert hatte.

Nach der späteren hellenischen Mythologie wurde Orpheus von Zeus erschlagen, „weil er göttliche Geheimnisse verraten" hatte. (29) Zeus ist hier offensichtlich ein Anachronismus, denn der neue Gott konnte kein Teilhaber der göttlichen Geheimnisse oder der „alten Weisheit", wie die Griechen sie nannten, gewesen sein.

Der in der späteren Sage angegebene Grund für Orpheus' Hinrichtung mag der wahre sein, doch die ihn hinrichteten, waren die Druidinnen, nicht Zeus.

Die Druiden lehrten, wie Orpheus und Pythagoras, die Unsterblichkeit der Seele und die Wiedergeburt, eine Tatsache, die klassische Schriftsteller Roms zu dem Schluß kommen ließ, daß die Druiden Galliens und Britanniens „von Pythagoras (und Orpheus) beeinflußt worden waren". (30) Die Sache verhält sich jedoch genau umgekehrt. Orpheus und Pythagoras waren von den Druidinnen, den Mänaden Thrakiens beeinflußt worden. Von ihnen hatte Orpheus die alte Weisheit erworben, die den Sieben Weisen weitervermittelt worden war, zu denen Anaximander, der Lehrer des Pythagoras, gehörte.

Nach Porphyrius war Pythagoras als Sohn eines Etruskers und einer kretischen Mutter auf der ägäischen Insel Samos geboren worden. In jungen Jahren wurde er nach Milet in Karien gesandt, um von Anaximander unterrichtet zu werden. Später studierte er unter Aristoklea an der berühmten Schule von Delphi in Phokis, wo später eine andere Frau, Theoklea, eine Schülerin des Pythagoras, Hohe Priesterin werden sollte. Porphyrius erzählt eine vertrauliche Geschichte von einem Zalmoxis, einem *thrakischen* Jungen, den Pythagoras liebte, und „der auch Thales genannt wurde". (31) Thales war nun einer der Sieben Weisen der Griechen, der die „alte Weisheit" besaß, und man nimmt an, daß er von Karien kam. Aber war er tatsächlich ein Thrakier wie vor ihm Orpheus? Und war Zalmoxis ebenso wie Orpheus ein Druide?

Porphyrius hat sehr wenig über den geheimnisvollen Zalmoxis zu sagen, doch er betont die scheinbar unwichtige Tatsache, daß „er ein Band um seine Stirn trug". (32) Das kann ein Hinweis auf ein altes, vordruidisches Zeichen der ursprünglichen Göttinnenreligion sein, denn es erinnert an ein Band, das von den Mänaden auf einigen griechischen Basreliefs getragen wird, und an die Kopfbänder, die spätere Druidinnen und Druiden Europas angelegt hatten. Geoffrey of Monmouth schreibt, daß der keltische Brutus und sein Gefolge, als sie die Göttin Diana auf ihrer Insel besuchten, „*nach einem uralten Brauch* Bänder um ihre Stirnen wickelten". (33) Auch keltische Kriegerköniginnen tragen auf Abbildungen dieses Band um ihre Schläfen. Keltische Königinnen wurden für Verkörperungen der Göttin gehalten, und „König und Druide waren der in der Königin verkörperten Göttin untertan". (34)

„Ich schließe daraus", schreibt E.R. Dodds, „daß Orpheus eine thrakische Gestalt von sehr ähnlichem Charakter wie Zalmoxis ist, das heißt ein Schamane (Priester) oder Vorläufer der Schamanen (...). Er, Orpheus, verbindet den Stand des Dichters, Magiers, Weissagers und Lehrers der Religion (...). Wie Schamanen überall, besucht er die Unterwelt. Schließlich lebt sein Ich als singendes Haupt fort (...). Solche seherischen Köpfe erscheinen in der nordischen Mythologie und auch in der irischen Überlieferung." (35)

In diesen sind die Schamanen Druiden. Die Druiden der keltischen Gemeinschaften verbanden wie Orpheus die Stellung des Dichters, Magiers, Religionslehrers und Wahrsagers. In der irisch-keltischen Sage besucht Cuchulain wie Orpheus die Unterwelt. Im walisisch-keltischen Mythos spricht der Held Bran, wieder wie Orpheus, auch noch, nachdem ihm das Haupt vom Rumpf getrennt worden ist.

Im griechischen Mythos von Orpheus und Eurydike geht Orpheus in die Unterwelt, um Eurydike zurückzuholen, die dorthin unfreiwillig gegangen war. Doch Eurydike ist eine typische keltische Königin der Unterwelt, eine Zauberkönigin, eine Schwester der keltischen Loreley (Meerjungfrau), die Männer in Gefahren lockt. Die Liste der von Zauberinnen behexten keltischen Helden ist endlos und beginnt mit Orpheus. (36)

Von ihm sagt man, daß er selbst die Steine und Bäume mit seiner begnadeten Redekunst verzaubern konnte. Und Beredsamkeit war schon immer ein Merkmal der Kelten. Darüber hinaus beteten die keltischen Gallier, nach Lukianos im 2. Jahrhundert n. Chr., Orpheus in der Gestalt des Ogmios, ihres Gottes der Beredsamkeit, an. Und der irisch-keltische Gott Ogma war ebenso ein Gott der Dichtkunst und Sprache.

Die Eiche war den Druiden von Gallien und Britannien heilig. Und auf Zonä in Thrakien stand in der Klassik ein dem *Orpheus* geweihter Eichenhain. (37)

Daher scheint es offensichtlich, daß Orpheus ein früher Druide und deshalb ein früher Kelte war. Er war jedoch ein *abtrünniger* Druide, und deshalb erlitt er seinen Tod von den Druidinnen, den heiligen weisen Frauen von Thrakien. Und geradeso wie Thrakien das fehlende Glied zwischen der verlorenen Kultur und den geschichtlichen Kulturen ist, so ist auch Orpheus, der geheimnisvolle Mann des Altertums, das Bindeglied zwischen der alten Religion und dem geschichtlichen Druidentum, das den modernen westlichen religiösen Glauben so stark beeinflußt hat.

Denn das Druidentum war eine *Göttinnen*religion, und die europäischen Christen blieben lange ihrer alten Göttin treu. Die Römer hatten versucht, das Druidentum in ihren Provinzen zu beseitigen, und sie gingen sogar so weit, die heiligen Eichen von Mona im Irischen Kanal abzuhauen, aber nur aufgrund des Aspekts der Zauberei. Sie hatten nichts gegen die Anbetung von Göttinnen, denn die übten sie ja selbst. Die irischen Kelten, von denen man sagte, sie seien von den Heiden am leichtesten zu bekehren gewesen, wurden überhaupt nicht bekehrt. Sie änderten nur den Namen ihrer Göttin in Maria um und fuhren fort, sie wie vorher anzubeten. Und das rituelle Druidentum ging mit dem Feenvolk unter die Erde.

Der heilige Stier

In der antiken Welt war vielleicht am weitesten der Stierkult verbreitet, die Verehrung des Tieres, das der Großen Göttin geweiht war. Selbst in den entferntesten Bereichen des Mythos und des Altertums finden wir, wo immer eine Göttin an oberster Stelle regiert, den heiligen Stier neben ihr. Der alte kretische Gott Poseidon, der Sohn Potnias (der Mächtigen), war ein Stiergott ebenso wie ein Fischgott. Platon berichtet uns, daß Poseidon der Gott von Atlantis war, wo der Stier verehrt wurde. Die erste Herrscherin von Atlantis, die zwar von Diodorus Siculus im ersten Jahrhundert v. Chr., aber nicht von Platon erwähnt wurde, war die Königin Basilea, die Poseidon *zeitlich vorausging*. Sie war es, schreibt Diodorus in seinem gewaltigen Werk *„Historische Bibliothek"*, die nach einem blutigen Krieg gegen die Kräfte des Bösen und des Chaos Ordnung, Recht und Gerechtigkeit in die Welt brachte. Sie war der keltischen Sitte entsprechend eine Kriegerkönigin, eine Vorgängerin von Cartismandua, Veleda, Boadicea und Tomyris.

Königin Basilea entwickelte sich zur Großen Göttin „unter hundert Namen, aber nur einer Person", die in der ganzen alten Welt beständig verehrt wurde. (38) Das unvorstellbare Alter dieser großen Königin wird dadurch deutlich, daß sie für die Tochter der Gaia gehalten wurde, der Urgöttin, die in späteren hellenischen Mythen die Welt aus dem Chaos schuf; und sie ging so selbst Gaias Sohn Kronos voraus, dem alten „Vater Zeit".

Wo immer sich der Göttinnenkult ausbreitete, war er vom heiligen Stier begleitet. In Indien, wo der Stier noch heute verehrt wird, war der Stierkult Teil des Göttinnenkultes, der bis in Ramas Zeit hinein vorherrschte. Apis, der der Isis geweihte Stiergott von Ägypten, ist, wie auch der Stiergott, „das Goldene Kalb", des alten Palästina und Syrien, seit langem bekannt. Letzterer war Moloch, der syrischen Göttin Ea (Tiamat) geweiht, die unter den Juden als 'Anat oder Neith verehrt wurde.

Ausgrabungen bei Ninive, Babylon, Ur und ebenso bei kleineren Städten des Euphrat-Tigris-Tales erweisen, daß der Stier zur Verehrung der großen Fischgöttin Tiamat gehörte, die oft als Meerjungfrau dargestellt wird, wie z.B. auf einem Siegel, das man bei Ninive ausgegraben hat. (39) Es hat sich herausgestellt, daß Poseidon die spätere Gestalt derselben Fischgöttin ist. (40)

Der Stierkult des alten Kreta ist allgemein bekannt durch die Geschichte des Minotauros, der Generationen von heiligen Stieren verkörpert, die im Labyrinth in Luxus gehalten wurden, und denen möglicherweise gelegentlich gefangene Jungen und Mädchen geopfert wurden. Er war der alten Göttin Potnia geweiht, der ersten Gottheit Kretas und später von Mykene. Der Stier und die Labrys, die kretische Doppelaxt, waren die Zeichen des Göttinnenkultes und der matriarchalen Herrschaft in der ganzen alten Welt. Man fand sie auch eingeritzt oder aufgemalt an den Wänden der Höhlen des paläolithischen Europa, der Tempel des neolithischen Anatolien und bei Stonehenge in England, genauso wie im bronzezeitlichen Kreta, Mykene, Ionien, Pylos, Tiryns und im italienischen Umbrien und Rom.

Im vorhellenischen Athen gehörte der heilige Stier zum Kult der Großen Göttin Athene (41), woran Aristophanes in den *„Fröschen"* und in den *„Wolken"* erinnert. Der Stierkult verschwand in Griechenland jedoch mit der Ankunft von Zeus im 8. Jahrhundert. Denn im Gegensatz zur vorherrschenden Meinung erreichte Zeus nach W.K.C. Guthrie eine bedeutende Stellung in der griechischen Religion erst zu Zeiten Hesiods und Homers. (42) Homers Erhöhung von Zeus in der *Ilias* war, wie Leonard Cottrell hervorhebt, ein Anachronismus. (43) Zeus war zur Zeit des Trojanischen Krieges ein sehr unbedeutender Gott. Daß das Homer selbst wußte, zeigt sich daran, daß er in der *Ilias* Athene vor Zeus, den König der Götter, setzt.

Erst im 6. Jahrhundert v. Chr. setzten die Religions-,,Reformer", wie Guthrie sie nennt (44), Zeus an die erste Stelle im griechischen Pantheon. Orpheus muß gerade vor der griechischen Religionsreform gelebt haben. Einige Mythen reihen ihn in die Argonauten der Generation vor Troja um 1300 v. Chr. ein, doch verläßlichere Quellen geben für ihn die Zeit nach dem dorischen Einfall an oder weisen ihn in etwa als Zeitgenossen von Thales, Anaximander und Pythagoras des 6. Jahrhunderts oder im frühesten Fall des Thamyris und der Sappho des 7. Jahrhunderts aus. (Sappho soll sein singendes Haupt vom Strand von Lesbos gerettet haben.)

In Orpheus' Heimatland Thrakien war der Stier lange Zeit der Göttin heilig gewesen, doch in der orphischen Religion, die die Erhabenheit von Zeus über Hera lehrte, behielt der Stier weiterhin seinen alten Rang. Diese Tatsache ist ein weiterer Beweis dafür, daß Orpheus ein abtrünniger Druide war, ein Heretiker der alten Religion. Denn die Druiden Thrakiens hatten immer den Stier verehrt, und der Stierkult hielt sich unter den späteren Kelten sogar bis in das 4. Jahrhundert nach Chr. (45)

,,Der Stier wurde von den Kelten verehrt, und seine Opferung war ein Teil der druidischen Zeremonie" (46), wie es in der orphischen und atheneischen Religion gewesen war. In Indien, Ägypten, Kreta und Anatolien wurde der Stier nicht geopfert. Die keltischen Pikten Schottlands verehrten den Stier und die Göttin noch im 17. Jahrhundert, bis es die Schottische Kirche nötig fand, den Stierkult unter dem Landvolk als Gotteslästerung zu brandmarken. (47)

Wir können den Stierkult von seinem Ausgangspunkt im Gebiet der verlorenen Kultur, (man nenne sie Atlantis oder wie man wolle) über das prähistorische Sumer zum historischen Babylon, Ägypten, Kreta, Syrien und Griechenland hinverfolgen. Er hielt sich in Thrakien, im keltischen Europa und in Britannien bis in die Neuzeit und begleitete immer den Göttinnenkult. Seine letzte Ausprägung in einer organisierten Religion fand er im Druidentum.

Im letzten Jahrzehnt der archäologischen Arbeit hat man auf dem Gelände der ,,ältesten Stadt der Geschichte" (48), Catal Hüyüks in Anatolien, das Bindeglied zwischen Mythischem und Historischem gefunden. Denn dort, wo die Große Göttin unleugbar an oberster Stelle stand, war das einzige Geschöpf, das ihre Heiligtümer und Tempel mit ihr teilte, der heilige Stier. „Sie war *die* Gottheit, und ihr folgte der heilige Stier von Platons verlorenem Kontinent." (49)

Das Goldene Zeitalter und die Mutter Gottes

> *Die Überlieferung vom Goldenen Zeitalter entstand aus dem natürlichen Bedauern der ersten Siedler des alten Volkes, als sie sich an das glückliche Land ihrer Geburt erinnerten und es ihren Kindern in glühenden Farben schilderten.*
>
> Sylvain Bailly

Die Zeitalter des Menschen

Für die hellenischen Griechen hatte es fünf Zeitalter des Menschen gegeben, von denen alle bis auf das letzte, das hellenisch-dorische Eiserne Zeitalter, matriarchal gewesen waren. Das Eiserne Zeitalter wurde von Hesiod, der in ihm lebte, als der „unwürdige Nachfolger früherer Zeitalter" bezeichnet. Degeneriert, grausam, ungerecht, begierlich, pflichtvergessen, verräterisch, das waren einige der Bezeichnungen, die der Dichter Hesiod, seiner eigenen Zeit gab. Er ist der „erste Heimwehreaktionär der westlichen Kultur" genannt worden, denn er beklagte die neue Ethik von der männlichen Überlegenheit und brandmarkte den Triumph des Patriarchates als den Sieg schamloser Räuberei, der Gewalt und des Zwists, (1) ähnlich wie Gibbon und andere den Triumph des Christentums über die anmutigen Götter und Göttinnen Griechenlands beklagen sollten.

Das erste, das Goldene Zeitalter, war die Zeit des Paradieses auf Erden gewesen, als „es keine Götter" oder Könige gab, und als „die Menschen ohne Arbeit lebten, nie alt wurden, viel lachten, und ihnen der Tod nicht schrecklicher war als Schlaf". (2) Das war die Zeit der großen verlorenen Kultur, die in der Erinnerung des Menschen nur ein idealisierter, ferner und unwiederbringlicher Traum der Kindheit war, des Menschen „erstes, schönes, sorgloses Entzücken," als die Unsterblichen in männlicher und weiblicher Menschengestalt über diese Erde schritten.

Das zweite Zeitalter, das Silberne, war die Zeit der mächtigen Frauenherrschaften, die die wiederbelebte Kultur kennzeichneten, nachdem die alte verschwunden war. Diese Epoche währte viele tausend Jahre und endete in geschichtlicher Zeit. In ihr erblühten die großen Kulturen Sumers, Ägyptens und Kretas, und sie war das Stadium der Kultur, das die Dichter das Goldene Zeitalter nennen.

Im Silbernen Zeitalter „waren die Männer vollkommen ihren Müttern untergeordnet, und sie wagten nicht, ihnen gegenüber ungehorsam zu sein, selbst wenn sie hundert Jahre alt wurden". (3) Sie brachten nie Opfer, führten nie Krieg, und lernten nie, zu jagen und zu töten. (4) Erich Fromm schreibt das Gefühl der Seligkeit, das dieses Zeitalter durchzog, dem Glauben an die Große Göttin zu, der Mutter-Göttin, die all ihre Kinder in gleicher Weise liebte, im Gegensatz zu dem späteren Vater-Gott, dessen Liebe von blindem Gehorsam von Anpassung und unbedingter Erfüllung des väterlichen Gebots abhängig war. (5) „Der Mythos vom Goldenen Zeitalter", schreibt Graves, „leitet sich von der Tradition der Stammesunterwerfung unter die (...) Göttin ab; (...) der Mythos vom Silbernen Zeitalter bezeugt ebenfalls matriarchale Verhältnisse, wie z.B. jene, die sich unter den Pikten (Schottlands) bis in jüngste Zeit erhalten haben." (6) (Und nach Terence Powell, der Autorität auf keltischem Gebiet, waren die Pikten reine Kelten. (7)

Das dritte Zeitalter, das dem Silbernen folgte, war die frühe Bronzezeit, eine Zeit, in der Kreta immer noch in der Ägäis und in der ganzen damals bekannten Welt überlegen herrschte. Es war auch die Zeit, als die ersten Griechen um 3000 v. Chr. von Anatolien kommend über das Meer in den Peleponnes einwanderten (8) und den kretischen Kult von der Großen Göttin Potnia übernahmen, die sie offensichtlich mit ihrer alten anatolischen Gottheit gleichsetzten.

Dies waren die Achäer, die etwa 1500 Jahre nach ihrer Ankunft in Griechenland die kretische Kultur absorbierten und die große minoisch-mykenische Kultur auf dem Festland begründeten. Während dieser Epoche lernten die

Menschen zum ersten Mal das Fleisch von Tieren essen. (9)

Die späte Bronzezeit, das 4. Zeitalter des Menschen, war das Heldenzeitalter der Griechen. Sein Volk waren Homers Achäer, die mykenischen Helden von Troja. Sein letzter großer König war Agamemnon und seine große Stadt Mykene. Der fünfte und letzte Stamm waren die Dorier der Eisenzeit, die durch Thrakien um 1000 v. Chr., 200 Jahre nach dem Trojanischen Krieg, aus Europa herabfluteten und die minoisch-mykenische Kultur zerstörten, und das Dunkle Zeitalter nach Griechenland brachten. Sie waren, wie die Achäer und Mykener, Indo-Europäer, aber sie brachten im Gegensatz zu diesen frühen Griechen ihren eigenen, neuen männlichen Gott Zeus mit sich. Sie waren es, die den Göttinnenkult ausmerzten und in ganz Griechenland für Zeus und sein Geschlecht Heiligtümer errichteten. In dem geheimnisvollen Land Thrakien war es, wo Zeus und die Dorier ihre ersten Kämpfe gegen die Göttin fochten, eine Tatsache, an die der Mythos erinnert. (10)

Während und nach der Invasion durch die Dorier und des Abstiegs Griechenlands in zeitweilige Barbarei betrachtete man mit tiefem Heimweh das Silberne Zeitalter als Zeit des Friedens und des Fortschrittes. Für die Nicht-Griechen wurde dieser Abschnitt das Goldene Zeitalter. Selbst Hesiod sollte ihn so bezeichnen, und sein Untergang wurde noch Jahrhunderte nachher von Dichtern vieler Nationen betrauert.

Das Goldene Zeitalter

Im Gegensatz zum allgemeinen Eindruck, daß unsere frühen Vorfahren durch Krieg und Gewalttätigkeit lebten, weisen alle Zeugnisse, die geschichtlichen ebenso wie die archäologischen, auf die Tatsache hin, daß vor der patriarchalen Revolution der Mensch friedlich war und es keine Kriege gab. Der Klassik war diese Wahrheit bekannt, obwohl die Griechen und Römer mit ihrer eigenen Vergangenheit weniger vertraut waren als wir heute. Ihre „gynaikokratische Vergangenheit war begraben und vergessen worden", schreibt Jane Harrison über die Athener (11); und zu Catos Zeiten wußten die Römer nicht mehr, daß ihre Mütter nicht lange vorher noch im römischen Senat gesessen hatten. (12)

Doch die römischen und griechischen Dichter hatten gefühlt, daß es in einer nicht zu weit zurückliegenden Vergangenheit, und zwar vor der Geburt der Götter, eine Zeit gegeben hatte, während der die Erde ein Halbparadies des Friedens und der Ruhe gewesen war, beherrscht von einer allmächtigen Göttin. In den *Eklogen* betet Virgil um die Rückkehr des Goldenen Zeitalters, in dem „die Gerechtigkeit (Themis) *wieder* regieren und die Erde von der unaufhörlichen Furcht befreien wird". (13) Und Lukrez erinnert an die verschwundene Zeit, in der „Schrecken und Dunkelheit" von der Göttin vertrieben worden waren, „der Mutter der Götter, der einzigen Herrin aller Dinge, ohne die nichts froh oder lieblich sein kann". (14)

Daß diese Erinnerungsträume der Dichter keine Mythen waren, ist durch die Untersuchung moderner Forschung bewiesen. Anthropologen, Historiker und Archäologen erkennen nun die Tatsache an, daß „die ersten Stufen der Menschheit friedlich und schöpferisch waren", und fragen sich, warum „Barbarei dem absoluten Frieden der primitiven Menschheit folgte", (15) James Breasted betont die friedlichen Bräuche der frühen Ägypter. Sie waren „vollkommen unkriegerisch", schreibt er, bis sie von den einfallenden nomadischen Hyksos im 17. Jahrhundert v. Chr. Gewalttätigkeit gelehrt wurden. (16) Und Sir Arthur Evans steht in gleichem Maße für die Friedfertigkeit der alten Kreter ein. „Die Minoer führten ein angenehmes Leben unter friedlichen Bedingungen", schreibt er. „Nichts haben wir gefunden, was auf Krieg hindeutet, nichts, was auf Bürgerkrieg oder selbst Verteidigung gegen fremde Raubzüge hinweist". (17) Dieser Zustand dauerte bis zur Zerstörung von Knossos durch das große Erdbeben und Feuer des 15. Jahrhunderts.

Sir Leonard Woolley fand bei der Ausgrabung der vorsintflutlichen Stadt Ur den Beweis für eine „Kultur von erstaunlich hohem Rang". „Von anderen Ausgrabungen von Persien bis an die Küsten des Mittelmeeres wissen wir" fügt Cottrell hinzu, „daß diese vorsintflutlichen Völker beträchtlich fortgeschritten" (18) und beachtenswert unkriegerisch waren. „Seltsamerweise gab es nie irgendwelche Waffen", schreibt Woolley vom frühen Alalakh (19), und man hat bis zum Ende des 3. Jahrtausends, als die patriarchalen Nomaden zum ersten Mal in die „bestellten Länder des Fruchtbaren Halbmondes" einfielen, in keiner der alten Städte des nahen Ostens irgendein Anzeichen für menschlichen Streit oder menschliche Gewalttätigkeiten gefunden. (20)

Die prähistorischen Bewohner Britanniens, sagt Massingham, besaßen keine Grenzen, keine Festungen, keine Waffen und keine Kriegerklasse, denn sie brauchten keine. (21) Und August Thebaud, der fest davon überzeugt war, daß nichts Gutes vom „Heidentum" kommen konnte, gibt widerstrebend zu, daß die prähistorischen, vorchristlichen Iren einen „sehr hohen kulturellen Stand erreicht hatten", in dem Friede und Ruhe vorzuherrschen schienen. (22)

„Von alters her besaß die Religion in allen Ländern bestimmte allgemeine Dinge, die zum Glaubensbestand aller Völker gehörten und offensichtlich von der ursprünglichen Überlieferung der Menschheit herrührten. So z.B. der Glaube an das Goldene Zeitalter und den Fall nach einem glücklichen Anfang", schrieb Thebaud 1887. (23) Und der Anthropologe G. Eliot Smith schrieb 1924, noch vor den Entdeckungen der letzten Zeit: „Die sorgfältige Analyse aller verfügbaren Beweise scheint klar zu dem Schluß zu führen, daß sich die Welt tatsächlich einst eines solchen Goldenen Zeitalters erfreute, wie es Hesiod beschreibt." (24)

Mehr und mehr beweist die Archäologie, daß es in der Tat wirklich ein Goldenes Zeitalter gab, eine gynaikokratische Epoche, die unzählige Jahrtausende andauerte, bis über die Dämmerung der geschriebenen Geschichte herauf. Wenn es keinen anderen Beweis gäbe, wären die kürzlichen Ausgrabungen bei Mersin und Catal Hüyük in Anatolien ausreichend, um die Tatsache seiner weiblichen Wesensart zu belegen. Der Mann war friedfertig, die Gottheit weiblich und die Frau überragend. Frieden und Gerechtigkeit herrschten unter einer allbarmherzigen Göttin, und die langen Kleider der Priesterinnen sind bis zum heutigen Tage das Gewand der männlichen Priester, die später folgten.

Der Monotheismus, von dem man einst glaubte, Moses oder Echnaton habe ihn erfunden, war in der Vor- und Frühgeschichte überall verbreitet. „Es scheint, Evans hatte recht, wenn er behauptete, daß es ein Monotheismus war, in dem die weibliche

Form der Göttlichkeit vorherrschte". (25) Selbst der allmächtige Jahwe, der Gott des Moses und der späteren Hebräer, war ursprünglich eine Göttin, Iahu-'Anat, deren Name sogar von der sumerischen Göttin gestohlen worden war. Theodor Reik fragt, was eigentlich mit der ursprünglichen Göttin der Juden geschah. Dann gibt er selbst die Antwort: „Die Torah bildet die Grundlage, auf der das Judentum ruht. *Sie* wird für älter als die Welt gehalten und ihr *wird eine kosmische Rolle (bei der Schöpfung) zugeschrieben* (...). Selbst in dieser verwässerten Form erkennen wir noch die zuerst weibliche Göttin." (26) Und Robert Aron macht sich Gedanken über die vormosaischen Juden. Er fragt, wen sie vor Jehova verehrten. Und dann kommt er zu dem Schluß von Reik: Torah, die älter als Gott ist. (27)

Wie jeder aufmerksame Leser des alten Testamentes feststellen kann, kam es das hebräische Volk hart an, die Verehrung der Göttin zu unterdrücken, die das tiefe Heimweh nach den alten Tagen des Friedens und der Fülle verkörperte. Raphael Patai weist auf vierzig Stellen im Alten Testament hin, in denen die Göttinnenverehrung unter den Hebräern erwähnt ist (28), selbst nach all den späteren patriarchalen Ausgaben. In der Zeit des Jeroboam teilte die Göttin den Tempel mit Jehova. Und der Grund, warum Jezebel solch einen schlechten Ruf unter Christen und Juden hat, ist der, daß sie für die Göttin und gegen Jehova war und König Ahab zu ihrem Glauben an die Göttin bekehrt hatte.

„So tief war der Göttinnenkult in Palästina verwurzelt", schreibt E.O. James, „daß er alle drastischen Reformversuche von seiten der Jahwisten bis zum Ende der Königsherrschaft überdauerte." (29)

Selbst nach dem Exil, klagt Jeremias, hielt das Volk daran fest, die Himmelskönigin zu verherrlichen, die „unsere Väter, unsere Könige und Fürsten" immer angebetet haben, „denn damals hatten wir genug, und es ging uns gut, und wir sahen nichts Schlechtes", (30) wohingegen Jehova böse Zeiten „und nichts als Unglück gebracht hatte." (31)

Die Hebräer und andere Völker auf der ganzen Welt erinnerten sich an das Goldene Zeitalter und an seine Große Göttin; denn im Zeitalter der Entdeckungen stellte man fest, daß diese Überlieferung auch noch bei den Primitiven bestand, die von der Hauptströmung der Kultur seit Tausenden von Jahren abgeschnitten waren.

Zu den von wilden Stämmen bewahrten Resten eines vergessenen Einflusses, die die europäischen Forscher überraschten und erstaunten, gehörte der allgemeine Glaube an ein verlorenes Paradies, ähnlich dem Garten Eden des jüdisch-christlichen Mythos, und der Glaube an die Vorherrschaft der Großen Göttin, die die Schöpferin der Welt und die Mutter aller Götter war.

Die Mutter Gottes

Im ursprünglichen Mythos, einschließlich des jüdischen (und deshalb auch des des Christentums, des Judentums älterem Kind), gibt es eine ursprüngliche Große Göttin, die das Universum, die Erde und die Himmel und endlich die Götter und die Menschheit erschafft. Schließlich gebiert sie parthenogenetisch einen Sohn, der später ihr Liebhaber, dann ihr Gemahl, daraufhin ihr Stellvertreter und schließlich in patriarchalen Zeiten der Usurpator ihrer Macht wird. (32) Doch in den unermeßlichen Äonen ihrer ausschließlichen Herrschaft leitet sie die Kultur in allen ihren Bereichen ein. Unter ihrer Ordnung erfreut sich die Erde eines langen Zeitraums friedlichen Fortschrittes, während dem Städte gebaut, Recht und Gerechtigkeit gestiftet werden, Getreide gepflanzt und geerntet, Vieh wegen seiner Milch und seiner Wolle gezähmt, Feuer entdeckt und benutzt, das Rad erfunden, das Schiff zum ersten Mal gebaut wird und die Kunst der Keramik, des Webens, des Malens und der Bildhauerei beginnt.

Dann plötzlich ist alles zu Ende. Das Paradies verloren. Ein dunkles Zeitalter bricht über die Welt herein, verursacht von einer Sintflut, mit der eine patriarchale Revolution einhergeht. Barbarische und unkultivierte Nomaden, umherziehende Banden von ausgestoßenen, frauenlosen Männern zerstören die kultivierten Stadtstaaten, entthronen die Königinnen und versuchen, an ihrer Stelle zu regieren. Das Ergebnis ist Chaos. Krieg und Gewalttätigkeit erscheinen, Gesetz und Recht entschwinden, Macht tritt an Stelle des Rechts, die Große Göttin wird durch einen unerbittlichen und rachsüchtigen Gott ersetzt, der Mensch wird zum Fleischfresser, Besitzrechte werden wichtiger als Menschenrechte, die Frau wird herabgesetzt und ausgebeutet, und die Kultur beginnt ihren Abstieg, den sie noch immer fortsetzt.

Das ist der Gegenstand aller Mythen, vom Goldenen Zeitalter der Griechen und Römer bis zum Garten Eden der Juden und Christen, den glücklichen Jagdgründen der Indianer und dem Avaiki der Polynesier: Alle enden mit der Vertreibung aus dem Paradies und in vollkommenem Verfall.

Oswald Spengler führt den Verfall der modernen Kultur auf einen „faustischen" Wesenszug im modernen Menschen zurück, der im Gegensatz zu dem steht, was er „apollonischen" Wesenszug des alten Menschen nennt. (33) Seine Definition vom faustischen Menschen stimmt mit unserer vom patriarchalen überein, für den „der Krieg der Vater aller Dinge" ist, während sein apollonischer Mensch unserem alten gynaikokratischen entspricht, für den „jeder Kampf von Übel" war.

„Die Kultur der klassischen Welt", schreibt Ruth Benedict, „war auf (Spenglers) apollonischem Bild des Lebens erbaut, und die moderne Welt hat in all ihren Institutionen die unmittelbaren Folgerungen des faustischen Bildes entwickelt". (34) Daher kommt die patriarchale oder maskuline Unordnung der Gesellschaft.

Edward Carpenter zeichnete diesen Unterschied zwischen altem, matriarchalem, apollonischem und modernem, patriarchalem, faustischem Menschen, als er schrieb: „Ihre (der Frau) Kräfte sind besser koordiniert, sie harmonieren besser miteinander, während seine (des Mannes) zusammenhangslos und widersprüchlich sind. Es geht darum, daß der Mann mit seiner ungeordneten Natur während der letzten Jahrhunderte das andere Geschlecht beherrscht und sich selbst zum Beherrscher der Gesellschaft gemacht hat (...). So haben wir natürlich eine Gesellschaft entsprechend seinem Vorbild, die zwar im Bereich technischer Erfindungen fortgeschritten ist, bei der sich aber alles in wirbelnder Unordnung und in Streit befindet, was von der menschlichen Seite her gesehen eine *vollkommene Fehlentwicklung* ist." (35)

Spengler, Carpenter und all die Philosophen und Dichter seit Hesiod, die den Niedergang der westlichen Kultur beklagt haben, bedauern, wie Gibbon, das Dahinschwinden des matriarchalen Zeitalters und mißbilligen die Gewalt und den Kampf, die unsere moderne patriarchale Gesellschaft kennzeichnen. Was all diese Männer wirklich wollen, ist eine Rückkehr ins Goldene Zeitalter des Matriarchats und die Restauration der Großen Göttin. „Ihr Kult (kommt) bestimmten lebenswichtigen Bedürfnissen der Menschen aller Zeiten entgegen", schreibt James (36), und Graves fügt hinzu: „Es kann aus dem gegenwärtigen, mehr als erbärmlichen Zustand der Welt kein Entrinnen geben, (...) bevor nicht schließlich der unterdrückte Wunsch der westlichen Völker nach einer Art Göttinnenkult befriedigt wird." (37)

Vor einigen Monaten haben ein französischer Künstler (38) und ein amerikanischer Geistlicher (39) Bücher geschrieben, in denen sie die Weltgeschichte als das Ergebnis eines Meisterplanes einer Raum-Hierarchie erklären, die versucht, eine vollkommene Rasse in unserem Sonnensystem zu erschaffen, und die dabei die Erde als Versuchsfeld benützt. Nach dieser Hypothese sind hier verschiedene Versuchsrassen angesiedelt worden, nur um schließlich als Mißerfolge vernichtet zu werden. Zu diesen Mißerfolgen gehörten die vor Adam lebenden Völker, die noch vor Eden, und die Nachkommen Adams des Erdmenschen, die in der großen Flut ausgelöscht wurden. Das wiedererschaffene, nachsintflutliche Geschlecht hätte etwa zu Beginn unserer Zeitrechnung zerstört werden sollen, und Jesus, ein Mensch aus dem Weltraum, wurde gesandt, um die Würdigen vor ihrem drohenden Untergang zu warnen. Paul Misraki schreibt, daß alle Beweise auf die beabsichtigte Vernichtung des Menschengeschlechts um die Mitte des ersten Jahrhunderts n. Chr. hindeuten. Doch dann geschah etwas, das den festgesetzten Plan änderte. Dem Erdenmenschen wurde in letzter Minute Strafaufschub gewährt und eine zweite Chance gegeben. Aber was geschah? Nach Misraki: der „Tod" Mariens. Um das Jahr 50 christlicher Zeitrechnung wurde Maria körperlich zu der Überrasse zurückgeführt, von der sie gekommen war, und sofort begann sie für des Menschen Begnadigung zu bitten. Auf ihre Fürsprache hin wurde das „Ende" hinausgeschoben, und es wird immer noch durch Mariens fortgesetzte Bitten verzögert; deshalb die Erscheinungen in Fatima, Lourdes, usw.

Diese Hypothese stimmt gut mit der mancher hervorragender Wissenschaftler, z.B. Agrest, Shklovskii, Sagan, Freeman, J. Dyson, Thomas Gold, um nur einige zu nennen, überein, nämlich, daß die Hauptlinie des Menschengeschlechtes in der Vergangenheit von einem kolonisierenden Volk irgendeines entfernten Sterns hier in verschiedenen Abständen angesiedelt wurde. Nach dieser Theorie wurde die auf die Erde verpflanzte Rasse durch die Vermischung mit den eingeborenen Arten, den Ergebnissen der

Evolution über die Affen, von denen der Neandertaler eines war, in ihrer Entwicklung gehindert und zurückgeworfen. Der Neandertaler, der rohe Höhlenmensch der allgemeinen Vorstellung, starb nicht aus, aber er wurde von den unentwickelten Arten absorbiert, von den angesiedelten Kolonisten, zu denen der Cro-Magnon-Mensch gehörte. Wenn man die Überreste des Neandertalers überprüft und mit denen des Cro-Magnon-Menschen vergleicht, kann man kaum glauben, daß sie sich in derselben Linie und von denselben Vorfahren entwickelt haben könnten. Der Neandertaler war klein, gedrungen, zottig, schmalstirnig, unschöpferisch — mehr Tier als Mensch. Der Cro-Magnon-Mann und auch die Frau, die ,,plötzlich", von nirgendwoher, im Südwesten Europas vor etwa 20 000 Jahren erschienen, waren schmal, aufgerichtet, schöpferisch, intelligent; nach der Hirnschale zu urteilen, intelligenter als der moderne Mensch. Während der Neandertaler kinn- und stirnlos war, jedoch vorspringende Kiefer hatte und behaart war, besaß der Cro-Magnon-Mensch ein wohlgeformtes Kinn, eine hohe Stirn, schmale Kiefer und fast keine Körperhaare.

Woher kam er? Wie tauchte er so plötzlich in Süd*west*europa, nämlich in Spanien und Frankreich auf, offensichtlich ohne Mitteleuropa durchquert zu haben, wenn er aus dem Osten und auch nicht Italien, wenn er aus Afrika kam? Von Afrika über Gibraltar nach Spanien zu gelangen, wäre, wie seit Jahrtausenden, wegen der gefährlichen Strudel und der verborgenen Untiefen der Skylla und Charybdis der Alten, unmöglich gewesen. Einige meinten, er sei aus dem Westen, vom Atlantik, gekommen, andere glaubten, vom Himmel.

Misrakis Hypothese ist deshalb nur eine christliche Auslegung der Ansiedlungstheorie, im Gegensatz zur Evolutionstheorie vom irdischen Ursprung der Menschen. Wenn man Adam, Jesus und Maria aus Misrakis Darstellung wegläßt, so bleiben die verlorene Kultur, das Wiederaufleben der Kultur in Sumer und die Große Göttin als Führerin und Überwacherin des Ganzen. Ist Maria also nur eine neue Offenbarung der Göttin, die nach der *Enuma Elisch* die ,,Allschöpferin und Mutter der Menschheit" war?

Denn es ist eine Tatsache, daß nach den Aussagen von berühmten wie auch wenig bekannten Mystikern und Visionären der häufigste Besucher auf Erden eine ,Dame' ist. Christen hielten diese immer für Maria, aber Nichtchristen gaben ihr verschiedene Namen. Luzius nannte sie Königin des Himmels, und sie bezeichnete sich selbst, als sie ihm erschien, als „die Mutter aller Dinge, die Herrin und Lenkerin des Universums, die oberste der göttlichen Gewalten, die Königin aller, die im Himmel und in der Hölle wohnen; meinem Willen gehorchen die Planeten des Himmels und die Winde auf den Meeren. Meine Göttlichkeit wird auf der ganzen Welt unter verschiedenen Namen angebetet. Denn die Phrygier nennen mich Mutter der Götter, die Athener Athene, die Bewohner Zyperns Venus, die Kreter Diana, die Sizilianer Proserpine, die Eleusinier ihre alte Göttin Ceres, einige Juno, einige Minerva, einige Hera, andere Bellona, andere Hekate, andere Rhamnusia. Aber die Ägypter, die sich in allen Arten der alten Weisheit auszeichnen, nennen mich mit meinem richtigen Namen, nämlich Königin Isis". (40)

Und um die Entsprechung dieser heiligen Frau mit der heiligen Maria des Misrakis noch mehr zu betonen, fügt sie als Zeichen ihrer marienähnlichen Vermittlungskräfte hinzu: „Ich allein kann deine Tage über die Zeit hinaus verlängern, die dir von den Schicksalsgöttinnen bestimmt ist." (41)

Die Übereinstimmung der jungfräulichen Göttin Isis mit der christlichen jungfräulichen Göttin Maria wird von Carpenter herausgestellt: „Die Jungfrau Maria mit ihrem heiligen Kind in ihren Armen kann geradewegs zur ägyptischen Isis mit ihrem Kinde Horus zurückgeführt werden, und von dort zu dem Sternbild der Jungfrau, das am Himmel scheint. In den Darstellungen der Tierkreiszeichen im Tempel von Denderah in Ägypten steht neben der Gestalt der Jungfrau eine kleinere der Isis mit Horus in ihren Armen; und so setzte die Römische Kirche das Fest von Marias glorreicher Himmelfahrt genau auf den Tag, an dem das genannte Sternbild im August verschwindet, und ihre Geburt auf das Datum, an dem dasselbe Sternbild im September wieder erscheint." (42)

Die im Verlauf der ganzen Geschichte häufigen Erscheinungen einer lieben Frau in „weißen und leuchtenden Kleidern, deren blondes Haar mit einem Blumenkranz umwunden ist" (43), wie sie Apuleius vor 2 000 Jahren und die Kinder von Fatima vor erst 50 Jahren beschrieben, sind sehr bezeichnend. Warum ist diese Selige immer eine Frau? Warum nicht ein Mann? Die Erklärung kann, wie Graves sagt, in dem unterdrückten Wunsch des westlichen Mannes nach einer Göttin liegen, aber auch in der Tatsache, daß die Gesegnete, die Herrscherin des Universums, eine Frau *ist*, die Große Göttin der ersten Million oder mehr Jahre des Menschen.

4

Aussagen der Archäologie

Geprüft von geschichtlich erwiesenen Wahrheiten erscheint die mythische Überlieferung als authentische, unabhängige Aussage des frühesten Zeitalters, als eine Aussage, bei dem Erdichtung keinen Anteil hat.

J.J. Bachofen

Die Große Göttin

Der allgemeine Wunsch der Menschheit, „Sie nachzubilden und Ihr Abbild zu verehren, ging der Geburt der Kunst voraus." Zwischen 9000 und 7000 v. Chr.", sagt James Mellaart, „erscheint im Nahen Osten die Kunst in Form von Statuetten der höchsten Gottheit, der Großen Göttin." (1) Ihr Bild, eingeritzt in einen Vogelschnabel nicht größer als ein menschlicher Fingernagel, oder herausgeschlagen aus einem Megalith, der Hunderte von Tonnen wiegt, war überall in der Welt vorhanden. Die Archäologen graben sie nahezu täglich aus, diese Abbildungen der ersten Gottheit des Menschen.

Sie sind die frühesten Kunstwerke, die je entdeckt wurden, und eines von ihnen, die Venus aus dem Wildenmannlisloch, ist vor *siebzigtausend Jahren* entstanden. (2) Das Gebiet dieser Funde erstreckt sich von Irland bis nach Sibirien, über den Mittelmeerraum, den Nahen Osten und Nordafrika. Frühere Archäologen oder „Altertumsforscher", wie sie im 19. Jahrhundert genannt wurden, taten sie als Fruchtbarkeitssymbole ab. Im Licht der wachsenden Erkenntnis, daß sie des Menschen erste tastende Versuche sind, die Gottheit darzustellen, ist diese Erklärung aber aufgegeben worden. Wir könnten zwischen der Annahme, daß diese Figuren Fruchtbarkeitssymbole waren, und der möglichen Vorstellung einer späteren Kultur, unsere Kreuze seien reine Glücksbringer gewesen, einen Vergleich ziehen. „Niemand, der diese zierlichen, kleinen Figuren betrachtet, würde sich vorstellen, daß sie Fruchtbarkeit mit magischen Mitteln herbeiführen sollten", schreibt Ivar Lissner. (3)

„Daß die Verehrung der Göttin ein innerer Bestandteil der Megalithkultur Europas war, zeigt sich am Auftauchen ihrer Symbolik in der Gestalt von Hünen-Bildsäulen und anderen Formen in der Bretagne, auf den Kanalinseln und in Britannien selbst", schreibt E.O. James. Die Göttin war der beherrschende Einfluß „von Indien bis zum Mittelmeer", und archäologische Erkenntnis „hat die von der Göttin" *in der ganzen alten Welt* „eingenommene einzigartige Stellung enthüllt". Darüber hinaus wird immer deutlicher, daß sie in der folgenden Entwicklung der alten Religionen von Indien bis Palästina, von der Neusteinzeit bis in die christliche Zeit hinein einen weitreichenden Einfluß besaß und eine hervorragende Rolle spielte. (...) *Ihr Kult war der stärkste Gegner des Christentums."* (4)

Seit James das 1957 schrieb, sind in Anatolien umwälzende Zeugnisse entdeckt worden. Der Beweis für die gynaikokratischen Anfänge unserer Kultur und für die ursprüngliche Verehrung einer weiblichen Gottheit ist erstaunlich, wie wir im nächsten Abschnitt sehen werden. Es häufen sich jedoch auch Anzeichen dafür, daß nicht alle archäologischen Funde von weiblichen Abbildungen die Göttin verkörpern sollen. Unter den Göttinnenfiguren finden sich auch Darstellungen lebender Frauen. Nirgendwo zeigt sich Gleichförmigkeit, selbst nicht bei Ausgrabungen am gleichen Platz und aus der gleichen Zeit. Die Bildnisse reichen von schmalhüftigen, feinknochigen Schönheiten bis zu groben Karikaturen der Schwangerschaft: Alles ist Brust, Gesäß und Bauch. Die Gesichter unterscheiden sich ebensosehr: vom gestaltlosen Klecks bis zu außerordentlicher Lieblichkeit und mystischer Weisheit. In Ägypten stellen sie zweifellos Menschen dar, da sie zwischen männlichen Figuren gefunden wurden. „Zu den kleinen Standbildern der Nagadah-I-Kultur (viertes Jahrtausend v. Chr.), aus Ton geformt oder in einen Knochen geritzt, gehören die ersten *menschlichen* Darstellungen. Bemerkenswert ist das Vorherrschen weiblicher Figuren", schreibt Wolfhart Westendorf. (5)

„Bemerkenswert" ist das immer wieder von Archäologen verwendete Wort, wenn sie auf Beweise für die frühere Vorherrschaft der Frau stoßen. — „Bemerkenswert" wird die Reaktion der Archäologen des 80. Jahrhunderts sein, wenn sie in den Ruinen der verlorenen Kultur des 20. Jahrhunderts graben. Denn es wird überhaupt keinen Beweis dafür geben, daß Frauen in den wenigen letzten Jahrhunderten der christlichen Zeit überhaupt gelebt haben. Zukünftige Archäologen werden finden, daß all unsere Standbilder Männer darstellen, all unsere Münzen männliche Abbilder tragen, daß die Grund- und Schlußsteine all unserer öffentlichen Gebäude nur mit Namen von Männern versehen sind und daß all unsere Archive, die sich zufällig in unterirdischen Höhlen erhalten haben mögen, nur von Taten von Männern handeln. Berichte vom früheren Vorhandensein von Frauen werden in zukünftigen archäologischen Funden so selten sein wie Aufzeichnungen von Männern in der prähistorischen Archäologie von heute. Möglicherweise wird einer unserer zukünftigen Archäologen mit der erstaunlichen Theorie aufwarten, der Mann der christlichen Zeit sei fähig gewesen, sich partheno- oder anthropogenetisch fortzupflanzen, und habe, umgekehrt wie die Amazonen des Altertums, seine weiblichen Nachkommen umgebracht und nur die männlichen großgezogen.

Die matriarchale Theorie

Es ist „bemerkenswert", daß die vielen verschiedenen und hervorragenden Archäologen unter den Autoren der ausgezeichneten Reihe *Ancient Peoples and Places* (6) ihr Erstaunen über den Beweis dafür ausdrücken, daß in jedem ihrer Untersuchungsgebiete vom Nahen Osten bis Irland die Frauen einmal überragten. Jeder schreibt so, als sei diese alte Vorherrschaft der Frau einzigartig und nur seinem archäologischen Gebiet eigen. Doch zusammen betrachtet, belegen diese archäologischen Funde, daß die Vorherrschaft der Frau keine örtliche, sondern eine allgemeine Erscheinung war.

Bachofen erkannte die Wahrheit unseres gynaikokratischen Ursprungs ohne die Hilfe der archäologischen Entdeckungen der modernen Zeit. Er schrieb im 19. Jahrhundert, wobei er seine Schlußfolgerungen nur auf die Untersuchung „alter Autoren, Mythen, überkommener Bräuche, Ortsnamen und der Sprache" gründete, daß: „alles sich zu einem einzigen Bild zusammenfügt und zu dem Schluß führt, daß die Mutterherrschaft nicht auf ein bestimmtes Volk beschränkt ist, sondern einen (allgemeinen) Kulturzustand kennzeichnet", der dem patriarchalen System vorausgeht. (7) Es war „eine Kulturstufe, die durch die spätere Entwicklung der alten Welt überdeckt oder völlig zerstört wurde". (8)

Vor Bachofen hatte Max Müller in den alten Mythen eine Universalität verspürt, die auf einen gemeinsamen Ursprung in einer geschichtlichen Tatsache hindeutete, doch er folgerte, daß der Schlüssel für ihre Lösung unwiederbringlich verloren sei. Von der Mehrheit der Gelehrten des 19. Jahrhunderts, von Grimm bis Bulfinch, wurden die Mythen als „die Darlegung natürlicher Erscheinungen und die Einzelpersonen der Geschichten als Verkörperungen der Naturkräfte" ausgelegt, wie Sabine Baring-Gould bemerkt. (9) Dies war die anthropomorphe Theorie, in der, wie Baring-Gould sagt, „alle Helden die Sonne, alle Schurken die Dämonen der Nacht und des Winters, alle Speere und Pfeile die Blitze, und alle Kühe, Schafe, Drachen und Schwäne die Wolken verkörpern". (10) Bachofen bestand darauf, und zu Recht, wie sich herausstellt, daß die Mythen keine Erdichtungen, sondern historische Wirklichkeit darstellen: „Alle Mythen, die sich auf (die Mutterherrschaft) beziehen, sind eine Erinnerung an wirkliche Ereignisse, die das Menschengeschlecht erlebt hat." (11)

Die frühe griechische Geschichte wurde als mythologisches Phantasiegebilde abgetan, geboren in der fruchtbaren Einbildungskraft Homers, Hesiods und Herodots. Wir wissen jetzt, daß Homer, den Alexander Pope den „einfallsreichsten unter den Dichtern" (12) nannte, überhaupt nichts erfunden hat. Die Archäologie hat erwiesen, daß Homer in der *Ilias* ausschließlich Berichterstatter, daß Herodot erstaunlich genau in seinen Berichten von alten Völkern und deren Geschichte und Kultur und daß Hesiod mehr Geschichtsschreiber als Mythologe war:

„Was er (Hesiod) über den ersten idyllischen Zustand der Menschheit und dessen schrittweise Verschlechterung zu sagen hat", schreibt Erwin Rohde, „wird nicht als abstrakte Erklärung gegeben, (...) sondern als überlieferter Bericht von dem, was wirklich geschehen war, in der Tat als Geschichte." (13)

Der sich verstärkende archäologische Beweis für den matriarchalen Ursprung unserer Gesellschaft verlangt nach einer drastischen Neuschreibung der Geschichte der Menschheit auf Erden. „Die ursprüngliche Mutterherrschaft ist offensichtlich", schreibt Graves, „trotz der patriarchalen Auslegung des Alten und Neuen Testamentes." Und James Hastings' *Encyclopedia of Religion and Ethics* stellt fest, daß „es sicher ist, daß der weitaus häufigste Prozeß auf der ganzen Welt der Übergang vom Mutterrecht (Mutterherrschaft) zum Vaterrecht (Vaterherrschaft) gewesen ist". (14)

„Die Heftigkeit des Widerstandes gegen die Theorie von der Mutterherrschaft erweckt den Argwohn, daß er auf einem emotionalen Vorurteil gegen eine Annahme beruht, die dem Denken und Fühlen unserer patriarchalen Kultur so fremd ist", schreibt Erich Fromm. (15)

Doch die Theorie, sagt Campbell, ist durch solche archäologischen Durchbrüche wie die Entzifferung der kretischen Linear-B-Tafeln, „einem vorhellenischen aufgefundenen Schatz", (16) und durch die jüngsten Ausgrabungen in Anatolien „unwiderlegbar bestätigt worden".

Catal Hüyük

In den wenigen Jahren, seit Campbell diese Worte 1964 schrieb, ist in Anatolien, und besonders in Catal Hüyük, der ältesten kulturgeschichtlich bekannten Stadt, ein viel erstaunlicherer Beweis ans Licht gekommen. (17) Seit 1950 ist die Archäologie in der heutigen Türkei sehr eifrig am Werk. Sie entdeckte unwiderlegbare Tatsachen, die die Wissenschaftler veranlaßten, ihre gesamten Vorstellungen von der weit zurückliegenden Vergangenheit der menschlichen Geschichte zu überprüfen.

Zu diesen neuen Tatsachen gehört das (von einigen) unerwartete Alter der zivilisierten menschlichen Gesellschaft. Man hat jetzt herausgefunden, daß die Gesellschaft des 9. Jahrhunderts v. Chr. zivilisierter war als viele nachfolgende Gesellschaftsformen geschichtlicher Zeit. Im Gegensatz zu der bis vor kurzem aufrechterhaltenen Ansicht, Anatolien sei vom Menschen umgangen worden, bis dort im 2. Jahrtausend die Hethiter auftauchten, enthüllt die Archäologie jetzt, daß die große geschichtliche hethitische Kultur „*nicht der Anfang, sondern das Ende* einer langen Entwicklungszeit war. Sie wurde nicht dorthin gebracht", sondern dort entwickelt, schreibt Jean Marcadé. (18)

Die kürzliche „Entdeckung der anatolischen Neusteinzeit hat die Vorgeschichte des Nahen Ostens revolutioniert" (19) und auch die der Welt. Sie hat die volkstümliche, von Laien immer noch anerkannte und in den Lehrbüchern weiterhin verbreitete Theorie, unsere Kultur sei im Stromgebiet des Euphrat-Tigris aus einem semitischen Volk heraus entstanden, zertrümmert. Denn im Gegensatz zur bisherigen Meinung wurde Anatolien nicht von semitischen oder orientalischen Völkern aus Mesopotamien oder Palästina „kolonisiert", sondern es war selbst die Quelle dieser und anderer Kulturen und „ein wichtiger Mittelpunkt bei der Ausbreitung der Kultur" im Nahen Osten und in der Ägäis. (20) Man hat erkannt, daß seine Bevölkerung ursprünglich indo-europäischer Abstammung war, und im nördlichen Anatolien gefundene Töpferei kann ins europäische Thrakien und ins Donaugebiet verfolgt werden.(21)

Seit 1966 wurden eingehende Berichte über drei prähistorische Städte Anatoliens erstellt: über Mersin, Hacilar und Catal Hüyük. Und in allen ist die Botschaft klar und unzweideutig: Die alte Gesellschaft war gynaikokratisch und ihre Gottheit weiblich. An allen drei Plätzen „überwog der Göttinnenkult", sagt Alkim, (22) und ihre Vorherrschaft setzte sich durch die Neusteinzeit bis weit in die Bronzezeit fort, denn „in den Schichten der Bronzezeit ist das Hauptmotiv (immer noch) die Große Göttin". (23)

James Mellaart, der für die ersten Ausgrabungen bei Catal Hüyük verantwortliche Archäologe, war von den Folgerungen der dortigen ersten Entdeckungen überwältigt. Daß die Kultur, die sich bei Catal Hüyük ausdrückt, weiblich beherrscht war, „ist (...) offensichtlich", schreibt er. Mellaart begann seine Ausgrabungen bei Catal Hüyük Ende 1961, und das Werk ist noch nicht abgeschlossen. Denn die alte Stadt bedeckt mehr als 32 Morgen Land und besteht aus mindestens zwölf Schichten, wobei sich Stadt über Stadt türmt und diese vielleicht bis 10 000 v. Chr. zurückreichen. An der neuesten Altersbestimmung nach der Radiokarbonmethode läßt sich die Zeit von 7000 v. Chr. ablesen, aber es gibt Hinweise, daß die Stadt schon damals über 10 000 Jahre alt war; und die letzten Schichten sind noch nicht erreicht.

Mellaarts 1966 vor der Vollendung der Ausgrabungen geschriebener Bericht zeigt, daß Catal Hüyük, wie auch immer sein

Name vor 10 000 Jahren gewesen sein mag, nicht nur eine matriarchale, sondern auch eine utopische Gesellschaft war. Es hatte über 1000 Jahre hinweg keine Kriege gegeben, die Gesellschaftsform war geordnet, es gab weder Menschen- noch Tieropfer, und zahme Tiere wurden gehalten und gepflegt. Die pflanzliche Ernährung überwog, denn die Haustiere wurden wegen Milch und Wolle, nicht aber wegen des Fleisches gehalten. Zeugnisse gewaltsamen Todes fand man nicht. Frauen waren die Häupter der Familien, und sie wurden ehrfurchtsvoll beerdigt, während die Gebeine der Männer in das Leichenhaus geworfen wurden. Vor allem war die oberste Gottheit in allen Tempeln eine Göttin. (24)

Jede dieser Entdeckungen stützt Bachofens Vorstellung von den frühen matriarchalen Gesellschaften. In seinem Buch *Mutterrecht*, das 1861, mehr als hundert Jahre vor der Entdeckung Catal Hüyüks, veröffentlicht wurde, schrieb er: „Ein Hauch zarter Menschlichkeit durchdrang die Kultur der matriarchalen Welt, jenes ursprüngliche Frauengeschlecht, mit dem aller Friede von der Erde verschwand (...). Matriarchale Staaten waren berühmt, weil sie von Streit und Zwiespalt frei waren (...). Matriarchale Völker hielten die körperliche Verletzung jedes lebenden Wesens, selbst eines Tieres, für besonders sträflich." (25)

Doch Alkim wundert sich, daß keine Verteidigungsmauern in den Frühschichten Hacilars vorhanden waren, und ist erstaunt, daß wilden Tieren, die sich an den Wandgemälden Catal Hüyüks finden, keine Gewalt angetan wird.

Bachofens Glaube an die „Geschichtlichkeit des Mythos" findet so seine überraschende Bestätigung, denn in Catal Hüyük haben wir den Beweis für den Mythos des Goldenen und Silbernen Zeitalters, als die Menschen von den Früchten der Erde lebten und die Milch von Ziegen tranken und „ihren Müttern gänzlich untertan" waren.

Im Goldenen Zeitalter des jüdisch-christlichen Mythos war das Paradies ein Land, „in dem Milch und Honig floß". Es mag die patriarchalen Juden und Christen von heute überraschen, daß Milch wie Honig Zeichen für die weibliche Herrschaft sind. In männlichen Paradiesen, wie dem des Islam, wird Wein gereicht. Milch kennzeichnet aus einleuchtenden Gründen die Frauenherrschaft, und Honig ebenso, da die Honigbiene „das weibliche Prinzip in der Natur darstellt. Das Leben der Biene zeigt die Mutterherrschaft in ihrer klarsten und reinsten Form", und Aristoteles hielt den Bienenstaat für höher entwickelt als den der Menschen. (26)

„Die griechischen Geschichtsschreiber erkannten" im Gegensatz zu denen der christlichen Zeit „die wichtige Wahrheit, daß Überlieferung und Mythos auf Tatsachen begründet waren", schreibt A.M. Hocart. (27) Und so wurden in der griechischen Geisteswelt die Mythen des Goldenen und Silbernen Zeitalters als Geschichte betrachtet. Jetzt erweist die Archäologie, daß die Griechen recht hatten.

Für den Prähistoriker ist wahrscheinlich in Catal Hüyük der sinnlich wahrnehmbare Beweis für die enge Verbindung zwischen den Anatoliern und Kreten von besonderem Interesse. Wir wissen seit langem, daß der Stier ein gynaikokratisches Symbol war und die Stierhörner der Göttin geweihte phallische Zeichen darstellten. Bei den vor einigen Jahren auf Kreta durchgeführten Ausgrabungen wurden die Heiligkeit des Stieres ebenso wie die Volkstümlichkeit des nationalen kretischen Sports vom „Stierspringen" offensichtlich, letzteres ein Spiel, bei dem zwar die Spieler, nie aber der Stier verletzt werden konnten. Platon schrieb im *Kritias*, daß das Stierspringen auf Atlantis ein bekannter Sport war. Da aber das alte Kreta im klassischen Griechenland in Vergessenheit geraten und seine Ruinen nicht bekannt waren, wunderten sich die modernen Gelehrten, woher Platon seine Vorstellung hatte. Das ist immer noch nicht geklärt, aber wir wissen jetzt, von wo die Kreter das Stierspringen übernahmen: von keinem anderen Volk als dem der Anatolier Catal Hüyüks.

„Das Stierspringen", schreibt U. Bahadir Alkim von der Universität von Istanbul, „eines der Hauptmotive kretischer Malerei, können wir auf den Wandgemälden Catal Hüyüks erkennen", die 9000 Jahre alt sind. (28)

Eine wichtige Entdeckung bei Catal Hüyük bestand darin, daß in den Heiligtümern der Göttin sehr viele Stierhörner gefunden wurden und daß diese den „Weihehörnern" Kretas und des späteren ägäischen Raumes ähneln. (29) Von gleichfalls großer Bedeutung ist die Tatsache, daß sich die Labrys, die heilige Doppelaxt Kretas, ein Zeichen der Göttin und der Mutterherrschaft, auch an den Tempelmauern Catal Hüyüks aufgemalt findet. (30) Die Doppelaxt, „das Zeichen herrschaftlicher Macht", war das Symbol der Gynaikokratie sowohl auf Kreta als auch in Lydien bei den Amazonen, dem etruskischen und selbst bei dem römischen Volk. (31) Sie ist in den Gräbern altsteinzeitlicher Frauen Europas gefunden worden, die vor 50 000 Jahren beerdigt wurden. (32) Und man sieht sie auch in den heiligen Steinen des vorkeltischen Stonehenge in England eingemeißelt. Das sind Tatsachen, die den engen Zusammenhang zwischen dem frühen Steinzeitalter Europas, den geheimnisvollen Erbauern von Stonehenge, den Axtkultanhängern der vorgeschichtlichen ägäischen Welt und Anatolien darstellen. (33) „Der Göttinnenkult und die Verehrung des Stieres", schließt Alkim, „sind Kennzeichen, die Catal Hüyük und Hacilar einerseits und der minoischen Reiligion andererseits gemeinsam sind, und die das Vorhandensein eines Bandes zwischen Anatolien und Kreta" in vorgeschichtlicher Zeit „bezeugen." (34)

Eine andere Entdeckung der anatolischen Archäologie ist der Beweis für die „Unterordnung des Mannes" unter die Frau, wie Mellaart es ausdrückt. (35) Die geringere Stellung des männlichen Geschlechtes in den alten Gesellschaften ist seit langem von Gelehrten behauptet worden, angefangen von Lewis Henry Morgan und Bachofen bis zu Briffault und Graves. Doch der Beweis, ausgenommen die abgewandelten Matriarchate Kretas und Etruriens, hatte gefehlt. Jetzt können wir sehen, daß in den 4000 bis 1000 Jahre zurückliegenden kultivierten Gesellschaften der Mann tatsächlich das „zweite Geschlecht" war und die Frau herrschte.

Aufschlußreich an den Entdeckungen bei Catal Hüyük ist auch der Beweis für den Vegetarismus, was uns zwingt, das alte Bild vom jagenden Höhlenmenschen, der seine Beute nach Hause zu seiner Frau und seinen Kindern schleppt, zu überprüfen. Denn die fleischliche Ernährung war, wie wir sehen werden, eine späte Entwicklung der menschlichen Geschichte, und der Jäger kam *nach* dem den Acker bebauenden Menschen. (36)

Doch von besonderer Bedeutung ist der bei Catal Hüyük gefundene Hinweis, daß ehrenvolle Begräbnisse überwiegend Frauen vorbehalten waren. Dieses Phänomen hatte man vorher in Umbrien in Italien gefunden, jedoch für eine Gewohnheit gehalten, die nur den Etruskern des Jahrtausends unmittelbar vor der christlichen Zeit eigen war. Doch Catal Hüyük enthüllt, daß der Brauch keineswegs auf irgendein Volk, irgendein Gebiet oder irgendeine Zeit beschränkt war. Wir werden sehen, daß er in ganz Europa und im Nahen Osten bereits seit etwa 50 000 v. Chr. bis in die ersten Jahrhunderte unserer Zeit hinein vorherrschte.

Selbst Gräber haben Zungen

Ein Mythos, den patriarchale Geschichtschreiber gerne verbreiteten, ist der, daß Ehefrauen wie Hunde und Pferde zusammen mit den Gebeinen ihres Gatten beerdigt wurden. Aber diese Gleichstellung von Frauen mit Tieren ist eine ausschließlich jüdisch-christliche Vorstellung, die weder im vorsemitischen Nahen Osten noch im vorchristlichen Europa bestand. Der Wunschglaube von den Frauen als Verbrauchsgegenstand wurde selbst noch im Jahre 1943 von einem Archäologen ausgedrückt, der bei der Beschreibung eines im mykenischen Dendra entdeckten Grabes eine Beerdigung folgendermaßen wiedergibt: „Dann werden des Königs Diener, sein Hund und *möglicherweise auch seine Frau* auf ihre Plätze gelegt und mit Erde bedeckt, und große Steinplatten verschließen danach die gefüllten Gruben." (37)

Der Autor dieses unklugen Gedankenganges verwendet sehr klug das absichernde „möglicherweise" im Zusammenhang mit der gemarterten Ehefrau; denn spätere archäologische Untersuchungen erwiesen die vollkommene Unmöglichkeit irgendeines solchen Gattinnenopfers in der mykenischen oder irgendeiner anderen alten westlichen oder vorsemitischen östlichen Kultur. Es ist viel wahrscheinlicher, daß sich die Lage genau umgekehrt verhielt, daß nämlich Männer in Frauengräbern bestattet wurden, wie im Falle der unbekannten bei Sakkara beerdigten ägyptischen Pharaonin und der sumerischen Königin Schubad.

Wie die bei Catal Hüyük entdeckten Grabstätten, wo die beerdigten Skelette viel eher denen von Frauen als denen von Männern gleichen (38), so sprechen auch diese Gräber aus dem 4. Jahrtausend bei Ur und Sakkara mit starkem Nachdruck von der alten Vorherrschaft der Frau. Und wie beim oben erwähnten Grab von Dendra wurde ihre Bedeutung von den männlich orientierten Archäologen, die sie entdeckten, zuerst falsch ausgelegt.

Als das prächtige Grab von Schubad bei Ur am Anfang der zwanziger Jahre gefunden wurde, war man sich über ihre Person nicht im klaren. Man nahm natürlich an, daß sie die Frau eines großen Königs gewesen war. Aber welches Königs? Nirgendwo in der Nähe war einer beerdigt worden. Dann vermutete man, sie sei die „geweihte" Braut eines Königs oder Gottes gewesen, die bei einer ackerbaulichen vorgeschichtlichen Zeremonie geopfert worden sei. 1939 war F. Bohl der Ansicht, daß „bei einem heiligen Hochzeitsritus die Braut des Gottes getötet worden sein könnte, wohingegen der Mann, der den Gott verkörperte, wahrscheinlich nicht so behandelt wurde" (39), ein Irrtum, den jüngere Forschungen als lächerlich erscheinen lassen: In den alten Religionen war es nämlich der junge Gatte der Gottkönigin, der rituell geopfert wurde, und nicht die Braut des Gott-Königs, denn diese gab es damals noch nicht. Die einzige männliche Gottheit der alten Zeit, die bisher entdeckt wurde, ist das kleine Kind gewesen, das man bisweilen zusammen mit der Göttin abgebildet findet, wie zum Beispiel auf den Wandgemälden von Catal Hüyük.

Darüber hinaus war Schubad offensichtlich keine jungfräuliche Braut. Ihre Überreste weisen darauf hin, daß sie eine Frau von vierzig war, voll entwickelt und stattlich. Sie war augenscheinlich eine Königin auf Grund ihrer Geburt. Und die Tatsache, daß ihr Name nicht auf den vorsintflutlichen sumerischen Königslisten steht, zeigt nur an, daß sie, wie so viele andere alte Königinnen, ein Opfer einer späteren, von männlichen Geschichtsschreibern verfaßten Ausgabe wurde.

Die bei Sakkara etwa um dieselbe Zeit wie Schubad bestattete unbekannte Pharaonin wurde ebenfalls aus der Geschichte gelöscht. Doch der Glanz ihres Grabes läßt keinen Zweifel daran, daß sie einst eine mächtige Herrscherin war. Mit ihr wurden die Gebeine unzähliger Männer zusammen mit den Gerätschaften ihres Handwerks gefunden, die geopfert und mit ihr bestattet worden waren, „Handwerker, die der toten Frau in ihrem anderen Leben dienen würden". (40) Wenn die christliche Seele bei diesem Beweis für Menschenopfer erschrickt, so vergesse man nicht, daß die ersten Christen, und sogar Jesus selbst, lebende Tiere opferten, und das ist ein Unterschied nicht in der Art, sondern nur dem Grad nach.

Als die Grabstätten der Toskana in Italien im 19. Jahrhundert geöffnet wurden, ergaben sich daraus erstaunliche Schlußfolgerungen. Denn in jedem Grab war der Ehrenplatz der *mater familias* vorbehalten, dem weiblichen Oberhaupt der Familie. So gleichbleibend war diese Regel, daß Raniero Mengarelli, ein Archäologe des 19. Jahrhunderts, „ein neues Gesetz aufstellte: In den etruskischen Gräbern wurde der Körper des Mannes links auf eine Plattform gelegt, und der der Frau immer rechts in einem Sarkophag (...). Es scheint," schreibt Jacques Heurgeon,

„daß dieser Unterschied bezwecken sollte, sicherzustellen, daß eine bestimmte Klasse der Toten, die Frauen, ein heiligeres Wesen hatten (...). Der Sarkophag diente als eine Art Reliquienschrein, der *besonders wertvolle* Überreste schützte". (41)

Diese offensichtliche Verehrung der Frauen in Etrurien findet sich in den erst vor kurzem im entfernten Anatolien bei Catal Hüyük entdeckten Gräbern wieder, „wo die in den Schreinen entdeckten privilegierten Toten (...) überwiegend, *ja wenn nicht alle,* (...) weiblichen Geschlechts waren". (42) Die Verehrung der Frauen war tatsächlich ein alter und lange währender Brauch unter den Menschen.

Seit 1943 sind in ganz Europa Spuren dieser Philogynie (Frauenfreundlichkeit) aufgetaucht. Die meisten der in den letzten Jahren im mykenischen Griechenland ausgegrabenen Grabstätten wurden leer vorgefunden, von Grabräubern des Altertums zerstört. Wie vorauszusehen war, wurde angenommen, daß die großartigsten dieser ausgeraubten Gräber die von Königen waren. Jedoch hat sich herausgestellt, daß eines der wenigen unberührten Gräber, die bis jetzt entdeckt wurden — eines voller Reichtümer und Großzügigkeit — ein junges Mädchen enthielt, „ein kleines Mädchen wurde in diesem tiefen Grab zur letzten Ruhe gebettet mit vielen verschiedenen edlen Schmuckstücken", berichtet G.E. Mylonas. „Um ihren Schädel lag ein Diadem aus Gold, an dem Kristallperlen und Amethysten hingen." (43)

Patriarchaler Mythos hat die rührende Geschichte von der Beisetzung im vorgeschichtlichen Europa überliefert, in der der große Stammesanführer zur letzten Ruhe gelegt wird, zusammen mit seinem treuen Roß, seiner treuen Dienerschaft und seinen zahlreichen Frauen — die letzteren alle lebendig begraben, wie Axel Person es oben „rekonstruiert" hat. Erstens waren alle unsere europäischen Vorfahren monogam — gleich, ob es sich um die keltischen, griechischen oder römischen handelt, und zweitens besteht die Möglichkeit, daß der große „Stammesführer", der im typisch keltischen Grab zu finden ist, eine Frau und nicht ein Mann war.

1954 wurde bei Reinheim in der Nähe von Saarbrücken das Grab einer Keltin aus dem 4. Jahrhundert v. Chr. ausgegraben. Es war das bis dahin reichste keltische Grab, bis ein ähnliches in Frankreich in der Nähe von Chatillon-sur-Seine gefunden wurde. Es war ebenfalls ein Frauengrab. Beide waren überreich an Gold und übertrafen alles, was bisher an Schätzen in keltischen

Kriegergräbern gefunden worden war. In beiden gab es goldene Armbänder, Krüge, *Trinkgefäße* und *Halsbänder*, die mit in die Erde gelegt worden waren, und beide Gräber waren mit schwerer Eiche so dick verschalt, daß Überreste davon 23 Jahrhunderte unter der Erde überdauerten. Die Eichenverschalung stellt eine Besonderheit dar, die noch in keinem Männergrab in Europa oder Britannien gefunden worden ist. „Es scheint, als hätten sie Frauen als eine höhere Wesensart betrachtet", wie Heurgeon von den Etruskern sagt, und die Eichenverschalung diente als „eine Art Reliquienschrein, der besonders wertvollen Gegenständen Schutz gewährte." (44)

Am Unerklärlichsten an diesen und anderen keltischen Frauengräbern ist das Vorhandensein goldener Halsbänder. Das Halsband war ein typisch keltischer Schmuck, ein jochförmiges, rundes, vorne geöffnetes Band, das von keltischen Männern um den Hals getragen wurde. Es ist auf Bildern und an Skulpturen gallischer und britischer Krieger zu finden, die noch aus römischer Zeit stammen — sehr deutlich an der Skulptur des Sterbenden Galliers. Nie ist es an Frauen zu sehen. Und doch, um T.G.F. Powell, den berühmten Kelten-Experten, zu zitieren, „ist es von Interesse, daß die großartigsten goldenen Halsbänder aus Gräbern von *Frauen* stammen. Es gibt sehr wenig Exemplare aus Kriegergräbern", und diese sind aus Bronze, nicht aus Gold, „*Bronzene* Halsbänder sind nur aus sehr wenigen Kriegergräbern bekannt, und doch war für die Lebenden, im Gegensatz zu den Toten, das Halsband im wesentlichen ein männlicher Schmuck." (45) Warum erschienen sie dann am häufigsten in Frauengräbern? Und warum goldene Bänder in Frauengräbern und bronzene in denen der Männer?

Powell ist ebenfalls über diesen Widerspruch beunruhigt und bietet mit typisch männlicher Logik eine unhaltbare Hypothese an: „Es handelt sich hier nur um eine mögliche Erklärung für die Abwesenheit von goldenen Bändern in Männergräbern", äußert er übervorsichtig, „aber das Halsband eines Mannes könnte sehr wohl als Symbol der Herrschaft über Familie oder Stamm gegolten haben und als solches vererbbar gewesen sein." (46) Ein redlicher Versuch, aber er erklärt nicht annähernd, warum es hauptsächlich goldene Bänder in Frauengräbern und gelegentlich bronzene in Männergräbern gibt, oder was mit den goldenen Bändern geschehen ist, die vom Vater auf den Sohn vererbt wurden. Goldbänder lösen sich nicht einfach in Luft auf und sie müßten heute irgendwo sein, wenn sie je existiert hätten.

Sehr viel plausibler ist die Erklärung, daß das Goldband ein Symbol der obersten Autorität war und das Bronzeband von den Kriegern etwa wie ein Markenzeichen getragen wurde, welches ihre Dienstbarkeit und Treue dem Besitzer des Goldbandes, nämlich den Frauen, gegenüber kund tat. Nicht ohne Grund hatten die goldenen Halsbänder einen Durchmesser von 15-16 cm, während die bronzenen aber 20-21 cm besaßen. Da die hochgewachsenen keltischen Männer von einem 15 cm großen Band abgeschnürt worden wären, die Frauen aber keine trugen, ist es eher wahrscheinlich, daß die kleinen Goldbänder nur ein Symbol darstellten — ein Autoritätssymbol, das mit der Besitzerin bestattet wurde, um *ihren* Status als „Oberhaupt der Familie oder des Stammes" anzuzeigen.

Powells Alternativhypothese besteht darin, daß die Halsbänder in den Gräbern der Frauen „Kopfschmuck gewesen sein könnte". Dieser Gedanke wird aber durch die Funde von goldenen Diadembändern widerlegt — die auf jeden Fall Schmuckstücke waren — wie sie von dem mykenischen Mädchen und von der bei Vix begrabenen keltischen Frau getragen worden waren. (47) Nein. Die Goldbänder müssen die Reste heiliger Gegenstände gewesen sein, die mit der alten matriarchalen Kultur in Verbindung standen, so wie die Mondaxt und das goldene Trinkgefäß von Ägina, Argos und dem keltischen Britannien, (48) die alle, wie Herodot bemerkt, für die Kelten heilige Relikte darstellten — „goldene Relikte, die vom Himmel herabgefallen waren."

Bergounioux schreibt über das paläolithische Europa und Kleinasien, „vom Tigris in Asien bis Portugal ist die rituelle Darstellung der Göttin zu finden (...). In Champagne in Frankreich trägt sie eine *Axt*" — vor fünfzigtausend Jahren! (49)

Und fast alle diese alten, fünfzigtausendjährigen Göttinnenfiguren — „sie, die der Ursprung alles Guten und Schlechten war", wie Bergounioux sie beschreibt — trugen „eine *zylindrische* Halskette." (50) Und was ist eine „zylindrische Halskette" anderes als ein *Halsband*?

Die in den Göttinnenschreinen in Catal Hüyük gefundenen Stierhörner sind, wie Alkim sagt, „die Urformen der ‚Weihehörner', die sehr viel später in den Palästen Kretas wieder auftauchen." (51)

Das goldene Joch aus Herodots Bericht, die „zylindrische

Halskette" des paläolithischen Europa, die Stierhörner aus dem neolithischen Anatolien, die Weihehörner aus dem hochkultivierten Kreta und der Ägäis im Bronzezeitalter und die goldenen Halsbänder des keltischen Europa waren alle ein und dasselbe — das Symbol für Göttinnenverehrung, für matriarchale Gesetzmäßigkeit und für die weibliche Oberhoheit überall in der Welt des Altertums.

5

Aussagen der Anthropologie

Wir erkennen in den primitiven Bräuchen die Überreste einer alten und reinen, von weisen Lehrern übernommenen Ordnung, die von abergläubischen und herabgesunkenen Völkern verfälscht worden ist.

Sylvain Bailly

Die erste Familie und der Ursprung der Tabus

Von außerordentlicher Wichtigkeit bei den archäologischen Entdeckungen in Anatolien ist die Bestätigung des Mythos von der weiblichen Herrschaft im Goldenen und Silbernen Zeitalter des Menschen gewesen, der Beweis dafür, daß die Frauenherrschaft nicht nur im alt- und neusteinzeitlichen Leben bestand, sondern bis in die hochkultivierte Bronzezeit hinein andauerte.

Die allgemeine Vorstellung von der primitiven Familiengruppe, zu der der beherrschende Vater, die eingeschüchterte und unterwürfige Mutter und die den Boden der Höhlenwohnung beschmutzenden kleinen Kinder gehören, ist vollkommen unhaltbar geworden. Doch dieses Bild vom Leben des „Höhlenmenschen" wird immer noch in den weit verbreiteten comic strips und Fernsehserien verbreitet.

Tatsache ist, daß die früheste menschliche Familie aus einer Frau und ihren Kindern bestand. „Die patriarchale Familie war vollkommen unbekannt", schreibt Lewis Henry Morgan. „Sie entstand erst nach Beginn der *überlieferten* Zivilisation." (1) Vaterschaft und die Vorstellung vom ständigen Zusammenleben tauchten erst sehr spät in der menschlichen Geschichte auf. Ersteres so spät, daß es, wie der Philologe Roland Kent hervorhebt, in der ursprünglichen indo-europäischen Sprache überhaupt kein Wort für Vater gab. (2)

Die *Encyclopedia Britannica* (Ausgabe 1964) sagt, daß dort, wo es in der alten indo-europäischen Sprache kein Wort für einen Begriff oder ein Objekt gab, als Binsenwahrheit anzunehmen ist, daß der Begriff oder das Objekt den Indo-Europäern unbekannt war. Und da sich nach Kent die ursprüngliche Sprache nicht vor 3000 v. Chr. in die von ihr abgeleiteten klassischen und modernen Sprachen abgespalten hat (3), scheint es offensichtlich, daß selbst noch vor 5000 Jahren die Vaterschaft unbekannt war.

Selbst heute noch gibt es Völker, die glauben, daß Geschlechtsverkehr und Schwangerschaft überhaupt nichts miteinander zu tun haben. Bronislaw Malinowski beschreibt einen Volksstamm, der annimmt, es erleichtere den Eintritt des Geistes des zukünftigen Kindes in den Mutterleib, wenn die Vagina der Jungfrau von einem Mann geöffnet worden sei. Doch die Vorstellung, daß der Mann irgend etwas mit der Zeugung des Kindes zu tun habe, geht über das Verständnis der Eingeborenen hinaus.

Auf verschiedenen Inseln Ozeaniens, wo noch viele Spuren der ursprünglichen weltweiten Frauenherrschaft vorhanden sind, hält der Mann seine eigenen Kinder für die seiner Frau. „Was immer er für seine Kinder tut, ist ein Ausgleich (mapula) für das, was deren Mutter, seine Frau, für ihn getan hat." (4) So ist in der Vorstellung des Eingeborenen der Grund für die Anteilnahme des Mannes an seiner Nachkommenschaft die Dankbarkeit, die der Gatte für seine Frau fühlt, „jedoch ganz und gar nicht die Vorstellung körperlicher Vaterschaft.","Wir müssen uns klar darüber sein, daß es in der Vorstellung der Eingeborenen keine biologische *Vaterschaft* gibt." (5)

Unsere frühesten Vorfahren waren auch nicht klüger. Der Mann fühlte sich nicht verpflichtet, seine Nachkommen zu schützen oder zu unterstützen, aus dem einfachen Grund, weil er gar nicht wußte, daß er welche hatte. Die Kinder gehörten zu den Frauen, die allein ihre Schöpferinnen und Erzeugerinnen waren. So fiel die volle Verantwortung für die Kinder der Mutter zu, wie dies immer noch sowohl bei den höheren Säugetieren als auch bei manchen Menschengruppen, wie z.B. bei den amerikanischen Schwarzen, den Melanesiern und Mikronesiern der Fall ist.

Der Mann der Art war „ein plünderndes Tier" und die Frau „seine sexuelle Beute", so hat es Briffault ausgedrückt. (6) Um sich und ihre Kinder vor diesen plündernden Tieren zu schützen, schlossen sich die Frauen bald zusammen und bildeten die ersten Gemeinschaften — männerlos bis auf die jungen Knaben der Gruppe.

„Als die Sippe entstand, vereinigte sie mehrere Schwestern mit deren Kindern und Nachkommen in der weiblichen Linie für immer in einem Stamm, der die Organisationseinheit im gesellschaftlichen System wurde." (7) Der über Jahrtausende andauernde Zeitraum dieser Gesellschaftsstufe ist an der Vielzahl der daraus entstandenen Tabus und deren Dauerhaftigkeit zu erkennen. Viele reichen in christlichen Verhaltensmaßregeln bis hinein in das moderne amerikanische Leben. Das dauerhafteste dieser Tabus ist der Inzest, ein Verbot, das von der ersten Matriarchin erlassen wurde, um sich und ihre Töchter vor dem sexuellen Mißbrauch durch ihre heranwachsenden Söhne zu schützen.

Das Verbrechen des Inzests

Der Inzest ist unter bestimmten modernen Primitiven ein so unaussprechliches Verbrechen, daß lächerliche Übertreibungen angewendet werden, um es zu verhindern. Auf den Pazifischen Inseln werden Brüder und Schwestern von Kindheit an voneinander getrennt, und „der Tod wird geheimnisvollerweise über einen Jungen kommen, der mit seinen Schwestern oder seiner Mutter *ißt*". (8) Daß das ein unter dem Matriarchat angenommener Brauch ist, wird durch die Tatsache bewiesen, daß er auf Hawaii im 19. Jahrhundert von einer Königin namens Kaahumanu abgeschafft wurde, als sie „in aller Öffentlichkeit mit ihrem Sohn aß." (9)

In Melanesien „meidet ein Junge von dem Zeitpunkt an, wenn er zum erstenmal bekleidet wird, sehr auffällig seine Schwestern und seine Mutter (...)" (10) In Neukaledonien müssen sich Brüder und Schwestern ihr ganzes Leben lang meiden, was sogar so weit geht, daß sie sich bemühen, sich nicht zufällig zu treffen. (11) Und im polynesischen Tonga zollt ein Mann seine größte Achtung und seine Treue seiner Schwester, doch darf er nie deren Haus betreten. (12)

„In Samoa und Tonga gibt es zwei gesellschaftliche Bräuche", schreibt Buck. „Der eine ist das Bruder-Schwester-Tabu, das Vettern einschließt, die im selben Verwandtschaftsverhältnis zueinander stehen, wie Bruder und Schwester", d.h. mütterliche oder verwandte Vettern. „Ab dem zehnten Lebensjahr wurden Brüder und Schwestern in verschiedenen

Häusern erzogen, und sie hörten auf, miteinander zu spielen. Wenn einer von beiden sich in einem Haus aufhielt, durfte es der andere nicht betreten (...). Ein anderer Brauch war die große Achtung, die Männer ihren Schwestern entgegenbrachten. In Tonga wurde die Schwester im Vergleich zum Bruder als höherstehend angesehen, und diese überragende Stellung teilten ihre Kinder. In Samoa waren die *Kinder der Schwester* heilig." (13)

Man vergleiche diesen Bericht über die pazifischen Inselbewohner aus dem 20. Jahrhundert mit einem aus dem ersten Jahrhundert über die Kelten Europas: „Die Kinder der Schwester werden sowohl von ihren Onkeln als auch von ihren Vätern sehr hoch geschätzt. In der Tat betrachten sie diese Verwandtschaft als *sogar noch heiliger* und verpflichtender." (14) Daß diese Schwesternverehrung ein Überrest der ursprünglichen allgemeinen Kultur ist, kann kaum bezweifelt werden. Sie ist nicht nur im unberührten Pazifik von heute üblich, sondern war es auch unter den Kelten vor zweitausend Jahren. Die Kelten, die Tacitus fälschlicherweise Germanen nannte, scheinen diese Bräuche und Überlieferungen der alten Kultur länger als irgendwelche anderen Völker der Geschichte bewahrt zu haben.

„Auf Ceylon darf ein Vater seine Tochter, die in die Reifezeit gekommen ist", und ein heiratsfähiger Sohn seine Mutter „überhaupt nicht mehr sehen." (15) Unter den Todas in Indien fühlt sich ein Mädchen verunreinigt, wenn ihre Kleidung die eines männlichen Verwandten streift, und „es wird von einem Fall berichtet, daß ein Mädchen sich entsetzte, als es unabsichtlich von seinem Vater berührt wurde". (16) In Korea wurden die Knaben gelehrt, es sei unmännlich, die für ihre Schwestern und Mütter abgetrennten Räume zu betreten. (17) Und im Vorkriegsjapan lebten die männlichen und weiblichen Mitglieder einer Familie vollkommen getrennt, wobei jede Möglichkeit körperlichen Kontakts als außerordentlich gefährlich angesehen wurde. (18)

Diese Bräuche enthalten eine Abneigung gegen den Inzest, die biologisch nicht erklärt werden kann. Der Inzest ist unter Tieren allgemein verbreitet, und es gibt gegen ihn keine genetischen Einwände. „In der Tierwelt sind Paarungen zwischen Geschwistern und Eltern und Kindern durchaus üblich, was sich nicht nachteilig auf die Art auszuwirken scheint", schreibt die Zoologin Susan Michelmore. (19) Das kirchliche Verbot der Vetternheirat hat also nicht, wie behauptet wird, erbliche Gründe, sondern rührt, wie die Furcht des Wilden vor dem Inzest, von der mütterlichen Erziehung der Männer her. Die *mater familias* hielt es einst für nötig, die Begierde ihrer Söhne durch strenge Maßnahmen zu zügeln, um so sich und ihre Töchter zu schützen. So erzog sie ihren Nachkommen einen unauslöschlichen Abscheu vor inzestartigen geschlechtlichen Beziehungen an.

Wenn die Knaben der mütterlichen Familiengruppe älter wurden, verließen viele von ihnen ihr Heim und schlossen sich den plündernden Banden der erwachsenen Männer an. Aber nach und nach blieben immer mehr Knaben zu Hause und wurden seßhaft. Aus diesen daheimgebliebenen Männern der mütterlichen Sippe entwickelte sich das Volk der großen gynaikokratischen Stadtstaaten, die den Ruhm der frühesten geschichtlichen Gesellschaften darstellten. Von den Männern, die sich dem Einfluß der Mutter entzogen, um Nomaden und Jäger zu werden, die, abgesehen von Überfall und Raub, frauenlos waren, stammten die barbarischen Horden ab, die die Kultur des Nahen Ostens zerstörten, als sie sich im 3. Jahrtausend v. Chr. der Stadtstaaten bemächtigten, so wie die nomadischen Dorier etwa fünfzehnhundert Jahre später die ägäische Kultur zerstörten.

Die Archäologie bestätigt hier den Beweis der Anthropologie, denn G. Ernest Wright sagt: „Semitische Stämme, die als Nomaden rund um den Fruchtbaren Halbmond lebten, zogen bereits 2500 v. Chr. in die bestellten Länder (der matriarchalen Stadtstaaten), und um 2300 v. Chr. fiel ein Dunkles Zeitalter über das Land, folgend der Zerstörung jedes bisher untersuchten Stadtstaates." (20) Die sumerische Stadt Ur war einer von ihnen und die Bibel berichtet von dem Einfall einer solchen nomadischen Horde in seine bestellten Länder, als der Stamm Terah über ihn hereinbrach. Schechem im Kanaan, ein anderer der großen Stadtstaaten, fiel später dem semitischen Stamm des barbarischen Nomaden Abraham zum Opfer, als „er sich anschickte, in das Land Kanaan zu gehen (...) bis an die Stätte Sichem".

Das Inzest-Tabu, zum Schutz der Frauen in der Familiengruppe eingesetzt, wurde schließlich auf alle Frauen des Stammes ausgedehnt, und so entstand der Brauch „fortzuheiraten". „In der primitiven Welt", schreibt E.B. Taylor, „besteht heute weitgehend die Regel der Exogamie, des Fortheiratens, die einem Mann verbietet, eine Frau seiner eigenen mütterlichen Sippe zu heiraten, eine Tat, die als verbrecherisch angesehen wird und mit dem Tode bestraft werden kann." (21) Bei bestimmten Indianerstämmen Nordamerikas „nehmen die Kinder den Sippennamen der Mutter an. Wenn nun diese zum Beispiel der Bärensippe angehört, ist ihr Sohn ebenfalls ein Bär, weshalb er kein Bärenmädchen heiraten darf (...). In Indien darf kein Brahmane eine Frau heiraten, die denselben Sippennamen trägt wie er, noch ist einem Chinesen erlaubt, eine Frau gleichen Nachnamens zu ehelichen". (22) Die gleichen Beschränkungen bestanden in der großen hochentwickelten römischen Kultur, die eine Heirat zwischen Verwandten väterlicherseits gestattete, nicht aber eine zwischen solchen mütterlicherseits. Der Brauch besteht auch heute noch unter jungen Leuten in dem Aberglauben, daß es Unglück bringe, jemanden mit dem gleichen Nachnahmen zu heiraten.

Die Heiligkeit des weiblichen Blutes

Neben dem Inzest-Tabu ist das mit dem Frauenblut verbundene das von den gynaikokratischen Tabus mächtigste und ausdauerndste. Dieses Tabu, das das Mittelalter hindurch wirksam und für die Gewohnheit der Kirche verantwortlich war, Frauen lebendig zu *verbrennen*, Männer jedoch nur zu köpfen oder zu vierteilen, wurde während des gynaikokratischen Zeitalters ebenfalls eingesetzt, um menstruierende Mädchen und alle Frauen vor der Gier ihrer männlichen Verwandten zu schützen.

Reste des Glaubens an die kraftvolle Heiligkeit des weiblichen Blutes finden wir heute nicht nur in dem christlichen Ritus von der „kirchlichen Reinigung" der Frauen nach der Kindgeburt, um die im plazentaren Blut enthaltene gefährliche Macht zu zerstören, sondern auch in den Bräuchen und Tabus von weniger „zivilisierten" Völkern. Unter den Primitiven herrscht, wie auch früher bei den Hebräern, fast allgemein der Glaube vor, daß es für den *Mann* gefährlich sei, wenn er eine menstruierende oder schwangere Frau berührt oder eine, die erst kurz zuvor entbunden hat. „Wenn eine Frau Blutungen hat, (...) so ist jeder, der sie berührt, unrein". So schrieb der Autor des Leviticus vor 3000 Jahren.

„Es scheint", schreibt Paolo Mantegazza, „als habe die Natur die Wilden Australiens das gelehrt, was der von Gott inspirierte Moses den Hebräern mitteilte, um ihre Gesundheit zu bewahren." (23) Mantegazza verfiel in den allgemeinen Irrtum, diese alten Tabus als Schutzmaßnahmen für die Männer auszulegen, eine Erklärung, die schwer zu verstehen ist, denn Geschlechtsverkehr während der Menstruation oder Schwangerschaft ist sicherlich für die Frau mit größerer Gefahr verbunden als für den Mann. Doch der Trugschluß, daß weibliche Tabus geschaffen worden seien, Männer vor dem verderblichen Einfluß der Frauen zu schützen, bleibt hartnäckig bestehen.

Berührt zum Beispiel in Südafrika ein Mann seine Frau während der monatlichen Regel, so „werden seine Knochen weich, und er verliert seine Kraft". (24) Selbst den gleichen Raum mit einer menstruierenden Frau zu teilen, wird als schwächend angesehen, während der tatsächliche Anblick weiblichen Blutes den Tod verursachen kann. Von einem leidenschaftlichen Liebhaber Westafrikas, der „so schwach war, daß er sich kaum bewegen konnte, nahm man an, daß er durch den Anblick weiblichen Blutes so geworden sei". (25) Und bei den Damaras im südlichen Afrika „dürfen die Männer keine Frau im Wochenbett sehen, da sie sonst schwach und im Kampf getötet werden". (26)

„Niemand wäre in der Lage, all die Völker aufzuzählen," schreibt Mantegazza, „bei denen die menstruierende Frau als unrein angesehen wird, und keiner könnte die lange Liste der abergläubischen Vorstellungen aufstellen, die bis in unsere Tage hinein den Vorgang der Menstruation, das Menstruationsblut und alles umgeben, was mit der geheimnisvollen Geschlechtsfunktion der Frau zu tun hat." (27)

Diese Geschichten von der Gefahr, die Männern von menstruierenden, schwangeren oder im Kindbett liegenden Frauen drohen, die überall geglaubt werden, klingen wie Ammenmärchen von Menschenfressern und Kobolden, die erzählt werden, um Gehorsam durch Furcht vor deren Drohungen zu erreichen. Und gerade das sollte ursprünglich damit auch bezweckt werden. Diese Geschichten erzählten die ursprünglichen Matriarchinnen, um die kleinen Jungen einzuschüchtern und ihnen Gehorsam und Respekt vor den Frauen beizubringen. Daß so viele Anthropologen wie Mantegazza folgerten, diese Bluttabus seien zum Schutze des Mannes bestimmt, ist naiv. Wie die Furcht vor dem Inzest, sind diese Tabus das Endergebnis alter Erziehung zum Schutz der Frauen und Mädchen. Wenn später die Bedeutung ins Gegenteil verkehrt wurde, so deshalb, weil der Mann in einer Zeit, als „er es nicht wagte, seiner Mutter gegenüber ungehorsam zu sein", aus einer von dieser ihm auferlegten Notwendigkeit eine Tugend machte.

Später, als Frauen die Gesellschaft zu eigentlicher Zivilisation entwickelt hatten, wurden diese zwei Tabus (und *Tabu* heißt ja *geheiligt*) — die Heiligkeit weiblicher Verwandtschaftsbeziehungen und die allen weiblichen Blutes — die Lehrsätze und eigentliche Grundlage des Rechts. Muttermord, eine Verbindung dieser beiden mächtigsten Tabus, war das unaussprechlichste der Verbrechen, ein Verbrechen, das weder hier noch im Jenseits gebüßt oder vergeben werden konnte. Selbst zu Ödipus' Zeiten war Vatermord kein Verbrechen. Ödipus' ungeheuerliche Tat bestand nicht darin, daß er seinen Vater getötet, sondern daß er mit seiner Mutter Blutschande begangen hatte, was nicht einmal seine sich selbst zugefügte Blindheit und sein Exil tilgen konnten. Dieser Mythos ist rein matriarchal. Und Erich Fromm geht in seiner matriarchalen Auslegung so weit, zu behaupten, Jokaste, und nicht Ödipus, sei das Ziel der göttlichen Rache, der Rache der Großen Göttin gewesen. Nach Fromm war es Jokastes Sünde, ihr Kind zum Vorteil ihres Gatten ausgesetzt zu haben — aus patriarchaler Sicht ein entschuldbarer Ausweg, in matriarchaler aber das schlimmste aller Verbrechen (28) — die all das Leid von Laios' Haus verursachte. Es ist bezeichnend, daß im Ödipus Mythos die Töchter des Ödipus, Antigone und Ismene, starke und mutige Personen sind, während die Söhne schwach, wankelmütig, treulos und egoistisch erscheinen.

Die spätere Sage von Orest, der von den matriarchalen achäischen Furien wegen Muttermordes verfolgt, dem aber dann von den patriarchalen dorischen Göttern vergeben wurde, weil er ihn begangen hatte, um seinen Vater zu rächen, kennzeichnet den sehr späten Übergang von der Mutter- zur Vaterverehrung, die nach dem dorischen Einfall in Griechenland und der damit dort einhergehenden patriarchalen Revolution stattfand.

Stärke und sexuelle Auswahl

Mystische Kraft und überragender Verstand könnten in gewissem Maße die Gründe für die Scheu und Furcht sein, mit der die Männer der Frühzeit den Frauen begegneten. Aber es muß auch auf der Seite der Männer eine körperliche Furcht gegeben haben, die sie für so lange Zeit in solch abgrundtiefer Unterwerfung gehalten hat. Alle Zeugnisse des Mythos, der Tradition, der Physiologie und auch der Anthropologie weisen auf eine ursprüngliche Gleichheit der Geschlechter in Größe und Stärke hin.

Biologisch gesehen, ist es, wie Michelmore sagt, ,,logisch, daß der Mann der kleinere Partner sein sollte. Seine einzige Funktion besteht darin, für Spermien zu sorgen; und obwohl das menschliche Ei nur gerade noch sichtbar ist, ist das Sperma noch viel, viel kleiner". Der Mann ist in der Sicht der Natur nur eine ,,verherrlichte Keimdrüse", bei der die Größe keine Rolle spielt. (29)

Die Wahrscheinlichkeit, daß die Frauen einst den Männern körperlich gleichwertig waren, wird durch solche Mythen wie den von den lemnischen Frauen angedeutet, die mit Leichtigkeit ihre Mannsleute in einem Bürgerkrieg überwanden, in dem alle Männer erschlagen wurden. Das Gleiche gilt für die ähnliche Sage von den Frauen von Amathonte, die sich standhaft weigerten, mit den Männern zu schlafen, und auch für die wahrscheinlich geschichtliche Sage von den Amazonen, die bis auf eine Nacht im Jahr männerlos lebten, selbst ihre eigenen männlichen Säuglinge töteten und nur ihre Töchter großzogen.

Die Mythen von solchen Frauen wie Atalanta, die alle männlichen Herausforderer im Ringen und beim Wettlauf bezwang, und die auf der ganzen Welt verbreiteten Sagen von den Jungfrauen, die als Ehegatten nur die seltenen Männer wählten, die sie im Zweikampf überwältigen konnten, weisen ebenfalls auf eine ursprüngliche körperliche Gleichheit der Geschlechter hin.

Noch im Jahre 1908 erhielt sich der Atalanta-Mythos in Sibirien, wo von den Koryak berichtet wurde, daß der Bewerber, der seine Geliebte nicht in einem Wettlauf bezwingen konnte, von dieser zurückgewiesen wurde. (30)

In Malakka in Malaysia war im 19. Jahrhundert eine ähnliche Probe in Mode. Die Braut flüchtete in den Wald, der Bräutigam lief ihr nach. Lief sie ihm davon, und kehrte er allein zurück, ,,empfing ihn die Hochzeitsgesellschaft mit Hohn und Spott und die Verbindung wurde aufgelöst." (31)

Älian berichtete, daß bei den alten Saken der Bräutigam mit seiner Zukünftigen kämpfen und sie bezwingen mußte, ehe sie sich ihm als Frau gab. (32) Und moderne Autoren haben berichtet, daß dieser Brauch in weit voneinander entfernten Ländern überlebt habe, am nördlichen Polarkreis so wie in Südafrika. In der Kapkolonie ,,muß ein Makuana-Bewerber das

Mädchen im Ringkampf zu Boden werfen, um ihre Hand zu erhalten" und sie wird nicht in die Ehe einwilligen, bis er sich so unter Beweis gestellt hat. (33) Bei den Samojeden im nördlichen Rußland, in Kamchatka und bei den Tungusen willigt das Mädchen erst dann in die Ehe ein, wenn der Bewerber „sie mit Gewalt genommen hat." (34)

So ist der in heutigen Comics gängige Mythos vom Höhlenmenschen, der seiner Auserwählten einen Schlag auf den Kopf versetzt und sie an den Haaren davonzerrt, eine sehr abartige Darstellung eines Brauches, der einst allgemein gepflegt wurde: die sexuelle Auswahl eines „überlegenen Erzeugers" *durch die Frau,* ein Brauch, der vorherrschte, als Männer und Frauen sich in Größe und Stärke entsprachen.

Diese Bräuche, sagt Crawley im Gegensatz zur modernen männlichen Theorie, „haben nichts mit Heirat durch Raub zu tun" oder mit der Unterwerfung der Frauen. (35) Sie sind Ausdruck des Rechtes der Frau, ihren Partner sozusagen durch Kampf auszuwählen, die Form der sexuellen Auswahl, die schließlich zu der kräftemäßigen Ungleichheit zwischen den Geschlechtern führte. Denn wenn, wie Lester Frank Ward sagt, „der Mann nach Größe und Kraft augenscheinlich überlegen ist, so deshalb, weil weibliche Bevorzugung die kleinen, schwachen Männer zugunsten stärkerer ausgemerzt hat. Sie (die Frau) hat ihren ursprünglichen Vorteil dem Wohle des Menschengeschlechts geopfert". (36) Karen Horney nimmt an, daß die männliche Muskelstärke „ein erworbener Geschlechtsunterschied" ist, gefördert durch die sexuelle Auswahl von seiten der Frau. (37) Die Tatsache, daß im allgemeinen die Männer in unserer Zeit weiterhin größer und stärker sind als die Frauen, ist ein Hinweis auf das junge Alter dieser Auswahlmethode. Unter den Kelten Europas waren im ersten Jahrhundert n. Chr. die jungen Männer und Frauen immer noch gleich groß und stark, wie Tacitus sagt: „Die jungen Männer heiraten spät, und auch die Mädchen werden nicht zur Ehe getrieben, das gleiche Alter und eine *ähnliche Gestalt* sind erforderlich. *Sie passen gut zueinander* und sind kräftig, wenn sie getraut werden." (38) Edward Carpenter sieht eine Verschlechterung in der menschlichen Rasse, seit das Auswahlrecht von der Frau auf den Mann überging:

„Unter den meisten höheren Tieren, und tatsächlich auch unter den ersten Geschlechtern der Menschheit,

wurden die männlichen Vertreter von den weiblichen entsprechend ihrer Tapferkeit, überragenden Stärke oder Schönheit ausgewählt, was weitgehend zu der Entwicklung einer Art führte, die der weiblichen Vorstellung entsprach. Doch als in der späteren Menschheitsgeschichte die Eigentumsliebe einsetzte, hörte diese Handlungsweise auf. Die Frau wurde nun ‚Eigentum', und der Mann begann, die Frau nach Wesensmerkmalen auszuwählen, die *ihm* entsprachen, und folglich wurde dadurch die Qualität der ganzen Rasse beeinflußt. Mit der Rückkehr der Frauen in die Freiheit könnte das weibliche Ideal wieder seine Übermacht gewinnen und der geschlechtlichen Auswahl einen edleren Einfluß verleihen, als wenn sie von Männern ausgeübt wird. Der weibliche Einfluß könnte so zur Entwicklung eines männlicheren und würdigeren Geschlechts führen, als es sich in diesen letzten Tagen der patriarchalen Kultur gezeigt hat." (39)
Mary Wollstonecraft bemerkte vor zweihundert Jahren, daß die Männer geneigt seien, die jämmerlichsten Muster der Frauenwelt zu heiraten und zur Mutter des Geschlechtes zu machen. (40) Und erst vor kurzem schrieb Horney: „Frauen, die die typischen Charakterzüge haben (die ihnen von des Mannes Ideologie zugeschrieben werden, nämlich Abhängigkeit, Schwäche, beschränkter Verstand), werden häufiger von Männern gewählt." (41) Gleichzeitig, sagt Carpenter, „sind Frauen (durch gesellschaftliche Vorstellungen und geldliche Notwendigkeit) gezwungen worden, viele Arten (...) von Männern anzunehmen, die wirklich freie Frauen nicht als ihre Gatten oder als die Väter ihrer Kinder geduldet hätten". (42) Denn das weibliche Geschlecht ist, wie Edmond Perrier schreibt, „das Geschlecht der physiologischen Vorausschau". (43) „Die Frau ist die Hüterin der Erbqualitäten (...). Während die Stimme der Natur zum männlichen Geschlecht sagt: Befruchte! gibt sie dem weiblichen einen anderen Befehl: Sondere aus!" (44)
Die jetzige Neigung der „Wassermann"-Jungen des ausgehenden zwanzigsten Jahrhunderts, zur Partnerin lieber starke, fähige, intelligente Mädchen auszuwählen, von denen sie unterstützt werden können, ist wahrscheinlich ein gutes Zeichen für die Zukunft der Menschheit. Das deutet auch auf eine Umkehr der gegenwärtigen geschlechtlichen Rollen und auf eine Rückkehr zum ursprünglichen Zustand hin, als der

Mann zweitrangig und die Frau das Rückgrat des Heimes, der Familie und der Gesellschaft war. Wie sie diese Stellung verloren hat, das ist die Frage, die uns im folgenden beschäftigen wird.

„Sie hat's vielleicht nicht anders gewollt", wie man so sagt. Denn als die Banden plündernder Männer, die sich von Wurzeln und Beeren ernährten und von den kultivierten Gemeinschaften ausgeschlossen waren, ihrem Affenerbe trotzten und Jäger wurden, kam ein neuer Bereich zur Sexualität hinzu. Während die Männer, die sich entschieden hatten, mit den Frauen daheimzubleiben, weiterhin unter der Aufsicht ihrer Mütter Pflanzenzüchter und Ackerbauern blieben, begannen die wilden Männer, vom Hunger getrieben, Tiere zu töten, deren Fleisch sie roh verzehrten. (45)

Die wilden Gebräuche und die Fleischrohkost der nichtdomestizierten Männer führten ohne Zweifel zu ihrer stufenweisen Entwicklung der Sexualität und schließlich zu ihrer Eroberung der Matriarchate. Denn Louis Berman weist darauf hin, daß Fleischfresser größere Geschlechtsorgane haben als Vegetarier (46), und diese Entwicklung kann für die Frauen unwiderstehlich gewesen sein. So ist es möglich, daß die Frauen der alten Gynaikokratie ihren eigenen Untergang verursachten, indem sie die phallischen wilden Männer den zivilisierteren ihrer eigenen friedlichen und ruhigen Welt vorzogen.

6

Fetische und ihre Ursprünge

*Von Natur aus gibt es nichts Angenehmes
oder Unangenehmes, sondern alles wird
so durch Gewohnheit.*

Epiktet

Die Phallus-Verehrung

Die ursprünglichen Verehrerinnen des Phallus waren Frauen. Wie die Archäologie in jüngster Zeit herausgefunden hat, wiesen die frühen Völker in der von uns bisher prähistorisch genannten Zeit dem Mann eine Stellung zu, in der er sowohl im sexuellen als auch in anderen Bereichen der Frau untergeordnet war. Es gibt sogar Zeugnisse dafür, daß die sexuellen Vorlieben der Frau die endgültige Größe des Penis bestimmte.

Bei den kürzlich im Nahen Osten ausgegrabenen Göttinnenheiligtümern kamen Phallen aller Formen und Größen zum Vorschein. Die Tatsache, daß diese und solche phallischen Symbole wie die Stierhörner der einzige männliche Zug sind, den man in den alten Heiligtümern fand, weist darauf hin, daß die ursprünglichen Verehrerinnen des Phallus die Frauen selbst waren. Phallen sind sehr zahlreich, aber unter den von der Archäologie entdeckten Myriaden von Frauendarstellungen ist kein anderes männliches Element überhaupt nur angedeutet, als ob für die Frauen, die alles waren, was zählte, das einzige am Mann zu Schätzende sein Geschlechtsorgan war, zu ihrer Freude und Erfüllung geschaffen. „Diese männlichen Symbole wurden im Bezug zur Göttin gesehen, und um sie zu erfreuen, sind sie so zahlreich in ihren Heiligtümern vorhanden." (1)

Bezeichnenderweise war es in der ägyptischen Mythologie Isis selbst, die erste Göttin, die die Phallusverehrung einsetzte. Als Typhon ihren Gemahl Osiris ermordete und ihn in kleine Stücke zerteilte, ging Isis umher und sammelte diese auf. Aber nirgendwo konnte sie den fehlenden Penis finden. Deshalb befahl sie, ein hölzernes Lingam anzufertigen, das sie dann in ihrem Haupttempel in Theben aufstellte. Aus diesem Grund wurden alle Göttinnentempel in Ober- und Unterägypten mit hölzernen oder steinernen Phallen geschmückt. Der Mythos erinnert an die Tatsache, daß die Phallusverehrung von den Frauen als Teil des Göttinnenkultes auf der ganzen Welt angeordnet wurde.

Erst seit der patriarchalen Revolution wurde die Phallusverehrung eine rein männliche Angelegenheit, die sie auch heute noch ist. Als die Männer den Phalluskult übernahmen, schnappten sie über und entwickelten ihn zu den lächerlichen Extremen, in die Männer gewöhnlich verfallen, wenn sie weibliche Handlungen und Einrichtungen übernehmen. (2)

Die alten Juden schworen Eide nicht auf ihre eigene Bibel, wie es die Christen tun, sondern auf ihre Genitalien, wobei das Wort „Schenkel", wie in „lege deine Hand auf (oder unter) meinen Schenkel und schwöre", nur eine sprachliche Verhüllung für den Penis und/oder die Hoden ist. Auch war es unter den Juden für eine Frau ein Verbrechen, die geheiligten Geschlechtsteile ihres Gatten mit der Hand zu berühren, ein Verbrechen, das schwere Strafe nach sich zog, nämlich nichts weniger als die Amputation der beleidigenden Hand. (3)

In Indien überstieg nach der dortigen patriarchalen Revolution die Phallusverehrung durch Männer das Maß der Vernunft. Der Priester pflegte täglich zu einer bestimmten Zeit nackt durch die Straßen zu gehen und eine Glocke zu läuten. Diese sollte alle frommen Frauen zu der Pflicht zusammenrufen, die dargebotenen Genitalien des Priesters zu küssen und zu umfassen. Ebenfalls in Indien erreichte der triumphierende männliche Phalluskult seinen eigentlichen Höhepunkt, und zwar in der Geschichte vom „größten Lingam der Welt". Dieses Gleichnis war ohne Zweifel eine Art Propaganda, um die Frauen einer Gewohnheit zurückzugewinnen, deren sie müde geworden waren, weil sie ihr vielleicht zu oft ausgesetzt waren. Jedenfalls, die Geschichte berichtet, daß der Gott Schiwa, der in älteren Mythen eine Göttin war, als er durch irgendein Unglück seinen Penis verlor, diesen im Boden steckend fand. Er durchdrang bald die Unterwelt, und seine Länge nahm zu, bis sich seine Spitze über die Himmel erhob. Dieser seltsame Anblick erregte die Aufmerksamkeit von Vischnu und Brahma, und diese zwei Götter entschlossen sich, die Angelegenheit zu untersuchen.

„Brahma stieg zum Himmel empor, um die oberen Grenzen

des Lingams zu ermitteln, und Vischnu begab sich in die unteren Gefilde, um seine Tiefe festzustellen. Beide kamen mit der Nachricht zurück, daß es unendlich sei. (...) So fielen sie beide nieder und beteten es an und hießen alle Männer und Frauen, das Gleiche zu tun." (4) Und so wurde die Menschheit gelehrt, daß der Einfluß des Lingams unendlich sei und daß alle Frauen wie auch die Männer es verehren müßten.

Der Phalluskult starb unter den Frauen nicht vollkommen aus, wie die geschichtliche Tatsache von der Eroberung der Stadt Embrun in Frankreich im Jahre 1585 bezeugt. Als die Protestanten die Stadt einnahmen, entdeckten sie, daß die geweihte Statue des Heiligen Foutin mit einem prächtigen steinernen Phallus geschmückt worden war, der sich rot gefärbt hatte, weil die örtlichen Damen Weintrankopfer darübergegossen hatten. (5)

Der heilige Foutin wurde in ganze Südfrankreich verehrt. Man sagt, sein Name sei aus „Photinus" entstanden, dem Namen des ersten Bischofs von Lyon, „auf den das Volk die Wesensmerkmale des Priapus übertragen hatte". (6)

Sein Bildnis, das immer mit priapischer Pracht geschmückt war, wurde bis ins siebzehnte Jahrhundert hinein in Kirchen in der Provence aufgestellt. Bischof Photinus muß ein ganzer Mann gewesen sein, denn selbst eine gewaltige natürliche Gesteinsbildung in der Auvergne wurde wegen ihrer Ähnlichkeit mit einem Penis im Volksmund „Saint Foutin" genannt. Der Penis des Heiligen war meistens aus Holz, das die Frauen abschabten. Das Holzmehl kochten sie dann in Wasser und tranken das so erhaltene Gebräu als fruchtbarkeitsförderndes Mittel.

In den meisten Kirchen wurde der heilige Penis so abgenützt, daß er in Abständen ersetzt werden mußte, bis sich ein unbekannter Priester einen „unerschöpflichen" Penis ausdachte, der durch ein Wunder erneuert wurde. „Dieses Wunder war jedoch sehr plump, denn der Phallus bestand aus einem langen Holzstab, der durch ein Loch im Bildnis des Heiligen gesteckt wurde, und wenn das phallische Vorderende kürzer wurde, trieb ihn ein Schlag mit einem Holzhammer von hinten nach vorne, so daß er wieder seine ursprüngliche Länge erhielt." (7)

Es ist möglich, daß der Penis des Heiligen, ob nun aus Holz oder Stein, auch zu einem intimeren Zweck von seinen Verehrerinnen benutzt wurde. Es gibt Beweise dafür, daß in katholischen Kirchen Frauen bis ins 17. Jahrhundert hinein gelegentlich den alten heidnischen römischen Brauch übten, tatsächlich Geschlechtsverkehr mit dem Heiligen zu pflegen, wie es die römischen Frauen oft taten, wenn sie sich auf den aufgerichteten Penis des Priapus setzten, um fruchtbar zu werden.

Kastration und Priestertum

Die weibliche Phallusverehrung führte in archaischen Zeiten zum Penisopfer — der Kastration des Mannes — als einem religiösen Ritus. Nachdem in matriarchalen Zeiten die Männer schließlich doch noch Zutritt zur Priesterklasse erhielten, waren es offensichtlich diese *castrati*, die ausgewählt wurden, die Wächterschaft der Tempel mit den langbekleideten Priesterinnen der Göttin zu teilen.

Noch im Jahre 1902 schrieb der Anthropologe Crawley, indem er sich auf seine Zeit bezog: „Eines der verwickeltsten Probleme besteht darin, daß Priester, Schamanen und Medizinmänner weibliche Kleider übernehmen." (8) Denn es ist eine seltsame Erscheinung, daß, selbst lange nach dem Ableben der Göttin und ihrer Priesterinnen, die Priester ihres Nachfolgers, des Gottes, weiterhin weibisch sind.

Graves weist darauf hin, daß selbst in geschichtlicher Zeit die männlichen Priester des Zeus, des Apollo und anderer Götter des neuen männlichen Pantheon falsche Brüste, lange Haare, glattrasierte Gesichter und wallende Kleider tragen mußten. Diese beiden letzteren Vorschriften wurden in die christliche Kirche übernommen, und die glattrasierten Gesichter und die wallenden Kleider kennzeichnen Mönche und Priester bestimmter christlicher Sekten bis auf den heutigen Tag — Überreste aus einer Zeit, in der nur Frauen für würdig gehalten wurden, der Großen Göttin zu dienen.

Aber das christliche Priestergewand ist nicht der einzige solche Rest in der modernen Welt. Die Bardaschen, Medizinmann-Priester der nordamerikanischen Indianerstämme, werden wegen ihrer weiblichen Fertigkeiten so genannt. Ihr Name ist das französische Wort für hermaphrodit oder homosexuell. Die Schamanen Sibiriens und der Arktik ebenso wie die Medizinmänner der amerikanischen Indianerstämme, wie zum Beispiel Krähen, Sioux, Irokesen und Chukchi, tragen gewohnheitsmäßig Frauenkleider und leben als Frauen. (9)

In Borneo ist „der höchste Schamane einer, der sein Geschlecht gewandelt und weibliche Kleider angenommen hat und weibliche Arbeiten verrichtet". (10)

In Indien tragen die Priester der Göttin Huligamma weibliche Kleider genauso wie die Priestersekte der Vallabhachars, die in den Heiligtümern des Gottes Krischna dienen. Diese Sitte findet sich auch in Bengalen und im Kongo, wo die *nganga*, die Medizinmänner der Bangala, Frauenkleider tragen. Selbst im fernen Tahiti mußte die Sekte männlicher Priester, die *arreoi*, sich wie Frauen kleiden und leben. (11)

Wie Herodot, der im 5. Jahrhundert berichtete, daß die nördlichen barbarischen Stämme „die Frauenkrankheit" (12) hatten, so führen moderne Beobachter dieses allgemeine unmännliche Benehmen der heiligen Männer auf sexuelle Abnormität zurück. Crawley bezieht es auf eine „angeborene Inversionsneigung" (13), und Lowie schreibt: „In einigen primitiven Gemeinschaften ist das, was wir im sexuellen Bereich als krankhafte Erscheinungen ansehen würden, eng mit religiöser Tätigkeit verknüpft." (14) Edward Westermarck sagt: „Ohne Zweifel sind diese Erscheinungen Fälle sexueller Inversion, sei sie nun angeboren oder angenommen. Die *bezeichnende Tatsache* ist, daß *die ganze Geschichte hindurch* die Priesterschaft eine Neigung zur Verweiblichung hatte." (15) Das ist allerdings die kennzeichnende Tatsache. Aber ihre Bedeutung liegt nicht in der vermuteten Verweiblichung der heiligen Männer, sondern darin, daß die religiöse Idee ursprünglich weiblich war. Der Brauch, daß Priester weibliche Kleider und Verhaltensweisen annehmen, ist nicht, wie Westermarck, Lowie und andere denken, auf eine unter ihnen vorherrschende Homosexualität zurückzuführen, sondern auf eine sehr alte Gewohnheit, die so tief im menschlichen Unterbewußtsein eingebettet liegt, daß sie selbst nach 4 000 Jahren männlicher Herrschaft nicht auszulöschen ist: die Gewohnheit, die Gottheit als weiblich anzusehen.

Gelehrte des 19. und 20. Jahrhunderts, die sich geschlossen weigerten, die überwältigenden Hinweise auf die ursprünglich gynaikokratische Grundlage der menschlichen Gesellschaft zu akzeptieren, trugen trotzdem wertvolle Einzelheiten zusammen, die es heute Gelehrten erleichtern, frühe Gesellschaftsformen zu rekonstruieren. Sir James Fraser führt außerordentlich überzeugende Nachweise von überall existierenden, gynaikokratischen Bräuchen und Tabus an, mißinterpretiert sie jedoch und hält sie für so unbedeutend, daß er sie in dem von ihm selbst zusammengestellten Auszug seines riesigen, zwölfbändigen Werkes übergeht. In Band 6 des Originals zitiert er zahlreiche Fälle, in denen männlichen Priestern das Tragen von Frauenkleidung abverlangt wird, angefangen mit dem Priester von Herkules in Cos im 5. Jahrhundert v. Chr. bis hin zu den Schamanen Nordamerikas im 9. Jahrhundert n. Chr. In Frasers Auszug (16) aber fehlt jedweder Verweis auf diesen Aspekt der Religion. Es ist natürlich möglich, daß er bewußt ausgelassen wurde — daß, als Fraser 1922 den Auszug zusammenstellte, er endlich die ungeheuer wichtigen Implikationen dieses Phänomens erkannt hatte und entschied, sie um der männlichen Vorherrschaft willen zu unterdrücken.

Männliche Beschneidung

Die Tatsache, daß selbst im kaiserlichen Rom die Verehrer der Göttin Cybele immer noch ihren Penis und ihre Hoden abschnitten und sie ihr in ihren Heiligtümern darboten, zeigt an, daß es in früheren Zeiten für Männer üblich war, diese Handlung zu Ehren der Großen Göttin auszuüben. Wahrscheinlich, um einerseits die Heiligtümer zu reinigen und andererseits, um die massenhafte und die Frauen betrügende Kastration der Männer zu beenden, führten Frauen den Brauch ein, an Stelle des Ganzen die Vorhaut zu opfern, und so übernahm man die Beschneidung als Verbesserung der Kastration.

Es kann nicht bezweifelt werden, daß die Beschneidung ein Überrest des Göttinnenkults ist. Indem Abraham die Beschneidung als Bund zwischen Mensch und Gott ausgab, versuchte er nur, einen matriarchalen Brauch, der nicht auszutilgen war, vernunftmäßig zu erklären, wie auch in christlichen Zeiten die Kirche viele Göttinnenriten, die nicht zu beseitigen waren, übernahm und rationalisierte. Tatsache ist jedoch, daß Abraham die Beschneidung nie ausführte oder sich für sie einsetzte. Der ägyptische Moses setzte den Brauch unter den Hebräern ein, und die Verfasser der Schöpfungsgeschichte schrieben ihn, wie so viele spätere Bräuche, dem frühen Patriarchen Abraham zu, um ihrer vergleichsweise neuen Jehovah-Religion den Anschein des Althergebrachten zu verleihen.

Die Beschneidung ist weitaus älter als Moses oder Abraham. Herodot schreibt, daß „die Syrer von Palästina (die Juden, Anm.

d.Üs.) selbst zugeben, daß sie diesen Brauch von den Ägyptern gelernt haben". (17) Die Ägypter hatten ihn seit undenklichen Zeiten zu Isis' Ehren ausgeübt; und die Nubier, von denen Strabo 7 v. Chr. versichert, daß sie selbst in seinen Tagen stark von Frauen beherrscht wurden, hatten diesen Brauch „immer" vollzogen. Die Kolchier an der Schwarzmeerküste, die eine alte, von Sosostris vor 3000 v. Chr. angesiedelte ägyptische Kolonie waren, hatten ebenso „die Beschneidung immer durchgeführt". (18) Und das war wenigstens tausend Jahre vor Abraham.

Daß die Beschneidung ein Überbleibsel des der Göttin geopferten Penis ist, wird durch die Tatsache bewiesen, daß der Ritus in alten Zeiten immer im frühesten Mannesalter durchgeführt wurde und nicht in der Kindheit, wie es heute der Fall ist. Unter den Arabern und bei einigen afrikanischen Stämmen findet die Beschneidung heute in der Pubertät statt. Und es gibt Beweise dafür, daß der Bar-Miswa, der Mannbarkeitsritus unter den Juden, einmal die Zeit der Beschneidung war.

Die alten Römer waren über diesen jüdischen und arabischen Brauch sehr erstaunt, was unter den klassischen Schriftstellern zu den verschiedensten Mutmaßungen Anlaß gab. Ein Kommentator der *Satiren* von Horaz bot eine der findigsten Erklärungen dafür: „Die Juden waren ihrer Vorhaut beraubt. Grund dafür war Moses, ihr König und Gesetzgeber, dessen Vorhaut aus mangelnder Reinlichkeit erkrankt war, und der sich gezwungen sah, sie abzuschneiden; aus Furcht, dieser Verlust könne ihn der Lächerlichkeit preisgeben, befahl er allen, sich derselben Operation zu unterziehen." (19)

Die Vorhaut von Jesus Christus war eines der kostbarsten Relikte des Mittelalters. Sie war so populär, daß es zu einem Zeitpunkt mindestens zwölf davon gab. Die Heilige Vorhaut von Chartres war jedoch am potentesten, denn nur ein Blick darauf genügte, jede gebärunfähige Frau fruchtbar zu machen. (20) Dies hieß, die Sache entschieden zu weit treiben; aber ein französischer Philosoph des 19. Jahrhunderts trieb eine andere Vorhaut, die von Adam nämlich, noch entschieden weiter. Dieser große Denker kam irgendwie zu dem Schluß, daß, als Gott Adam aufforderte, sich schlafen zu legen, er ihn nur beschneiden wollte. Als er aber so mit der entfernten Vorhaut in der Hand dastand, hatte er eine bessere Idee, was mit dem Rest zu tun sei. Und er schuf die Frau, Eva, aus Adams Vorhaut! (21)

Die Beschneidung bei Knaben wird heute aus hygienischen

Gründen zum Nutzen des Jungen vollzogen. Ärzte des 19. Jahrhunderts haben den Reinlichkeitsgrund geringschätzig abgetan und behauptet, die Beschneidung fördere nicht die Gesundheit, sondern sie sei eine barbarische und nutzlose Quälerei.

Doch Meldungen aus der letzten Zeit besagen, daß der Krebs am Gebärmutterhals möglicherweise durch ein von unbeschnittenen Männern übertragenes Virus verursacht wird. (22) Vielleicht hatten dann die Juden, die Araber und der Hl. Petrus durchweg recht. Denn es war der Hl. Petrus im Gegensatz zu Paulus, der von denen, die sich zum Christentum bekehrt hatten, verlangte, sich beschneiden zu lassen. Paulus wollte Bekehrte um jeden Preis, doch die bevorstehende Beschneidung hatte seiner Erfahrung nach den Eifer nicht weniger zukünftiger Christen abgekühlt. Paulus gewann, und die Christen wurden nicht beschnitten.

Jedoch mit Ausnahme der Christen von Abessinien und der christlichen Kopten von Ägypten, bei denen die Tradition zu tief verwurzelt war. Der unbeschnittene Mann war den koptischen Frauen so schrecklich, daß sie sein Bettzeug und seine Eßgeräte verbrannten, wenn sie unwissentlich doch einmal einen empfangen hatten, wie Voltaire in *Philosophie der Geschichte* berichtet. (23)

Andererseits ziehen nicht-christliche Frauen der Türkei „ein Zusammenleben mit solchen Männern, die ihre Vorhaut beibehalten haben (die Christen), den Juden und Türken vor, da die sexuelle Vereinigung durch die Reibung der Vorhaut um vieles lustvoller ist." (24)

Philo berichtete, daß die Ägypter eine Krankheit kannten, die sie Carbo nannten, von „sehr gefährlicher Art und sehr schwer zu behandeln, für die all jene, die ihre Vorhaut noch hatten, besonders anfällig waren". (25) Welche Krankheit das war, ist unbekannt, aber es kann Syphilis gewesen sein. Diese breitete sich in Europa erst am Ende des 15. Jahrhunderts aus, als sie Kolumbus' Seeleute aus der alten Welt mitbrachten. Aber ist es nicht möglich, daß in früheren Tagen die alten Seefahrer sie aus der gleichen Neuen Welt mit nach Ägypten gebracht haben, wo die Ärzte erfolgreicher waren, sie einzudämmen, als die Ärzte des „aufgeklärten" 16. Jahrhunderts n. Chr.?

In der mohammedanischen Religion ist die Beschneidung Zwang. Und sie wurde nach islamischem Glauben ursprünglich nicht von Mohammed, sondern von Ismael angeordnet, dem Sohne Hagars, der von Abrahams Frau Sarah beschnitten wurde.

Viele und verschiedenartige Gründe werden von früheren Reisenden für den seltsamen morgenländischen Brauch der Beschneidung angeführt: um Selbstbefriedigung und Ausschweifung zu verhindern; um das Waschen zu erleichtern, da es den Mohammedanern beim Reinigen der Genitalien nur erlaubt ist, eine Hand zu benützen; um sich gegen einen Wurm zu schützen, der sich vorzugsweise in der Vorhautfalte vermehrt; die Vorhaut würde, wenn man sie unbeschnitten ließe, zu lang werden und den Geschlechtsverkehr beeinträchtigen; und schließlich könnte „die Vorhaut den freien Samenfluß bei der ehelichen Umarmung behindern, und die große Fruchtbarkeit der Juden und Araber ist auf die Beschneidung zurückzuführen". (26)

All diese sogenannten Erklärungen sind von patristischer, männlicher Logik gekennzeichnet. Der wahre Grund für die männliche Beschneidung liegt im großen geheimnisvollen Verstand der ersten Königin begraben, die sie im Frühling der Menschheit zum ausschließlichen Wohle des auserwählten Geschlechts, der Frauen, anordnete.

Der Brustfetisch

Unter den Entdeckungen bei Catal Hüyük, die die Forscher am Anfang der 60er Jahre erstaunten, waren die vielen Paare weiblicher Brüste, die die Wände der Göttinnentempel zierten. Diese körperlosen Brüste ragten aus der ebenen Oberfläche der Wände, als hätten sie eine eigene Existenz. Diese Erscheinung im Anatolien des 9. Jahrhunderts hatte sich, im Gegensatz zu so vielen anderen anatolischen Wandverzierungen, nicht in Kreta oder sonstwo im späteren ägäischen Raum wiederholt.

Doch, *mirabile dictu*, nahezu 1 500 km entfernt, im südlichen Italien, *wurden* gleichartige Brüste in einem einer Göttin geweihten Tempel gefunden, der etwa 6- oder 7 000 Jahre *nach* Catal Hüyük entstand, noch vor Rom oder der hellenischen Kolonisation Italiens. Unter diesen zahlreichen „weiblichen Brüsten" gab es eine große Anzahl „seltsamer weiblicher Blumen, Frauengesichter, die von einem Kelch aus Blütenblättern gekrönt waren." (27) Dies ist alles sehr seltsam und aufregend, aber seltsamer und aufregender ist die spätere Identifizierung des Tempels, in dem diese Brüste und Blumengesichter gefunden worden waren, und dessen Zusammenhang mit Jason und den Argonauten.

Im 1. Jahrhundert v. Chr. berichtete Strabo von einem Tempel in Lukanien im südlichen Italien, der 12 oder 13 Jahrhunderte früher von Jason, während dessen Reise mit der Argo gebaut worden und der Göttin Hera geweiht worden war. Strabo nannte ihn das Heraion von Silaris, den Heratempel von Silaris. Silaris ist der römische Name des Seleflusses. Zu Jasons Zeiten war Hera noch die Große Göttin des nördlichen Griechenlands und Thessalien, Jasons Heimat war ein Teil davon. Das Ziel der Argonauten, mit Jason als Kapitän, war Kolchis an der Ostküste des Schwarzen Meeres im Norden Anatoliens. Um auf kürzestem Wege von Thessalien nach Kolchis zu gelangen, hätten sie das Ägäische Meer überquert, wären durch den Hellespont zum Marmarameer, dann durch den Bosporus zum Schwarzen Meer und weiter in Richtung Osten bis nach Kolchis gefahren. Italien wäre ein sehr großer Umweg gewesen.

Jasons Besuch in Italien muß dann offensichtlich auf der Rückfahrt von Kolchis stattgefunden haben, als er mit Medea auf der Flucht war. Denn die Tatsache, daß der griechischen Göttin Hera in Italien ein Tempel geweiht *worden war* noch vor der griechischen Kolonialisierung der Halbinsel, kann nicht geleugnet werden. 200 Jahre nach Strabo bestätigte auch Plutarch, daß das Heraion das Werk Jasons war. Der Tempel stand noch zur Zeit Plutarchs. Als aber Altertumsforscher der Spätrenaissance an den Ufern des Sele nach dem Heraion zu suchen begannen — von den gerade entdeckten Berichten Strabos und Plutarchs neugierig gemacht — konnten sie nicht die geringste Spur eines Tempels finden. Die Nachforschungen waren jedoch 1935 endlich erfolgreich — 30 Jahre vor Catal Hüyük — als die weiblichen Brüste und Blumengesichter 4,5 km vom Fluß entfernt auf einem Feld gefunden wurden. Weitere Ausgrabungen legten die Überreste des Tempels frei, und Weiheopfer, auf denen der Name Hera zu lesen war, machten „ganz klar, daß es sich tatsächlich um (Strabos) Heraion von Silaris handelte". (28)

Damit waren alle zufriedengestellt. Aber — was war mit den Brüsten? Sie erregten zu jener Zeit wenig Interesse, da 1935 die Brüste von Catal Hüyük natürlich noch unbekannt waren. Welche Verbindung bestand zwischen den beiden? Wie hatten anatolische Brüste aus dem 80. Jahrhundert das Italien des 12. Jahrhunderts erreicht? Wenn die abgetrennten Brüste ein universales Symbol der Großen Göttin darstellten, warum waren sie dann nicht an anderer Stelle zusammen mit ihren anderen zahlreichen Symbolen aufgetaucht? Wenn die Brüste nur eine Modeerscheinung des anatolischen 9. Jahrtausends waren, warum tauchten sie dann plötzlich 7 000 Jahre später jenseits der Meere wieder auf? Und warum konnten die hübschen, kleinen Blumengesichter nicht irgendwoanders gefunden werden als bei dem Heraion von Silaris?

Wo und was ist das verbindene Glied? Kolchis, wo sich das Goldene Vlies befand, um dessentwillen die Argonauten unterwegs waren, lag in Anatolien. Die Zauberin Medea war, obwohl sie im hellenistischen Mythos als die Tochter des Königs bezeichnet wird, in Wirklichkeit die Königin von Kolchis. Dies wird durch die Geschichte belegt, in der sie ihren Bruder Absyrtos zerstückelt und die Teile über das Land verstreut, wie Typhon die Gliedmaßen des Osiris verstreut hatte. Auf diese Art fanden viele mythischen Götter und Helden den Tod, angefangen mit Tammuz in Syrien bis hin zu Dionysos in Thrakien. In allen diesen Mythen stellten die verstümmelten Personen den Gemahl der Königin dar — er wird geopfert, im Ritual zerlegt und den Winden preisgegeben, um sich der Ernte zu versichern. Das Fest des „grünen Mannes" oder des „Maismannes" im heutigen Europa ist ein keltischer Überrest dieses alten, mittelmeerländischen Fruchtbarkeitsritus.

In der Argonautensage verließ Medea die Stadt Kolchis mit den Argonauten, da sie sich in Jason verliebt hatte. Ihr Schiff Argo wurde von den Bewohnern von Kolchis verfolgt, die ihre Königin und das Goldene Vlies zurückholen wollten. Und zu diesem Zeitpunkt konnten sie sich in Italien aufgehalten haben. Medea und Jason kehrten schließlich nach Thessalien zurück, wo Medea — um sich Jason gefällig zu zeigen — seinen Onkel, den König von Thessalien ermordete. Wieder müssen sie fliehen, und auch dies hätte der Zeitpunkt für einen Aufenthalt in Italien sein können. Sie erreichen später Korinth, wo sich Jason in Glauke, die Tochter König Kreons, verliebt. Aus Rache tötet Medea Glauke und Kreon. Dann ermordet sie ihre beiden Söhne, deren Vater Jason war, und flüchtet nach Athen, wo Ägeus, der Vater von Theseus, ihr Zuflucht vor Jasons Zorn gewährt. In Athen versucht sie, Theseus umzubringen, und wird deshalb von Ägeus verbannt. Aber es gelingt ihr, sich wieder zu rächen, indem sie auf geheimnisvolle Art sowohl Theseus' Gemahlin Phädra, die kretische Prinzessin tötet, die Theseus entführt hatte, nachdem er den Minotauros im Labyrinth von Kreta erschlagen hatte, als auch den Tod von Hyppolyt, Theseus' Sohn mit der Amazonenkönigin herbeiführt. Asklepios erweckt Hippolyt wieder zum Leben, und die Göttin Diana trägt ihn zu ihrem heiligen Hain in Aricia im italienischen Latium — dem Hain der Diana Nemorensis, wo Äneas später den goldenen Zweig pflücken wird. In Aricia hat Hippolyt einen Sohn, Virbius, der einer der Etrusker sein wird, die sich der Ansiedlung in Latium von Äneas und den Trojanern nach dem Fall Trojas widersetzten.

Und was hat dies alles mit den Brüsten im Heraion von Silaris zu tun?

Es verbindet, und das ist sehr wichtig, in einer zusammenhängenden Sage alle Einzelheiten miteinander: das alte Catal Hüyük, Ägypten, Kolchis, Jason, Medea, Thessalien, Athen, Ägeus, Theseus, Phädra, Kreta, den Minotauros, Äneas, Troja, Korinth, Kreon, die Argonauten, Askepios, Hera, Diana, den Hain von Nemi, Virbius, Hippolyt, die Amazonen, die Etrusker, den Trojanischen Krieg, Latium, Lukanien und das Heraion von Silaris. Und diese fortlaufende Sage spielt sich im Laufe eines Lebens ab — dem von Medea. Und Medea ist die Königin des anatolischen Kolchis, die wahrscheinlich mit ihrem Mann Jason nach Italien gekommen war, wo er dann den Hera-Tempel in Lukanien erbaut hatte.

Was alles zu ein und derselben Frage führt: Waren die Brüste und Blumengesichter Medeas Beitrag zu dem Heraion? Und sind sie kolchische Symbole der Großen Göttin — Symbole, die einst in der anatolischen Wiege der Zivilisation Allgemeingut waren, an Ägypten weitergegeben wurden, wo sie das Patriarchat später austilgte und sich nur in Ägyptens anatolischer Kolonie von Kolchis erhalten hatten? Vielleicht werden Ausgrabungen bei Kolchis eines Tages die Originale der Blumengesichter aufdecken und die noch fehlende Verbindung zwischen den Brüsten von Catal Hüyük und denen des frühen Italien liefern.

Dann werden wir den Beweis dafür haben, daß Medea tatsächlich existierte, daß sie wirklich mit Jason Italien aufsuchte, daß sie wirklich zusammen den Hera-Tempel in Lukanien bauten, daß die alten Sagen allerdings als Geschichtsschreibung begriffen werden müssen, daß die alte Welt eine sehr viel enger miteinander verbundene Gemeinschaft war als bis jetzt angenommen wurde.

Die Erscheinungen in Catal Hüyük und in Silaris in Süditalien sind Zeugnis dafür, daß die weiblichen Brüste wie der Phallus ursprünglich Gegenstände weiblicher Verehrung waren. Bei Catal Hüyük kommen ihnen zahlenmäßig nur die zwischen ihnen eingestreuten Stierhörner gleich. Diese versinnbildlichen natürlich den Phallus als die Ursache der Kindsgeburt, die Brüste hingegen den nährenden Aspekt der Kinderfürsorge. Die Frauen verehrten sowohl die Brust als auch den Penis als Mittel der Mutterschaft. Erst nach der patriarchalen Revolution, nachdem sich die Männer sowohl die Phallusverehrung als auch den Brustfetisch angeeignet hatten, erhielten diese Organe die erotische Bedeutung, die sie heute besitzen.

Immer schon, seit die moderne Geschichte begann, sind Männer von den Brüsten verwirrt worden. Juvenal geriet vor zweitausend Jahren wegen der Übergröße des Busens einer weiblichen Bekannten in Verzückung, und Strabo pries die „maiorem papillam" der Frauen von Meroe. Seit die männliche Kunst begann, sind die Brüste bevorzugter Gegenstand der Dichter, Bildhauer und Künstler jeder Art.

Besondere Größe war jedoch nicht immer nötig oder gar erwünscht. An den griechischen Skulpturen der Klassik kann man sehen, daß die schönheitsliebenden Griechen schmalere Brüste, schlankere Hüften und breitere Schultern bevorzugten, als sie von modernen Richtern weiblicher Schönheit gestattet werden. Das eigentliche Ideal weiblicher körperlicher Vollkommenheit bleibt trotzdem die Venus des Praxiteles.

Von Phryne, der berühmten griechischen Kurtisane, die für Praxiteles' Venus und die Venus von Apelles Modell stand, wird gesagt, sie habe „die allerbewundernswertesten Brüste", die, ohne daß sie groß waren, „den Brustkorb bedecken, sich fast gleichmäßig gerundet von allen Seiten von ihm erheben, und gleichmäßig in ihren Spitzen münden." (29)

Es war die unvergleichbare Perfektion von Phrynes *mammae*, die ihr das Leben rettete, als sie von einem eifersüchtigen Liebhaber fälschlicherweise des Landesverrats angeklagt wurde. Sie wurde von dem berühmten Redner Hyperides verteidigt, der sie als Zeugin aufrief, ohne viel Worte ihren Schleier fortzog und ihre Brüste enthüllte und somit „augenblicklich den hartnäckigsten ihrer Kritiker entwaffnete und ihren Freispruch erlangte." (30)

Phryne ließ die nach Alexanders Angriff bis auf den Grund zerstörten Mauern von Theben großzügig wieder aufbauen. Jahrhunderte später war noch auf den damals errichteten Mauern die stolze Inschrift zu lesen: „Diese Mauern, von Alexander dem Großen zerstört, wurden von Phryne, der Hure, wieder aufgebaut."

Im Mittelalter waren die Brüste sogar im Vergleich zu dem (nach heutiger Auffassung) kümmerlichen griechischen Ideal geschrumpft. Nach einem Werk über weibliche Schönheit aus dem 14. Jahrhundert muß diese aus schmalen Schultern, kleinen Brüsten, einem großen Bauch, breiten Hüften, dicken Oberschenkeln, kurzen Beinen und einem kleinen Kopf bestehen, was wahrscheinlich erklärt, warum von mittelalterlichen Künstlern dargestellte Frauen so wenig anziehend wirken.

Bis zum Ende des 18. und Beginn des 19. Jahrhunderts hatte sich dieses Ideal bemerkenswert wenig verändert. T. Bell empfahl 1821, daß im Profil der *mons Veneris* stärker hervortreten sollte als der Busen. Jener mußte hinten durch ein gleichermaßen hervortretendes Gesäß, und das Ganze durch starke, muskulöse Schenkel und kurze Beine ausgeglichen werden. (31)

Heute darf nichts anderes hervorragen als die Brüste, und deren Größe und Bedeutung ist vollkommen unbegrenzt. Desmond Morris bemerkt in seinem Buch *Der nackte Affe,* daß die weiblichen Brüste durch Selektion nach Größe und Rundung so sehr ein Sexsymbol geworden sind, daß sie nicht mehr zur Ernährung dienen können. Das ist schlecht für die Zukunft der Menschheit, weil zu keiner Zeit ein großer Busen ein Gegenstand solch übermäßiger Verehrung war, wie es heute in den Vereinigten Staaten der Fall ist.

So finden wir, daß, genauso wie der Mann die Entwicklung seines Penis früherer sexueller Auswahl von seiten der Frau, diese die heutige Größe ihres Busens der männlichen sexuellen Vorliebe verdankt.

Es ist jedoch fraglich, ob diese männliche Vorliebe für große Brüste wirklich auf Sexualität begründet ist. Männer denken gewöhnlich, große Brüste seien „sexy" und ihre Schwäche für diese zeugen von ihrer eigenen tigerhaften Sinnlichkeit. Wahr ist, daß die übergroße Brust von heutigen Männern nicht, wie sie gerne denken, als verwegenes Sexsymbol, sondern als Muttersymbol bewundert wird. Der erste Eindruck, den ein Kind erhält, ist die Mutterbrust, und es verbringt den Rest seines Lebens mit dem Versuch, die Gefühle fürsorglicher Wärme und Behaglichkeit wiederzugewinnen, die in seinem Unterbewußtsein mit der weiblichen Brust verbunden sind.

Geschlechtssymbolik

Brustförmige Pyramiden sind Geschlechtssymbole, die das weibliche Prinzip in der Schöpfung darstellen, unveränderlich, unbeweglich, unzerstörbar. „Ägypten ist das Land stets wiederkehrender Frauenherrschaft", schreibt Bachofen, „und seine ganze Kultur ist auf dem Frauenkult erbaut." (32)

Die Brustsymbolik ist im allgemeinen seltener als die des Lingam (Phallus) oder der Yoni (Vulva). Phallische Symbole gibt es viele; der Obelisk von Ägypten und das Washington-Monument in Columbia sollen hierzu gehören. Aber Yonisymbole sind zahlreicher und verschiedenartiger.

Die Karfreitagssemmel und das Brötchen waren ursprüngliche Zeichen für das Lingam bzw. für die Yoni. Dieses Backwerk war immer zum Fest der Göttin Oestre gebacken worden, der Göttin der Fruchtbarkeit, von deren Namen sowohl das Wort „oestrus", das die „Hitze" bei Tieren bezeichnet, als auch das Wort „Ostern" herrührt, und deren bewegliches Fest unser Ostern wurde, der Tag des auferstandenen Herrn. Die Kirche gestattete, daß diese heidnischen Symbole gebacken wurden, und verlangte nur, sie zu Ostern mit dem heiligen Kreuz zu schmücken. Und so backen und essen wir zur Osterzeit Karfreitagssammeln zu Ehren des aufgerichteten Lingam.

Die Kauri-Muschel wird allgemein als Yonisymbol angesehen, genauso wie das einfache Hufeisen, wenn es als Glücksbringer über einen Torweg genagelt wird. Das ursprünglichste und bei weitem älteste Geschlechtssymbol ist das Tau oder das kurzarmige Kreuz, der Buchstabe T. Der aufrechte Strich stellt den Phallus und der Querstrich die Yoni oder Vulva dar. Dieses Zeichen für den Geschlechtsverkehr ist so alt wie der Mensch, und so war es für die Kirche nicht schwer, es als einen Gegenstand der Verehrung mit Heiligkeit zu versehen. Männer und Frauen hatten es seit dem Beginn der Zeit verehrt.

Der tau-rus, der Stier, das Zeichen der Frauenherrschaft, war ein starkes Geschlechtssymbol, das das männliche Prinzip in der weiblichen Welt darstellte. Seine Hörner waren Geschlechtssymbole *par exellence,* und sie schmücken viele in den letzten Jahren ausgegrabene Göttinnentempel. Der Stier wurde das heilige Sinnbild Kretas, und Minotauros, halb Mensch, halb Stier, war ein Gegenstand der Verehrung, und nicht das Ungeheuer, das moderne Märcheh aus ihm gemacht haben. Seine

Mutter Pasiphae entsprach einem alten Frauenkult, als sie Daedalus bat, eine junge Kuh nachzubilden, in der sie sich verbergen und vom heiligen Stier geschwängert werden konnte.

Die Heiligkeit des Stiers in gynaikokratischen Gesellschaften findet sich heute noch in der Bezeichnung „päpstliche Bulle", dem Erlaß des Papstes. Sie rührt daher, daß in alter Zeit die Königin ihre Gesetze vom Mittelpunkt eines Halbmondes aus erließ, den ihre Priesterinnen bildeten, wobei die Mondsichel sowohl die Form der Stierhörner als auch des Neumondes hatte.

Der zunehmende Mond war der Göttin geweiht, und Mommsen schreibt, daß der Brauch, zur Zeit des Neumondes Recht zu sprechen, sehr alt sei. (33)

Die gebogene Doppelaxt Kretas, das unmißverständliche Zeichen der Gerechtigkeit der Königin, erinnerte sowohl an die Stierhörner als auch an den Neumond, beide der Göttin heilig.

Die Zeit wurde nach Mondphasen bestimmt, und „in allen Sprachen erhielt der Mond seinen Namen von der Tatsache, daß die Menschen die Zeit (mensis) nach ihm maßen". (34) Auch die Wörter „Menses" und „Menstruation" haben hier ihren Ursprung, wie auch „Messung" und „Maß". Das Mondjahr des matriarchalen Kalenders bestand aus dreizehn Monaten. Daher die Unglückszahl dreizehn, denn alle Überreste der alten Frauenherrschaften Europas wurden von der christlichen Kirche als schlecht und unheilvoll gebrandmarkt.

Die dreizehn Mondmonate werden in England immer noch die „Gewohnheitsrechtsmonate" genannt, von denen jeder aus 28 Tagen besteht. „28 war eine heilige Zahl in dem Sinne, daß der Mond als eine Frau angebetet wurde, deren Menstruationszyklus aus 28 Tagen besteht, und das ist auch die genaue Zeit einer Mondumdrehung entsprechend der Sonnenzeit (...). Das System wurde wahrscheinlich im matriarchalen Sumer entwickelt." (35) In früheren Zeiten wurde der geheimnisvolle rote Regen, der in den Zeitungen der Welt in Abständen immer noch als „Blutregen" auftaucht, für das Monatsblut der Mondgöttin gehalten. Und das moderne medizinisch-genetische Zeichen für das weibliche Geschlecht, das kleine Und-Zeichen unter einem Kreis ist tatsächlich das alte Bildzeichen der Großen Göttin: ihr gleicharmiges Kreuz, mit dem Vollmond auf der Spitze.

Noch unter der Herrschaft Edward II. hieß es in einem Marienlied: „Wieviele Monate hat das Jahr? Dreizehn, das sage ich." In der Tudor-Zeit wurde die letzte Zeile in: „Nur zwölf, das sage ich", umgewandelt, um dem von den Patriarchen eingeführten Sonnenjahr zu entsprechen.

Wenn auch die Zahl dreizehn wegen ihrer Verbindung zu den Frauenherrschaften zu einer Unglückszahl wurde, so blieben doch andere Zeichen der weiblichen Macht weiterhin Glücksbringer. Es gilt immer noch als gutes Omen, den Neumond über der linken Schulter, der weiblichen Seite zu sehen. Aus diesem Grund jedoch wurde die linke die dunkle Seite, und das Wort für links, lateinisch *sinister*, erhielt einen üblen Beiklang.

Alle halbmondförmigen Gegenstände stellen die Göttin und das weibliche Prinzip dar, einschließlich des Halbmondes der alten russischen, türkischen und lybischen Flagge. Die Halbmondflagge war ursprünglich ein römisches Legionärszeichen, das von den der Göttin geweihten Legionen getragen wurde. Die gebogenen, halbmondförmigen Linien, die sich in Steinen mittelalterlicher Kathedralen eingehauen finden, und die die „Altertumsforscher" des 19. Jahrhunderts so sehr verwunderten, waren in Wirklichkeit heimliche Anrufungen der Göttin. Das Zeichen für die Vulva besteht aus zwei an den Spitzen zusammengefügten Halbmonden, ein Symbol, das im christlichen Irland sehr häufig zu finden ist. (36)

Das zugespitzte Oval, das durch die so zusammengefügten Halbmonde entsteht und ein Dreieck einschließt, wurde in Stein gemeißelt gefunden und stammt aus prähistorischer Zeit und aus dem Mittelalter. Ihm am nächsten kommen heutzutage solche Wörter, die an die Wände der Herrenklos und Toilettenräume gekratzt oder gekritzelt sind.

Es handelte sich zweifellos um dasselbe Symbol, das in den zahlreichen berühmten Säulen des Sesostris eingemeißelt war, die sich über das ganze von diesem alten Ägypter eroberte Land verstreut fanden. Herodot, der mehr als zweitausend Jahre nach Sesostris einige der noch vorhandenen Säulen auf seinen Reisen vorfand, schrieb, daß „sie mit Zeichen behauen waren, die darauf hinweisen, daß sie ein Frauenreich waren" (37) — mit anderen Worten, es waren weibliche Geschlechtssymbole. Herodot, ein typisch griechischer Patriarch des fünften Jahrhunderts, deutete sie als eine Beleidigung der Männlichkeit des eroberten Volkes. Aber Thomas Wright, ein ebenfalls berühmter Reisender, dachte mehr als zweitausend Jahre nach Herodot (1778) anders: „Der Glaube, daß dieses Zeichen (das weibliche

Geschlechtssymbol) *begrüßende* Funktion habe, scheint ein sehr alter Aberglaube zu sein. Die Allgemeingültigkeit dieses Aberglaubens führt zu dem Schluß, daß Herodot sich in der von ihm dazu abgegebenen Erklärung geirrt hat. Die Wahrheit ist, daß Sesostris diese Symbole als einen *Schutz* für die Menschen, in deren Umgebung sie sich befanden, gedacht hat." (38)

Und aufgrund dessen, was wir heute über die alten Ägypter wissen, stimmen wir Wrights Auslegung zu. Auch zu Herodots Zeit war Ägypten, wie er selbst berichtet (39), ein Frauenland, das weibliche Geschlecht war heilig, und sein Symbol hätte gar nichts anderes als wohlwollende und *begrüßende* Bedeutung haben können.

Die hinduistische Yoni ist halbmondförmig wie der neue Mond und bedeutet in Indien „Altar" — ein heiliger Ort. (40)

„Die Bundeslade ist ein weibliches Symbol", schreibt Goldberg. (41) Wie die Torah der Juden, stellt sie das weibliche Prinzip dar: die ursprüngliche Gottheit, die Schöpferin Gottes und des Menschen. (42) Moses brachte die Bundeslade den Juden von den ägyptischen Tempeln der Göttin Isis, der sie schon Tausende von Jahren vor ihm geweiht gewesen war. Für die Juden war sie der Schoß, die Wiege allen Lebens. Sie wurde zum Tabernakel der Christen, und es ist bezeichnend, daß in der römischen Kirche die Jungfrau Maria „Tabernakel Gottes" genannt wird. Die Arche Noahs stellt den Schoß der Göttin dar, die all ihre Geschöpfe birgt und schützt. Der Noah-Mythos ist nicht hebräisch, sondern sumerisch, und beruht offensichtlich auf gynaikokratischen Vorstellungen, wie sie im Gilgamesch-Epos verkörpert sind, von dem er gestohlen worden ist.

Die ägyptische Sphinx, ein Tier mit einem Frauenkopf, kennzeichnet die Herrschaft der Frau über den Mann, das Tier, und symbolisiert „Isis' Vorrang gegenüber Osiris". (43) Doch ihr hohes Alter deutet darauf hin, daß sie Osiris um viele Äonen vorausgeht und sie Zeugin einer Zeit ist, in der „es noch keine Götter gab".

„Im Angesicht dieses Mysteriums", schrieb George Rawlinson im Jahre 1887 über die Sphinx, „sind alle Fragen müßig." (44) Aber es ist nicht müßig, Mutmaßungen anzustellen und es wäre interessant, ein wenig über dieses Geheimnis nachzudenken.

In ihren gewaltigen Ausmaßen und ihrer massigen Erhabenheit ebenso wie in ihrem unermeßlichen Alter kommen der

Sphinx nur die großen Pyramiden selbst gleich. Könnte sie Denkmal für Basilea, Diodorus' Königin der alten Zeit, sein, die vor mehr als 50 000 Jahren Ordnung in die Welt brachte und die zivilisierte Gesellschaft aus dem Chaos schuf? Diodorus sagt, Basilea stamme aus Atlas, in früheren Zeiten ein Staat im Norden Afrikas, nicht sehr weit entfernt vom Platz der Sphinx im ägyptischen Gizeh. Basilea war eine Kriegerkönigin, die mit Durchschlagkraft und Gewalt die anarchischen Zustände der frühen Gesellschaft beseitigte, einer Anarchie, die durch die Weigerung der Männer entstanden war, sich ordentlich zu verhalten. Die Männer blieben im frühen Zustand ihres Emporwachsens in das menschliche Geschlecht tierisch und in ihrer Sexualität ungezügelt. Die Frau jedoch, die sowohl auf dem Marsch in die Menschlichkeit als auch beim Aufstieg zur Kultur die Vorkämpferin war, lehnte sich sehr früh gegen die rohe und unmittelbare Sexualität des Mannes auf.

„Durch (...) (des Mannes) Lust zu Tode ermüdet", schreibt Bachofen, „empfindet sie (die Frau) zuerst und am tiefsten die Sehnsucht nach geregelten Zuständen und einer reineren Gesittung." (45) „Das Gefühl der erlittenen Schmach, die Wut der Verzweiflung entflammt es (das Weib) zu bewaffnetem Widerstande, und erhebt es zu jener kriegerischen Größe, die (...) doch nur in dem Bedürfnis ihrer Erhebung wurzelt (...). Überall ist es der Angriff auf die Rechte des Weibes, der dessen Widerstand hervorruft, und seine Hand (...) zu blutiger Rache bewaffnet." (46) Das gesamte weibliche Geschlecht, vielleicht von Basilea geführt, erklärte den Männern den Krieg, und so entstand das Amazonentum. „Amazonische Erscheinungen sind in die Ursprünge aller Völker verwoben. Aus dem Innern Asiens bis nach dem Okzident, aus dem skytischen Norden bis in den Westen Afrikas lassen sie sich verfolgen; jenseits des Ozeans sind sie nicht weniger zahlreich (...) und selbst in sehr naheliegenden Zeiten mit dem ganzen Gefolge der blutigsten Rachetaten gegen das männliche Geschlecht beobachtet worden." (47)

Doch trotz seiner Barbarei war das Amazonentum ein notwendiger Schritt in Richtung auf eine kultivierte Gesellschaft, und „es bezeichnet (...) eine wesentliche Erhebung der menschlichen Gesittung (...). In ihm liegt der erste Keim jener Gynaikokratie, welche auf die Macht des Weibes die staatliche Gesittung der Völker gründet. Gerade hierfür liefert die Geschichte die belehrendsten Bestätigungen." (48) Denn ohne das Amazonentum und die Macht, die es den Frauen über die Männer verschaffte, hätte es keinen Fortschritt gegeben, und das menschliche Lebewesen wäre für immer im Zwielicht zwischen Tier und Mensch geblieben, woraus ihn schließlich nur die Furcht vor der Frau erhoben hat.

So war die Vorherrschaft der Frau, die wir am Anfang der Geschichte so gefestigt sehen, das Ergebnis der ersten großen Revolution, einer Revolution, die im Namen der Gesittung, der Reinheit und des sozialen Fortschritts geführt wurde, darüber hinaus einer Revolution die *von einer Frau,* nämlich Basilea, geführt und gewonnen wurde. Ob Basilea je lebte oder nicht, ist belanglos. Selbst wenn sie nur die Versinnbildlichung einer einzelnen Stufe der menschlichen Kultur darstellt, besteht das Wichtige in der Basilea-Erzählung darin, daß es eine Frau war, die zuerst Gesetz und Ordnung in eine chaotische Welt brachte, indem sie das Tier im Mann zügelte und zähmte und so die Zivilisation ermöglichte.

Und die große Sphinx, deren heiteres und majestätisches Frauenhaupt sich über ihren kauernden Tierkörper erhebt, könnte gut ihr Denkmal sein. Wer wollte es leugnen?

Doch es ist unglaublich: Ein Altertumsforscher des 19. Jahrhunderts sprach von der Sphinx als von „ihm"! (49)

Mutterrecht

*„Für das Mutterrecht bietet der Mythos
(...) eine (...) Bürgschaft der Echtheit dar.
Der Gegensatz desselben zu den Ideen der
späteren Zeit ist ein so tiefer und durchgreifender, daß unter der Herrschaft der
letzteren eine Erdichtung gynaikokratischer Erscheinungen nicht stattfinden
konnte.*

J.J. Bachofen

Die Mütter

Jane Ellen Harrisons Äußerung über die Widersinnigkeit, daß der Mann die Rolle der Mutter übernimmt, kann erweitert werden, so daß sie die „anhaftende Nutzlosigkeit und den häßlichen Mißklang" des Vater-Gottes einschließt, der die Rolle und die Aufgaben der Mutter-Göttin übernimmt. Doch soweit haben wir uns in geschichtlicher Zeit von der Vorstellung der weiblichen Gottheit entfernt, daß es weniger blasphemisch erschiene, von Gott als von einem „es" denn von einer „sie" zu sprechen, wie Mary Daly schreibt. (1)

Vielleicht das größte Übel in der heutigen Welt besteht darin, daß seit etwa zwei- oder dreitausend, besonders aber in den letzten 1 500 Jahren, die Menschen die falsche Gottheit verehrten und den falschen Idealen nachgestrebt haben. Als der Mensch durch Gott die Große Göttin ersetzte, traten gleichzeitig an die Stelle humaner Werte, autoritäre. Die Beziehung des Menschen zu Gott wurde die eines Kindes zu seinem Vater, dessen Liebe und Wohlwollen, wie Fromm hervorhebt, nur durch blinden Gehorsam und völlige Fügsamkeit gewonnen werden können, während in der alten Zeit die Beziehung Mensch-Gott die des Kindes zu seiner Mutter war, deren Liebe bedingungslos und deren Wohlwollen selbstverständlich ist. (2)

Als die Göttin der Gerechtigkeit dem Gott der Rache wich, wurde der Mensch grausam und unmenschlich, und das Autoritätsprinzip trat an die Stelle des Mitleids als Gesetz des Landes. Die Entmenschlichung der modernen Gesellschaft, die von der heutigen Jugend so beklagt wird, ist ein natürlicher und voraussagbarer Auswuchs fortgeschrittenen Patriarchalismus'. In unserem Bemühen, mit blindem Gehorsam den Forderungen des rachedurstigen Gottes und seiner unerbittlichen irdischen Stellvertreter nachzukommen, haben wir die Kunst der Milde und Teilnahme verloren. Die Anklagen gegen die „Weißen" von seiten der amerikanischen Schwarzen sind nicht solche gegen weiße, bzw. kaukasische rassische Wesensmerkmale, sondern gegen patriarchale, nämlich Anmaßung, Selbstsucht, Gleichgültigkeit gegenüber dem Leiden anderer, autoritäres Verhalten und die gewaltsame Durchsetzung der vom Mann geschaffenen Gesetze.

Patriarchale Völker legen mehr Gewicht auf Besitz- denn auf Menschenrechte und betonen stärker die starre moralische Gleichförmigkeit als die Begriffe von Gerechtigkeit und Gnade. Matriarchale Gesellschaften zeichnen sich, wie von Gelehrten, angefangen mit Morgan und Bachofen bis Malinowski und Mead, untersucht wurde, durch wirkliche Demokratie aus, in der das Glück und die Erfüllung der einzelnen alle anderen Ziele der Gesellschaft überragen. Hier besteht eine Philosophie des Leben-und-leben-lassens, in der die Würde und Selbstbestimmung des Individuums geachtet und gefördert werden. Sexuelle Moral ist eine Angelegenheit des persönlichen Gewissens und nicht des Gesetzes. Und illegitime Kinder sind aus demselben Grunde unbekannt, dessentwegen die Spartaner eine Bastardschaft für unmöglich hielten: Jedes von einer Frau geborene Kind ist legitim.

Derselbe Zwiespalt zwischen matriarchalen und patriarchalen Werten entsteht bei den Fragen der Abtreibung und der Todesstrafe. In einer matriarchalen Gesellschaft gehört der Körper der Frau ihr selbst, und ihr bleibt die Entscheidung überlassen, ob sie den Fötus in ihr behalten oder abtreiben will. Im klassischen Griechenland und Rom, in denen mütterliche Erbfolge, aber nicht matriarchale oder gynaikokratische Gesellschaftsformen herrschten, wurde dieses Vorrecht durch die Frauen bis in das 4. Jahrhundert n. Chr. bewahrt. Konstantin war es, der erste christliche Kaiser Roms, der gewollte Abtreibung zu einem Verbrechen erklärte (3); und dabei blieb es in den meisten christlichen Ländern bis in unsere Zeit. Die Todesstrafe ist ebenso eine patriarchale Errungenschaft: das unerbittliche Gesetz des „Auge-um-Auge". Matriarchate sind mit der Reue des Mörders und seiner vollen Entschädigung der Abhängigen seines Opfers zufrieden. Aber die Patriarchen müssen blutige Rache nehmen, auch wenn die Hinrichtung des Schuldigen mehr Unheil als Wohl für die Überlebenden des Opfers verursacht. (4)

Aus matriarchaler Sicht wird selbst das Recht der Gesellschaft bezweifelt, willkürliche Sitten festzulegen. Und das Recht des Gesetzes, die Anpassung an diese Verhaltensweisen zu erzwingen, wird entschieden abgelehnt. Eines der schlimmsten moralischen Vergehen besteht in patriarchaler Sicht in der Geburt eines vaterlosen Kindes. Das ganze patriarchale Zeitalter hindurch haben Frauen wegen des Verstoßes gegen männliches Eigentumsrecht unerhört gelitten, und ihre Kinder sogar noch mehr. Doch der einzige Fehler bei vaterlosen Familien, die von heutigen Soziologen so bedauert werden, besteht nicht darin, daß sie vaterlos sind, sondern daß die Mütter nicht die Unterstützung und Zustimmung der Gesellschaft finden. In einer normalen, gut geleiteten, von Frauen bestimmten Gesellschaft wäre das nicht der Fall. Der Vater ist zum Glück und zur Entwicklung des Kindes überhaupt nicht nötig, auch wenn die Regierung und zuständige soziale Stellen noch so viel über diese Angelegenheit geschrieben haben. Viele Jahrtausende hindurch erzogen und erziehen Frauen immer noch sehr gute Kinder ohne Hilfe des Mannes.

Doch in unserer patriarchalen Gesellschaft ist eine mannlose Frau Ziel der Verachtung, und ihre Kinder werden entweder bemitleidet oder schief angesehen. Also sind es allein unsere patriarchalen Sitten, die einen Vater für das Heim fordern, und nicht die Natur oder das Wohlbefinden des Kindes.

Im Gegensatz zu modernen soziologischen Lehrsätzen ist nicht das vaterbeherrschte, sondern das auf die Mutter gerichtete Heim das glücklichste. Wenn man eine Kindergruppe fragt, wer zu Hause ,,die Hosen anhabe'', so antworten die einen stolz und selbstsicher ,,Mutter'', während die anderen, mit einem an Haß grenzenden Groll den Vater nennen. Hier zeigt sich die unbewußte Kenntnis des Kindes davon, daß dies eine Umkehrung der natürlichen Ordnung der Dinge ist: Zu Hause sollte die Mutter bestimmen. Wenn der Mann aufhört, der Frau des Hauses gehorsam zu sein, gerät das Heim vollkommen durcheinander. (5)

,,Mammi'' hat in den letzten Jahren gewaltige Prügel gekriegt, und wurde für alles, von der Kriminalität bis zu Baissen in Wall Street, verantwortlich gemacht. Aber es stimmt immer noch, daß die Mutter den weitaus größten Einfluß auf das Wohl all ihrer

Kinder, besonders aber ihrer Söhne, ausübt. Es gibt kaum einen hervorragenden Mann in der Geschichte, der nicht entweder ganz vaterlos oder aus irgendeinem Grund von seinem Vater so weit getrennt war, daß er in seinen bildenden Jahren keine Verbindung zu ihm hatte. Selbst in den seltenen Fällen, bei denen ein Vater vorhanden war, war es der Sohn, den die Mutter bevorzugte, den sie sehr stark beeinflußte und der durch sie berühmt wurde. „Fast ausnahmslos (...) waren die Präsidenten der Vereinigten Staaten Muttersöhne" (6), genauso wie die berühmten Staatsmänner, angenfangen von Perikles und den Gracchen bis Winston Churchill und Franklin D. Roosevelt. „Der Hauptbeitrag, den die Väter berühmter Söhne lieferten, bestand darin, daß sie ihren Frauen und Söhnen ein unannehmbares Beispiel gaben, das überwunden werden mußte." (7) Im klassischen Mythos werden die Helden und Götter ausschließlich von ihren Müttern erzogen. Der halbgeschichtliche Theseus wuchs bei seiner Mutter in Troezen auf und sah seinen Vater Ägeus erst, als er erwachsen war. Man denke auch daran, daß der berühmte Achilles in Mädchenkleidern unter den Frauen aufwuchs. Und in der homerischen „Hymne an Hermes" berichtet Apollon, daß seine Mutter ihn großzog, während der Vater sich „nicht um ihn kümmerte". (8)

Die Vorstellung der weiblichen Autorität ist im menschlichen Unterbewußtsein so tief eingebettet, daß das Kind selbst nach diesen vielen Jahrhunderten des Vaterrechts instinktiv die Mutter als die oberste Autorität betrachtet. Es sieht den Vater als ebenbürtig an, als ebenso der weiblichen Herrschaft unterworfen. Die Kinder müssen gelehrt werden, ihren Vater zu lieben, zu ehren und zu achten, eine Aufgabe, der sich gewöhnlich die Mutter unterzieht. Generationen junger Mütter sind bestürzt und erschreckt gewesen, als sie entdeckten, daß ihre Kinder keinen instinktiven Bezug zum „Vater" hatten.

In der Erfahrung nahezu eines jeden Kindes ist es die Mutter, nicht der Vater, die alle Kinder gleichermaßen liebt, ihnen ohne Ansehen ihres mehr oder weniger großen Wertes beisteht und ihnen ohne Einschränkung vergibt. Dies sind Wesenseigenschaften, die im Neuen Testament „Gott Vater" gegeben werden, doch sind sie ausschließlich *mütterliche*, nicht väterliche Züge.

„Wenn wir heutzutage von Gott als Vater sprechen, begrenzen wir sehr stark die Quellen des Lebens", sagt Harrison. (9) „Die Idee der Mutterschaft erzeugt ein Gefühl der Brüderlichkeit unter allen Menschen, das mit der Entwicklung der Vaterherrschaft abstirbt", schreibt Bachofen. (10) Die einzige Nation, die ihr Heimatland im Gegensatz zu Mutterland Vaterland nennt, ist Deutschland, ein Land, das in dem einige Jahre zurückliegenden Blutbad der Nazis all die Exzesse demonstriert hat, die in einem extremen Patriarchat verborgen sind. „Die auf dem Vaterrecht gegründete Familie ist ein geschlossenes Gefüge, wohingegen die matriarchale Familie den typischen universellen Charakter hat, der am Anfang einer jeden Entwicklung steht." (11)

„Die für die frühen matriarchalen Völker kennzeichnende optimistische Vorstellung von der nächsten Welt", schreibt Sybille von Cles-Redin, „der Glaube an die Reinkarnation im alles erneuernden Schoß der Großen Göttin, scheint später einer düsteren, pessimistischen Aussicht auf das Jenseits gewichen zu sein. Mit dem Rückzug der mütterlichen Welt und dem Erscheinen der neuen männlichen Götter wurde die Welt häßlicher, die Vorstellung von der Zerstörung stärker und die Hoffnung auf Erlösung immer schwächer." (12)

„Die Verbindung, die am Anfang jeder Kultur, jeder Tugend und jeden höheren Daseinsbegriffs steht, ist die zwischen Mutter und Kind. Sie wirkt in einer Welt der Gewalt als göttliches Prinzip der Liebe, des Friedens und der Eintracht. Die väterliche Liebe erscheint viel später. Die Frau ist der Ursprung aller Güte, aller Kultur, aller Zuneigung und aller Fürsorge für die Lebenden und aller Trauer um die Toten." (13) Die mütterliche Liebe war nicht nur die erste Art der Liebe, sondern für viele Jahrtausende auch die einzige. Als die Frau, nachdem sie den Mann bezähmt hatte, ihre Liebe für ihre Kinder auf deren Vater ausdehnte, begann der Mann vielleicht zum ersten Mal zu erfahren, was Liebe ist. Schließlich lernte er, die Liebe der Frau zu schätzen und dankbar für sie zu sein, obwohl er kein Gefühl dafür hatte, sie in gleicher Weise zu erwidern. Am Ende wurde er von ihr als grundlegender Notwendigkeit des Lebens abhängig. Doch immer noch versucht die Frau, ihn zu lehren, was Liebe wirklich ist. Denn, wenn Männer von ‚Liebe' sprechen, meinen sie eigentlich „skrotale Raserei". (14)

Unsere moderne Gesellschaft, schreibt Eisler, „ist das Ergebnis der Unterwerfung einer ursprünglich vegetarischen und Ackerbau treibenden Bevölkerung durch Jäger, die später überwiegend die Oberhand behielten. (...) Die Jäger, Räuber und Piraten sind die Eroberer, die auf der ganzen Welt die Ackerbauern unterwarfen". (15) Aber die Staatsmänner, die Helden, die Heiligen sind die Ackerbauern, deren mütterliche Gene in der unvermeidlichen

Vermischung der Stämme bestehen blieben.

So hat also „der männliche Charakter unserer Zivilisation seinen Ursprung nicht in einem angeborenen Geschlechtsunterschied, sondern im Übergewicht der Gewalt auf seiten des Mannes, was mit der Frage der Zivilisation an sich gar nichts zu tun hat". (16) Doch diese Gewalt, die erworbene Muskelkraft des unterlegenen Geschlechts war es, die zu der in der westlichen Welt immer noch anhaltenden patriarchalen Revolution und zu dem beständigen Niedergang der Kultur führte. Denn „solange Gewalt herrscht, die körperliche Gewalt des einzelnen, ist eine Gesellschaft unmöglich". (17)

Die natürliche Überlegenheit der Königinnen

John Stuart Mill erkannte die Tatsache, daß die Königinnen den Königen überlegen waren, und fragte, warum die weiblichen Monarchen, obwohl in der Geschichte in der Minderzahl, sich stets als bessere Herrscherinnen als die Könige erwiesen hatten.(18) Sogar der Misogynist (Frauenhasser) Montesquieu aus dem 18. Jahrhundert gab zu, daß Frauen am besten zum Regieren geeignet waren: „Gerade aufgrund ihrer Schwächen (*sic*) sind sie im allgemeinen milde und gemäßigt, Eigenschaften, die zu guter Staatsführung eher befähigen als Strenge und Härte." (19)

Diese Logik ist etwas befremdend, zeigt aber, daß im 18. Jahrhundert, genau wie heute, die Tugenden der Frauen wie Milde und Mäßigung als ‚Schwäche' charakterisiert werden und nicht als das was sie sind, nämlich starke und wünschenswerte Eigenschaften, während die männliche ‚Strenge und Härte' zu Tugenden gemacht werden — was sie nicht sind. Wenn Männer nicht ihre aggressive Strenge und Härte aufgeben und einige der weiblichen ‚Schwächen' übernehmen, dann ist die Zivilisation zum Untergang verurteilt — wie Ashley Montagu sagt. (20)

Um ein Beispiel für das natürliche Führungs- und Verwaltungsgeschick der Frau in der modernen Zeit zu finden, brauchen wir nur in Mills eigenes Land, nach England, zu gehen. In der Geschichte jenes großen Landes tragen die bedeutendsten Abschnitte die Namen von Frauen: das Elizabethanische Zeitalter der Entdeckungen und Eroberungen, sowohl auf geographischem als auch auf geistigem Gebiet; das Zeitalter der Königin Anne, als die ‚Vernunft' im raschen Fortschritt der Wissenschaft, der Kunst und der Bildung triumphierte; und das Viktorianische Zeitalter der Pax Britannica.

Rußlands bedeutendster Zeitabschnitt vor der Revolution von 1917 fiel mit der Herrschaft einer Königin, Katharinas der Großen, zusammen. Und Spanien errang unter Isabella die Führungsstellung in der Welt, die es im 15. und 16. Jahrhundert innehatte. Während der langen Regierungszeit der Königin Katharina von Medici im 16. Jahrhundert erhob sich Frankreich zum kulturellen und geistigen Mittelpunkt der Welt, der es bis in unsere Zeit hinein blieb. „Weibliche Herrscher haben sowohl in gemäßigten als auch in despotischen Regierungen Erfolg, wie das Beispiel Englands und Rußlands zeigt", schreibt Montesquieu. (21)

Viele Schriftsteller haben neidisch diese Erscheinung bemerkt und sie auf die Tatsache zurückgeführt, daß die Königinnen bessere Ratgeber als die Könige hätten, was ihnen, wenn schon nichts anderes, immerhin das Verdienst zumißt, besonders talentiert zum Aussuchen von Ratgebern zu sein. Die wahrscheinlichere Antwort jedoch ist die, daß sich Männer besser der Frauenherrschaft fügen, daß schon allein die Idee des Königinnentums ein altes männliches Bedürfnis erfüllt und ein atavistisches Verlangen nach den alten Tagen der weiblichen Autorität stillt, nach dem goldenen Zeitalter der Königinnenherrschaft, als Frieden und Gerechtigkeit auf Erden herrschten und die Götter des Krieges noch nicht geboren waren.

Die mütterliche Erbfolge

„Männer fürchteten und verehrten die Matriarchinnen und leisteten ihnen Gehorsam." (22) Die Frau hielt sich Liebhaber nur zu ihrer Freude, aber nicht, um ihren Kindern einen Vater zu geben, denn das hielt sie für unnötig. Nachdem jedoch einmal der Zusammenhang zwischen Beischlaf und Geburt sowohl von den Männern als auch Frauen erkannt worden war, verbesserte sich die Stellung des Mannes allmählich. Die Stammeskönigin oder Mutter (Matriarchin) erwählte nun einen Gatten, der „ausführende Gewalt nur erhielt, wenn ihm erlaubt wurde, die Königin zu vertreten". (23)

War das der Fall, so trug er ihre Gewänder, legte sich falsche Brüste zu und entlieh sich als Zeichen der Macht und Autorität die Mondaxt der Königin, das kretische königliche Symbol wie auch das Emblem der Gynaikokratie in der Alten Welt. Der König behielt seine Stellung durch Heirat der Erbkönigin, und der Thron blieb selbst in später geschichtlicher Zeit, noch lange nach dem Sieg des Patriarchats, bei der mütterlichen Linie. „Der König blieb noch lange nach dem Ende der matriarchalen Phase unter der Vorherrschaft der Königin", schreibt Graves (24); und als Könige längst an die Stelle der Königinnen getreten waren, „erwarb der König sein Recht" nicht von seinem Vater, sondern von seiner Mutter oder seiner Frau. „Nicht um Erben zu zeugen nimmt er sich eine Frau, denn seine Söhne werden ihm nicht folgen, sondern um Macht zu gewinnen" und seinen Anspruch auf den Thron rechtlich zu bestätigen. (25)

Der König wurde stets von außerhalb der königlichen Familie gewählt, da die Erbfolge von der Königin auf die Tochter überging und „die Krönung des Königs nur in der Hochzeitsfeier mit der Königin bestand." (26) Könige durch Heirat suchten schließlich nach Wegen, sich den Thron zu erhalten, und dachten sich viele Pläne aus, um dieses Ziel zu erreichen. Der Inzest innerhalb der königlichen Familie war eine Methode, wobei der König nach dem Tode seiner Frau seine eigene Tocher, die Erbin, heiratete oder seinen Sohn dazu brachte, dies zu tun, worauf der weitverbreitete Brauch der Geschwisterheirat unter königlichen Familien in geschichtlicher Zeit zurückzuführen ist. (27) Die Römer errichteten die vestalische Schule, um die weiblichen Erben im Zaum zu halten und um Außenstehende bei ihren Versuchen zu entmutigen, den Thron, der in mütterlicher Linie vererbt wurde, durch Heirat mit den königlichen Damen zu erwerben. Daß das nicht immer glückte, wird durch den Fall der vestalischen Jungfrau Rhea Silvia bestätigt, die trotz aller Vorsichtsmaßnahmen die Mutter von König Romulus wurde. In Palästina errichtete König David den königlichen Harem zum selben Zweck — die Frau des rechtmäßigen Königshauses Saul sollte abgesondert und die Monarchie für Davids eigene Familie bewahrt werden.

„Das weitverbreitete Gesetz der weiblichen Abstammung liegt tief in der Geschichte der Gesellschaft begründet", schreibt Tylor. (28) Es war nur natürlich, daß in einer Welt, in der Vaterschaft unbekannt war, das Erbe nur auf die weibliche Linie beschränkt wurde. Aber dieses mütterliche Vorrecht erklärt nicht, warum die *Söhne* einer Frau, die ebenso sicher ihre Kinder waren wie ihre Töchter, vom Erbe ausgeschlossen wurden. Und es erklärt auch nicht, warum sich die mütterliche Erbfolge bis lange nach der Errichtung des Patriarchats und bis weit in geschichtliche Zeiten hinein erhalten hat. „Eine Gens", sagt Morgan, „bestand aus einer Stammutter und ihren Kindern, den Kindern ihrer Töchter und ihrer weiblichen Nachkommenschaft aus der weiblichen Linie. Die Kinder ihrer Söhne, und die männliche Nachkommenschaft aus der männlichen Linie wurden ausgeschlossen."(29)

„Die Abstammung in weiblicher Linie", schrieb Ernst Curtius, „findet sich bis zum heutigen Tage in Indien; sie bestand unter den alten Ägyptern; und jenseits der Grenzen des Ostens erscheint sie bei den Etruskern, den Kretern, den Lykiern und den Athenern. „Es wäre ein Irrtum", gibt der patristische Teutone des 19. Jahrhunderts zu bedenken, „den Brauch für eine *Huldigung* gegenüber dem weiblichen Geschlecht anzusehen! Vielmehr wurzelt er in primitiver Sitte und ursprünglicher Gesellschaft." (30)

Herodots Bericht über die mütterliche Erbfolge bei den Lykiern seiner Zeit ist bekannt. Aber 300 Jahre später berichtet Polybius, daß in Lokres, einem Nachbarn des attischen Athen, noch zu jenem späten Zeitpunkt mütterliche Erbfolge vorherrschte: „Die Bewohner von Lokres selbst haben mir versichert, daß sich bei ihnen der Erbadel von Frauen und nicht von Männern herleitet." (31)

Die allgemeine Gültigkeit der mütterlichen Erbfolge unter allen Völkern wird durch die Tatsache nachgewiesen, daß sie selbst im 20. Jahrhundert in Ozeanien, jenem weiten Gebiet, in dem sich matriarchale Bräuche bis hinein in unsere Tage erhalten haben, noch üblich ist.

„Gemäß den Rechtsgrundlagen der Melanesier (...) steht nur solchen das Bürgerrecht, das Erbrecht auf Landbesitz usw. zu, die in der weiblichen Linie von den ursprünglichen weiblichen Vorfahren abstammen", berichtet Malinowski. (32) Und Mantegazza schreibt: „Vor dem Erscheinen der christlichen Missionare waren die Polynesier ein typisch matriarchales Volk, Frauen hatten eine rechtliche Stellung, die der der Männer um vieles überlegen war (...) und Abstammung und Vererbung lagen in der weiblichen Linie." (33) Nach Buck bestehen diese Verhältnisse noch im polynesischen Samoa und Tonga (34); und Benedict berichtet von ähnlichen Bräuchen bei den Zuni-Indianern in Nordamerika. (35)

Die vielen Mythen und Märchen von schönen Jungfrauen, die, wie zum Beispiel Dornröschen, in Türmen oder Kerkern eingeschlossen sind oder von wilden Drachen bewacht werden, gründen auf dem allgemeinen Gesetz der mütterlichen Erbfolge. Die schöne Jungfrau ist stets die Erbprinzessin, die mit ihrer Heirat das Königreich vergibt, zum Nachteil ihrer männlichen Verwandten, die sie deshalb unverheiratet zu halten suchen. Das gleichfalls häufige Märchenthema vom jungen Prinzen ohne Land, der um die Prinzessin wirbt und mit ihr das Königreich gewinnt, erinnert ebenfalls an die mütterliche Erbfolge. Der besitzlose Prinz ist der enterbte Sproß eines mütterlichen Geschlechts, der ausziehen und sein Glück irgendwo durch Heirat einer Erbin suchen muß, während seine Schwester zu Hause auf dem Thron sitzt und unter den um ihre Hand und ihr Land anhaltenden und miteinander streitenden Freiern wählt.

Strabo, Schriftsteller im ersten Jahrhundert n. Chr. berichtet, daß die Bewohner von Kantabrien wie die Ägypter das Erbe auf die Töchter beschränkten, die ,,verpflichtet waren, ihre Brüder mit Mitgift auszustatten." (36) Und ein paar Jahre später erwähnt Diodorus Siculus, daß zu seiner Zeit ,,nur die Töchter in Ägypten erben". (37) In Lydien, Lykien und Karien, also in spätgeschichtlicher Zeit, erbten die Töchter, gleich wieviele Brüder sie gehabt haben mochten. In Lykien folgte Laodamia ihrem Vater, dem König Bellerophon auf den Thron, unter Ausschluß seiner vielen Söhne. Und in Lydien, im 6. Jahrhundert v. Chr., ermordete die Königin von Kandaules ihren Ehemann und setzte ihren Liebhaber Gyges auf den Thron, was wieder einmal beweist, daß der Thron der Königin und nicht ihrem Gemahl gehörte. Der Trojanische Krieg wurde um Helena geführt, nicht, weil Menelaos ein eifersüchtiger Gatte, sondern Helena die Erbkönigin war, ohne deren Zustimmung kein König in Lazedämonien regieren konnte.

Bis ins 5. Jahrhundert v. Chr. erhielten die persischen Könige ihre Stellung durch Heirat einer königlichen Prinzessin. Herodot erzählt uns, daß der große König Cyrus ,,der Sohn eines gewöhnlichen Vaters" war, ,,ein persischer Untertan und in jeder Hinsicht niederen Standes, doch er hatte die Tochter des Königs Astyges geheiratet" und war so König von Persien geworden. (38) Sein Nachfolger Darius gewann diesen Titel ebenfalls durch Heirat, und zwar von Atossa, der Tochter von Cyrus. Als Darius seinerseits starb, wurde nicht *sein* ältester Sohn Artabazanes König, sondern der Knabe Xerxes, der Sohn, den Königin Atossa von einem früheren, nicht königlichen Gatten hatte!

Von Herodot bis Dio Cassius, einer Zeitspanne von fast 800 Jahren, war Kandace der Name oder Titel der Erbkönigin von

Nubien. Strabo beschreibt im Jahre sieben v. Chr. die Kandace seiner Zeit, die er selbst gesehen hatte, als „eher männliche Frau, auf einem Auge blind." (39) Er berichtet weiter, daß diese einäugige Königin eine Truppe von zehntausend Mann in eigener Person zum Kampf gegen den Gouverneur in Ägypten, Plubius Petronius, anführte. Kandace wird von Plinius dem Älteren und 62 n. Chr. von Seneca erwähnt. Senecas Kandace ist zweifellos diejenige, die in der Apostelgeschichte erwähnt wird, als Philippus' Bekehrung „eines Eunuchs, einer berühmten Autorität unter der Königin Kandace" besprochen wird. Nubien, einst das alte Äthiopien und heute der Sudan, war im Altertum eine von Ägyptern bewohnte ägyptische Kolonie.

Die phönizische Königin Dido gründete den großen Stadtstaat von Karthago. Sie beherrschte ihn bis zu ihrem Tode und ihr folgten Königinnen, die in unmittelbarer Linie von ihr abstammten. Legenden und auch Virgil erzählen, daß eine ihrer königlichen Töchter von Äneas war, als dieser nach dem Trojanischen Krieg nach Italien unterwegs war, und daß Äneas' Weigerung, in Karthago zu bleiben und ihr Gemahl zu werden, die schöne Dido veranlaßte, sich von den Mauern ihrer Stadt zu stürzen. Wie es auch gewesen sein mag, das Frauenreich Karthago könnte einige Jahrhunderte später der Grund dafür gewesen sein, daß Cato von der Idee besessen war, die Stadt müsse zerstört werden: *Carthago delendum est,* ein Schwur, mit dem er jede seiner Senatsreden abschloß. Cato war ein wütender Frauenfeind und für die Vokonischen Gesetze der späten Republik verantwortlich, die die römischen Frauen vorübergehend ihrer uralten Rechte und Privilegien beraubten. (40) Nur vorübergehend, weil das Kaiserreich die Gesetze außer Kraft setzte und sie bis zur christlichen Ära nicht wieder rechtskräftig, dafür aber sehr viel strenger wurden.

Im heutigen Ghana, dem Nachbarn des alten Karthago, „haben die Königinnen der Akaner, wie Dido, seit unergründlichen Zeiten Macht ausgeübt; und wie die phönizische und karthagische Göttin Tanet, gebar die akanische Göttin Nyame das Universum ohne männlichen Partner." (41)

In Ägypten, wie auch in der übrigen alten Welt, vererbte sich der Thron in weiblicher Linie, wobei der Gatte der Erbin zum Pharao wurde. Deshalb war die Geschwisterheirat in der ägyptischen Königsfamilie eher die Regel als die Ausnahme. Doch der Bruder regierte nur mit der Zustimmung der Erbin, seiner

Schwester-Frau. Gelegentlich verweigerte diese jedoch die Zustimmung, wie z.B. Nitocris aus der sechsten Dynastie, die, so erzählt Manetho, als absolute Monarchin regierte; dasselbe galt wahrscheinlich für die Unbekannte von Sakkara, deren kürzlich entdecktes Grab auf eine mächtige und gewaltige Pharaonin schließen läßt. (42)

Dasselbe galt für die Königin Hatschepsut, der Tochter Thutmoses I., die zuerst mit ihrem älteren und nach dessen Tod mit ihrem jüngeren Bruder verheiratet war. Während dieser beiden Ehen regierte sie unangefochten als Pharaonin, und ihre lange und ruhmreiche Herrschaft wird als eine der Glanzstunden Ägyptens angesehen. Velikovsky identifiziert sie auch interessanterweise und sehr überzeugend als die Königin von Saba, die Salomon besuchte. (43) Nach Hatschepsuts Tod bestieg ihr Bruder-Gatte, der vielleicht seine Nichte geheiratet hatte, als Thutmoses III. den Thron und stürzte sein Land sofort in eine Reihe blutiger Eroberungskriege.

Rawlinson und James Breasted, von denen man Besseres hätte erwarten können, betrachten Hatschepsuts Herrschaft als Thronraub. Breasted nennt sie ,,aggressiv" und die Thronergreifung ,,einen Frevel". (44) Und Rawlinson beschreibt sie als ,,eine Frau mit viel Energie, mit männlichem Denkvermögen, raffiniert, rachsüchtig und gewissenlos." (45) Beweise für die mütterliche Erbfolge lagen aber schon klar und eindeutig sogar zu ihrer Zeit vor. Diesen beiden viktorianischen Gelehrten, mit der patriarchalen Tradition von der Unfähigkeit der Frauen gefüttert — um eine berühmte Frau frei zu zitieren (46) — war es nicht möglich, dies zu erkennen, und sie nahmen natürlich an, daß Frauen schon immer solche Nieten waren, wozu sie der viktorianische Mann gemacht hatte, und daß deshalb Thutmoses II. und III. von ihrer Schwester schmachvoll um ihre Rechte geprellt worden waren. Die Gelehrten des 20. Jahrhunderts haben aber die Wahrheit erkannt und zugegeben — wie die Alten es getan hatten.

Cleopatra, die letzte der Pharaonen, die Königin Ägyptens im Jahrhundert, das der christlichen Zeit unmittelbar vorausging, war ebenfalls mit ihrem Bruder verheiratet, doch wurde sie als Pharao und absolute Herrscherin ihres Staates angesehen. Mit ihr verhandelten Antonius und Cäsar bei ihren Versuchen, Ägypten auf ihre jeweilige Seite im römischen Bürgerkrieg zu ziehen.

Sie war übrigens eine reinrassige, blonde, mazedonische Griechin, die in der Schlacht von Aktium die Flotte anführte, und nicht dieses hitzige Halbblut, wie moderne Soziologen und Filmemacher sie gerne hätten. Oktavian, der jene Schlacht gewann und zufolge des Sieges als Kaiser Augustus ausgerufen wurde, war der direkte Neffe (in der weiblichen Linie, wohlgemerkt) von Julius Cäsar. Und Jahre später folgten ihm die Nachkommen seiner Frau Livia auf den kaiserlichen Thron, während seine eigenen väterlichen Verwandten von der Thronfolge ausgeschlossen waren.

Livius erzählt, daß den ersten römischen Stämmen Frauen vorstanden (47) und Tacitus erzählt, daß sich die große claudianische Kaiserfamilie von der ruhmvollen Stammutter Claudia Quinta ableitet, deren Reliquienschrein zu seiner Zeit verehrt wurde. (48) Durch die Ehe mit Faustina, der Tochter von Faustina der Älteren und Antonius Pius wurde Marc Aurel Kaiser. Seine Frau war eine berühmte Ehebrecherin, doch Marc Aurel weigerte sich, den Rat des Senats anzunehmen und sich von ihr scheiden zu lassen. Er sagte hingegen: ,,Wenn ich von Faustina scheide, muß ich mich von ihrer Mitgift trennen, nämlich dem Römischen Reich." (49)

Es ist eine traurige Anmerkung zu der vom Christentum eingeführten ‚Verbesserung' der Sitten, daß nur 200 Jahre nach Marc Aurel der erste *christliche* Kaiser Konstantin seine unschuldige junge Frau auf den bloßen Verdacht des Ehebruchs hin lebendig in kochendes Wasser steckte. Und Konstantins Frauenfeindlichkeit ist tatsächlich ein weiter Sprung vom alten Sumer, wo nach dem Gesetz ein beim Ehebruch ertappter Mann sterben mußte, die Frau jedoch unbehelligt bleiben sollte. ,,Sie soll ihre Unschuld bestätigen und in Frieden nach Hause zurückkehren", steht da geschrieben, ,,und ihr Gatte soll sie willkommen heißen." (50)

Konstantin war, wie Marc Aurel, selbst ein Nutznießer der mütterlichen Erbfolge und hatte durch die Ehe mit Fausta, der Tochter Kaiser Maximians, das Reich gewonnen.

Die mütterliche Erbfolge war in Europa bei allen Ständen des Volkes bis ins späte Mittelalter üblich, als schließlich das teutonische und/oder das Kirchenrecht über die ältere kelto-romanische Gesetzesordnung triumphierte. Henry Hallam hebt hervor, daß in Frankreich noch im 14. Jahrhundert trotz des Salischen Gesetzes der teutonischen Franken, das Frauen in direkter Abstammung ausschloß, Töchter mit den Söhnen auf gleicher Grundlage Land und Titel erbten. (51)

Montesquieu nimmt an, daß das Salische Gesetz von späteren

Historikern mißverstanden worden sei. „Wenn Töchter durch das Salische Gesetz allgemein vom Landerbe ausgeschlossen waren", schreibt er, „so ist es unmöglich, all die Chroniken, Formulare und Stiftungsurkunden zu erklären, die immer wieder die Ländereien und Besitzungen von Frauen erwähnen." (52) Es ist bezeichnend, daß selbst unter dem Salischen Gesetz, das die Söhne begünstigte, die Schwestern gegenüber den Brüdern und die Schwestern der *Mütter* gegenüber denen der Väter Vorrang hatten. „In der Bindung zur Schwester der Mutter", schreibt Montesquieu, „lag etwas überaus Zärtliches." (53)

So sehen wir, daß die bevorzugte Stellung der Schwester, die, wie wir herausgefunden haben, im heutigen Polynesien bis ins alte keltische Europa herrschte, auch bei den „unkultivierten Deutschen", wie sie Montesquieu nennt, üblich war. Wenn schon die schwesterliche Verwandtschaft in geschichtlicher Zeit von den frauenfeindlichen Deutschen mit einem Hauch von Heiligkeit umgeben worden war, wieviel heiliger muß dann die Beziehung zwischen Mutter und Tochter gewesen sein, bevor dieses abstammungsmäßig noch engere Verhältnis als für die Besitzrechte des Mannes gefährlich angesehen wurde.

Unter den Franken und Sachsen, beides teutonische Völker, erbten die Töchter, wenn keine Söhne vorhanden waren, und die Tochter kam vor dem Sohn des Sohnes. (54) Väterliche Erbfolge und Ausschluß der Frauen, die in der modernen Gesellschaft für so selbstverständlich gehalten werden, sind in Wirklichkeit sehr junge Neuerungen. Doch das Leid, das sie gebracht haben, ist unermeßlich. Von dem nachhaltigen Schmerz der Victoria Sackville-West ist oft gesprochen worden, die 1925 ihren geliebten Ahnensitz Knole nicht erben konnte, da das Gesetz verfügt hatte, daß ein entfernter männlicher Verwandter des Vaters Vorrang vor der Tochter habe. Diese Ungerechtigkeit wurde von den meisten als unveränderliches Gesetz akzeptiert; doch nur wenige hundert Jahre früher wäre Lady Victoria unter dem Sächsischen Gesetz (Saxon Law) als natürliche und rechtliche Erbin ihres Vaters, seines Titels und seiner Besitzungen angesehen worden.

In den Vereinigten Staaten, wo es nie unveräußerliches Eigentum gab, ist es trotzdem üblich, daß der Sohn den Großteil des Vermögens und Eigentums seines Vaters erbt, als Sproß, der „den Namen weitertragen wird". In der langenReihe der menschlichen Absurditäten ist dies ohnegleichen. Denn was ist dieser „Name"? Die Töchter sind genauso wie die Söhne mit ihm geboren und in einer gerechten Gesellschaft könnten die Töchter und deren Kinder ihn behalten und weitertragen, wie sie es so oft im Mittelalter, und so weit wie man in die Geschichte zurückgehen will, getan haben.

Selbst noch im 18. Jahrhundert wurde der berühmte Name Churchill durch die *Tochter*, nicht den Sohn, des ersten Herzogs von Marlborough weitergetragen. *Ihre* Kinder waren es, die den Herzogstitel und den Namen Churchill behielten und fortführten, wobei der Name des Vaters, Spencer, an die zweite Stelle trat und schließlich vom berühmtesten der Churchills, Sir Winston, ganz fallen gelassen wurde.

Durch die neuzeitlichen Gesetze der letzten paar Jahrhunderte sank die Stellung der Frau selbst unter die der teutonischen Frauen der unkultivierten Deutschen des ausgehenden Mittelalters und noch weit unter die bei den Kelten, bei denen es, wie Tacitus schrieb, „bei der Erbfolge *keinen Unterschied in den Geschlechtern* gab". (55) Selbst unter den Hebräern war die mütterliche Erbfolge bis in geschichtliche Zeiten hinein üblich, wie das Alte Testament, wenn auch ungewollt, offenbart.

Mütterliche Erbfolge in der Bibel

„Sarah stand höher als ihr Gatte Abraham", erzählen die Sagen der Juden. Abraham verdankte seine Herden und auch seine Stellung als Stammesführer seiner Frau Sarah. (56) Aus den Legenden, wenn auch nicht so sehr aus der Schöpfungsgeschichte, geht klar hervor, daß sie eine chaldäische Prinzessin war, die Abraham eine Stellung verlieh, indem sie ihn heiratete. Daß sie die wichtigere Person war, wird im Alten Testament angedeutet und in den Sagen vollkommen geklärt. *Die Sagen der Juden* sind eine Zusammenstellung alter jüdischer Überlieferungen, die sich im Bewußtsein des Volkes noch erhalten hatten, nachdem das Pentateuch einer umwälzenden Neuausgabe durch spätere Patriarchen unterworfen worden war. Sie bieten daher einen viel genaueren Einblick in das frühe Judentum.

Dort heißt es, daß „Sahras Tod ein großer Verlust für das Land war. Solange sie lebte, ging alles gut. Nach ihrem Tod entstand Unordnung". (57) Und das ist beim Tod einer einfachen Gattin nicht möglich. Tatsächlich war Abraham „nur der Gatte". Sein Stamm war ursprünglich der Stamm Sarahs, und ihr gab Gott das angebliche Versprechen, daß sie ein großes Volk begründen würde. Die Legenden berichten, daß Sarah, als sie hörte, Abraham sei auf dem Berg und bereite sich vor, Isaak zu opfern, „zu Stein erstarrte" und auf der Stelle starb. (58) So erfuhr sie nie, daß Gott Abrahams Hand aufgehalten hatte und ihr Sohn lebte. Die Juden erhielten ihren Namen Israeliten nicht vom Vater Abraham, sondern von Sarahs Sohn Isaak oder Israel. (Nach der Bibel leitet sich der Name der Israeliten von Jakob ab, dem Sohn Rebekkas. Anm. d. Red.). In einer Gesellschaft mit väterlicher Erbfolge hätte der Name des Sohnes nicht den des Vaters ersetzt, und man hätte die Hebräer Abramiten und nicht Israeliten genannt. Nur in matrilinearen Gesellschaften ersetzte der Name des Sohnes später den der Mutter.

Talmudische Gelehrte, jüdische Rabbis, sie alle haben seit langem erkannt, daß die Matriarchinnen Sarah, Rebekka, Rachel und Leah wichtigere Personen waren als ihre Männer Abraham, Isaak und Jakob. (59) Doch nachexilische patriarchale Herausgeber des Alten Testaments verheimlichten die Tatsache sehr erfolgreich. Aus diesem Grunde ist es seltsam, daß zumindest eine wichtige Königin Israels ihre Stellung und Bedeutung im Alten Testament behalten durfte: Deborah blieb, was sie immer war: „Herrscherin über die Mächtigen".

Im Buch der Richter ist Deborah eine Richterin in Israel, und sie selbst verkündet ihre Stellung als Haupt des Stammes: „ (...) bis daß ich, Deborah, aufkam, bis ich aufkam, eine Mutter in Isreal." „Die Kinder Israels kamen zu ihr hinauf vor Gericht", heißt es in Richter 4:5. Sie rief ihren Feldherrn Barak und befahl ihm, an der Spitze von zehntausend Soldaten gegen den Kanaaniten Sisera in die Schlacht zu ziehen. Sie war also nicht nur Richterin und Oberhaupt der Stämme Israels, sondern auch Oberbefehlshaberin und herrschende Königin ihres Volkes. Diese Stelle des Alten Testaments gibt wahrscheinlich ein genaues Bild von der Herrschaft der alten Königinnen; doch Deborah herrschte in geschichtlicher Zeit, und zwar im ersten Jahrtausend v. Chr. Christliche Bibelausleger, die von der Idee einer herrschenden Königin im historischen Israel erschreckt waren, übertrugen die Richterstellung auf Barak und machten aus Deborah eine einfache „Prophetin", die Barak diente. Aber so erzählt es die Bibel nicht. Und wenigstens in diesem Fall kann man sich darauf verlassen, daß sie genau ist.

Aber warum wurde Deborahs Geschichte nicht von den patriarchalen Herausgebern verändert? Die Antwort ist einfach: weil sie das außerordentlich gerühmte literarische Glanzstück der Juden enthält, das *Lied der Deborah*, das früheste Kunstwerk eines halbgebildeten Volkes. Nachfolgende Herausgeber hätten dieses Gedicht genausowenig verändert wie moderne Herausgeber auch nur ein Wort an Hamlets Monolog. Andere, und möglicherweise wichtigere Königinnen, konnten vielleicht der Sache der männlichen Vorherrschaft geopfert werden — nicht aber Deborah und ihr Gedicht.

Sigmund Freud war „erstaunt" — wie er selbst sagt — als er hörte, daß noch bis ins 5. Jahrhundert v. Chr. hinein eine jüdische Kolonie in Oberägypten in der Nähe von Elefantine die alte und ursprüngliche jüdische Gottheit, die Göttin 'Anat anbetete. (60) Wäre Freud mit der Literatur seines eigenen Landes vertraut gewesen, dann hätte es ihn sogar noch mehr erstaunt, im Buch der Richter zu lesen, daß zur Zeit Homers in Israel eine Königin regierte.

Trotz der großen Abscheu vor Inzest heirateten die Juden ihrer Dynastie wegen weibliche Verwandte — wie Nahor und Jochebed ihre Tanten, die Schwestern des Vaters, nicht der Mutter, wohlgemerkt. Denn wie in allen Gesellschaften des Altertums zählte auch bei den frühen Hebräern nur die mütterliche Linie zur Verwandtschaft. Die väterliche Sippe war nicht blutsverwandt. Deshalb betrachteten sie Ehen zwischen Geschwistern mit dem gleichen Vater aber verschiedenen Müttern nicht als Inzest. Wie der große Redner Demosthenes im klassischen Griechenland von einem seiner Klienten sagte: „Er ehelichte seine Schwester rechtmäßig, da sie *nicht* die Schwester derselben Mutter ist." (61)

Auch im Neuen Testament erhebt die mütterliche Erbfolge ihr hehres Haupt, trotz aller Versuche seiner Herausgeber, es abzubauen. Denn es ist offensichtlich, daß der im Matthäus-Evangelium aufgeführte Stammbaum Jesu ursprünglich und richtigerweise nicht der Stammbaum Josefs, sondern der Mariens war. Jesus verdankte sein Ansehen und sein königliches Blut seiner Mutter Maria, die „aus dem Stamme Juda und dem königlichen Hause Davids kam". (62)

Nur das Lukas-Evangelium erwähnt Marias Geschlecht, während es die anderen auf Josef übertragen. Doch dieser hatte nach christlichem Glauben keinen Anteil an der Empfängnis Jesu. Wie konnte dann Jesus seine davidische Herkunft von Josef ableiten, der *nicht* sein Vater war?

Die ausführliche, bei Matthäus aufgestellte Ahnenreihe, die die

Abstammung Jesu darstellen soll und kläglich mit dem Satz schließt: „Matthan zeugte Jakob, Jakob zeugte Josef, den *Mann* Marias, von welcher ist geboren Jesus, der da heißt Christus", erinnert an einen alten ‚Bauernwitz': der Bauer erklärt einem verirrten Reisenden den Weg zu seinem Hotel. Nach umständlicher und langatmiger Beschreibung schließt er kläglich: „da gibt's 'n Hotel, aber das is's nich'."

Auch Josef war „es" nicht. Nach den von ihren Nachbarn mündlich weitergegebenen Legenden über Jesus und Maria heißt es: „Matthan zeugte Anna, die Mutter Mariens, von der geboren worden war Jesus, den man Christus nannte." Dieser Stammbaum ist viel sinnvoller als der biblische, der Davids Nachkommen in Josef, „den Mann Mariens", zu einem toten Ende führt.

In der Legende wird Herodes beschuldigt, Mariens Familiengeschichte zerstört zu haben, um das königliche Blut Jesu zu verbergen. (63) Es ist jedoch viel wahrscheinlicher, daß die Übertragung von Marias Stammbaum auf Josef das Ergebnis einer späteren Ausgabe durch Schreiber ist, die den Auftrag hatten, Maria in Übereinstimmung mit der neuen paulinisch-christlichen Lehre von der Unwichtigkeit und Ersetzbarkeit der Frauen „herunterzuspielen".

8

Widder gegen Stier

*Die Strenge des patriarchalischen Systems
weist auf ein älteres hin, das bekämpft
und unterdrückt werden mußte.*

J. J. Bachofen

Die Zeitalter des Stiers und des Widders

In Indien gab es im 18. Jahrhundert einen Megalith in Form eines riesigen Stiers, eine Reminiszenz an den geheimnisvollen Umgang der gynaikokratischen Frauen mit Stein vor langer Zeit. Richard Payne Knight, ein Indienreisender des 18. Jahrhunderts, gibt die Eindrücke wieder, die er beim Anblick dieses Stier-Megalithen in Tanjore gegen Ende des Jahrhunderts hatte:

Das Standbild stellt einen liegenden Stier dar, der mit großer Sorgfalt aus einem Granitblock gehauen ist. Er muß auf dem Landweg aus einer Entfernung von Hunderten von Meilen herbeigeschafft worden sein, und das trotz eines Gewichtes von mehr als hundert Tonnen, selbst in behauenem Zustand. Auch unter dem Aufwand größter Ausdauer und Arbeitsamkeit, wie sie den Bewohnern dieses Landes eigen sind, hätte dieses Standbild wohl kaum errichtet werden können, wenn sie nicht über sehr viel umfassendere Kenntnisse der Mechanik verfügt hätten, als das heutzutage der Fall ist. (1)

Der Stier und der Phallus, jene Sinnbilder der Fortpflanzung, sind untrügliche Zeichen für das Vorhandensein gynaikokratischer Gesellschaftsformen. Denn selbst wenn in alten Zeiten die Männer nichts über die männliche Rolle bei der Fortpflanzung wußten, so offensichtlich doch die Frauen. Sie behielten aber ihr Geheimnis für sich, um unabhängig zu bleiben. Malinowski und A.M. Hocart berichten, daß bei den Trobriandern die Männer keinen Zusammenhang zwischen dem Geschlechtsverkehr und der Befruchtung herstellten, wohl aber die Frauen, die ihr Wissen vor den Männern geheim hielten, um ihre Unabhängigkeit zu wahren. (2)

Daß man das größte bisher entdeckte Bildnis eines Stiers in Indien fand, ist seltsam, denn nach dem Mythos und der Überlieferung war Indien das erste kultivierte Land, das vom Mutter- zum Vaterrecht überging. Der Stier von Tanjore muß also sehr alt gewesen sein und in die Zeit vor Rama zurückreichen.

Fabre d'Olivet berichtet uns, daß Rama, der abtrünnige Arier, Indien 3 000 Jahre vor unserer Zeit von der Frauenherrschaft und Göttinnenverehrung zur Vaterherrschaft und Gottesverehrung bekehrt hat. (3) Vor Rama wurden alle Frauen als göttliche Wesen betrachtet, in deren Gebiet Recht und Gerechtigkeit, Religion, Philosophie, Dichtkunst, Musik und alle höheren Bereiche des Lebens fielen. Rama, der erste patriarchale Held, lehnte sich gegen Macht und Ansehen der Frauen auf und, da er sie in seinem Heimatland, irgendwo in Anatolien oder im südlichen Europa, nicht beseitigen konnte, verließ er es und wanderte nach Indien aus.

Vielleicht kam Rama aus Thrakien, dem geheimnisvollen Mittelpunkt einer sehr alten Kultur, von wo Orpheus später die lange Zeit in Vergessenheit geratene Kunde von der Vielheit der Welten und einem Universum mit der Sonne als Mittelpunkt bringen sollte und wo Philip von Mazedonien im 5. Jahrhundert v. Chr. auf Zeugnisse einer hochentwickelten vergessenen Technologie stoßen sollte, die den Fähigkeiten der Griechen auf diesem Gebiet weit überlegen war. Wenn es zutrifft, daß Rama sich als einer der ersten gegen die ursprünglich existierende Gynaikokratie aufgelehnt hat und deshalb aus seiner Heimat vertrieben worden ist, läßt sich der Rama-Mythos Indiens wie Europas erklären. Nach der europäischen Sage versuchte Rama die alten (druidischen) Priesterinnenschulen abzuschaffen und eine männliche Priesterschaft einzuführen. Den Widder setzte er hierfür als Symbol und machte ihn zum Sammelpunkt seiner männlichen Anhänger. Die Ramiten bekriegten schließlich das Volk des Stieres, das Volk der Frauenherrschaft, wurden jedoch geschlagen. Da führte Rama sein Volk aus Europa nach Indien.

In der ganzen Alten Welt wurde der Widder das Zeichen für

die Vaterherrschaft, genauso wie der Stier das der Mutterherrschaft war.

Es ist interessant, daß das astrologische Zeitalter des Stiers historisch mit den letzten zweitausend Jahren des Matriarchats zusammenfällt — 4000 v. Chr. bis 2000 v. Chr., während das Zeitalter des Widders unmittelbar vor der christlichen Ära liegt, die Zeit der patriarchalen Revolution. Das Christentum fällt in das Zeitalter der Fische, in den zweitausend Jahre andauernden Zeitabschnitt, aus dem wir gerade hervorgehen, und es ist deshalb nicht verwunderlich, daß der Fisch das Symbol der Christen wurde.

Der Fisch war aber auch das Symbol der Großen Göttin Tiamat und ihrer Städte Ur und Ninive. Können wir hieraus schließen, daß ein früheres Fische-Zeitalter vor 26 000 oder 52 000 oder sogar 104 000 Jahren Schauplatz der Entstehung einer Zivilisation unter dieser Göttin war? Und daß in einem ebenso weit zurückliegenden Stier-Zeitalter Atlantis seine Blütezeit erlebte? Denn Platon sagt, daß der Stier in Atlantis heilig war und daß die Bewohner von Atlantis einen Stiertanz ähnlich dem ausführten, der auf Kreta zelebriert wurde, wo ebenfalls der Stier verehrt wurde. Weiterhin war Platon zufolge Poseidonia, die Hauptstadt von Atlantis, nach dem göttlichen Sohn Potnias, der Großen Göttin Kretas, benannt. Und natürlich war Kreta auch die letzte überlebende Weltmacht des gynaikokratischen Stier-Zeitalters.

Der Widder symbolisierte die patriarchale unstete Gesellschaft der Hirten und Jäger, der Ausgestoßenen der kultivierten Reiche der Königinnen. Nicht zufällig also findet sich häufig im Alten Testament das Hirtengleichnis, wird das „Goldene Kalb" so sehr mit dem Bann belegt, da es ja die weibliche Gewalt darstellte, gegen die die nomadischen Völker Krieg führten. Selbst im Neuen Testamen wird das Widdergleichnis fortgesetzt, denn Jesus wird der Hirte genannt und seine Anhänger sind die Schafe.

Die Ramiten, die nomadischen Schafhirten, waren es, wie wir gesehen haben, die die Ackerbaugemeinschaften im Nahen Osten überwältigten und so in das erste geschichtliche dunkle Zeitalter hineinführten. Und es waren die Hirtenkönige, die Hyksos, die die hochentwickelte Kultur des alten gynaikokratischen Ägypten zerstörten. Es war der Hirtenkönig David, der schließlich die geistig höher stehenden Philister unterwarf. Und der Herdenbesitzer Abel war der eigentliche Held in den

Augen der semitischen Autoren der Schöpfungsgeschichte, während Kain, der ansässige Siedler und Ackerbauer, der Verbrecher war.

In einer seltsamen Gleichnisumkehrung lassen es die Verfasser der Schöpfungsgeschichte zu, daß der Hirtenheld vom verbrecherischen Bauern erschlagen wird, — in vollkommenem Gegensatz zu den Tatsachen. Denn geschichtlich war es so, daß die unkultivierten Schafhirten, die Abels, die kultivierten Ackerbauern, die Kains, erschlugen.

Kain und Abel

Die biblische Geschichte von Kain und Abel spiegelt den Umschwung von der vorhergehenden Zeit des Friedens und der Gewaltlosigkeit zur Barbarei des patriarchalen Zeitalters wider. Unter der Göttin, schreibt Bachofen, „war eine besondere Schuld mit der körperlichen Verletzung irgendeines lebenden Wesens verbunden", ganz gleich, ob Mensch oder Tier. (6) Indem er Abels Fleischopfer „von den Erstlingen seiner Herde und von ihrem Fett", annahm und Kains „Früchte des Feldes" zurückwies, verkündete der neue männliche Gott sein Gesetz: Von nun an war die Eintracht zwischen Mensch und Tier dahin, und an seine Stelle traten Totschlag und Gewalttätigkeit.

Diese Erzählung kann die entstellte Fassung eines älteren sumerischen Berichts sein, in der die Göttin Kains Gabe annahm und Abels Blutgier mit dem Tode bestrafte. Das Kainsmal kann ursprünglich ein Zeichen der göttlichen Gunst gewesen sein, das andeutete, daß die Göttin das alte, Ackerbau betreibende und Pflanzen essende Geschlecht den neuen, in Abel dargestellten, Fleisch fressenden Banden vorzog. Andererseits kann der Mythos von den Semiten erfunden worden sein, um die Vernichtung der kultivierten Kainiten (d.h. der Sumerer) durch das nomadische Hirtenvolk der Abeliten, sprich Semiten, zu rechtfertigen. Ohne Zweifel ist im semitischen Bericht Abel der Held. Obwohl von Gott begünstigt, wird er von Kain, seinem älteren Bruder, erschlagen. Auch die Sumerer waren älter als die semitischen Völker. Wenn der ursprüngliche sumerische Gleichnisbericht je gefunden werden sollte, so wird er wahrscheinlich Kain als den Helden und Abel als den Verbrecher herausstellen. Und daß es einen älteren Bericht gab, kann angesichts der Tatsache, daß die Verfasser der Schöpfungsgeschichte in ihrer verdrehten Zusammenstellung alter babylonischer Sagen sonst nichts Weiteres erfunden haben, kaum bezweifelt werden.

Der Mythos ergibt in der uns überlieferten Form keinen Sinn. Flavius Josephus versucht, ihn zu erklären, verdreht die Dinge jedoch nur noch mehr, wenn er sagt, daß Gott sich durch Abels Gabe, die aus dem bestand, was natürlich und in Übereinstimmung mit sich selbst gewachsen war, mehr geehrt gefühlt habe als durch eine Gabe, die dem Boden mit Gewalt abgerungen worden war. (7) Das Wort „Gewalt" ist wohl völlig fehl am Platze, denn es hört sich an, als wäre das Bestellen des Bodens ein gewalttätigerer Akt als die Tötung eines unschuldigen Lammes. Louis Ginzberg schreibt, daß nach alter Tradition das Kainszeichen Lepra war, wahrscheinlich ein späterer Versuch der Juden, Kain in einem gefährlichen Maße unrein erscheinen zu lassen und außerdem die Erhöhung Abels zu rechtfertigen.

Nach der Ermordung Abels „wandelte und verschlechterte sich die Erde", schreibt Ginzberg, „und Bäume und Pflanzen weigerten sich, Früchte zu tragen". (8) Das ist vielleicht ein Hinweis auf die „Umwandlung" des Menschen vom friedlichen Ackerbauern zum Raubtier. (9) Wenn es eine weltweite Dürre gegeben hat, wie die Legende vermuten läßt, und Velikovsky in seinem Buch *Earth in Upheaval* (10) behauptet, kann es sein, daß der Mensch gezwungen war zu töten, um zu überleben. „Nach dem Ende der großen Regenzeit", schreibt Eisler, „wurde der Mensch durch den Hunger aggressiv, lernte in Gemeinschaft Jagen und verschlang die gefangene, noch lebende Beute." (11) Diese Theorie stimmt mit der alten babylonisch-semitischen Sage überein, daß Gott dem Menschen erst zu Zeiten Noahs, nachdem die Erde durch die Flut entvölkert war, erlaubte, die mit ihm lebenden Tiere zu essen. (12) Mit dem Übergang vom friedlichen Ackerbau zu Raub und Mord kann die Auflehnung des Menschen gegen eine dies ablehnende Göttin und die Einsetzung eines den Mord gestattenden, blutdürstigen männlichen Gottes einhergegangen sein.

Auf jeden Fall muß „der primitive, friedliche Sammler, wie er von Platon und anderen Philosophen des Altertums beschrieben wird, (muß) eine drastische Veränderung in seiner Ernährung und Lebensweise durchgemacht haben – einen Umschwung, wie er in der umfangreichen Überlieferung der Menschheit als Sündenfall oder Erbsünde mit dauernden verheerenden Folgen in Erinnerung geblieben ist." (13)

Das Töten und der Verzehr von Tieren durch den Menschen ist eine Erscheinung jüngeren Datums und fällt in die Zeit der patriarchalen Revolution. Der griechische Mythos besagt, daß sich der Mensch erst im Bronzezeitalter, eine Epoche, in die die Erinnerung der Menschheit fast zurückreicht, gegen das Matriarchat auflehnte und begann, Fleisch zu essen. Sowohl Lukretius wie Platon berichten uns, daß sich der Mensch in frühen Zeiten von Wurzeln, Beeren, Eicheln, Getreide und Früchten ernährte, und Porphyrios sagt, daß unsere Vorfahren nur Früchte und Gemüse opferten. (14)

Kain und Abel verkörpern den Krieg zwischen Stier und Widder, und ihre Auseinandersetzung ist in der Bibel das erste Ereignis, das nach der Schöpfung berichtet wird.

Gewalttätigkeit kennzeichnete die patriarchale Revolution. „Wenn man alte Stätten untersucht, findet man immer wieder Beweise für die Zerstörung einst friedlicher Stadtstaaten." (15) Auf dem Gelände der alten Stadt Ur im heutigen Irak wurde als ältestes, bis 1927 ausgegrabenes Gebäude der Göttinnentempel entdeckt. Er war von vier kupfernen Stieren bewacht gewesen, die offensichtlich das Ziel des hereinbrechenden ramitischen Sturms waren. Denn die Stierbildnisse waren auf einen Haufen am Fuße der Mauern geworfen worden, die dann untergraben und eingerissen worden waren, um so die beleidigenden Stierwahrzeichen der Göttin zu zerschlagen und zu zermalmen. (16)

Die Gegenrevolution

Gelegentlich werden archäologische Beweise für eine Gegenrevolution gefunden, in der der Stier sich sozusagen gegen den Widder wendet und zurückschlägt. Sir Leonard Woolley beschreibt ein solches Ereignis in dem langen Kampf des Stieres gegen den Widder in seinem Bericht von der alten Stadt Alalakh. Denn in dieser lange Zeit begrabenen Stadt Anatoliens, die in einem Zeitraum von 1300 Jahren häufig den Besitzer wechselte, folgen in den verschiedenen archäologischen Schichten Stier- und Widderbildnisse so aufeinander, daß sie anzeigen, wann Matriarchat und wann Patriarchat die Macht ausübte. Die 'oberste und jüngste Schicht, die der Zeit um 1200 v. Chr. entspricht, zeigte, daß die Patriarchen die letzte Schlacht gewonnen hatten: „Eine stark entstellte Kalksteinfigur einer sitzenden Göttin", schreibt Woolley, fand man, hinabgeworfen in den Vorhof des Tempels, „zwischen den Resten eines zertrümmerten Stierbildnisses." In derselben Schicht kam auch ein gemeißelter Widderkopf zum Vorschein, „der einzige ganz erhaltene Gegenstand (...) der weiße Kalksteinkopf eines Widders". (17)

Alalakh, in der Nähe des heutigen Atchana in der Türkei, wurde zwischen 1936 und 1949 ausgegraben. Die Archäologen fanden Beweise, daß die Stadt ein außerordentlich alter Stadt-Staat gewesen war, der zum ersten Mal im 3. Jahrtausend von einfallenden Nomaden erobert worden sein muß. Doch nach vielen Jahren patriarchaler Herrschaft, während der die Heiligtümer der Göttin in solche für den Gott umgewandelt und Stierköpfe durch Widderköpfe ersetzt worden waren, kam es im 19. Jahrhundert v. Chr. zu einem gewaltsamen Aufstand der matriarchalen Einwohner. Der Tempel der neuen Götter wurde bis auf die Grundmauern niedergerissen und der Palast des patriarchalen Königs durch Feuer zerstört.

„Dieser vorsätzliche Bruch mit allem, was mit dem verhaßten Königreich der Eroberer zusammenhing" (18), vermittelt uns ein klares Bild einer taurischen Gegenrevolution, in der der entehrende Gott der Eroberer gewaltsam durch die alte Göttin ersetzt und der Platz des niedergebrannten Königspalastes für die Gegenrevolutionäre ein Ort des Abscheus und der Verwüstung wird.

Es ist eine geschichtliche Tatsache, daß im 18. Jahrhundert v. Chr. in Ägypten eine Gegenrevolution stattfand, bei der die patriarchalen Hirtenkönige, die Hyksos, vertrieben und die alte matriarchale Lebensweise wieder eingeführt wurde. Herodot berichtete im 5. Jahrhundert, 1 200 Jahre nach der Vertreibung der ramitischen Hyksos, daß sich im Ägypten seiner Tage die Frauen mit dem Handel beschäftigten und für die Familie sorgten, „während die Männer zu Hause am Webstuhl sitzen". Und er fügt hinzu, daß „in Ägypten nicht die Söhne, wohl aber die Töchter die Eltern unterstützen müssen." (19) Noch im 1. Jahrhundert mußten die ägyptischen Mädchen als Erben des Familienbesitzes ihre Brüder mit Aussteuer versorgen, damit sie Frauen fanden. Deshalb muß die ägyptische Gegenrevolution ohne Zweifel ein voller Erfolg gewesen sein.

Im fernen indo-europäischen Indien jedoch war das Ergebnis

der von Rama selbst geführten Revolution für die Patriarchen erfolgreicher. Rama griff sozusagen von innen her an, indem er zuerst die Hand der Erbprinzessin Sita gewann, sie dann beherrschte und mißhandelte und schließlich ihre Herrschaftsstellung an sich riß.

Die niederträchtige Behandlung Sitas durch Rama, wie sie in der *Ramayana* berichtet wird (20), Sitas geduldige Ausdauer, ihre standhafte Treue unter seiner Grausamkeit sind offensichtlich Versuche späterer Überarbeiter der *Ramayana*, die Frauen einzuschüchtern und sie Fügsamkeit zu lehren, genauso wie der *Pentateuch* die eindeutige Absicht seiner Verfasser verrät, die Frauen herabzusetzen und zu entwürdigen. Die Lehre beider Werke besteht darin, dem weiblichen Geschlecht einzuprägen, daß alle Frauen, selbst Gottköniginnen wie Sita, Mißbrauch und Ungerechtigkeit demütig als ihr Schicksal hinzunehmen hätten.

Rousseaus Vorstellungen von Platz und Bestimmung der Frau, wie er sie in seinem *Emile* ausdrückt, erinnern an die legendäre Behandlung Sitas durch Rama vor 5000 Jahren: „Geschaffen, um dem Mann zu gehorchen, muß die Frau lernen, Ungerechtigkeit zu erdulden und die Tyrannei eines grausamen Gatten ohne Klagen zu ertragen (...). Fügsamkeit von seiten der Frau wird oft einen Gatten zur Vernunft bringen, wenn er nicht ganz und gar verroht ist." (21)

Mit anderen Worten, Frauen sollen selbst einem Rohling gegenüber fügsame Opfer sein. Doch derselbe Rousseau sagt in seinem *Gesellschaftsvertrag* von der Sklaverei und der Unsittlichkeit erzwungenen Gehorsams: „Gewalt ist körperliche Macht, und ich vermag nicht zu erkennen, welche Sittlichkeit aus ihren Wirkungen entstehen kann (...). Kein Mensch hat ein natürliches Recht über seine Mitmenschen, und Gewalt schafft Recht für niemanden." (22)

Offensichtlich ist in Rousseaus Philosophie „die Frau kein menschliches Wesen", sondern nur der Mann. (23)

Rama starb in Indien vor 5000 Jahren, und seiner Herrschaft folgten Jahrhunderte des Krieges zwischen dem matriarchalen Volk des Stieres, den Kourava, und den patriarchalen Ramiten, den Pandavas. Erst mit Krishna (Vishnu) gewannen die Ramiten endgültig, und Indien richtete sich auf ein ungemildertes, echtes Patriarchat ein.

Die indische Religion verbannte jedoch nicht vollständig die Frauen aus ihrer Hierarchie, wie es die jüdische und die christliche mit ihrem einen Gott und ihrer rein männlichen Dreifaltigkeit getan hat. Denn zur Dreieinigkeit des Hinduglaubens gehören Vater, Mutter und Sohn; und die jungfräuliche Mutter Krishnas, Devaki, ist die zweite Person in der Dreieinigkeit. Sie wird verehrt als „Göttin des Logos, Mutter der Götter, als die Eine mit der Schöpfung". Das Gebet an Devaki lautet: „Du bist der Verstand, die Mutter der Wissenschaft, die Mutter des Mutes; das Firmament und die Sterne sind deine Kinder; aus dir entspringt alles, was ist. Du bist auf die Erde herabgekommen zur Erlösung der Welt." (24)

Babylon und die Juden

Das Hirten-Nomadentum kam nachweislich nach der Epoche des Ackerbaus und bezeichnete einen entscheidenden kulturellen Niedergang in der Geschichte der Menschheit (...). Die Zeit des Hirten-Nomadentums war, wie die Kinder Israels, die ihr angehören, deutlich veranschaulichen, eine kriegerische und zerstörerische. (25)

Im 19. Jahrhundert war man fest davon überzeugt, „daß die Menschen erst Hirten waren, bevor sie sich zu Ackerbauern entwickelten", wie ein Kustos des Britischen Museums vor hundert Jahren schrieb. (26) Aber diese Theorie wird von heutigen Gelehrten nicht mehr anerkannt, und diejenigen, die an den ständigen Fortschritt der Menschheit glauben, mußten ihre Vorstellungen ändern. Denn seßhafte gynaikokratische Gemeinschaften, die Ackerbau betrieben, gingen der nomadischen Hirtenstufe voraus und wurden vielmehr von halbwilden Nomaden zerstört.

Bis vor kurzem nahm man an, nahezu alle alten Kulturen des Nahen Ostens seien semitisch gewesen. Selbst die *Mythology of All Races* (1916 herausgegeben, 1964 neu aufgelegt) enthält in ihrem semitischen Band sumerische Mythen. Neuere Forschungen haben jedoch eindeutig bewiesen, daß sie alle entweder zur indoeuropäischen oder zu einer vor-indo-europäischen Familie gehörten, wie z.B. die sumerische, durch die hethitische, die iranische, jonische, minoische, ugaritische, phönizische Kultur, usw. Die alten Ägypter gehörten wie die alten Nubier (Äthiopier) und die vor-griechischen Pelasger zu einer hellhäutigen Mittelmeerrasse, die sicherlich nicht semitisch war, wie ihre Wandgemälde deutlich zeigen.

Die semitischen Völker des Altertums waren auf die Arabische Halbinsel beschränkt, von wo wahrscheinlich die späteren Hebräer kamen. Die Semiten erreichten nie eine eigene Kultur, (es sei denn, die große maurisch-islamische Kultur des 8. bis 13. Jahrhunderts kann als semitisch betrachtet werden.). Die heutigen Wüstenaraber entsprechen genau dem alten semitischen Vorbild umherstreifender Halbwilder. Die mohammedanischen Araber verehren heute noch die alte Göttin des semitischen Arabiens in Form eines schwarzen Steines, der in der Kaaba von Mekka als Heiligtum aufbewahrt wird. „Bis zum heutigen Tag,‟ schreibt Reik, „kommen die Pilger nach Mekka, um das alte Bildnis der Großen Arabischen Göttin zu küssen." (27)

Die Hebräer nahmen ein bißchen Kultur bei ihrem langen Aufenthalt im zivilisierten Ägypten auf; und später waren sie schlau genug, die Kultur Kanaans zu übernehmen, aber zu ihr, die bereits bestand, haben sie nichts beigetragen. (28) Die Babylonische Gefangenschaft war ein weiterer zivilisierender Abschnitt im Leben der Hebräer, und in dieser Zeit, dem 6. Jahrhundert v. Chr., wurde das Alte Testament, auf sumerisch-babylonische Geschichte oder Sage gründend, erdacht und teilweise aufgeschrieben, jedoch nicht ohne gewaltige Verdrehungen und Verballhornungen.

Doch es waren diese kulturlosen und halbzivilisierten Menschen, die zuerst die Kultur im alten Osten zerstört haben, indem sie die Stadt-Staaten vernichteten und dann die alte Göttin absetzten und männlichen Ehrgeiz in der Gestalt von Jahwe einführten. „Von Geschichtsforschern wurde seit langem behauptet und bewiesen, daß die hebräischen Stämme wie ihre Nachbarn (...) eine Göttin (...) verehrten, und daß nur die strenge Herrschaft des Jahwismus den alten Kult unterdrückte, von dem im Alten Testament immer noch Spuren vorhanden sind", schreibt Reik. (29)

Während ihrer Gefangenschaft in Babylon hörten die Juden die Sage von Tiamat und den Schöpfungsbericht, wie er in der *Enuma Elisch* stand. In der ältesten hochentwickelten Kultur, die bisher entdeckt wurde, in der sumerischen, ist die Schöpferin des Universums Tiamat, die später zu Ishtar wurde. Die Juden entschlossen sich, diesen Mythos in ihre eigene Literatur aufzunehmen, mit dem einen Unterschied jedoch, daß Tiamat einen Gott und ihre eigene alte Göttin Jahu, oder 'Anat, vollständig beseitigt werden mußte.

Und so begannen die jüdischen Priester bei ihrer Rückkehr aus Babylon die alten Wahrheiten zu verfälschen. Sie nahmen Zeilen der *Enuma Elisch*: „Am Anfang brachte Tiamat Himmel und Erde hervor (...). Tiamat, die Mutter der Götter, die Schöpferin von allem", (30) überarbeiteten sie entsprechend ihrer patriarchalen Auffassung und brachten folgendes heraus: „Am Anfang schuf *Gott* die Himmel und die Erde", usw., eine enge Anlehnung zwar an den ursprünglichen Bericht, jedoch wie ungeheuer verschieden.

„Die ersten vier Kapitel der Schöpfungsgeschichte," schreibt Graves, „sind ein sehr spätes literarisches Produkt." (31) Die Schöpfungslegende mit der Geschichte von Adam und Eva „wurde erst gegen Ende des 5. Jahrhunderts v. Chr. von einem Priester in Jerusalem verfaßt, nachdem er aus dem Exil zurückgekehrt war, und geht teilweise auf einen etwas früher entstandenen Bericht zurück, der von einem jüdischen Propheten niedergeschrieben worden war," wobei sowohl der Priester wie der Prophet von der *Enuma Elisch* abgeschrieben haben. Diese beiden unterschiedlichen Berichte wurden in das endgültige Buch der Schöpfungsgeschichte aufgenommen, was zu allgemeiner Verwirrung führte. In der einen Geschichte von der Erschaffung Evas wurde sie zur gleichen Zeit wie Adam erschaffen: „Er erschuf Mann und Frau." In der späteren Geschichte erschafft Gott Adam, dann die Tiere und am Ende, auf einen weiteren Einfall hin, macht er die Frau aus Adams Rippe!

Adam und Eva

„Eine Geschichte wie der Bericht in der Genesis von Evas Erschaffung aus der Rippe Adams, ist in ihrer Wunderlichkeit Teil einer grotesken Phantasie, eine monotheistische Maskerade," schreibt Reik. (32) Die ursprüngliche Bedeutung des Mythos von Adam und Eva wurde völlig verkehrt; Eva wurde nicht aus Adams Rippe geboren, sondern Adam aus Evas. „Die Überlieferung, daß Adam Eva geboren hat, ist eine Umkehrung der *ursprünglichen* Fassung, nach der Adam aus der (...) großen Erdgöttin geboren wurde." (33)

„Wenn man das Alte Testament liest, muß man bedenken, daß die Juden, als sie sich entschlossen, ihre eigene alte Göttinnenreligion nicht mehr anzuerkennen und einen männlichen

Monotheismus anzunehmen, alle die Göttin betreffenden volkstümlichen Mythen neu fassen mußten, was keine leichte Aufgabe war." (34)

Alle Schöpfungsmythen, einschließlich des ursprünglichen hebräischen, weisen die früheste soziale Stufe nach, ,,die uneingeschränkten Matriarchate" (35), in denen eine Göttin den Schöpfungsakt vollzieht. Jahwe selbst war von der Göttin 'Anat, der Mutter allen Lebens, geschaffen worden, und das war Eva (hebräisch *Hawwah*, ,,Mutter aller Arten"). Eva schuf dann Adam, und er wurde ihr Gemahl, genauso wie in allen früheren Religionen die Göttin ihren Sohn zur Herrschaft erhob und er dann mit ihrer Zustimmung regierte. So stand Adam zu Eva im selben Verhältnis wie Marduk zu seiner Mutter Tiamat. (36)

Dies stimmt mit allen anderen Schöpfungsmythen überein, in denen die Göttin einen Sohn gebiert, der dann später ihr Gatte wird, wie bei den Mythen von Marduk, Zeus, Tammuz, Osiris, Attis, Adonis, Poseidon und vielen anderen. Selbst im eigentlichen christlichen Mythos wird dieses Motiv getreulich fortgesetzt, indem Maria Jesus gebiert, der sowohl Gott der Vater als auch der Heilige Geist ist, mit anderen Worten: Maria heiratet den Gott, *bevor* sie ihn erschafft.

Das Paradies in der Schöpfungsgeschichte stellt das verlorene Goldene Zeitalter der Großen Göttin Eva dar. ,,Jehova gab es im ursprünglichen Mythos nicht. Die Mutter allen Lebens (Eva) ist es, die (Adam erschafft und dann) ihn aus den fruchtbaren Gebieten vertreibt, weil er einige ihrer Vorrechte an sich gerissen hat." (37)

,,Eva macht Dreiviertel des Wesens Gottes aus", schreibt Schuré, ,,denn der Name Gottes ist zusammengesetzt aus der Vorsilbe *Jod* (j) und dem Wort *Eva*. Einmal im Jahr sprach der Hohepriester den heiligen Namen aus, indem er ihn buchstabierte: Jod, he, vau, he." (38) Das ,,E-Vo-E" der Bacchantinnen und der Ruf der Mänaden könnten eine Echo dieses alten Eva-Kultes sein, der ungezählte Jahrtausende vor Jahwe bestanden hat. ,,Die Geschichte von der Erschaffung Evas aus Adams Rippe ist in ihrer Pervertierung nur noch mit dem nach Homer entstandenen Mythos von der Geburt Athenes aus dem Kopf des Zeus vergleichbar (...). Eine Groteske, die Harrison als den verzweifelten theologischen Versuch bezeichnet, Athene ihrer matriarchalen Stellung zu berauben" (39) und sie aus ihrer uralten Position als Haupt der Unsterblichen und Schöpferin des griechischen Volkes zu vertreiben. „Alle Mythen besagen, daß das Weibliche, nicht das Männliche, Spenderin allen Lebens ist." (40)

In der Bibel ist „der natürliche Lauf der Dinge, daß Frauen Männer gebären, ins Gegenteil verkehrt," schreibt Erich Fromm. „Eva wird aus Adams Rippe geboren. (...) Gott erschafft die Welt. Die Schöpfungskräfte der Frauen sind nicht notwendig. Doch die beabsichtigte Beseitigung aller matriarchalen Erinnerungen ist unvollständig." (41) Trotz der in der Geschichte enthaltenen frauenverachtenden Absicht „sehen wir in Eva die Frau, die dem Mann überlegen ist. Sie ergreift die Initiative und fragt Adam vorher nicht um Rat." (42) Obendrein übernimmt sie großzügig die Verantwortung für die Schwäche ihres Mannes und erweist sich als die Stärkere der beiden, im Gegensatz zur Absicht des Mythos, der die Frau herabwürdigen und sie zu einer hinterhältigen Unruhestifterin machen soll. Es ist interessant, daß nach der *Legende der Juden* Eva in reiferen Jahren gesagt haben soll: „Ich versprach ihm, daß ich ihn vor Gott schützen würde. Und so gab er mir die Schuld, als wir aus dem Garten Eden vertrieben wurden," (43) was mit Sicherheit auf die Erwartung an die Frau hinweist, die Beschützerin zu sein — die Stärkere der beiden und das Bindeglied zu Gott.

Die in der hebräischen Geschichte von Adam und Eva festzustellende Verdrehung bezweckte zweierlei: erstens sollte die Tradition eines weiblichen Schöpfers und zweitens die ursprüngliche Überlegenheit des weiblichen Geschlechts geleugnet werden. Es ist bezeichnend, daß sich nur die Juden bemühten, die weibliche Schöpfung zu leugnen. Selbst nachdem das Patriarchat die Überlieferung von der weiblichen Überlegenheit erfolgreich unterdrückt hatte, hielt sich der Glaube an die Schöpferin immer noch in der ganzen Welt. In Griechenland, Rom, Ägypten, Syrien und sogar Indien wurde die Schöpfung der Welt und der Menschen bis tief ins christliche Zeitalter hinein weiterhin der Großen Göttin in Form der Rhea, Bona Dea, Isis, Tiamat und Devaki zugeschrieben.

Die „jüdische Kultur, so wie sie sich im Alten Testament ausdrückt, ist ausgesprochen patriarchalisch", schreibt Karen Horney." Nur wenn wir uns dieser Tatsache bewußt sind, können wir die männliche Bevorzugung in der Geschichte von Adam und Eva erkennen." Zuallererst, fährt Horney fort, wird der Frau die Fähigkeit zu gebären abgestritten und dann herabgesetzt. Danach erscheint Eva, indem sie Adam versucht, als die sexuelle Verführerin, die den Mann ins Unheil stürzt. „Ich glaube, daß diese zwei

Elemente, von denen das erste aus (des Mannes) Groll und das zweite aus (seiner) Angst entstanden ist, die Beziehungen zwischen den Geschlechtern seit frühesten Zeiten geschädigt haben." (44)

Daß die Geschichte gerade zu einem solchen Zweck erfunden worden ist, läßt sich kaum abstreiten. Angeregt von der „patriarchalen Bosheit", wie es Jane Harrison nennt, (45) hat der grausame Mythos von Evas Schuld seinen Zweck erreicht. Die christliche Kirche bediente sich seiner zwei Jahrtausende lang, um die Frauen zu züchtigen, und diese nahmen ihn ihrerseits als Beweis für ihre Unwürdigkeit. Dieser ungeheure Betrug wurde von Männern mit der klaren Absicht begangen, die Frauen in eine unterwürfige, bußfertige, schuldbeladene Position zu versetzen.

Es ist Zeit, daß die Kirche die Frauen von Evas „Sünde" losspricht, wie sie auch die Juden von ihrem „Verbrechen" freigesprochen hat. Beide Fälle waren bewußte Lügen der Kirche, um ihre eigenen Ziele zu erreichen: einmal, um die Frauen unterdrückt zu halten, und zweitens, um den frühen Christen, die keine sein wollten, einen Sündenbock zu geben, an dem sie ihre Wut gegen die Kirche auslassen konnten.

Zeus und Athene

Genauso wie die Juden Palästinas ihre alte Göttin von der Trägerin und Spenderin des Lebens zu einer reinen Empfängerin umgewandelt haben, die aus einem Knochen des Mannes geboren wurde, so haben auch die Dorier die Rolle der alten frühgriechischen Schöpfergöttin Athene verändert. Im vorhellenischen Mythos ebenso wie in den Erinnerungen von Hesiod und Platon hatte Athene das Volk der Griechen aus Hellen, dem Sohn (ursprünglich der Tochter) des ersten Paares Pyrrha und Deukalion geschaffen. Aus den vier Söhnen Hellens, Ion, Achäos, Äolos und Doros, waren die vier Stämme der historischen Griechen entsprungen: die Ionier, Äolier, Dorier und Achäer.

Athene blieb die oberste Gottheit der drei älteren Stämme, bis die Dorier, die Jüngsten und am wenigsten Kultivierten der Familie, am Anfang des ersten Jahrtausend v. Chr. in Griechenland einfielen. Irgendwo auf ihrer zweitausendjährigen Wanderung durch die wilden Gegenden Europas hatten sie eine

Gottesreligion kennengelernt und Zeus als ihre Gottheit angenommen. Nachdem sie ihre älteren Brüder unterworfen hatten, suchten sie diesen ihren neuen Gott aufzudrängen, wobei sie die Große Göttin in den Gestalten der Themis (Gerechtigkeit), Metis (Verstand), Hera (Mut) und Athene (Weisheit) beseitigen mußten. Die Dorier verheirateten deshalb die ersten drei Göttinnen mit Zeus, wodurch diese auf zweitrangige Rollen als bloße Gattinnen des neuen Gottes verwiesen wurden. Doch bei Athene war das Problem schwieriger. Sie war die ewige heilige Jungfrau, und ihre Verehrer hätten es nicht zugelassen, daß sie eine Frau des Zeus würde. Und so entschieden die Dorier, daß sie seine Tochter werden mußte. Also begattete er seine Frau Metis. Als er vom Delphischen Orakel gewarnt wurde, daß das Kind in Metis' Bauch ihm die Welt entreißen würde (daß die Göttin den Gott entthronen würde), verschlang er Metis.

Metis blieb in Zeus' Bauch und „gab ihm Wissen" (46), während das Kind Athene, das darauf bestand, auch notfalls aus einem Bauch in einem Bauch geboren zu werden, aus dem Kopf ihres Vaters entsprang. Dieses Wunder, das genauso absurd ist wie die Geburt Evas aus Adams Rippe, spiegelt das Bemühen einer patriarchalen Gesellschaft wider, die Bedeutung der Frauen selbst auf dem Gebiet der Fortpflanzung herabzusetzen. „Der unverschämte Mythos von Athenes Geburt aus dem Kopf des Zeus spricht lediglich von der übermäßigen Betonung einer neuen patriarchalen gesellschaftlichen Struktur," schreibt Harrison. (47)

Trotz Zeus' Vorsichtsmaßnahmen blieb Athene die erste Gottheit Athens, und die ionischen Griechen verehrten sie stets mit größerer Zuneigung und Liebe als Zeus. (48)

In der orphischen Religion war Metis die Schöpferin des Alls. Sie hatte Zeus geboren, der wie Christus seit Anbeginn der Zeit existierte. Als Zeus seine Frau und Mutter Metis verschlang, zerstörte er die Welt der „Menschen, die nicht von unserer Art sind", die Menschen des Goldenen und Silbernen Zeitalters, und erschuf die Welt von neuem mit Metis' Verstand, „da er den Körper aller Dinge in der Höhle seines Bauches hatte". (49) Zeus' neue Welt war eine Männerwelt. Nach dem Triumph über seine Mutter wurde diese zu Phanes: Sie war nicht mehr ausschließlich weiblich, sondern „von beiden Geschlechtern", und nach und nach überwog ihr männliches Wesen. (50)

In dieser Beziehung war Orpheus der Hl. Paulus des Altertums: ein Misogynist: „der Feind des gesamten weiblichen Geschlechtes". (51) Seine Frauenfeindlichkeit rührte daher, daß ihn Eurydike zurückgewiesen hatte, wie auch Paulus' Abneigung gegenüber den Frauen durch die Zurückweisung seitens der Tochter eines Rabbis entstanden sein soll. Nach Konon, der im ersten Jahrhundert unserer Zeit schrieb, war es Eurydikes hochmütiges Verhalten, daß sie sich nämlich entschloß, getrennt von ihm in ihrer Unterwelt zu leben, das Orpheus in einen Frauenhasser verwandelte. Wie Paulus nach ihm, schloß er die Frauen von der Teilnahme an seiner neuen männlichen Religion aus, ,,und aus diesem Grund", sagt Konon, ,,griffen die über diese Zurücksetzung erzürnten Frauen nach Waffen, erschlugen die Männer, die sie zu überwältigen suchten, rissen Orpheus jedes einzelne Glied aus und warfen die zerstückelten Reste ins Meer". (52)

Die Zeusverehrung war nach Auffassung der thrakischen Frauen aber nicht Orpheus' größtes Verbrechen. Nach A.J. Symonds (53) war er ein eifriger Verfechter der männlichen Liebe und der erste, der die dorische Gewohnheit der Knabenliebe förderte, die später im klassischen Griechenland die anerkannte Form der Liebe wurde.

Symonds schreibt, daß die griechische Knabenliebe ein Brauch war, den die Dorier bei ihrem Einfall mitgebracht hatten. Er meint, er sei in vorgeschichtlicher Zeit im zentralen Südeuropa entstanden, als die Dorier eine Horde jener plündernder Wilden waren, jener erwachsenen Männer, die aus den matriarchalen Stämmen verstoßen und dazu verdammt waren, heimat- und frauenlos durch die Wälder Ureuropas zu wandern. (54)

Da Homer nirgendwo auf Homosexualität hinweist, müssen wir folgern, daß unter den vordorischen Griechen, von denen Homer mit solcher Glaubwürdigkeit schreibt, die Knabenliebe nicht üblich war. Platon berichtet von den Ioniern seiner eigenen Zeit, daß sie die ,,Knabenliebe als Schande ansahen", was den homosexuellen Platon sehr wunderte. In Homers Schilderung der Freundschaft zwischen Achilles und Patroklus findet sich kein Hinweis auf körperliche Zuneigung. Doch die späteren Griechen sollten die Liebe des Achilles zu Patroklus dazu benutzen, ihre offene Knabenliebe, die später ,,Griechische Liebe" genannt wurde, zu rechtfertigen, ja sogar von der Religion her zu billigen.

Als die große kretische Kultur nach dem dunklen Zeitalter, das der dorischen Invasion gefolgt war, in Athen wieder auflebte, war sie sehr stark dorisch geprägt, was sich vor allem in der neuen

Haltung gegenüber den Frauen ausdrückte. Verschwunden war die Große Göttin der Minoer und Mykener, und verschwunden war die weibliche Vorherrschaft. Im hellenischen Griechenland wurde die Knabenliebe zum Ideal romantischer Liebe. „Das neue Patriarchat verwandelte die griechische Gesellschaft in ein Spiel, dem man ohne Frauen nachgehen konnte", und wie in Indien Rama die einst herrschenden Frauen an den Herd verwies, so wurde in Griechenland „die bisher geistig überlegene griechische Frau zu einer unbezahlten Arbeiterin und Kindsgebärerin überall dort herabgewürdigt, wo Zeus die herrschende Gottheit war". (55)

Als die Römer Griechenland eroberten, übernahmen sie, soweit sie nur konnten, die griechische Kultur, aber sie setzten die Griechische Liebe nicht als rechtmäßige Einrichtung fort, wie es die Athener getan hatten. Trotzdem ist nicht zu leugnen, daß in den letzten Tagen der Republik und während des Kaiserreiches Homosexualität öffentlich geübt wurde. (56)

Die frühen christlichen Kirchenväter waren über das Vorherrschen der Knabenliebe im Römischen Reich fast genauso entsetzt wie über die Freiheit und Würde der römischen Frauen. Aber die Kirche war bei der Beseitigung der Päderastie weitaus nicht so erfolgreich wie bei der Entwürdigung der Frauen.

„Nichts ist alltäglicher bei den Mönchen und Pfaffen als die Päderastie," schrieb Robert Burton im frühen 17. Jahrhundert. „In jedem von ihnen (den englischen Klöstern) war die Zahl der Jeunesse dorée, der Lustknaben und Jüngelchen, der Päderasten, Homosexuellen und Ganymeds, usw. so groß, daß es ein neues Gomorra hätte schaffen können." (57)

9

Die sexuelle Revolution

Jeder Wechsel in den Beziehungen zwischen den Geschlechtern wird von blutigen Ereignissen begleitet.

J.J. Bachofen

Das Bedürfnis zu bestrafen

Der Mann wurde von der Vorstellung seiner Unterlegenheit während des langen Zeitraums weiblicher Überlegenheit so stark beeinflußt, daß er in seinem Unterbewußtsein eine immerwährende Abneigung gegen die Frauen aufbaute. Seit es dem Mann erlaubt war, die Königin zu vertreten, und seit er gezwungen war, falsche Brüste und weibliche Kleider zu tragen, um seine Autorität auszuüben, fürchtete er die Frau, zürnte ihr und haßte sie. Sein Haß hat zu einer planmäßigen, von Gesetz und Brauch gebilligten, grausamen Verhaltensweise gegenüber den Frauen geführt, einer Grausamkeit, die er nicht einmal in Gedanken seinem eigenen Geschlecht zufügen würde. ,,Die Strenge des patriarchalen Systems weist auf ein anderes hin, das bekämpft und unterdrückt werden mußte", sagt hierzu Bachofen. (1)

In ihrer neuentdeckten körperlichen Überlegenheit nach der patriarchalen Revolution war das Verhalten der Männer verständlich. Sie versuchten, alle Spuren ihrer früheren untergeordneten Stellung auszulöschen und ,,es den Frauen teilweise zurückzuzahlen". Das Bemühen, ihre ursprüngliche Unterwürfigkeit zu verheimlichen, geschah nicht nur in der Form, die Geschichte neu zu schreiben und alle Berichte zu zerstören, die nicht aus männlicher Sicht neu dargelegt werden konnten, sondern man griff auch zum körperlichen Mißbrauch als der Regel der zwischengeschlechtlichen Beziehungen. Das bittere Bedürfnis, sich an ihren früheren Gebieterinnen zu rächen, führte zu dem sexuellen Sadismus, der in diesen letzten Jahrhunderten des Mannes Beziehungen zu den Frauen gekennzeichnet hat und sogar von männlichen Psychologen als ,,natürlich" und ,,normal" angesehen wurde.

Nach dem patriarchalen Gesetz ist der sexuelle Mißbrauch eines Mannes ein viel schwereres Verbrechen als der einer Frau. Noch im Jahre 1969 wurde in Frankreich eine junge Frau verurteilt, weil sie einen jungen Mann „verführt" hatte. Doch wie viele Männer sind je in der neueren Geschichte vor Gericht gestellt, geschweige denn verurteilt worden, weil sie eine junge Frau verführt haben? „Die Milde, mit der der Verführer eines Mädchens gerichtet wird, steht in schroffem Gegensatz zu der moralischen Verdammung seines unfreiwilligen Opfers" und zu „der Härte, mit der ähnliche Angriffe auf Jungen bestraft werden", schreibt Edward Westermarck. (2) „Ist die Verführung eines männlichen Jugendlichen mit viel schrecklicheren Folgen für das Opfer belastet als für ein Mädchen", fragt er, „um den gewaltigen Unterschied in der Behandlung des Verführers zu rechtfertigen?" (3) In Europa wurde bis vor kurzem der Verführer eines Jungen gehenkt, während die Verführung eines Mädchens als reizende kleine Sünde betrachtet wurde, deren man sich öffentlich brüstete, „selbst wenn das Verhalten des Verführers dem Mädchen einen lebenslangen (um nicht zu sagen tödlichen) Schaden zugefügt hat". (4) Der Unterschied besteht natürlich im Geschlecht. Im jüdisch-christlichen Glauben ist der männliche Körper der Tempel Gottes, während der weibliche ein Gegenstand ist, geschaffen zur Ausnutzung durch den Mann. Als das aufgeklärte französische Volk zu Beginn dieses Jahrhunderts Vergewaltigung zu einem Kapitalverbrechen erklärte, wurde das Gesetz von dem Engländer Anthony Ludovici als „ausgesprochen unmenschlich" bezeichnet. (5) Er ging über die Unmenschlichkeit der Vergewaltigung und deren Folgen achtlos hinweg. Denn wozu war die Frau schließlich geschaffen?

„Unsere ganze moderne Zivilisation ist männlich", schreibt Georg Simmel: „Der Staat, die Gesetze, die Moral und die Religion sind Einrichtungen, vom Mann und *für* den Mann geschaffen." (6) „Die Sexualmoral", fügt Margaret Sanger hinzu, „ist von männlichen Vertretern festgelegt worden, die versucht haben, die Frauen in Knechtschaft zu halten" und sie ausschließlich als Mittel für die männliche Laune zu gebrauchen. Deshalb „wurde jeder Versuch von seiten der Frauen, für sich zu leben, von diesen selbstsüchtigen Vertretern als unmoralisch angegriffen". (7)

„Solange körperliche Liebe des Mannes bevorzugte Entspannung ist", bemerkt Mary Wollstonecraft, „wird er versuchen, die Frau zu knechten (...). Doch wie bedacht sind die Männer darauf, die Frauen zu *entwürdigen,* das Geschlecht, von dem sie angeblich behaupten, das größte Vergnügen ihres Lebens zu erhalten." (8) „Hinter dem Nachdruck, mit dem der Mann auf seiner Überlegenheit besteht, liegt ein uralter Neid gegenüber der Frau", sagt Erik Erikson. (9) „Die Erkenntnis, daß das Dogma von der weiblichen Minderwertigkeit seinen Ursprung in einer unbewußten männlichen Tendenz, die Frauen zu beneiden, hat, konnte uns erst dämmern, nachdem Zweifel an seiner Wahrheit (von der weiblichen Minderwertigkeit) entstanden waren. Hinter der Überzeugung von der weiblichen Minderwertigkeit steht ein mächtiger (...) Drang (...), Frauen zu entwürdigen." (10)

„Doch der Mann hat sehr offensichtliche, strategische Gründe dafür, seine Furcht und seinen Neid zu verbergen, denn er versucht auch mit allen Mitteln, sie sogar vor sich selbst zu leugnen. (...) In der *Herabsetzung* der Frauen, die Männer so oft in ihren Reden und in ihrem Benehmen kundtun, wird Erleichterung gesucht und gefunden (...)." „Diese Form der Beschwichtigung seiner Furcht hat einen zusätzlichen besonderen Vorteil: sie trägt dazu bei, sein Ego zu stärken, das durch das Eingeständnis der Angst vor Frauen weitaus mehr bedroht wird als durch Angst vor Männern." (11) Er nimmt auch zu dem ungeheuerlichen männlichen Mythos vom weiblichen Masochismus (s. Kap. 21) und zu dem selbstbeschwichtigenden Gerücht vom weiblichen „Penis-Neid" Zuflucht.

Penisneid gegen Gebärneid

Sigmund Freud ist sowohl für den Irrtum des „Penisneides" als auch für den Begriff selbst verantwortlich. Für ein paar Jahrzehnte wurde seine Theorie vom „Kastrationskomplex", unter dem alle Frauen angeblich leiden sollten, von Psychologen wie von Laien für bare Münze genommen. Aber bald entstanden Meinungsverschiedenheiten. Solch berühmte nach-freudsche Psychologen wie Horney, Jung, Fromm, Reik, Harold Kelman und Gregory Zilboorg fanden, als sie die Frauen selbst studierten, was Freud nicht getan hatte, daß der Penisneid ein Ergebnis von Freuds Einbildungskraft war. „Ganz im Gegensatz zu Freuds Annahme gibt es bessere Gründe dafür, einen Gebärneid bei den Männern zu vermuten", als einen Penisneid bei den Frauen, schreibt Fromm. (12)

In seinem Buch über Freud bemerkt Fromm: „Freuds Vorurteile gegenuber den Frauen sind alle die (...) eines Mannes, der aus *Furcht* vor den Frauen herrschen muß." Aus dem starken und zwingenden Bedürfnis heraus, „die Frauen in eine minderwertigere Stellung zu bringen (...), betrachtete er sie als kastrierte Männer, die stets eifersüchtig auf die Männer sind" und besonders eifersüchtig auf den Penis, der für Freud das Zeichen der männlichen Überlegenheit war. (13) Über Freuds Annahme, die Frauen seien nichts anderes als kastrierte Männer, bemerkt Erik Erikson, daß Freud die matriarchalen Grundlagen der Geschichte nicht verstehen konnte, und ihm „der ganze Nährboden des Matriarchats im Mann entging". (14)

„Freud wurde in einer traditionell jüdischen Familie erzogen", sagt Harold Kelman, „in der der Mann Herr und Meister war und die Frau als niederes Wesen angesehen wurde", nur Trabantin des Mannes, ausschließlich geschaffen, um zu dienen und zu gehorchen. (15) Seine Vorstellung vom Penisneid war deshalb nicht auf Untersuchungen begründet, sondern nur auf seiner Annahme, daß kein vernünftiges Geschöpf damit zufrieden sein konnte, eine Frau zu sein, und daß deshalb jede vernünftige Frau wünschen mußte, ein Mann zu sein. Und da für Freud der Penis den Mann ausmachte, mußte jede Frau verständlicherweise wünschen, einen Penis zu haben. Freud behauptete, daß der Penisneid in allen kleinen Mädchen in sehr jungem Alter erweckt würde und das Kind für sein restliches Leben lähme und am Gedeihen hindere.

Bevor wir zu den wissenschaftlichen Tatsachen dieser Behauptung kommen, wollen wir erst fragen, wie viele gut erzogene Mädchen überhaupt des menschlichen Penis *gewahr* sind. Einige Frauen hatten vor ihrer Hochzeitsnacht nie das außerordentliche Vorrecht, einen Penis zu sehen, obwohl für die Mädchen, die kleine Brüder haben, diese Gelegenheit eher kommt. Doch welcher normale Mensch könnte auf die armen kleinen Dinger von Jungen eifersüchtig sein? Simone de Beauvoir berichtet, daß sie beim ersten Anblick des Penis eines Knaben ein schwaches Gefühl der Übelkeit bekam, als ob sie etwas leicht Ekliges gesehen habe, „wie eine Geschwulst oder eine Warze". Andere Frauen haben stärkere Abscheu ausgedrückt, indem sie den Anblick sogar mit einer ungestalten Verformung verglichen.

Diese weibliche Abscheu erhärtet Reiks Schlußfolgerungen aus seinen Studien weiblicher Psychologie, daß es nämlich im

Gegensatz zu dem Glauben, Mädchen fühlten sich beraubt, wenn sie das Knabenglied entdecken, „gute psychologische Beweise gibt, daß der Anblick zum ersten Ausdruck weiblicher Eitelkeit *führt*"! Das kleine Mädchen fühlt, daß sein Körper ästhetischer ist als der des Knaben (16), und daß ihre eigene Ausstattung viel weniger abstoßend ist, wenn auch vielleicht beim Picknick nicht so bequem. Horney hebt diesen Punkt hervor, wenn sie sagt, daß „der Nachteil auf seiten der Frau nur auf der prägenitalen Ebene (beim Urinieren) besteht. Auf der genitalen Ebene ist es für die Frau nur von Vorteil, keinen Penis zu haben", denn ihre sexuelle Tätigkeit ist nicht von der Laune eines Organs abhängig, das sie nicht kontrollieren kann. „Die Frau ist zum Koitus und seinen Freuden genauso fähig wie der Mann." (17)

Gregory Zilboorg schreibt, daß der Gebärneid des Mannes viel älter und tieferliegend sei als der Penisneid der Frauen. (18)

Der psychologische Kern der Furcht der Männer vor den Frauen liegt in der Tatsache, daß „der Mann während des Koitus seinen Penis in den Körper der Frau einführen muß und ihr Samen gibt und dies als Übertragung seiner Lebenskraft auf die Frau auslegt, ähnlich seiner Erfahrung, daß die Erektion nach dem Geschlechtsverkehr aufhört, als Beweis dafür, daß ihn die Frau geschwächt hat". (19)

Der Penis ist der einzige Muskel, den der Mann nicht beugen, und auch die einzige Extremität, die er nicht kontrollieren kann. Sei der männliche Wille auch noch so stark, der Penis hebt und senkt sich wie er will. Der Mann kann ihm nicht befehlen. Dieses überaus wichtige und hochgeschätzte Organ, so bedeutsam für sein Vergnügen und seine Selbsteinschätzung, ist ein Ding getrennt von ihm, mit einem geheimnisvollen eigenen Willen und Leben. Diese Tatsache, der Besitz eines äußeren anatomischen Teils, der in keiner Weise mit seinem Gehirn verbunden zu sein scheint, ist an sich schon eine verwirrende und erniedrigende Erscheinung. Doch noch schlimmer: es beeinträchtigt die Würde des Besitzers, weil es scheinbar jenem minderwertigen Ding — der Frau — gehorcht. Beim Anblick oder bloßen Gedanken an eine Frau richtet es sich schon auf. Die Hilflosigkeit des Mannes, seinen am meisten geschätzten Besitz, seinen Penis, zu kontrollieren, erzürnt ihn so sehr, daß er das Geschlecht bestrafen will, das solche Macht über „sein Eigentum" ausübt.

Die Frau besitzt kein solches herausforderndes Anhängsel.

Ihre Klitoris, die so oft mit einem verkümmerten Penis verglichen wird, ist ein geheimnisvolles kleines Ding, das sie offensichtlich nur zu ihrem eigenen Vergnügen besitzt. Im Gegensatz zum Penis uriniert es weder, noch zeugt es. Es ist ein vollkommen frei ins Haus gelieferter Zusatz, der keine Unannehmlichkeit oder Erniedrigung verursacht. Der Mann ist darüber verstimmt, daß die Frau von ihrem „Penis", der nur einem Zweck dienenden Klitoris, unabhängig, er aber von seinem mehreren Zwecken dienenden Penis abhängig ist. Es scheint ihm, die Natur habe sich, als sie ihn erschuf, aus wirtschaftlichen Gründen sehr knausrig verhalten, ganz im Gegensatz zur verschwenderischen Großzügigkeit bei der Erschaffung der Frau.

In zivilisierten Gesellschaften nimmt heute dieser Klitoris- oder Gebärneid subtile Formen an. Des Mannes ständiges Bedürfnis, die Frau zu verunglimpfen, sie zu erniedrigen, ihr gleiche Rechte zu verweigern und ihre Leistungen zu schmälern, all das ist Ausdruck seiner angeborenen Mißgunst und Furcht. In früheren Zeiten und in heute noch primitiven Gesellschaften, wo sich die instinktive Furcht und Scheu noch nicht in Haß aus Furcht verwandelt haben, versuchten die Männer, das gefürchtete Objekt nachzuahmen. „Das Hauptmotiv der (männlichen) Einführungskulte" unter primitiven Stämmen, schreibt Margaret Mead, „besteht darin, daß der Mann vielleicht unnötig ist". So „hat der Mann einen Weg gefunden, seine grundlegende Minderwertigkeit dadurch auszugleichen", daß er die Aufgaben der Frau nachahmt. (20)

Die Männer durchlaufen alle Abschnitte der Geburt und der Monatsblutung und verstümmeln den Penis auf die verschiedenste Weise, nur um ihn der weiblichen Vulva anzugleichen. In einem vorangegangenen Kapitel haben wir kurz Beispiele für den männlichen Neid gegenüber der Frau aufgeführt. In der Geschichte oder Sage kennen wir keinen vergleichbaren Beweis für den Penisneid, keine heiligen Rituale, die auf der Nachahmung männlicher Aufgaben durch die Frauen beruhen, keinen Fall, in dem Frauen versuchten, ihre Genitalien zu verstümmeln, um sie denen des Mannes anzugleichen, und keine spielerische Darstellung, bei der die Frauen vorgaben, Samenfluß zu erzeugen, was mit der nachgeahmten Blutung zu vergleichen wäre.

Der Geschlechtsneid ist eine ausschließlich männliche Erscheinung.

Weibliche Beschneidung

Der Gebärneid des heutigen Mannes drückt sich am stärksten in seinem Ärger über die sexuelle Lust der Frau aus. Der berühmte Streit zwischen Zeus und Hera, wer von beiden beim Geschlechtsverkehr größere Lust gewinne, wurde vom alten Tiresias gelöst, der für den besten Richter gehalten wurde, da er sowohl Mann wie Frau war. Er stimmte unverzüglich mit Zeus darin überein, daß die Frau ein zehnmal größeres Vergnügen habe als der Mann.

Die Männer lehnen die Vorstellung vom Vergnügen der Frau an der Sexualität ab, denn sie weist sie auf den verräterischen Gedanken hin, daß vielleicht der Mann geschaffen wurde zur Freude der Frau, und nicht die Frau zur Bequemlichkeit des Mannes, wie es sein Ego ihm vorschreibt. Dieser nagende Zweifel hat den Mann bewegt, ,,in einer Art *Rache* die Frau für so viele Jahrhunderte zu versklaven''. (21)

Die einfache Tatsache bestand und besteht darin, daß der dem Männlichen verhaftete Mann erzürnt ist, selbst Sexualität mit der Frau teilen zu müssen. Und so entstand der Zwiespalt des patriarchalen Mannes, der die Frau als reines Sexobjekt betrachtet, ihr aber trotzdem jedes sexuelle Vergnügen vorenthalten will. Es ist bezeichnend, daß matriarchale Völker die Frau ,,erfreuen'', während patriarchale sie ,,reiten''!

Vor langer Zeit, in den späten Jahren der patriarchalen Revolution, fand ein extremer Patriarch eine Methode, die sexuelle Lust der Frau, nicht aber die des Mannes, zu verringern. Wenn die Klitoris, wie Aristoteles sagte, der Sitz der weiblichen Lust war, dann weg mit ihr! Die Klitorektomie oder weibliche Beschneidung wird der Überlieferung nach Gyges, dem Lydier, zugeschrieben. Da jedoch Lydien zu Gyges Zeiten noch von Frauen beherrscht wurde (er eroberte den Thron, indem er den Königsgemahl ermorderte und die Königin auf *ihr* Drängen hin heiratete, wie Herodot uns mitteilt) ist dies sehr unwahrscheinlich. Es trifft sicherlich eher die islamische Legende zu, daß Hagar, Abrahams Geliebte und Ismaels Mutter, das erste Opfer der weiblichen Beschneidung war. Möglicherweise war das eine semitische Neuerung, da die Araber ihre begeistertsten Anhänger wurden und noch sind. ,,Sohn einer unbeschnittenen Mutter'' ist das schlimmste Schimpfwort, mit dem ein Araber einen anderen belegen kann.

Die ,,Gründe'', die von den Arabern für die weibliche Beschneidung angegeben werden, sind so zahlreich wie jene, die die Alten für die männliche Beschneidung anführten. Der Hauptgrund bezieht sich auf die weibliche Keuschheit. Unbeschnittene Frauen, sagen die Araber, sind sexuell übererregbar und neigen deshalb zur Untreue und Unkeuschheit. Sir Richard Burton, der im 19. Jahrhundert die Araber gut kannte, sagt jedoch, daß die Entfernung der Klitoris und der Schamlippen die Frauen viel lüsterner machte, daß sie aber dadurch um so schwerer zu befriedigen waren. „Die sittliche Auswirkung der weiblichen Beschneidung ist seltsam", schreibt Burton. „Während sie die Hitze der Leidenschaft verringert, verstärkt sie die Zügellosigkeit und erzeugt eine gedankliche Ausschweifung, die weit schlimmer ist als körperliche Unkeuschheit." (22)

Geruchsbildung zu verhindern, wird als weiterer Grund angeführt. In manchen Gegenden glaubt man, der Orgasmus der Frau verhindere eine Empfängnis, da die Hitze der Leidenschaft den Samen zerstöre. „Sie verbrennt den empfangenen Samen und trocknet ihn sozusagen auf", schreibt Davenport, „und wenn zufällig doch ein Kind empfangen wird, so ist es mißgebildet und bleibt keine 9 Monate im Mutterleib." (23)

Eine andere wunderliche Begründung ist die, daß bei den Frauen Ägyptens, Arabiens, Abessiniens und der angrenzenden Gebiete die Klitoris so groß werde, daß sie den Geschlechtsverkehr behindere. „Wegen des Klimas oder aus anderen Gründen herrscht bei ihnen im allgemeinen ein bestimmtes Mißverhältnis vor," schreibt Davenport, indem er einen gewissen Bruce in seinen *Reisen in Abessinien* zitiert. „Wenn die Klitoris unbeschnitten wachsen kann," fährt er fort, „wird sie so lang wie ein Gänsehals," und die Männer haben versucht, dieser Deformierung durch Amputation des Überflüssigen abzuhelfen." (24) Als die christlichen Missionare den Kopten die Beschneidung ihrer Töchter verboten, berichtet Davenport, „gehorchten die Bekehrten. Doch die Folge war, daß mit Heranwachsen der Töchter die Männer feststellten, daß sie durch Heirat einer koptischen Frau äußerst nachteiligen Unannehmlichkeiten ausgesetzt waren, und sie heirateten deshalb ungläubige Frauen, die frei von solchen Behinderungen waren und fielen mit ihnen in die Häresie zurück." (25) „Die Missionare sahen deshalb keine Möglichkeit, ihre Gemeinden jemals zu vergrößern und brachten ihren Fall vor das Kardinalskollegium in Rom. Die Angelegenheit wurde als eilig angesehen und man sandte Leute aus, die einen Bericht über den Stand der Dinge abfassen sollten. Nach Rom zurückgekehrt, erklärten sie, daß sich die Hitze oder andere Ursachen verändernd auf die Klitoris der Frau auswirkten und so den Zweck der Ehe behinderten. Nach dem das Kollegium diesen Bericht erhalten hatte, gab es Anweisungen, daß diese Unzulänglichkeiten, da sie dem Zweck der Ehe im Wege standen, unter allen Umständen beseitigt werden müßten. Seit der Zeit sind Katholikinnen wie auch Koptinnen und andere Ägypterinnen immer wieder beschnitten worden." (26)

Die Überentwicklung der Klitoris ist jedoch nicht auf die Frauen Ägyptens und Arabiens beschränkt, wie ein 1789 aus Paris berichteter Fall zu beweisen scheint: „Als ein Mann in seiner Hochzeitsnacht seine nackte Braut liebevoll streichelte, war er sehr überrascht, als er ein Glied fühlte, das so steif war wie sein eigenes männliches. In äußerster Verwirrung stürzte er aus dem Bett, in der Meinung, entweder behext zu sein, oder an der Nase herumgeführt zu werden, indem man ihm in sein Hochzeitsbett an Stelle seiner geliebten Braut einen Mann gelegt habe. Kaum hatte er Licht gemacht, als er sein Weib erkannte, die ihn freundlich einlud, ins Bett zurückzukehren (...). Als er jedoch die Genitalien seiner Frau betrachtete, bot sich ihm ein Penis, so lang und so steif wie sein eigener. Die Frau antwortete auf entsprechende Fragen so taktvoll wie es unter diesen Umständen möglich war, daß sie angenommen habe, alle Frauen seien in diesen Teilen so wie sie gebaut. Erneut lud sie ihn ein, zu Bett zu kommen, und, nachdem er seine Überraschung und Verwirrung überwunden hatte, setzte er seine Liebesbemühungen fort, jedoch mit dem Ergebnis, daß seine Geschlechtsorgane ihren Dienst verweigerten. Zu seiner weiteren Überraschung legte ihn seine erst vor kurzem angetraute Frau unter sich, und durch einen seltsamen Gestaltwandel wurde der Mann sozusagen eine Frau, während die Frau die Rolle eines Angehörigen des männlichen Geschlechts spielte (...). Davenport läßt sich über das Ende dieser erniedrigenden Erfahrung einer Hochzeitsnacht nicht weiter aus. Er zitiert nur so viel aus den *Annales Medicales et Physiologique* (1789) (27).

Die weibliche Beschneidung soll angeblich auch verhindern, „daß sich Frauen gegenseitig mißbrauchen". (28) T. Bell schreibt: „Sie (die Klitoris) nimmt manchmal eine erstaunliche Größe an, und wir haben Beweismaterial über Frauen mit einer großen Klitoris, die junge Mädchen verführt haben (...). Um solche unnatürlichen Verbindungen zu verhindern, gibt es bei den Asiaten und besonders bei den Arabern den Brauch, die Klitoris zu beseitigen." (29)

All das sind interessante, aber nicht überzeugende Gründe. Der wahre Grund für die Verstümmelung der weiblichen Vulva sind der männliche Neid und Sadismus, die die Frauen zu bestrafen suchen, nur weil sie Frauen sind. Die Operation wird an arabischen Mädchen in der Pubertät ausgeführt, wobei die Klitoris und die großen Schamlippen mit einem scharfen Rasiermesser bis zum Schambein herausgeschnitten werden. Das ist eine viel gefährlichere, schmerzlichere und blutigere Operation als die männliche Beschneidung, und sie dient keinem anderen Zweck, als dem Mädchen das volle Maß zukünftiger sexueller Freuden zu verweigern.

Daß die Operation nur eine patriarchale Art der Rache für die weibliche sexuelle Überlegenheit ist, läßt die Tatsache vermuten, daß sie nur dort ausgeführt wird, wo kompromißloser Patriarchalismus am längsten geherrscht hat, nämlich in den semitischen Ländern. Die Juden leugneten vor der Gründung des heutigen Staates Israel, daß sie sie an ihren Töchtern ausführten, doch es gibt Beweise für das Gegenteil. Richard Burton sagt, die Juden hätten an dem Ritus bis in die Tage des Rabbi Gershom (1000 n. Chr.) festgehalten, der ihn als Skandal bezeichnet habe. Burton fährt fort: „Ich glaube, sie ist bei einigen entlegenen Stämmen immer noch die Regel. Der Ritus ist eine *passende Ergänzung* zur männlichen Beschneidung, da er die Erregbarkeit der Geschlechtsteile angleicht, indem er sie bei beiden gleichermaßen herabsetzt: Eine unbeschnittene Frau hat den Orgasmus *viel früher und öfter* als ein beschnittener Mann, und häufiger Geschlechtsverkehr würde ihre Gesundheit schädigen." (30) Das war der Supermann Sir Richard, der für alle patriarchalen Männer sprach. Er macht sich über die Gesundheit der Frau überhaupt keine Gedanken, sondern nur über die Ungerechtigkeit ihrer größeren Sexualität und Lust. Er selbst gibt zu, daß die beschnittenen Frauen aus seiner Bekanntschaft des Orgasmus kaum fähig waren, nach ihm, da er unerreichbar war, aber deswegen um so mehr verlangten.

Sir Richard Burton gibt eine lebendige Augenzeugenbeschreibung von dem Ergebnis der Beschneidung an arabischen Frauen: „Den Prostituierten Adens waren die Schamlippen und die Klitoris vollständig herausgeschnitten, und die Haut zeigte Narben und Spuren von groben Nadelstichen." (31)

Vom Nähen wurde Gebrauch gemacht, um die Keuschheit junger Mädchen und unverheirateter Frauen zu erhalten. Nachdem die Operateurin die Klitoris und die Schamlippen herausgeschnitten hat," näht sie die Teile mit einer Packnadel und Schafszwirn zu, wobei sie noch eine Blechröhre für den Urin einfügt. Vor der Hochzeit stärkt sich der Bräutigam einen Monat lang mit Rindfleisch, Honig und Milch, denn wenn er die Braut mit seiner natürlichen Waffe öffnen kann, ist er ein großer Held. Wenn er es nicht schafft, versucht er mit den Fingern einzudringen, und als letztes Mittel zieht er sein Messer und schneidet damit die Genitalien auf. Die Schmerzen müssen für die Braut sehr groß sein." (32) Man kann nicht umhin, anzunehmen, daß die letzte Bemerkung die eigentliche Begründung für die rohe Art der weiblichen Beschneidung ist, wie sie in einigen Gebieten des Orients gehandhabt wird: männlicher Sadismus verbunden mit Geschlechtsneid. (33)

Der italienische Anthropologe Mantegazza sagt, daß die weibliche Beschneidung in Ägypten angewandt wird, weil „die ägyptischen Männer sich nicht um die gefühlsmäßige Anteilnahme der Frauen beim Geschlechtsakt kümmern. In den Frauen bleibt deshalb ein Verlangen nach einer Lust bestehen, das stets unbefriedigt bleiben muß (...). Eine egoistischere Form der Perversion kann man sich kaum vorstellen, wenn man daran denkt, daß Liebe als eine Freude für beide gedacht ist, und daß die Unterdrückung der Lust des Partners während des Aktes grausam und barbarisch ist und eine Art angenehmer Verfeinerung, die mit Wucherraten bezahlt werden muß." (34)

10

Patriarchat und Hymenkult

Eine starke Überbewertung der Jungfräulichkeit findet man nur in den Gemeinschaften, die ihre Frauen wie einen Besitz behandeln.

E. Wexberg

Das Jungfernhäutchen und das Bluttabu

Als weiteres Ergebnis der patriarchalen Revolution entwickelte sich bei der Frau durch geschlechtliche Auswahl das Jungfernhäutchen, das sie nur mit dem Elefanten, dem Esel und dem Schwein gemeinsam hat. Wie die weibliche Beschneidung, so ist auch das Jungfernhäutchen nur in bestimmten, sehr begrenzten Gebieten der Welt wichtig, vor allem in semitischen und christlichen Ländern. Je weiter ein Brauch oder Glaube verbreitet ist, desto älter ist er. Die räumliche Beschränkung der weiblichen Beschneidung und des Hymenkultes beweisen also, daß diese Bräuche verhältnismäßig jung sind.

Von Seeleuten, Missionaren und anderen Reisenden ist seit langem festgestellt worden, daß Mädchen primitiver Gesellschaften bereits in sehr jungem Alter kein Jungfernhäutchen mehr besitzen. Man nahm an und glaubt auch immer noch, daß all diese Mädchen ihre Jungfräulichkeit durch Geschlechtsverkehr in sehr jungem Alter verloren hätten, was auf die zügellose Sexualität der „Eingeborenen" hinweise.

Die Mädchen verloren ihre Jungfräulichkeit jedoch nicht durch den Geschlechtsverkehr, sondern sie wurden in jungen Jahren absichtlich defloriert. In China, Japan, Siam, Kambodscha, auf den Molukken, Philippinen und den umliegenden Inseln „wurde das Jungfernhäutchen in früher Kindheit von einer alten Frau durchstoßen, die eigens hierfür geholt wurde." (1) Bei den Toda kommt ein Mann eines anderen Stammes ins Dorf und entjungfert alle jungen Mädchen, die in die Pubertät kommen (2), das bedeutet also hier mit etwa 8 Jahren. Diese Entjungferung „muß vor der Pubertät stattfinden, und wenige Dinge sind schmachvoller, als wenn diese Zeremonie verzögert wird". (3) Im Fernen Osten und auf den Pazifischen Inseln existiert das Jungfernhäutchen als Fetisch offensichtlich nicht, was sicherlich der Fall wäre, wenn das Jungfernhäutchen und der Hymenkult eine wirklich alte Überlieferung wären. Die Verehrung des Jungfernhäutchens ist auf die wenigen Völker beschränkt, denen das Patriarchat regelrecht mit Rachegefühlen aufgezwungen wurde — also auf die semitischen Völker des Nahen Ostens und deren kulturelle Nachkommen des späteren christlichen Europas.

Das Jungfernhäutchen ist ein erworbener Zusatz. Genauso wie Gestalt und Größe des Penis das Ergebnis geschlechtlicher Auswahl seitens der prähistorischen Frauen war, so ist auch das Hymen durch Auswahl seitens der patriarchalen Männer in geschichtlicher Zeit entstanden. Als der Begriff der Vaterschaft zu der Vorstellung vom Vaterrecht und Eigentumsrecht führte, wählten die Männer ihre Geschlechtspartnerin aus, und die Jungfräulichkeit erhielt besonderen Wert.

„Das Jungfernhäutchen schien ein spät erworbenes Merkmal des weiblichen Geschlechts zu sein, das aus der geschlechtlichen Auslese des besitzdenkenden Mannes entstanden ist," schreibt Eisler, „und zwar nach dem Übergang von matriarchalen zu patriarchalen Wertvorstellungen," und deshalb zu einem sehr späten Zeitpunkt in der Menschheitsgeschichte. (4)

Die Entwicklung des Hymen führte, so sehr sie auch von Männern gebilligt und gefördert wurde, bei ihnen zu neuen Problemen, neuen Tabus, und neuer Schuld in ihren Beziehungen zu den Frauen. Das weibliche Blut war seit Anbeginn der Geschichte ein besonderes Tabu. Das Menstruations- und Nachgeburtsblut wie auch das venöse und Arterienblut der Frau war überaus heilig und mußte unter· allen Umständen gemieden werden. Nun aber wurde es nötig, das Blut des Jungfernhäutchens beim Geschlechtsakt zu vergießen. So war der Mann von allen Seiten von diesem geheimnisvollen und gefährlichen Wesen, der Frau, bedrängt.

Daß viele patriarchale Völker die Jungfrauen gezwungen haben, ihre Jungfernhäutchen dem Gott darzubringen, kann auch Vergeltung für die Haufen von Vorhäuten, Penissen und Hoden gewesen sein, die die Männer in vergangenen Zeiten über die Göttin geschüttet hatten. In nahezu allen frühen patriarchalen Gesellschaften wurde der erste Geschlechtsverkehr der Jungfrau als ein Opfer ausgeführt, durch den Gott selbst in

Gestalt des Priesters oder irgendeines Fremden oder Wanderers, der sie im Tempel auswählte. Die Nachkommen solcher Vereinigung sah man als Söhne des Gottes an, besonders dann, wenn sie später große Helden wurden. So hielt sich Theseus für den Sohn Poseidons, da sich seine Mutter Aethra im Poseidontempel zu Troezen hingegeben hatte, und Romulus war der Sohn des Mars, da seine Mutter Rhea Silvia im Tempel des Mars in Alba Longa schwanger wurde. Herkules, der Held der Helden, war natürlich der Sohn des Königs der Götter, der Sohn des Zeus, der seine Mutter Alkmene im Zeustempel zu Theben begattet hatte.

Die Zerstörung des Jungfernhäutchens wurde als Gottesopfer angesehen, das der Opferung der Vorhaut an die Göttin beim Beschneidungsritus vor langer Zeit gleicht.

Herodot gibt uns ein anschauliches Bild der Tempelprostitution, deren Zeuge er in Babylon im 5. Jahrhundert v. Chr. war. (5) Der naive Reisende unternahm keinen Versuch, um hinter die Bedeutung dieses Brauchs zu kommen. Strabo berichtete im ersten Jahrhundert, daß die armenischen Jungfrauen ihre Jungfernhäutchen dem Gott Amiatus darboten; im patriarchalen Indien wurde das Jungfernhäutchen selbst als Verzierung des heiligen Lingam-Idols hingegeben. Wir wissen, daß unter den Matronen des Römischen Reiches der Brauch herrschte, sich auf den eregierten Phallus des Priapus zu setzen – doch ist dies nicht im eigentlichen Sinne ein Opfer des Jungfernhäutchens, denn es handelte sich um einen Fruchtbarkeitsglauben, da Priapus wie der Hl. Foutin die Kraft besaß, Frauen fruchtbar zu machen.

Im 18. Jahrhundert wohnte Cook in der Südsee einer Zeremonie bei, in der eine zehnjährige Jungfrau öffentlich vom Stammeshäuptling entjungfert wurde. Doch war dies nicht, wie Cook annahm, ein Ritus zur Opferung des Jungfernhäutchens, sondern eine therapeutische Maßnahme, damit das Mädchen heiratsfähig wurde, denn bei matriarchalen Völkern hatte das Jungfernhäutchen keinen großen Wert. ,,Es wird auf die Jungfräulichkeit so wenig Wert gelegt, daß die Defloration als unterwürfiger Dienst betrachtet wird, und auf Mädchen, die das Jungfernhäutchen über die Pubertät hinaus behalten, wird herabgesehen." (6) In vielen Kulturen herrschte der Brauch, die Braut von einem Dritten entjungfern zu lassen, in einigen Fällen durch den Priester, in einigen durch eine Hebamme und bei einigen heute existierenden primitiven Gesellschaften durch die Schwester oder den Vater der Braut. (7) (Das mittelalterliche *Recht der ersten Nacht*, bei dem die Braut vom Gutsherrn entjungfert wurde, war kein grausames Ansichreißen des „Rechts" des Ehemanns, wie von heutigen Soziologen angenommen wird, sondern ein Fortbestehen des Brauchs, die Gefahr des Hymenblutes vom Ehemann abzuwenden und auf jemanden zu übertragen, der besser in der Lage war, der Gefahr standzuhalten.)

„Der Zweck des Brauchs besteht eindeutig darin, die Gefahr vom Ehemann abzuwenden," schreibt Crawley. (8) Doch in seinem „Tabu der Jungfräulichkeit" führt Freud den Brauch der Defloration durch den Vater auf den „Elektra-Komplex" zurück, unter dem, genauso wie unter dem Penisneid, angeblich alle Mädchen leiden: das heißt, unter dem Wunsch, von ihrem Vater vergewaltigt zu werden. „Diese primitive Sitte," schreibt Freud, „scheint dem frühen sexuellen Wunsch (dem Wunsch, vom Vater vergewaltigt zu werden) durch die Übertragung der Aufgabe der Defloration wenn nicht auf den Vater, so auf eine Respektsperson, den Priester oder einen heiligen Mann, d.h. einen Ersatzvater, Rechnung zu tragen." (9)

Doch leider — und darin liegt ihr einziger Fehler — ist diese Hypothese unhaltbar. Abgesehen davon, daß das Mädchen die sie deflorierende Person nicht auswählt. Der eigentliche Grund für diese voreheliche Defloration, egal von wem sie vorgenommen wird, geht auf die uralte Angst des Mannes vor der Frau zurück und davor, ihr Blut zu vergießen. „Bei der Defloration einer Jungfrau ist die dabei entstehende Angst nicht nur die Angst vor der Frau allgemein, sondern auch davor, ihr Blut zu vergießen." (10)

Der Mann versuchte also, sich den Folgen dieses Blutvergießens, das durch seine eigene sexuelle Selektion entstanden war, zu entziehen. Der Mann litt schon unter einer alten Schuld, der Empfindung der Erbsünde, eine Folge der Unterwerfung der Göttin, dadurch daß er sich über sie hinweggesetzt hatte und Tiere tötete und verzehrte. Die Göttin hatte zu allen Zeiten jedes Blutvergießen, auch das Vergießen von Tierblut verboten. In der griechischen Legende begann der Mensch erst im frühen Bronzezeitalter, der Zeit der patriarchalen Revolution, die den langen Jahrtausenden des Goldenen und des Silbernen Zeitalters des Matriarchats folgte, damit, Fleisch von Tieren zu essen. Und in *Die Legende der Juden* verlegt Ginzberg diese Neuerung des Fleischessens in die Zeit der Nachkommen Noahs — nach der Sintflut im fünften Jahrtausend v. Chr.: „Gott erteilte Noah und seinen Nachkommen nach der Sinflut die Erlaubnis, sich vom Fleisch der Tiere zu ernähren, was bis dahin seit Adams Zeiten verboten gewesen war." (11)

Möglicherweise wurde das Essen von Fleisch als Folge der großen Katastrophe, von der die Welt damals heimgesucht wurde, eine Notwendigkeit. Der Mythos von Kain und Abel weist, wie wir in einem der vorhergehenden Kapitel dargelegt haben, auf eine große Trockenheit und eine Knappheit an Feldfrüchten hin. Die Geschichte Kains ist ein zeitlich falsch angesiedeltes Gleichnis für die grundlegenden Veränderungen in der Lebensweise der Menschen vom vegetarischen, Ackerbau betreibenden Matriarchat zum jagenden, Beute machenden, nomadisierenden Patriarchat.

Die Einführung von Opfern war eine Folge der männlichen Scham- und Schuldgefühle wegen dieser umwälzenden Neuerungen. Während die Göttin mit Gaben von Früchten und Gemüse (12) und den Vorhäuten beschnittener Männer zufrieden gewesen war, forderte der neue männliche Gott Blutopfer. „Als der sich von Pflanzen ernährende Mensch zum Fleischfresser wurde," schreibt Eisler „fühlte er sich zur Wiedergutmachung seiner Schuld dazu verpflichtet, den neuen Göttern Tieropfer und sogar Menschenopfer darzubringen." (13) Das bei diesen Opfern vergossene Blut war männliches Blut und das Opfer selbst ein schamhaft gehütetes Geheimnis zwischen dem blutvergießenden Mann und seinen blutrünstigen Göttern.

Das Blut der Frau blieb streng geheiligt. Selbst nachdem die Göttinnenverehrung und das Matriarchat abgeschafft waren, durfte Frauenblut nicht vergossen werden. Man konnte sie ersticken, vergiften, ertränken, verbrennen oder in Öl kochen, aber kein Tropfen ihres Blutes durfte vergossen werden! Als im mittelalterlichen christlichen Europa die Menschen den atavistischen Grund für den Fluch des Frauenblutes nicht mehr kannten, wurden Frauen nie geköpft oder geschleift und geviertelt wie Männer: Verbrennung bei lebendigem Leibe war die herkömmliche Exekution von Frauen. Ein berühmter Inquisitor, dem der wahre Grund nicht bekannt war, antwortete auf die Frage, warum man Frauen so behandele, „ein blutloser Tod sei für Frauen angemessener"! Paracelsus, der berühmte Arzt des 16. Jahrhunderts, gab den alten Glauben an die geheimnisvolle Heiligkeit des weiblichen Blutes wieder, als er in seinem Buch über Krankheiten schrieb: „Nur ein gewöhnlicher Tölpel meint, das Blut einer Frau sei dasselbe wie das eines Mannes.

Es ist aus anderem, aus geistigem Stoff, und edler als das des Mannes." (14)

So entstand aus dem Blutvergießen beim Geschlechtsakt das mit der Sexualität verbundene Schuldgefühl, das zur anderen großen Schuld noch hinzukam: dem Fleischgenuß und der Absetzung der Göttin. „Mit Sexualität verbundene Schuldgefühle hätten," schreibt Eisler, „im matriarchalen Zustand nicht bestehen können, als der besitzgierige Patriarch noch nicht aus einer *zufälligen,* hochgeschätzten Mutation durch Zucht eine Art von Mädchen geschaffen hatte, die ein Jungfernhäutchen besaß, eine anatomische Absonderlichkeit, die mit Schwimmhäuten zu vergleichen wäre, und die seitdem mit weiblicher Ehre gleichgesetzt wurde." (15)

Mit dem Fortschreiten der patriarchalen Revolution begann jedoch das Schuldgefühl beim Blutvergießen zu verblassen, und der Mann wurde mehr und mehr davon überzeugt, daß er tatsächlich der Herr aller Schöpfung war. In dem Maße, wie er an Selbstvertrauen und Macht gewann, wurde das *hymen intacta* maßgebend für die geschlechtliche Auswahl. Der männliche Nachdruck auf die unbedingte Jungfräulichkeit der heiratsfähigen Frau führte schließlich zu solch üblen Handlungsweisen wie der Infibulation der Frau und dem Gebrauch des Keuschheitsgürtels. Im patriarchalen christlichen Europa wurde das Jungfernhäutchen so wichtig, daß man von der zukünftigen Braut erwartete, sich von den Verwandten ihres Verlobten eingehend untersuchen zu lassen, bevor sie in dessen Familie aufgenommen wurde. Bei bedeutenden adligen Familien wurde diese schimpfliche Untersuchung von priesterlichen Vertretern des Papstes durchgeführt. Von dieser Überprüfung schrieb der berühmte französische Naturforscher Georges Louis Buffon im 18. Jahrhundert: „Tatsächlich geht der körperliche Beweis für die Jungfräulichkeit oft bei der eigentlichen Suche nach ihr verloren. Und die Schmach, die das arme und sittsame Mädchen aus Scham zum Erröten bringt, ist die wirkliche Defloration ihrer Reinheit." (16)

Die geschlechtliche Auswahl nach dem Jungfernhäutchen brachte schließlich einige vornehme Damen mit Hymen hervor, die undurchdringlich waren und sie deswegen zu ständigen unfreiwilligen Jungfrauen machten, wie das vielleicht bei Königin Elisabeth I., der Jungfrau-Königin von England der Fall war.

Infibulation

Der Hymenkult führte schließlich zur Infibulation von Frauen und Mädchen. ,,Die Infibulation von Stuten", sagt Eric Dingwall, ,,ist Tierärzten seit langem bekannt gewesen, und zwischen dieser und der gleichen Handlung bei Frauen besteht kein Unterschied. Die zwei stimmen genau überein und bestehen darin, daß die großen Schamlippen durch einen Ring, eine Spange oder ein Vorhängeschloß zusammengehalten werden." (17)

Die von Dingwall beschriebene Infibulation war die christlich-europäische Art, die milde und gnädig war im Vergleich zur semitischen, die in den arabischen Ländern Afrikas und Asiens gehandhabt wurde. Nach Mantegazza war es ,,einer der ersten christlichen Könige, der dieses Verfahren als erster nach Nubien brachte". (18) Doch nach den Kreuzzügen schrieb man die Infibulation, als sie zusammen mit dem Keuschheitsgürtel aus dem Orient zurückkam, den mohammedanischen ,,Ungläubigen" zu, von denen die Kreuzfahrer sie, ohne Zweifel zu ihrem Vergnügen, kennengelernt hatten.

Die europäische Art der Infibulation war, wenn sie durchgeführt wurde, sicher schmerzhaft, und nachher sehr unbequem. Noch im Jahre 1871, vor hundert Jahren, klagte eine europäische Frau bei ihrem Arzt darüber, daß das Gewicht des Vorhängeschlosses, das ihr Mann ihr angelegt hatte, an ihren Schamlippen zöge und große Schmerzen und Blutungen hervorrufe. Bei der Untersuchung entdeckte der Arzt, daß der Gatte Löcher in die Schamlippen gebohrt und durch diese zwei Ringe geführt hatte, ähnlich Vorhangsringen, die er dann zusammengezogen und sicher mit einem Vorhängeschloß abgesperrt hatte. (19) Von einem ähnlichen Fall bei einem deutschen Einwandererehepaar wurde in New York im Jahre 1894 berichtet, von einem weiteren in Osteuropa im Jahre 1906. (20)

Die Maßnahme war in Europa wahrscheinlich viel verbreiteter als man gewöhnlich annimmt, denn die wenigen Fälle, die ans Licht kamen, wurden rein zufällig entdeckt. Das Zunähen der Schamlippen vor der Scheidenöffnung, von dem wir im Zusammenhang mit der weiblichen Beschneidung gesprochen haben, kam vereinzelt ebenfalls in Europa vor, obwohl wahrscheinlich weniger häufig als die Infibulation.

Im ganzen entkamen die europäischen Frauen der grausamsten Art der Infibulation, die darin bestand, die Schamlippen wundzukratzen, um sie dann über der Vagina zusammenwachsen zu lassen. Dieser Quälerei waren junge Mädchen in den mohammedanischen Ländern Afrikas und Asiens ausgeliefert, um das Jungfernhäutchen vor gelegentlichem unerlaubtem Geschlechtsverkehr zu schützen. Die qualvolle Operation wurde und wird wahrscheinlich immer noch an kleinen Mädchen ohne Betäubung ausgeführt. Mantegazza gibt uns hierüber einen Augenzeugenbericht aus dem 19. Jahrhundert:

„Die Infibulation geschieht folgendermaßen: Die großen Schamlippen werden innen mit einem Rasiermesser aufgekratzt, und dann wird in den Harnleiter ein kleiner Trichter wie ein Katheter eingeführt, damit der Urin abgelassen werden kann. Danach werden die Füße zusammengebunden und die Beine von den Knöcheln bis zur Mitte der Oberschenkel umwickelt, um diese so dicht zusammenzuhalten, daß die großen Schamlippen miteinander verwachsen. 8 Tage muß die Patientin liegen bleiben; danach darf sich das Mädchen erheben. Doch für weitere 8 Tage muß es Füße und Oberschenkel fest zusammenhalten, damit die Schamlippen nicht wieder auseinanderreißen. Wenn alles verheilt ist, bleibt nur noch eine kleine Öffnung für Urin und Menstruationsblut.

Wenn ein infibuliertes Mädchen heiraten will, bewaffnet sich die Hebamme mit einem Messer und schlitzt, bevor die Braut ihrem Gatten übergeben wird, die Narbe so weit auf wie es nötig ist, wobei sie sich die Aufgabe vorbehält, den Schnitt vor der Geburt zu vergrößern, damit durch die Enge das Austreten des Kopfes nicht behindert wird.

Im Pegu-Gebiet werden die Mädchen in der Kindheit auf eine Weise zugenäht, daß nur noch ein kleines Loch bleibt, und wenn sie heiraten, macht der Bräutigam die Öffnung so groß wie sie für ihn paßt. Dabei läßt er oft die Fäden an Ort und Stelle, so daß er sie vor einer langen Reise wieder verknoten kann." (21)

Von dieser barbarischen und herzlosen Grausamkeit gegenüber den Frauen, die unter dem Vorwand ausgeführt wurden, sie keusch zu halten, hatte man in den Kulturen Griechenlands, Roms und Persiens vor Christus, vor Jehovah und vor Allah nicht einmal geträumt. Denn wenn man sich in jenen Ländern nicht auf die Tugend einer schwachen Frau verlassen konnte, so wurde nicht diese gequält, sondern die Männer ihrer Umgebung. Deren Penis wurde einfach weggeschnitten. Hier besteht eine Übereinstimmung mit der gegenwärtigen Verfahrensweise bei der Geburtenkontrolle. Denn in christlichen Ländern werden im Namen der Bevölkerungskontrolle Gesundheit, Annehmlichkeit und Sicherheit der Frau geopfert, während im nichtchristlichen Indien die Männer sterilisiert werden.

Der Keuschheitsgürtel

In Europa wandte man die Infibulation in den unteren Gesellschaftsschichten an, den Keuschheitsgürtel hingegen in den oberen, „die sich solchen Luxus leisten können, und die sich dessen bewußt sind, daß körperliche Grausamkeit stärker bestraft wird als seelische". (22) Sicherlich verursachte der Keuschheitsgürtel viel weniger Schmerzen als die Infibulation, aber seine Beschwerlichkeit und Lästigkeit, ganz zu schweigen von seiner Erniedrigung, kamen der Infibulation ganz und gar gleich.

Die Idee des Keuschheitsgürtels wie die der Infibulation war von den Kreuzfahrern aus dem semitischen Osten eingeführt worden und wurde in Europa vom 13. Jahrhundert an zu einer Marotte.

Der Gegenstand war ein eisernes oder silbernes Korsett mit einem sich zwischen den Beinen hindurchbiegenden, fest anliegenden Metallstreifen, der mit einem von Reihen scharfer Zähne umgebenen Loch versehen war. In dieses Marterwerkzeug war die Frau eingeschlossen, und den Schlüssel trug nur der Ehemann. Es war schon schlimm genug, wenn der Mann zu Hause war, um die Vorrichtung gelegentlich zu öffen und der armen Frau zu erlauben, sich zu erleichtern und zu waschen. Aber der Schmutz, der sich in den Zeiten ansammelte, wenn der Herr und Meister für Monate, ja gar Jahre im Krieg war, ist kaum vorstellbar. Viele mittelalterliche Frauen stürzten sich aus Verzweiflung über die ständige, durch diese Erfindung der Frauenfeinde hervorgerufene Pein von den Burgzinnen.

Henry Fleury, der im Jahre 1860 im Herzogspalast in Venedig den Keuschheitsgürtel zu Gesicht bekam, den im 14. Jahrhundert der Herzog von Carrara seiner Frau aufgezwungen hatte, schrieb (in *En Italie*, 1861): „Diese abscheuliche Vorrichtung war aus der wütenden Eifersucht eines Ehemannes heraus entstanden, um die eheliche Treue seiner Frau zu garantieren, und jede, die davon betroffen war, wurde zum Opfer einer andauernden, wahrhaft fürchterlichen Qual." (23)

Der Abbé de Brantome bemerkt in seinem Buch aus dem sechzehnten Jahrhundert, daß der Keuschheitsgürtel aus Italien nach Frankreich kam, wo im Mittelalter ein Bürgermeister von Padua einen eisernen Keuschheitsgürtel erfunden hatte, „der den gesamten Unterkörper seiner Frau einschloß". In Frankreich kursierte einige Jahre später, während der Herrschaft Franz I, ein bekanntes Lied, das von solch einem alles einschließenden Gürtel handelte, wie Brantome berichtet:

Der Mann, der seine Frau abhalten wollte,
daß sie weiterhin huren sollte,
müßte sie im Faß verschließen ein Leben lang,
und durch das Spundloch befriedigen seinen Drang. (24)

Aus seiner eigenen Zeit, der Herrschaft Heinrichs II., berichtet Brantome von einem Vorfall, der sich auf dem Jahrmarkt von Saint Germain zu Paris ereignet hatte, als ein Eisenhändler „ein Dutzend Gegenstände" zum Verkauf anbot, „um die Genitalien der Frau zu zäumen". Einige eifersüchtige Ehemänner kauften sie auf und gingen sofort daran, ihre Frauen darin einzuschließen. Unglücklicherweise waren mehrere dieser Damen vom Hofe, wo die Keuschheit bei Frauen nicht mehr gefragt war. Deshalb „drohte eine Anzahl ehrenwerter Adeliger dem Eisenhändler, ihn zu töten, sollte er jemals wagen, solche verdammten Dinge wieder auf den Markt zu bringen". (25)

Brantome beschreibt die Erfindung des Eisenhändlers „als einen Eisengürtel mit einem Eisenstück, das unten herumführte und fest verschlossen wurde; er war dermaßen sorgfältig hergestellt, daß es für eine Frau, die so aufgezäumt war, nicht mehr in Frage kam, sich dem zärtlichen Vergnügen hinzugeben, denn es gab nur ein paar kleine Löcher zum Pinkeln." (26)

Dieses Beispiel des Keuschheitsgürtels stammt aus dem 16. Jahrhundert. Dreihundert Jahre später, im Jahre 1880, verteilte ein französisches Warenhaus die folgende Anzeige von seinem Erzeugnis, *la camisole de force*:

> Es besitzt verschiedene Vorteile. Es kann nicht nur die Reinheit der Jungfrau bewahrt, sondern auch die Treue der Ehefrau erzwungen werden. Der Gatte kann seine Frau verlassen, ohne fürchten zu müssen, daß seine Ehre beleidigt und seine Liebe abwendig gemacht wird. Die Väter

können ihrer Elternschaft sicher sein und brauchen nicht den schrecklichen Gedanken zu hegen, ihre Kinder seien die Abkömmlinge eines anderen, und es wird für sie möglich sein, das hinter Schloß und Riegel zu halten, was wertvoller ist als Gold. (27)

Daß der Zweck des Gürtels jedoch nicht nur darin bestand, die Empfängnis unehelicher Kinder zu verhindern, kann aus der Tatsache abgeleitet werden, daß die übliche Ausführung sowohl die Anal- wie die Vaginalöffnung schützte. Dieselbe Firma, die oben erwähnt wird, beantwortete die Anfrage eines Kunden wegen des kombinierten *camisole de force* so:

Die Vorrichtung kann in der von Ihnen gewünschten Weise hergestellt werden, so daß sie vorne und hinten Schutz bietet. Ich muß Sie jedoch auf einen Nachteil dieser Ausführung aufmerksam machen, und zwar besteht die Notwendigkeit, beim Stuhlgang die Vorrichtung zu entfernen, was normalerweise nicht notwendig ist, da das Urinieren bei geschlossener Vorrichtung erfolgen kann. Sie wird mit einem Sicherheitsschloß verschlossen. (28)

Hymenverehrung im Verlauf der Zeiten

So wichtig war im sechzehnten und siebzehnten Jahrhundert in Europa das Jungfernhäutchen geworden, daß Frauen, um selbst ihr Leben und auch ihr Glück und ihre heilige Ehre zu retten, gezwungen waren, ein Hymen vorzutäuschen, wenn keines vorhanden war. Der „Beweis des Bettlakens" war zu einer bestimmten Zeit allgemein in Europa verbreitet und besteht auch heute noch in einigen ländlichen Gemeinschaften. Bei diesem Ritus zeigt der Bräutigam den versammelten und begierigen Hochzeitsgästen stolz das blutige Bettlaken als Beweis für die Jungfräulichkeit seiner Braut und für seinen Erfolg, sie zu nehmen. Wenn es nicht wahrscheinlich war, daß das jungfräuliche Blut von sich aus floß, so sorgte die Braut dafür, daß das Laken schon vorher mit Taubenblut besprengt wurde, da man meinte, dies sei kaum vom jungfräulichen zu unterscheiden. (Schatten der Großen Göttin und der Taube von Rhea!) (29)

Die List mit dem Taubenblut mag vielleicht den vertrauensseligen Bräutigam getäuscht haben, aber für den argwöhnischen und aufgeklärten war etwas Realistischeres und Drastischeres erforderlich. Wenn die Braut oder deren Mutter befürchteten, das Taubenblut werde nicht genügen, versuchte erstere Monate vor der Hochzeitsnacht ein Ersatzhymen an Stelle des fehlenden Häutchens zu schaffen. In Brantomes Worten: „Sie setzen Blutegel an die Scheide, die kleine Embolien oder Blutblasen verursachen. Kommt dann die Hochzeitsnacht, und der liebeshungrige Ehemann nimmt die Sache in Angriff, bringt er die Blasen zum Platzen, und das Blut beginnt zu fließen, zur großen Freude beider Seiten. (30)

Im neunzehnten Jahrhundert, das man die Blütezeit des Jungfernhäutchens nennen könnte, nahm der Kult um die Jungfräulichkeit solche Formen an, daß sogar Handbücher geschrieben wurden, um eine Jungfrau erkennen zu können.

Ein Dr. T. Bell veröffentlichte 1821 für den männlichen Gebrauch ein Buch, in dem er unschuldige junge Männer in der sehr wichtigen Kunst zu unterweisen suchte, wie man sich eine Ehefrau aussucht, deren „Ehre" noch unangetastet war. Nachdem er einräumt, daß der einzige absolut sichere Beweis für die Defloration die Zerstörung des Jungfernhäutchens ist, der leider nicht früh genug geliefert werden konnte, um die Ehe mit einer gefallenen Frau noch zu verhindern, fährt der gute Mann fort, indem er einige äußere Anzeichen bei entwürdigten Frauen beschreibt: „Es ist sicher, daß die Brust bei Jungfrauen fest und rund und daß an der Oberfläche für das Auge keine Unregelmäßigkeit sichtbar ist. Nicht weniger sicher ist, daß ihre Oberfläche nach der Defloration einige Unregelmäßigkeiten zeigt." (31) Die armen Jungfrauen können einem leid tun, die nicht mit den prächtigen, runden, von den Patriarchen zu allen Zeiten so bewunderten Kugeln gesegnet worden waren. Sie müssen alle möglichen Kniffe angewandt haben, um ihren herunterhängenden, flachen oder unreifen Brüsten die „jungfräuliche" Üppigkeit zu geben. Bei den Römern hielt man im Gegensatz dazu den jungfräulichen Busen für kleiner als den der Nichtjungfrau. Man glaubte tatsächlich, die Brust dehne sich unmittelbar nach der Defloration aus, wofür der römische Brauch ein Beweis ist, die Braut „vorher und nachher" zu messen. In Rom, wo die Jungfräulichkeit nicht entfernt die heilige Kuh war, die sie unter den Christen wurde, freute sich ein Bräutigam trotzdem, wenn am nächsten Morgen der Busen seiner Frau ein größeres Maß aufwies als am Hochzeitstag. Er hatte eine Jungfrau geheiratet, ganz gleich, was das vorhandene oder fehlende

Jungfernhäutchen aussagte. Catull bezieht sich auf diesen Beweis von Jungfräulichkeit in den Zeilen: *Non illam nutrix, oriente luce revisens hesterno collum poteret circumdare filo*, was in etwa bedeutet: „Das Band, das gestern noch ihren Busen umschlang, läßt sich nicht mehr knüpfen im Morgenlicht." (32)

Aber zurück zu Dr. Bell und dem neunzehnten Jahrhundert im christlichen England. Sein zweiter Hinweis für junge Männer, wie man Nichtjungfrauen erkennen kann, hat mit den Halsdrüsen zu tun: „*Schwillt bei jungen Frauen der Hals plötzlich an, so ist das ein Zeichen der Defloration.*" (33) Man möchte wissen, wie viele Verlobungen von jungen Männern jäh abgebrochen wurden, weil die Braut unvermittelt Mumps bekam oder sich ihre Halsdrüsen erkältete. Arme Mädchen, sie ahnten wahrscheinlich nie, daß sie ihre Verdammung zu einem Jungferndasein einer Erkältung zu verdanken hatten, die sie sich auf einer Bootsfahrt auf der Cam an jenem wunderschönen Tag zugezogen hatten.

Bells nächstes *Vorsicht!* ist nicht sehr klar: „*Die Entjungferung ändert den Klang der Stimme* in solcher Weise, daß dieser Wechsel von einem guten *Ohr* leicht festgestellt werden kann." (34)

Unglücklicherweise erzählt uns der ehrenwerte Doktor nicht, wie sich die Stimme ändert, er fügt nur dunkel hinzu, daß „bei Prostituierten, die sich täglich den Männern hingeben, dieser Wechsel stark und offensichtlich" ist.

Doch seine letzte Warnung ist allumfassend: „Intelligente und aufmerksame Beobachter werden bei einer solchen Gelegenheit (d.h. bei der Defloration einer Jungfrau) einen Wechsel im Ausdruck, der Gesichtsfarbe, des Blickes, des Benehmens und der *Unterhaltung* feststellen, *worin sehr viel enthalten ist.*" Mit anderen Worten: Gibt sich das Mädchen plötzlich kühner, offener, weniger zurückhaltend und scheu, so wird der vorsichtige Junggeselle sofort argwöhnisch werden und zum nächsten Ausgang flüchten. Denn er befindet sich in Gegenwart einer gefallenen Frau.

Dr. Bell begnügt sich nicht damit, Schürzenjäger abzuschrecken. Er möchte auch die bereits Gefangenen, die einige Zweifel über die voreheliche Keuschheit ihrer Frauen hegen, aus einem Irrtum befreien. „Obwohl es stimmt, daß bei Jungfrauen das Hymen durch Zufall unabhängig von jedem Geschlechtsverkehr schlaff, zerrissen oder verkleinert sein kann, *so ist das doch sehr selten, und das Nichtvorhandensein eines Hymens ist sicherlich Grund genug, sehr argwöhnisch zu sein.*" Darüber hinaus warnt der gute Doktor mißtrauische Gatten: „Die leichte Neigung des Hymen, sich nach jahrelanger Enthaltung vom Geschlechtsverkehr und *bei Anwendung von zusammenziehenden Mitteln wieder zu erneuern, kann nur den unerfahrensten Gatten täuschen.*" (35)

Also hütet euch, Männer!

„Mit Hilfe all dieser Ratschläge", schließt Dr. Bell, „wird der geschickte Ehemann, der ihnen folgt, nie das Risiko eingehen, sich mit einer gebrauchten Jungfrau angeschmiert zu haben.

Sollten sich in uns Zweifel an der Zuverlässigkeit von Dr. Bells Diagnose geregt haben, so werden sie von seiner Feststellung zur Bestimmung des Geschlechts von Kindern verstärkt: In demselben Buch gibt er Ehemännern, die einen Sohn zeugen möchten, den Rat, sich beim Geschlechtsverkehr auf ihr eigenes Organ und dessen Wohlgefühl zu konzentrieren; wenn sie jedoch eine Tochter wollen, brauchen sie sich nur auf die Geschlechtsorgane ihrer Frau und *ihr* Vergnügen zu konzentrieren. (36) (Es ist eine Tatsache, daß viel mehr Jungen als Mädchen empfangen und geboren werden, doch nach Dr. Bells Erklärung der Geschlechtsbestimmung müßte der Anteil der Jungen sogar noch größer sein.) „Die Phantasie des männlichen Elternteils," fährt der Doktor fort, beeinflußt nicht nur das Geschlecht des Kindes, sondern auch seine Schönheit und Vollkommenheit. „Doch bei der Art und Weise der Verwirklichung kann man gar nicht genug Feingefühl und Takt gegenüber der Öffentlichkeit walten lassen (...)." (37) Über die Empfehlungen des Doktors hinsichtlich Aussehen und Talente des werdenden Kindes werden wir also im Dunkeln gelassen. Möglicherweise sollten seine männlichen Leser ihn in seiner Wohnung in Harley Street aufsuchen, um hierüber Aufschluß zu erhalten, und in diesem Fall sicherlich gegen Entgelt.

Davenport, der kurz nach Bell schrieb, warnt davor, anzunehmen, daß das fehlende Jungfernhäutchen einen Mangel an weiblicher Keuschheit beweise. „Die keuschesten und sittenreinsten ihres Geschlechts haben vielleicht durch vorhergehende Krankheit ihr Jungfernhäutchen verloren und können so ihrem Gatten keinen Beweis ihrer Reinheit geben", schreibt er. „Man sollte auch daran denken, daß es Personen gibt, bei denen das Hymen so wenig ausgeprägt ist, daß viele Anatomen dessen Vorhandensein überhaupt bezweifelt haben. Mit welcher Beredsamkeit schimpfte Buffon, der ebenfalls nicht daran glaubte, gegen diese lächerliche Wichtigkeit, die von uns Herren der Schöpfung diesem Häutchen zugesprochen wird." (38) ,,Der primitive Mann und alle Generationen seither haben ein großes Aufheben vom ausschließlichen Eigentumsrecht über all das gemacht, was sie besaßen. Und diese Torheit drückte sich am deutlichsten dadurch aus, daß er auf der Jungfräulichkeit seiner Frauen bestand. Diese Jungfräulichkeit ist eine rein körperliche Angelegenheit und hat mit der Reinheit des Herzens nichts zu tun." (39)

Hippokrates, der Vater der Medizin, schrieb im 5. Jahrhundert v. Chr., daß ,,Frauen, die mit Männern verkehren, gesünder sind als solche, die dies nicht tun". (40) Ob das nun wahr ist oder nicht, und moderne Lebensstatistiken scheinen das zu widerlegen, man glaubte jedenfalls viele Jahrhunderte daran. Doch unter dem Einfluß des Patriarchates verehrten schließlich die Frauen selbst das Hymen.

Zenobia, die große Königin Palmyras im dritten Jahrhundert v. Chr. ,,machte von den Freiheiten, die ihr der Ehestand gewährte, nur zur Hervorbringung von Kindern Gebrauch." (41) Isabella von Gonzaga, die Herzogin von Urbino, war noch zwei Jahre nach ihrer Eheschließung eine Jungfrau, da sie die Zärtlichkeiten ihres Mannes ,,durch die Hintertür" empfing – ein Kompromiß, auf den ihr teilweise maurischer Ehemann, der Herzog, sicherlich gern einging – bevor sie feststellte, daß der Geschlechtsverkehr von vorn verheirateten Frauen erlaubt war. ,,Sie hatte angenommen, daß alle verheirateten Frauen es genauso machten. Mit der Zeit fiel es ihr jedoch wie Schuppen von den Augen," (42) und zweifellos wurde sie auch ihr Hymen los.

Vom *pièce de résistance* bei der Hymenverehrung ist bei der Heiligsprechung der Heiligen Franziska Francis die Rede. Diese adelige Dame, die Nonne geworden war, wurde von den Gelüsten des Fleisches so gequält und war doch so entschlossen, ihren Bräutigam, Christus, jungfräulich zu empfangen, daß ,,sie die Versuchungen des Fleisches dadurch zu prüfen pflegte, indem sie siedendes Wachs oder Fett über ihre Vulva goß". (43) Und hierfür wurde sie kanonisiert.

So sehen wir, daß, ebenso wie der Mann der Frühzeit von den Frauen die Phallusverehrung übernommen hat, schließlich auch die Frau das Hymen verehrte. Und wo die Jungfräulichkeit überbetont wird, werden die Frauen unterjocht, wo man das Hymen bewertet, wird die Frau entwertet.

All diese Ergebnisse der patriarchalen Revolution, wie sexueller

Sadismus, Infibulation, übersteigerte Hymenverehrung und Entwürdigung der Frau, lagen für die Frauen Europas noch weit in der Zukunft. Die männliche Revolte breitete sich erst in später geschichtlicher Zeit sehr langsam vom semitischen Osten in den Ägäischen Raum aus. Aber schon zu der Zeit wurde in Anatolien, der Kinderstube der Zivilisation der Samen der Matriarchate bewahrt. Dieser kleine Teil der Welt, aus dem die großen Kulturen der Sumerer, Ägypter und Kreter hervorgegangen waren, war ein weiteres Mal dazu bestimmt, eine absterbende Kultur wiederaufleben zu lassen. Denn es waren die kleinen ionischen Nationen des westlichen Anatoliens — Lydien, Lykien und Karien — wo die großen vorchristlichen Kulturen Athens, Roms, Irlands und des keltischen Europas ihren Ursprung haben sollten.

11

Vorchristliche Frauen in der keltisch-ionischen Welt

Die frühen Hellenen

> *Während der religiösen und politischen Vorherrschaft der Frau besaß sie (die früh-hellenische Welt) den Keim erhabener Werke, die durch spätere Entwicklungen unterdrückt und oft zerstört wurde.*
>
> J.J. Bachofen

Mit der Blüte Kretas im 2. und 3. Jahrhundert vor Chr. erreichte die große allumfassende Kultur der alten Welt ihren Höhepunkt. Die Vorherrschaft der Frauen in der Organisation der kretischen Gesellschaft - zwischen 3700 v. Chr. und der mykenischen Assimilation Kretas um 1400 - ist allgemein bekannt und durch archäologische Nachforschungen sorgfältig dokumentiert worden. Aber weniger bekannt ist, daß die vor-mykenischen Griechen, die Pelasger, auch ein gynaikokratisches Volk waren, ,,das durch das weibliche Prinzip beherrscht wurde; auf der Jagd, auf dem Feld, in der Liebe und im Kampf waren die Männer lediglich Diener der Frauen." (1) Inzwischen hat die Archäologie entdeckt, daß die Mykener selber ein gynaikokratisches Volk waren. Ausgrabungen auf dem Gelände des großen mykenischen Palastes zeigen, daß die frühen Griechen einen ebenso echten Frauenstaat besaßen wie ihre pelasgischen Vorfahren und die von ihnen assimilierten Kreten.

Bilderfragmente, wie sie in Pylos, Mykene, Tiryns und anderen früh-griechischen Stätten — auf der Insel Kreta zum Beispiel — gefunden wurden, belegen Charles Seltmans Bemerkung, daß „Männer lediglich Diener von Frauen waren." Sie zeigen Frauen, die Streitwagen fahren, Jagdzüge anführen, die besten Plätze bei Theaterspielen innehaben und Huldigungen von Männern entgegennehmen. Auf einem in Mykene ausgegrabenen goldenen Siegelring ist eine Frau dargestellt, die „ermahnend den Finger gegen den vor ihr stehenden Mann richtet". Archäologen bezeichneten diese Dame als „die Göttin", doch sie trägt keine der typischen Insignien einer minoisch-mykenischen Göttin: den langen, in Falten gelegten Rock, die um den Arm gewundene Schlange oder die Doppelaxt. Sie sitzt im Minirock bloßarmig auf einem Hocker und erinnert eher an einen modernen weiblichen „Chef" als an eine Göttin. Der von ihr gemaßregelte Mann trägt einen Speer. Er ist wahrscheinlich Jäger oder Krieger, dem wegen einer Pflichtversäumnis von seinem Häuptling „die Leviten gelesen" werden.

Ein anderer mykenischer Ring zeigt eine Frau mit in die Hüften gestemmten Armen, die einen am Altar knienden Mann beaufsichtigt. Ihr Gesichtsausdruck und auch die Haltung bedeuten nichts Gutes für den Missetäter, den sie wahrscheinlich als Strafe für geringfügigen Ungehorsam zur Buße an den Altar beordert hat.

Über die Herkunft der Mykener gibt es noch verschiedene Meinungen, aber die Funde deuten mehr und mehr auf einen anatolischen Ursprung hin. Sie waren ein indo-europäisches Volk, wie die Menschen von Catal Hüyük. Als sie vor etwa fünftausend Jahren nach Griechenland zogen, brachten sie zwei ausschließlich anatolische Fertigkeiten mit — die Töpferkunst und ihren besonderen Baustil, „beides den mittleren Teilen Anatoliens eigen" und sonst nirgendwo bekannt. (2) Nach etwa 1500 Jahren trafen diese ehemaligen Anatolier auf das minoische Kreta, nahmen deren Bräuche an, erlernten deren Künste und Handwerk — einschließlich der Klempnerei — und entwickelten, was wir heute die große minoisch-mykenische Kultur nennen.

Die Mykener, Homers Achäer, vertrieben ihre ionischen Vettern, die sie auf dem Peleponnes vorfanden, drängten sie hinauf nach Attika und über die Ägäis zurück nach Anatolien. Als ungefähr 500 Jahre später die Dorier aus dem Norden herunterstürmten und die glorreiche Ära der Mykener zerstörten, bewahrte allein das ionische Attika auf dem griechischen Festland den Keim der untergegangenen Kultur, und es war hier, im attischen Athen, wo etwa 600 Jahre nach dem dorischen Sieg die klassische Renaissance der Griechen ihren Anfang finden sollte.

Die Ionier, so scheint es, waren für die Griechen das lebenswichtige Chromosom im genetischen Komplex. Denn eben diese Ionier, die Vorfahren dessen, was die Größe des klassischen Griechenlands ausmachte, die unbewußt in ihr altes Heimatland zurückgekehrt waren, gründeten dort die ionischen Staaten Lydien und Karien – jene kleinen Nationen im westlichen Asien, die zu den Begründern der europäischen Kultur wurden.

Denn auch als Athen keine Gynaikokratie mehr war, blieben ihre Tochterländer in Anatolien gynaikokratisch und konnten die große minoisch-ionische Kultur nicht nur an das klassische Griechenland, sondern auch an Rom, an die italienische Halbinsel, an Europa und an die Britischen Inseln weitergeben.

Die Lydier besaßen den Teil Ioniens, der heute die Türkei ausmacht, das alte Anatolien, westlich und südlich der heutigen türkischen Stadt Izmir (Smyrna). Als die zurückkehrenden Ionier ihre Göttin Athene nach Lydien brachten, fanden sie dort in einer Felsnische am Fuß des Sipylusberges jenseits von Smyrna das riesige Abbild einer Göttin, in der sie sofort ihre eigene Große Göttin Athene erkannten, welches aber tatsächlich das Urbild Athenes war, Potnia-Tiamat, die Große Göttin der Ureinwohner Anatoliens und der späteren historischen Völker im Nahen Osten von Sumer bis Palästina.

Über Lydien schreibt Herodot, daß zu seiner Zeit – dem 5. Jahrhundert v. Chr. – das Bemerkenswerteste an diesem Land „ein Gebilde enormen Ausmaßes" sei, „welches den riesigen Monumenten Ägyptens kaum nachstand, dessen Sockel gewaltige Steinblöcke bildeten, und dessen gesamter Umfang ‚6 furlongs (Achtelmeilen) und 2 plethron' betrug" (etwa 1500 m). (3) Hier haben wir wieder Überreste einer technischen Konstruktion der alten Seefahrer, deren Umgang mit Steinen nicht einmal heute von Ingenieuren nachvollzogen werden kann. Die verschollene Kultur klingt auch in der Überlieferung bei den Lydiern zu Herodots Zeit an, die besagt, daß die riesigen Monumente „von den Frauen von damals" erbaut worden seien (4), offensichtlich eine Erinnerung an die früheren Fähigkeiten der Frauen, auf geheimnisvolle Art Mauern zu bauen und Steine zu bewegen.

Sogar heute hat Lykien einen ähnlichen Megalithen, einen säulenartigen, 80 Tonnen schweren Steinblock, dessen Ursprung im Dunkel der Zeit verloren gegangen ist. (5) Im 6. oder 5. Jahrhundert schnitten die hellenistischen Griechen Figuren in die Säule, von der Geschichte und dem Ursprung des Megalithen jedoch hatten sie keine Kenntnis.

Herodot bestätigt, daß sich noch zu seiner Zeit der Einfluß der alten Matriarchate in Lykien auswirkte: ,,Frage einen Lykier nach seinem Namen, und er nennt den eignen und den seiner Mutter und den ihrer Mutter, aber nie den seines Vaters. Sollte, darüber hinaus, eine freie Frau einen Sklaven heiraten, so sind ihre Kinder freie Bürger; aber sollte ein freier Mann eine Sklavin heiraten, so wird seinen Kindern, auch wenn er der erste Mann im Staate wäre, das Bürgerrecht verwehrt". (6) Dies war sicherlich in den alten Matriarchaten Sitte, eine Sitte, die von den alten Seefahrern über die ganze Welt verbreitet wurde, die bis heute in Ozeanien und Polynesien erhalten ist.

Daß die Karier in alten Zeiten ein mächtiges Volk waren, bezeugen die Schrifttafeln, die in den zwanziger Jahren bei Ugarit (Ras Schamra in Syrien) ausgegraben wurden. Diese Texte beziehen sich auf die Karier als die Khr, die zur Zeit der Tafelbeschriftungen im 15. Jahrhundert v. Chr. ein mächtiges Volk waren.

Herodot beschreibt die Karier als großartige Seefahrer und sagt, daß sie ,,in jenen Tagen bei weitem die berühmteste Nation der Erde waren." (7) Noch in geschichtlicher Zeit nannten die Ägypter das Mittelmeer nach den Kariern ,,das Meer von Kharu". Mit eben diesen Kariern, sagt Herodot, vermischten sich die vertriebenen griechischen Ionier, nachdem sie um 1400 v. Chr. von dem Peleponnes gedrängt worden waren. Und es ist von Bedeutung, daß einige der größten Persönlichkeiten im späteren Griechenland — angefangen mit Thales, Anaximander und Pythagoras bis hin zu Aspasia und Herodot — aus diesen karisch-ionischen Ehen früherer Zeiten stammten.

Karien wurde auch wegen der Frauen, die es hervorbrachte, berühmt. Artemisia von Halikarnassos war Karierin und erlangte als berühmte Admiralin in den Persischen Kriegen geschichtlichen Ruhm. ,,Ihre Tapferkeit", so schreibt Herodot, ,,führte sie in den Krieg" an der Spitze der Männer von Kos und Halikarnassos. „Ihre Kriegsflotte war allen persischen überlegen, mit Ausnahme der sidonischen (phönizischen) (...). Und sie beriet Xerxes besser als irgendein anderer seiner Verbündeten." (8) 500 Jahre nach den Persischen Kriegen sollte Apollonius von Tyana den unentschlossenen Athenern seiner Zeit Artemisia als ein Beispiel der Tapferkeit vor Augen führen und auf sie als „jenen weiblichen Admiral, an der nichts weibisch war" hinweisen. (9)

Ihre nahen Verwandten, die Mysier, hatten in Hiera ebenfalls eine berühmte Kriegerin, die an der Spitze ihrer Armee im Trojanischen Krieg kämpfte. Philostratus sagt in *Heroicus* über Hiera, daß Homer sie nicht in der Ilias erwähnt habe, weil „diese größte und edelste aller Frauen, Generalin der vor Troja liegenden mysischen Truppen, seine Heldin Helena überstrahlt hätte."(10)

Diese Frauen lassen die keltischen Frauen eines späteren Europa ahnen, und es drängt sich die Vermutung auf, daß sie die direkten Vorfahren der späteren keltischen Kriegerköniginnen Britanniens, Europas und Irlands waren. Die karischen Frauen waren nicht nur tapfere Kriegerinnen, sondern auch von hoher Intelligenz. Denn Aspasia, von Perikles und Sokrates als klügster griechischer Mensch ihrer Zeit bezeichnet, war eine Karierin aus Milet.

Die Karier waren aber offensichtlich nicht nur die Herren der Meere und Abenteurer, sondern echte Weltbürger. Ihre Allgegenwärtigkeit war so weitläufig, daß der römische Historiker und Geograph Strabo schrieb: „Die Unternehmen der Karier entziehen sich aller Kenntnis." (11) Es ist bekannt, daß die Karier die phönizische Königin Dido begleiteten, als diese im 13. Jahrhundert aus Tyros floh und im Norden Afrikas die Stadt Karthago gründete. Nicht nur in der Leibgarde der Königin Nofretete waren Karier, auch in der der Königin Athalia von Jerusalem zur Zeit des Jehoschaphat. Das in so vielen Ortsnamen der alten Welt enthaltene Stammwort „Car" bekundet den Einfluß, den dieses Volk auf die alte Geographie und Geschichte hatte. Sie gaben berühmten Städten wie Karchemis und Karthago ihre Namen. Es ist sogar möglich, daß die Silbe „Caer", die sich in keltischen Ortsnamen in Wales und Irland findet — Caerlon, Caernavon oder heute Carnevon, Caerphilly und Caermarthen — auf dasselbe „Car" zurückzuführen ist.

Irische Legenden berichten, daß die Milesier, die ersten keltischen Siedler Irlands, aus Milet in Karien stammen. Es wurde immer angenommen, dieser Mythos entbehre jeglicher Grundlage, aber ist das wirklich der Fall? Die Karier waren die Herren der Meere und — wie die Phönizier, die allen Ruhm geerntet haben — besuchten sie wiederholt die Zimmerbergwerke in Cornwall. Warum sollten sie nicht auch nach Irland gekommen sein?

Daß die Karier, nachdem sie sich mit den Ioniern vermischt hatten, im frühen 2. Jahrtausend die Britischen Inseln über das Meer erreicht haben könnten, ist eine ganz logische Folgerung. Noch sehr viel früher jedoch waren diese blonden Karier aus der alten Heimat in Anatolien auf dem Landweg nach Norden und Westen ins eigentliche Europa gezogen. Auf ihren unendlich langen Wanderungen durch das unbewohnte, südliche und mittlere Europa hatten sie ihr Erbe vergessen und bewahrten nur die heiligen Relikte der glorreichen Vergangenheit, die goldenen Relikte, die vom Himmel herabgefallen waren, und deren Bedeutung sie längst vergessen hatten.

Und könnten diese Kelten die letzten Überlebenden der alten Rasse sein, das rothaarige Volk, deren Erinnerungen den ältesten Ägyptern heilig war, die rot-goldenen Fremden, die in alter Zeit die Welt umsegelten und deren Bild sich für immer in die Erinnerung aller Völker eingegraben hatte?

Die Ionier Anatoliens, so berichtet Herodot, "waren die ersten unter den Griechen, die lange Fahrten unternahmen", und diese Ionier brachten die Griechen mit dem Adriatischen Meer und mit Thyrrhenien (Italien), mit Iberia (Spanien) und der Stadt Tartessos (Tarschisch, Cadiz) in Berührung. (12) Sie gründeten auch das heutige Marseilles (das alte Massalia) in Frankreich und die große Stadt Elia im italienischen Lukanien, wo Jason einst einen Tempel für Hera erbaut hatte.

Aber noch vor diesen Städtegründungen hatten die Ionier Korsika, Sardinien, Sizilien und die gesamte Spitze des italienischen Stiefels kolonisiert. Vor dem Trojanischen Krieg hatte sich eine Kolonie Lykier in Italien angesiedelt — wie Virgil in der *Äneis* schreibt - die Volskianer, deren Königin Camilla Oberkommandierende jener italienischen Verbündeten war, die Änas' einfallende Trojaner nach dem Fall Trojas angriffen.

Ihre Zahl erfüllte vom Volskerstamme Camilla,
brachte Reitervolk mit und ehernblinkende Scharen.
Kriegerin ist sie, hat nicht an Spindel und Körbchen Minervas fraulische Hände gewöhnt, nein, härtete sich, die Jungfrau, Kämpfe zu dulden, im Lauf zu überholen die Winde.

Staunend umdrängt sie, aus Häusern strömend und Feldern, die Jugend,
staunend der Frauen Schar, schaut nach ihr, wie sie dahinzieht, starrt überwältigten Herzens sie an, wie fürstliche Purpurtracht ihre leuchtenden Schultern umhüllt, wie die goldene Spange fest ihr Haar durchschlingt, wie sie selbst den lykischen Köcher trägt und der Hirten Myrtenholzspeer mit eiserner Spitze. (13)

Camilla war ein Urbild der keltischen kriegerischen Königinnen des kommenden keltischen Europas und der Britischen Inseln, und sie trug einen „lykischen Köcher". Aufgrund der Sprache ist ersichtlich, daß die frühen Latiner eng mit den europäischen Kelten verwandt waren. Der Historiker Mommsen schreibt: „Es besteht eine enge philologische Beziehung zwischen den Kelten und den alten Italienern — enger als zwischen den letzteren und den Hellenen (die hauptsächlich Dorer waren). Jener Zweig des großen Ahnenbaums, aus dem die indo-europäischen Völker Süd- und Westeuropas entstanden waren, spaltete sich zuerst in Griechen und Italo-Kelten und die Letzteren teilten sich nach einiger Zeit in Kelten und in vor-römische Italiener. Die Geschichtsschreibung muß mit dieser Theorie in Übereinstimmung gebracht werden, denn was bis heute als die ‚griechisch-römische' Kultur bezeichnet wurde, *könnte sehr wohl ‚griechisch-keltisch-römisch' gewesen sein."* (14)

Da aber beide Kulturen, die römische und die griechische letzten Endes dem ionischen Anatolien entstammen, könnte Mommsens „griechisch-keltisch-römische" Kultur einfacher und treffender als keltisch-ionisch bezeichnet werden.

Die Lykier und Karier waren jedoch nicht die ersten anatolischen Ionier, die Italien kolonisierten. Noch vor ihnen, und vor Jason und Medea, waren dort die lydischen Etrusker. Dieses Volk — so berichtet Herodot — in ferner Zeit vom Hunger aus Lydien vertrieben, hatte sich unter Thyrrhenius in Smyrna (Izmir) eingeschifft, war im Westen Italiens, an der Tyrrhenischen Küste an Land gegangen und hatte dort eine der kultiviertesten Nationen der alten Welt gegründet.

„Wer hätte sich träumen lassen," fragt Grimal, „daß auf der italienischen Halbinsel ein mächtiges Weltreich bestand, das in seiner Großartigkeit dem klassischen Rom nicht nachstand — ein Weltreich in der Tat, an dessen politischer Struktur sich selbst das große Rom orientierte" und dessen Kultur der Keim der römischen Zivilisation war. Als sie der etruskischen Kultur in Latium begegneten, „erlebten die latinischen Stämme eine mit den eingewanderten Griechen vergleichbare Evolution, als diese mit der kretischen Kultur in Berührung kamen ... . Aus all diesem ist ersichtlich, daß die Verkettung der Umstände, die auf das Wunder Rom hinführte, sich nicht so sehr von der unterscheidet, die das Wunder des klassischen Griechenlands hervorbrachte." (15)

Die kretische und die etruskische Kultur hatten die Griechenlands und Roms überragt; und doch waren diese beiden großen Ahnen von ihren kulturellen Nachkommen vollständig vergessen worden, von ihrer Existenz selbst war bis gestern noch nicht einmal eine Vermutung laut geworden. Die hellenistischen Griechen hatten vielleicht für ihr Unwissen über das kretische Erbe eine Entschuldigung infolge des langen, dunklen Zeitalters, das die Blüte Kretas von der Blüte Athens trennte.

Aber für die Römer gab es keine solche Rechtfertigung. Als die etruskische Kultur im 4. Jahrhundert v. Chr. dahinzusiechen begann, war Rom schon auf dem besten Weg zu Ruhm und Größe. Es gab bis zum 5. Jahrhundert unserer Zeit, als sich ein allgemeines Dunkel über das mittelalterliche Europa senkte, kein dunkles Zeitalter in Italien. ,,Die Verdrängung der Etrusker in die Vergessenheit war willentlich geschehen", so schreibt Grimal, ,,es war eine Verschwörung des Schweigens" seitens der Römer. (16) Für die Oberhäupter des Pax Romana war die eigene Kultur *sui generis*, niemandem verpflichtet. Aus diesem Grund ignorierten die römischen Geschichtsschreiber und Dichter des klassischen Zeitalters ihre etruskischen Lehrer und so beschrieb Virgil in dem großen römischen Epos die frühen Etrusker als halbe Barbaren, etwa wie heutige Geschichtsschreiber die Kelten darstellen.

Die Etrusker gaben dem späteren Rom ,,die Verfassung, die Sprache, die Künste, Sitten und die religiösen Bräuche." (17) Und doch war dieses Volk tausende von Jahren alles andere als unbekannt.

Als gegen Ende des 2. Jahrtausends v. Chr. nach dem Untergang Trojas Äneas und seine Trojaner in Italien ankamen, fanden sie dort die Nachkommen der Lydier, die Etrusker - oder Tyrrhenier, wie sie sich selbst nannten — fest verwurzelt mit einer hochentwickelten Kultur vor.

Laut Livius und ebenso Virgil heiratete Äneas Lavinia, die etruskische Erbprinzessin von Latium, und wurde so König des Landes, wie es Sitte war in alter Zeit für alle, die König werden wollten. Nach Äneas' Tod, so Livius, blieb Lavinia nach echt gynaikokratischer Art Herrscherin, während der gemeinsame Sohn Askanius aus der Heimat vertrieben wurde und eine neue Stadt bei Alba Longa gründete.

Die großen Julianischen und Claudischen Familien des späteren Roms behaupteten, von Askanius abzustammen, dem Sohn von Äneas, obwohl es im frühen Rom weder einen Julius noch einen Claudius gab. Zur Aufklärung dieses Widerspruches führt Virgil an, Askanius habe sich in Julius umbenannt, aber Livius sagt nichts darüber. Auch wenn es so ist, erklärt es noch nicht den Namen Claudius. Die Namen Julius und Claudius müssen sich deshalb auf Matriarchinnen beziehen, auf Julia und Claudia, deren Namen auf römische Stämme übergingen, als Romulus das Volk in *curiae* aufteilte und, wie Livius feststellte, sie nach diesen Frauen benannte. (18)

Tacitus schreibt in den *Annalen* von der Existenz einer sehr frühen Claudia, einer „Claudia Quinta, deren Standbild von unseren Vorfahren im Tempel der Mutter der Götter geweiht war; *seitdem war die Claudische Linie heilig* und zählt zu den Gottheiten." (19) Es gab zweifellos auch eine frühe Julia, deren Namen in Vergessenheit geraten ist, wie es auch mit Claudia geschehen wäre, hätte Tacitus sie nicht nebenbei erwähnt.

Romulus selbst war nur deshalb rechtmäßiger König Roms, weil seine Mutter Rhea Silvia eine etruskische Prinzessin war. Um die Ausübung ihrer rechtmäßigen Herrschaft oder gar die Zeugung rechtmäßiger Erben zu verhindern, hielt der Usurpator Amulius sie bei den Vestalinnen gefangen. Aber trotz aller seiner Vorsichtsmaßnahmen konnte der Gott Mars Rhea erreichen, und sie gebar die Zwillinge Romulus und Remus. Und so wurde aufgrund matrilinearer Erbschaftsfolge Romulus König von Rom.

Diese Geschichte erinnert an König Akrisius von Argos in der griechischen Mythologie. Denn dieser König hielt seine Tochter Danae in einem bronzenen Turm gefangen, um eine Ehe zu verhindern, die ihn des Thrones, den er durch die Verheiratung mit der Königin erworben hatte, beraubt hätte. Aber Zeus kam zu ihr in einem Regen von Gold und sie wurde die Mutter des Perseus. Perseus ist ebensowenig eine mythologische Figur wie Romulus. Obwohl beide Könige an das Legendäre grenzen, waren sie unbestrittene echte, geschichtliche Persönlichkeiten. Perseus herrschte im 14. Jahrhundert in Mykene und Romulus im 8. Jahrhundert in Italien. Beide Legenden wurden mythologisiert, um ihre wirkliche Bedeutung zu verdecken: das absolute Recht der Tochter auf den Thron und die Machenschaften ihrer männlichen Verwandten, ihr dieses Recht vorzuenthalten.

12

Die Frauen Griechenlands und Italiens

Die Sexualität hat in ihr (noch) nicht sehr tiefe Spuren hinterlassen. Sie ist nicht nur Frau, sondern ein menschliches Wesen.

Emily James Putnam

Die Frauen des klassischen Griechenland

Nach Marcus Terentius Varro (116-27 v. Chr.) stürzten die Athener die Macht der Frau aus eifersüchtigem Ärger zur Zeit der Herrschaft von Ägeus etwa 300 Jahre vor dem Trojanischen Krieg. Erst damals verfügten die Männer Athens, indem sie auf ihre körperliche Überlegenheit pochten, daß Frauen nicht mehr in die Versammlung gewählt werden, Kinder nicht mehr den Namen ihrer Mutter, sondern den ihres Vaters (1) tragen sollten, und daß die stolze Bezeichnung „athenisch", Kind der Göttin, nicht mehr ausschließlich weiblichen Bewohnern Athens vorbehalten blieb. Die Männer Athens behielten natürlich Athene als ihre Schutzgöttin; aber viel später, nach der dorischen Eroberung und der Erfindung von Zeus mußten sie für Athene eine ungeheuerliche, mutterlose Geburt aus dem Haupt des Zeus ausdenken und aus ihr jene abscheuliche Absonderlichkeit machen: ein „Mannweib", eine Verräterin ihres Geschlechts.

Nach Aeschylos im 5. Jahrhundert v. Chr. siegte das Vaterrecht erst *nach* dem Trojanischen Krieg über das Mutterrecht. Als Agamemnon von diesem Krieg zurückkehrte und von seiner Königin Klytemnestra ermordet wurde, tötete Orestes, wie jeder weiß, seine Mutter, um seinen Vater zu rächen. Er wurde von den alten Göttinnen, den Erinnyen, verfolgt, aber von Apollon, der die neuen männlichen Götter vertrat, verteidigt. In den *Eumeniden* dramatisiert Aeschylos den Kampf zwischen diesen Erinnyen (den Eumeniden) und Apollon wegen Orestes' Mord. Die Eumeniden sehen nichts Schlimmes in Klytemnestras Mord an ihrem Gatten, denn „der Mann, den sie ermordete, war mit ihr nicht blutsverwandt". Doch Orestes' Mord ist abscheulich und unverzeihlich. „Wie, der Mutter Blut verleugnest du?", fragen sie und verlangen die uralte Strafe für Muttermord.

Dann spricht Apollon und verkündet in seiner ganz neuen Politik des Vaterrechtes einen Irrtum bezüglich der Vererbung, an dem bis hinein in die Zeit der Wiedergeburt der wissenschaftlichen Erblehre im 20. Jahrhundert festgehalten wurde:

Auch das noch sag ich; merke du, wie wahr das Wort.
Nichts ist die Mutter denen, die sie Kinder nennt,
Des Lebens Ursprung; nein, sie pflegt den frischen Keim.
Das Leben gibt der Zeuger, sie bewahrt das Pfand.

Trotz dieser fehlerhaften, aber wirkungsvollen Begründung von seiten Apollons hätten die Erinnyen doch noch gewonnen, wenn nicht Athene selbst die Seiten gewechselt hätte:

Mein Amt gebeut mir End-Entscheidung dieses Streits;
Und diesen Stimmstein soll Orestes noch empfahn.
Denn keine Mutter gibt es, welche mich gebar;
Den Männern freund auch ist in allem mein Gemüt
Bis auf den Ehbund, und des Vaters bin ich ganz.

Diese Gans! Diese Verräterin! Da gibt sie vor, das Märchen von ihrer Geburt aus dem Haupt des Zeus zu glauben! „Den Männern freund! (...)", tatsächlich! Doch selbst in diesem lebenswichtigen Augenblick gesteht sie ein, daß sie *nie* einen *heiraten* würde.

Dies ist wahrscheinlich der erste festgehaltene Bericht davon, wie der Mann die Feindin, die er der Gehirnwäsche unterzogen hat, dazu benützt, ihrerseits bei ihren Genossinnen die Gehirnwäsche anzuwenden. Die Fernsehwerbung und die Frauenzeitschriften haben hieraus eine Kunst gemacht.

Doch obwohl Aeschylos Athenes Verrat in die mykenische Zeit zurückverlegt hat (d.h. lange bevor Zeus und der Mythos von der seltsamen Geburt Athenes erfunden worden waren), ist es eine Tatsache, daß die griechischen Frauen ihren Einfluß und ihre Macht erst nach der dorischen Eroberung verloren haben. Selbst dann behielten sie noch eine hohe Stellung, bis Rom im 5. Jahrhundert n. Chr. die Christianisierung Griechenlands abgeschlossen hatte, sechzehnhundert Jahre nach Orestes' Verhandlung wegen Mordes.

Es ist eine geschichtliche Tatsache, daß die griechischen Frauen des Altertums unter dem athenischen Gesetz Rechte und Vorrechte genossen, die den Frauen der Vereinigten Staaten in diesen letzten Jahren des 20. Jahrhunderts immer noch vorenthalten werden. Zu diesen Rechten gehörten:

1) Das Recht der Abtreibung und der Geburtenkontrolle. Platon empfiehlt in den „Gesetzen", daß die griechischen Frauen wenigstens zwei Kinder gebären sollten, „eine Zahl, die vom Gesetz als angemessen angesehen wird", um die Bevölkerung zu erhalten. Und in seiner „Politik" rät Aristoteles den Frauen, die die Schwangerschaft unterbrechen, dies zu tun, „bevor der Fötus Leben erhält", das heißt, vor dem sechsten Monat. Diese beiden Stellen beweisen die Rechtmäßigkeit und die Anwendung von Geburtenkontrolle und Abtreibung.

2) Das Recht der einseitigen Scheidung. „Das athenische Gesetz", schreibt Montesquieu, „gab das Recht der Zurückweisung (der einseitigen Scheidung) ohne Strafe der Frau. Aber ein Mann, der seine Frau verstoßen wollte, mußte eine Hälfte seines gesamten Vermögens seiner Frau, die andere der Göttin Ceres übergeben". (3)

3) Das Recht, ihr Eigentum zu besitzen und zu verwalten. „Nach athenischem Recht gingen Geld und Eigentum der Frau nicht in die Kontrolle des Mannes über, aber nichts hinderte sie daran, sie auf ihn zu übertragen." (4)

Dieses Gesetz unterscheidet sich von dem Roms, wonach der Gatte selbst *mit* der Zustimmung seiner Frau deren Geld nicht anrühren durfte.

Das Märchen von der untergeordneten Stellung der griechischen Frauen der Klassik wird von Robert Flacelière 1959 wiederholt (5), so, als hätte er es zu Füßen seines Professors auswendig gelernt. Nachdem er erneut die alte Behauptung ausspricht, daß die griechischen Frauen mit den Sklaven auf einer Stufe standen, fährt er sozusagen unbewußt fort zu veranschaulichen, wie *frei* die griechischen Frauen tatsächlich gewesen sein müssen.

Zunächst behauptet er, daß im 5. Jahrhundert „die traditionelle Ausschließung der Frauen zahlreichen Ausnahmen gewichen ist". (6) Wenn sie im 5. Jahrhundert „wich", wann herrschte sie dann? Sicherlich nicht im 7. Jahrhundert, als Sappho lebte, und sicherlich auch nicht im Heldenzeitalter (dem mykenischen), als, wie Flacelière selbst zugibt, „die Frauen sich aller Freiheiten und Vorrechte der kretischen Frauen erfreuten". Was war also diese traditionelle Ausschließung und wie traditionell war sie? Wir haben hier einen eindeutigen Fall eines professoralen Syndroms, eine papageienartige Wiederholung von „Tatsachen", die von Gelehrten des prä-archäologischen neunzehnten Jahrhunderts vorgebracht worden waren.

Flacelière gesteht im Licht seiner eigenen Studien und im klaren Widerspruch zu seinen Lehrern ein, daß „es vielleicht teilweise wahr sein kann, daß die griechische Frau ganz und gar des unterwürfigen und zurückhaltenden Wesens entbehrte", das man ihr zugesprochen hat. (7)

The Oxford Companion to Classical Literature geht unter dem Stichwort, „Frauen, Stellung, der," denselben falschen Weg zur selben Schlußfolgerung: Erst wird behauptet, die griechischen Frauen der Klassik hätten ihre „Stellung und Unabhängigkeit" verloren, die sie im Heldenzeitalter innehatten. Und dann wird offensichtlich unbewußt ihre tatsächliche Stellung dargelegt:

„In historischen Zeiten waren die Frauen Spartas unabhängig und einflußreich (...). In Athen konnte sich eine Ehefrau durch richterliches Urteil scheiden lassen (...). Im 5. Jahrhundert verbreiteten sich neue Ideen hinsichtlich der Frauenemanzipation (...). Während des hellenistischen Zeitalters spielten die Frauen eine wichtige Rolle (...). Die Erziehung lag im Bereich der Frauen, und es wird uns von Frauen unter den Schülern großer Philosophen berichtet." Es gab „weibliche Gelehrte, Malerinnen und Dichterinnen". „Andere Städte verliehen Frauen für erwiesene Dienste die Ehrenbürgerschaft; und eine Frau war Vorsitzende des Magistrates von Priene." (8) Wenn das nicht weibliche Emanzipation ist, so kommt es doch dieser näher als alles, was wir seit der Gründung von Jamestown im Jahre 1607 in den Vereinigten Staaten erlebt haben.

In Griechenland wie auch in Rom, war eine Heirat zwischen Bruder und Schwester, die verschiedene Mütter hatten, erlaubt; stammten sie von der gleichen Mutter, aber von verschiedenen Vätern ab, so wurde eine Heirat zwischen ihnen als Blutschande angesehen. Dies war natürlich ein Rest des alten Tabus gegen sexuelle Beziehungen zur Stammutter und ihren

Töchtern.
Die Vaterschaft bewirkte keine Verwandtschaft, weder in Griechenland, noch in Rom oder Palästina, oder in Polynesien vor der Ankunft der christlichen Missionare im 19. Jahrhundert.

Flacelière erklärt mit bemerkenswerter Dummheit die Tatsache, daß Bruder-Schwester-Heiraten zwischen väterlicherseits Verwandten gesetzlich erlaubt waren, damit, daß es „nötig war, den Familienkult fortzusetzen", besonders, wenn eine Frau die Erbin war. (9)

Dieselbe Erklärung gab 1842 ein gewisser Charles Anthon. In seinem „Lexikon der griechischen und römischen Sitten" sagte er: „Bruder und Schwester, die von der selben Mutter abstammen, durften nicht heiraten; aber Ehen zwischen Verwandten väterlicherseits wurden unterstützt, um den Besitz in der Familie zu bewahren", wenn „die weibliche Verwandte die Erbin war." (10) So schreitet die Wissenschaft fort.

Es scheint unmöglich, daß die Griechen, eines der kultiviertesten Völker, in diesem „einen wichtigsten Merkmal der Kultur, der Würde der Frau" (11) versagt haben sollten. Und die schriftlichen Zeugnisse der alten Griechen selbst weisen auf keine Unterdrückung der Frauenrechte hin. Die zeitgenössischen griechischen Schriftsteller, ebenso wie Plutarch ein wenig später, bezeugen die bedeutende Freiheit der griechischen Frauen bei ihren gelegentlichen Aussagen über das tägliche Leben. Hieraus geht klar hervor, daß die griechischen Frauen in hohem Maße unabhängig waren.

Griechische Frauen besuchten mit ihren Männern Salons, hielten Besäufnisse „nur für Frauen" ab, sehr zur Mißbilligung ihrer Männer, die aber nicht wagten, Einwände zu erheben (12), und bildeten einen großen Teil des Publikums bei den Theatervorstellungen der schlüpfrigen Stücke des Aristophanes. Diese Tatsachen stimmen nicht mit dem Bild der unterwürfigen, ans Haus gebundenen griechischen Ehefrauen überein, das von Wissenschaftlern des 19. Jahrhunderts gezeichnet wurde.

Der allgemeine Glaube von der Unterdrückung der Frauen im klassischen Griechenland muß den Weg aller Theorien gehen, die sich auf eine Fehlauslegung gründen. „Die Unterwürfigkeit griechischer Frauen", schreibt Jacquetta Hawkes, ist durch die Vorurteile der Wissenschaft im 19. Jahrhundert stark übertrieben worden. (13) Das Mißverständnis scheint entstanden zu sein, weil Homosexualität sehr häufig war. Der Schlußsatz im 19. Jahrhundert

verlief etwa folgendermaßen:
Frauen sind nichts ohne die Liebe des Mannes;
griechische Männer liebten griechische Knaben
unter Ausschluß der Frauen;
also waren die griechischen Frauen nichts.
Aber die Knabenliebe war, wie A.J.Symonds hervorhebt, besonders unter den Studenten, Intellektuellen und Soldaten üblich. Der Durchschnittsbürger war davon nicht berührt. ,,Aus der griechischen Männerliebe folgt nicht", schreibt er, ,,daß die Frauen in Athen oder Sparta von wichtigen Stellungen ausgeschlossen waren. Wenn wir an die Frauen des Sophokles und Euripides und an die vornehmen Damen Plutarchs denken, müssen wir bei unseren Schlußfolgerungen zu diesem Punkt vorsichtig sein." (14)

Die Lustspiele des Aristophanes drücken ein weibliches Gefallen an reichem und auf die Sexualität bezogenen Humor aus. ,,Frauen, die frei waren, sich an dieser Art von Dingen zu erfreuen", bemerkt Hawkes, ,,befanden sich nicht in einem Zustand schrecklicher Frustration" (15) und, so möchte man hinzufügen, haremartiger Unterdrückung. Die übermütigen und entschlossenen Frauen in *Lysistrata* verkörpern sicher nicht unterdrückte oder eingeschüchterte Ehefrauen!

In der griechischen Kunst, fährt Symonds fort, nimmt Aphrodite, die Göttin der romantischen Liebe, neben Eros, dem Gott der Knabenliebe oder Homosexualität, ihren Platz ein. Und Artemis, die ewige göttliche Jungfrau, finden wir so häufig wie Ganymed, den Gott der passiven Knabenliebe, der von Zeus geliebt wird.

Wenn zwei so hervorragende Männer wie Sokrates und Platon die Gleichheit der Frauen verkündeten, so wäre es für den einfachen Bürger schwer gewesen, sie zu widerlegen. ,,Platons und Pythagoras' Eintreten für die Frauen mußte einfach starken Einfluß haben", schreibt Hawkes. (16) Platon sagt in seiner ,,Republik": ,,Kein Bereich im Leben der Stadt fällt der Frau als Frau oder dem Mann als Mann zu. Von Natur aus hat die Frau an allen praktischen Tätigkeiten teil, und so auch der Mann. Denn um das Wächteramt zu bekleiden (ein öffentliches Amt), braucht eine Frau keine besondere Ausbildung. Wir haben es bei Mann und Frau mit derselben Natur zu tun, und sie brauchen beide dieselbe Erziehung." (17) Der einzige Geschlechtsunterschied besteht darin, daß ,,der Mann die Kinder zeugt und die Frau sie austrägt". (18)

Dieses Vertrauen in die weiblichen Fähigkeiten, für das neunzehnte Jahrhundert unvorstellbar, wurde von einem Griechen vertreten, der nicht nur selbst Knaben liebte, sondern dessen Name sogar eine bestimmte Art homosexueller Liebe bezeichnet. Ungeachtet des Trugschlusses aus dem neunzehnten Jahrhundert folgt daraus nicht, daß die körperliche Liebe für Knaben einen Mann von vornherein dazu bringt, Frauen zu verachten. Perikles liebte Knaben, aber er liebte und bewunderte auch Aspasia, die er für seine weiseste Ratgeberin hielt. „Er liebte sie in wunderbarster Zuneigung", schreibt Plutarch. „Perikles machte Aspasia wegen ihres großen Wissens und politischen Geschicks den Hof. Sokrates fragte sie ebenfalls wegen ihrer Weisheit um Rat und veranlaßte seine Studenten, sie zu besuchen. Männer, die ihren Salon besuchten, brachten ihre Frauen mit, damit sie ihr zuhörten." (19)

Die meisten, die heute über das griechische Leben berichten, lassen diese letzte Stelle Plutarchs weg, weil die Tatsache, daß Frauen ihre Gatten in literarische Salons begleiten, nicht mit dem übernommenen Mythos von der geistigen Unterlegenheit der Frau übereinstimmt.

Die unsterbliche Begräbnisrede des Perikles für die im Peloponnesischen Krieg gefallenen Athener wurde nach Platons Zeugnis in seinem *Menexenus*, der in diesem Zusammenhang Sokrates zitiert, in Wirklichkeit von Aspasia verfaßt. Sokrates bekannte sich offen als ein Schüler Aspasias, und in einem ihrer Salons traf er zum ersten Mal Alcibiades, den Schützling des Perikles, und verliebte sich in ihn. „Aspasia sah, wie sehr Sokrates den Jungen bewunderte und gab ihm in Versen Unterweisungen in der Kunst der Knabenliebe." (20) Die geistreiche Aspasia war bezeichnenderweise Ionierin aus Milet in Karien (eine Keltin?). Alcibiades, der vom großen Sokrates persönlich leidenschaftlich geliebt wurde, liebte seine Frau Hipparete. Plutarch berichtet uns, daß Alcibiades Hipparete entführte und ihre Liebe während des Scheidungsverfahrens wiedergewann, das sie gegen ihn angestrengt hatte - und daß er seine Sache so gut gemacht hatte, daß sie bis an ihr Lebensende bei ihm blieb. (21) Trotz ihrer romantischen Liebe für Knaben nahmen sowohl Sokrates als auch Platon Mädchen als Studentinnen an, genauso wie Epikur und Pythagoras. Dieser hatte viele Schülerinnen, von denen die berühmteste Theoklea war, die Vorsteherin der Priesterschaft Apollos auf Delphi. Theano, eine hervorragende Mathematikerin aus Italien, hielt er für seine beste Studentin und ernannte sie zu seiner Nachfolgerin an der berühmten Philosophenschule, die er in Kroton gegründet hatte. In hohem Alter heiratete er sie, und so wurde sie das Haupt des pythagoräischen Ordens.

Das Pythagoräische Gebet verdeutlicht viel mehr die griechische Haltung gegenüber den Frauen als alle Forschung des 19. Jahrhunderts zusammen:

Ehre sei der Frau auf Erden und im Himmel,
sie werde geheiligt und helfe uns, zur
Großen Weltseele aufzusteigen, die Leben
gibt, erhält und erneuert - die himmlische
Göttin, die alle Seelen mit sich trägt
in ihrem Mantel von Licht. (...) (22).

Die Christen waren es, nicht die heidnischen Griechen, die darüber stritten, ob die Frauen Seelen hatten, und zwar in vollem Ernst, wie z.B. auf dem Konzil in Macon im 6. Jahrhundert. Bei diesem berüchtigten Konzil waren es übrigens die keltischen Bischöfe Britanniens, die vor-augustinischen, apostolischen Prälaten des keltischen Glastonbury, die die Sache für die Frauen und somit die Seelen der Hälfte der Menschheit retteten.

Sparta war bekanntlich eine vom weiblichen Einfluß mehr geprägte Stadt als ihre Schwester Athen. Als eine Spartanerin hörte, die spartanischen Frauen stünden in dem Ruf, ihre Männer zu beherrschen, antwortete sie, die Frauen brächten ja auch die Männer zur Welt! Eine gute Erwiderung. In Sparta wurden Mädchen und Knaben von Geburt an miteinander erzogen, und sie schwammen, übten und lernten miteinander. Plutarch berichtet in seinem *Leben des Lykurg* von der Erziehung der Kinder in Sparta: „die Mädchen nehmen wie die Knaben nackt an den Umzügen, Tänzen, feierlichen Festen und am Sport teil. Diese Nacktheit der jungen Frauen besitzt nichts Unanständiges; Sittsamkeit begleitet sie, und jede Ausschweifung ist ausgeschlossen." (23)

Im ionischen Attika ebenso wie im dorischen Lazedämonien rannten, rangen, jagten und wetteiferten die Mädchen und Frauen in den Spielen mit den Knaben und Männern. Bei den Olympischen Spielen hatten sie ihre eigenen der Hera geweihten Veranstaltungen, die mehr als einmal denen der Männer den Rang abliefen.

Der moderne Fimmel von der „geschlechtlichen Identität", nach dem kleine Mädchen mit rosa Schleifen und kleine Buben mit Cowboyhüten und Gewehrhalftern versehen werden, war glücklicherweise als ein ganz offener Versuch übernommen worden, nicht den geschlechtlichen, sondern den „Kasten"-Unterschied zwischen dem heutigen männlichen und weiblichen Geschlecht zu verdeutlichen – eine Verschwörung, um im Knaben Überlegenheits- und im Mädchen Unterlegenheitsgefühle zu erzeugen.

Schuré, ein französischer Gelehrter des letzten Jahrhunderts, stellt fest: „Hinter der offiziellen griechischen Geschichte erscheinen so viele halbverhüllte, aber dennoch deutliche Frauengestalten: Da war Theoklea, die Pythagoras begeisterte, und Corinna, die unter den berühmtesten griechischen Dichtern mit Pindar wetteiferte; da war die geheimnisvolle Diotima, die bei Platons Gastmahl erschien, um die höchste Offenbarung der Liebe zu geben." Und da waren auch Aspasia, Theano, Sappho, Aristoklea, Nausikaa und Erinna, von denen viele heute vergessen sind. Ihre Namen aber, wären sie Männer gewesen, wären sicher heute genauso „Wörter des Hausgebrauchs" wie die Homers und Platons.

Neben diesen außerordentlichen Frauen übte die gewöhnliche griechische Frau ein wahrhaftes Priesteramt am häuslichen Herd und im Frauengemach aus. „Sie schuf tatsächlich jene berühmten Dichter und Künstler, die wir so sehr bewundern, denn deren Erziehung lag ganz in ihren Händen." Bis zum achten Lebensjahr blieben die griechischen Knaben und Mädchen im Frauenhaushalt, zu dem kein Mann Zutritt hatte, nicht einmal der Ehemann oder Vater. „Die Weisheit des Altertums betrachtete das Kind als eine empfindliche Pflanze, die der größten umfassenden Liebe der Mutter und des Schutzes gegen den Einfluß des Vaters bedurfte, dessen gröbere Natur die Entwicklung des Kindes hätte beeinträchtigen und die erwachende und wachsende Seele verkümmern lassen können." (24)

„Niemand kann leugnen, daß die hellenische Kultur dem weiblichen Prinzip höchste Beachtung schenkte. Die Große Mutter und die anderen Verkörperungen der Göttin wurden weit mehr verehrt und verherrlicht als Zeus, selbst mehr als die Jungfrau-Mutter heute in katholischen Ländern. Über die Stadt herrschte Athene. Die schönsten Dinge des Lebens waren als Grazien und Musen, als Gerechtigkeit, Weisheit und Frieden verkörpert, und alle, alle waren sie weiblich. Kein anderes Volk hat dem weiblichen Prinzip mehr Achtung bezeugt." (25) Und sicherlich auch kein Volk der neueren christlichen Zeit.

Die etruskischen Frauen

Als im sechsten Jahrhundert v. Chr., etwa 200 Jahre nach

Romulus, die etruskischen Prinzen, die Tarquinen, nach Rom ritten, um Lukretia, die Frau eines der ihren, zu besuchen, fanden sie sie „mit ihrer Wolle beschäftigt, inmitten ihrer Dienerinnen sitzend". (26) Sie waren betroffen von dem Unterschied zwischen dieser häuslichen römischen Matrone und ihren etruskischen Schwestern und Frauen, die sie in Latium bei einer echt kretischen, ausgelassenen Cocktailparty zurückgelassen hatten, und die sich um häusliche Angelegenheiten nicht im mindesten kümmerten.

Zweifellos waren es diese Geschichte und der Gegensatz zwischen den umsichtigen und prüden römischen Matronen und den glücklichen Frauen von Tuskulum, die letzteren ihren schlechten Ruf in der römischen Gesellschaft einbrachten. Jeder weiß, was mit der armen Lukretia nach diesem berühmten mitternächtlichen Besuch ihres Mannes und dessen Angehörigen passierte — wie einer ihrer tarquinischen angeheirateten Verwandten später zurückkehrte und sie vergewaltigte und wie sie sich wegen dieser Schande das Leben nahm. William Shakespeare erzählte diese traurige Geschichte von der Vergewaltigung der Lukretia, ebenso Thomas Macaulay in *Lays of Ancient Rome*.

Jacques Heurgeon schreibt: „Nach Meinung der Römer hatten die etruskischen Frauen einen ziemlich schlechten Ruf." Doch „die etruskische Frau genoß in ihrem Land ein überragendes Ansehen. Künstlerisch, kultiviert, an hellenischer Bildung interessiert, war sie die Kulturbringerin für ihr Heimatland. Im Grab schließlich als Ausstrahlung göttlicher Macht verehrt, hatte sie eine bevorrechtigte Stellung inne, die an die Ariadnes im minoischen Kreta erinnert". (27)

Die etruskische Frau war auf sozialem wie politischem Gebiet sehr aktiv. Auf den Fresken und Basreliefs von Umbrien wurde sie immer im Vordergrund dargestellt. Wie die Frauen von Mykene, wird sie abgebildet, wie sie in öffentlichen Ämtern wirkt, die besten Plätze bei sportlichen Veranstaltungen besetzt, wie sie mit Männern bei Gastmählern liegt, sich an Konzerten und Theatervorstellungen erfreut, stets ausgeglichen und selbstsicher, wie Frauen eben nur in einer von Frauen bestimmten Gesellschaft sein können.

Zwischen 1820 und 1830, lange vor den letzten bemerkenswerten, „die Vorurteile erschütternden" Entdeckungen der Archäologie in unserem Jahrhundert, in einer Zeit, in der nur die etruskischen Gräber auf die Wahrheit der begrabenen Vergangenheit hinwiesen, schrieb J.A. Cramer: „Es ist ungewöhnlich, daß zwei Bräuche, die nur den Etruskern eigen waren, wie wir aus ihren Grabmälern erkennen können, nach Herodot für die Lykier und die Lydier kennzeichnend sein sollen. Der erste besteht darin, daß die Etrusker *unterschiedslos* ihre Abstammung von ihrer Mutter und nicht von ihrem Vater herleiten. Der andere, daß sie ihren Frauen gestatteten, an ihren Gastmählern und an öffentlichen Veranstaltungen teilzunehmen." (28)

Etwa hundert Jahre später, 1964, schrieb Heurgeon: „Eines der sichersten Kennzeichen der alten Kultur war die außerordentliche Würde und die Autorität, die der mater familias, dem Haupt der Familie, eigen war (...). Die weibliche Prägung der etruskischen Kultur, so fremdartig sie uns auch anmuten mag, ist keine etruskische Erscheinung, sondern Rest einer alten weltweiten Lebensweise ", als die Frauen noch die führende Stellung innehatten. (29)

Wie in anderen modifizierten Gynaikokratien, so herrschten auch in Italien Könige, hier aber als Vizekönige der Frauen. Sie herrschten mit der Erlaubnis ihrer Frauen oder Mütter, die die Thronerbinnen waren, wie in Ägypten, Persien, und Mykene und sogar im vor-republikanischen Rom. Livius erzählt empört von Tullia, der Frau Lucius Tarquinus, daß „sie mit ihrem Wagen auf das Forum Romanum fuhr, ohne Furcht vor der anwesenden Menge Männer, ihren Gatten aus dem Hause des Senates rief und ihn als erste als König grüßte". (30) Tullia, eine etruskische Edelfrau, erfüllte nur die von ihr erwartete Aufgabe als königliche Frau. Denn sie war die Tochter des alten Königspaares, und deshalb stand es in ihrer Macht, einen neuen König zu küren. Doch Livius, als patriarchaler Römer des ersten Jahrhunderts, der alte Bräuche nicht kannte, war über diesen Vorfall entsetzt.

„Diese Worte, ‚Sie war die erste, die ihn König nannte' ", stellt Heurgeon fest, „sind eines jener Fossilien, die in sehr alter Überlieferung begraben liegen (...) ein uralter Brauch, nach dem die etruskische Frau genauso wie in der kretischen und ägyptischen Gesellschaft die für Livius unfaßliche Stellung einer „Königsmacherin" innehatte, nach der die gesetzmäßige Monarchie davon abhängig war, wen die Königin zum Monarchen bestimmte und weihte", wie das in allen alten Gesellschaften der Fall war. (31)

Raymond Bloch schreibt: „Die Stellung der etruskischen Frau war eine privilegierte und hatte nichts gemein mit der bescheidenen und untergeordneten Lage der Griechin. Dies jedoch ist ein Merkmal einer Zivilisation, das wir auch in der gesellschaftlichen

Struktur Kretas und Mykenes beobachten (...). Inschriften bestätigen die Stellung der etruskischen Frau. Häufig nennt derjenige, der die Widmung verfaßt, den Namen seiner Mutter, wobei er manchmal auch den seines Vaters erwähnt, ihn öfter aber wegläßt. Es gibt Zeugnisse für den Gebrauch des mütterlichen Namens in Anatolien und besonders in Lydien (...). Vielleicht", schränkt Bloch ein, ,,sehen wir hierin Spuren eines alten Matriarchates." (32) Vielleicht? Tatsächlich!

Im Gegensatz zur vorsichtigen Stellungnahme Blochs sieht Heurgeon eine deutliche Frauenherrschaft, die sich in den etruskischen Bräuchen ausdrückt, von der alten Kultur über das anatolische Lydien unmittelbar ererbt. Die Begräbnisbräuche der Etrusker erinnern einen tatsächlich nachdrücklich an jene von Catal Hüyük, wo die Gräber alle nur Frauen vorbehalten waren und die Überreste der Männer im Beinhaus zuhauf lagen. In Etrurien hatte sich die Stellung der Männer insoweit verbessert, als sie *mit* ihren Frauen oder Müttern begraben wurden, wenn auch nicht am Ehrenplatz. Man fand heraus, daß in Umbrien der große Sarkophag in jedem Grabmal einer Frau gehörte. Die Körper rings um sie mögen ihrem Gatten und ihren Kindern gehört haben, doch nur *ihr* Name steht auf dem Grab. Gelegentlich teilt eine kleine Tochter mit ihr die Ehre des Sarkophages, aber nie ein Sohn.

,,Es ist, als ob die Etrusker die Frauen für höhere Wesen hielten", schreibt Heurgeon. ,,Man betrachtet die Frau, als habe sie von Natur aus unmittelbaren Anteil an der Gottheit, die in allen Tempeln regierte." (33)

Claudius, der mildeste und den Frauen am meisten geneigte unter den römischen Kaisern, wurde im Knabenalter mit Urgulanilla, einem etruskischen Mädchen, verheiratet. Ihretwegen befaßte sich der gelehrte Claudius mit dem etruskischen Volk, über das er ein, bedauerlicherweise heute verlorenes, zwölfbändiges Geschichtswerk schrieb. Zweifellos sind diese Forschungen der Grund für Claudius' edle Haltung und lebenslange Achtung den Frauen gegenüber. Möglicherweise verschwand auch wegen des Ausdrucks dieser Frauenliebe sein gesamtes gewaltiges Geschichtswerk in früher christlicher Zeit.

Übrigens war es Claudius' etruskische Schwiegermutter Urgulania, von der Tacitus in seinen *Annalen* berichtet, daß sie großen Einfluß auf den Kaiser Augustus hatte. Während der Regierungszeit des Tiberius hatte diese herrische alte Dame ihrem eigenen römischen Enkel wortlos einen Dolch als Hinweis gesandt, sich eher zu töten, als einer Verhandlung wegen Mordverdachts an seiner Frau zu unterwerfen. Der Enkel Marcus Plautius Silvanus erstach sich demütig mit dem Dolch; um der Verhandlung zu entgehen oder aus Furcht, seiner Großmutter nicht zu gehorchen, das wird man nie herausfinden. (34)

Selbst in den Tagen des Kaiserreichs, als die etruskische Nation schon nicht mehr bestand und seine vergangene Größe von den Römern bereits vergessen worden war, verbreitete diese etruskische Witwe immer noch Schrecken unter den römischen Männern.

Die römischen Frauen

Wir besitzen das Zeugnis von Livius, daß die ursprünglichen römischen Stämme, oder Kurien, nach Frauen benannt waren. Romulus, der Gründer Roms im 8. Jahrhundert v. Chr., „gab bei der Einteilung des Volkes in dreißig Kurien diesen die Namen von Frauen". (35) Es könnte keinen überzeugenderen Beweis als diesen dafür geben, daß die Römer ursprünglich eine Gemeinschaft matriarchaler Stämme waren, die die Namen ihrer Mütter trugen.

Weitere Hinweise auf die gynaikokratische soziale Struktur des frühen Roms findet man sogar in den Wörtern, die den Verwandtschaftsgrad kennzeichnen: Die Verwandtschaft durch die Mutter war *co-gnatus*, d.h. *im* Stamm geboren, *während Verwandtschaft durch den Vater* agnatus — *ad-gnatus* — ist, d.h. dem Stamm hinzugefügt oder außerhalb des Stammes geboren. Das weist auf eine praktizierte Exogamie hin, nach der die Männer zum Stamm der Frau hinzukamen und auf Grund ihrer Heirat alle Verbindungen zu ihrem eigenen verloren. Die Rechtsprechung in der römischen Republik setzte diesen Unterschied zwischen väterlicher und mütterlicher Verwandtschaft fort, indem sie die Heirat zwischen Vettern und sogar Geschwistern väterlicherseits gesetzlich erlaubte, aber eine eheliche Verbindung zwischen einem Halbbruder und einer Schwester, die von derselben Mutter abstammten, und eine zwischen Vettern mütterlicherseits verboten. In Rom konnte man die Nichte, Tante oder Tochter des Vaters, aber nicht der Mutter heiraten, da man glaubte, die Beziehung über die Mutter sei die einzige Verbindung — der Ursprung aus dem gleichen Schoß die einzige Verwandtschaft.

Der berühmte Anthropologe Malinowski war nicht wenig überrascht, als er entdeckte, daß man im 20. Jahrhundert an derselben Sitte noch auf den Trobriand-Inseln im fernen Pazifik festhält: „Für Verwandtschaft haben sie nur ein Wort, nämlich *veiola*. Es bedeutet nur Verwandtschaft in mütterlicher Linie, und es schließt weder die Verwandtschaft zwischen einem Vater und seinen Kindern ein, noch die zwischen irgendwelchen väterlicherseits verwandten Personen (...). So entspricht die Begrenzungslinie zwischen väterlicher- und mütterlicher Verwandtschaft der Unterscheidung zwischen jenen, die vom selben, (...) und jenen, die nicht vom selben Körper abstammen." (36)

Ursprünglich trugen, wie bei den Etruskern in historischen Zeiten, die römischen Kinder den Namen ihrer Mutter, und erst später in der Republik wurde der Name des Vaters als „Zuname" hinzugefügt. Bis heute tragen die Kinder in vielen lateinischen Ländern, vor allem in Spanien und Lateinamerika, die Familiennamen beider Elternteile, wie das einst überall in der zivilisierten Welt üblich war.

Wie in Griechenland, waren die römischen Frauen die einzigen Erzieher ihrer jungen Kinder. Tacitus, Plutarch und Cicero erwähnen alle die wichtige Rolle, die die römische Matrone bei der Erziehung gespielt hat. Cornelia, die Mutter der Gracchen, („diese sind meine Juwelen") war ein typisches Beispiel; aber Aurelia, die Mutter Julius Cäsars, und Atia, die Mutter des Augustus, widmeten ihr ganzes Leben der Erziehung ihrer vaterlosen Söhne. Es ist eine fesselnde Tatsache, daß die meisten Männer, die die Geschichte geprägt haben, das Ergebnis ausschließlich weiblicher Erziehung waren. Bei einigen Stämmen der Kelten war die Erziehung der Knaben und auch der Mädchen Akademien übertragen, die von Frauen geleitet waren, die nicht nur die Künste des Friedens, von der Philosophie bis zur Dichtung, sondern auch die des Krieges lehrten, wie Reiten, Schwert- und Lanzenkampf usw. (37)

Die römischen Frauen waren, wie in Griechenland, auf den verschiedensten Gebieten des Sportes tätig; und Juvenal, der Erznörgler, hält mit seinem Tadel an den Frauen, die „an der Jagd in Männerkleidung teilnehmen" und die „sich dem Fechten und Ringen widmen", nicht zurück. „Kann man Sittsamkeit von einer Frau erwarten", fragt er recht männlich, „die ihrem Geschlecht entsagt und sich an Krafttaten erfreut?" (38)

Freiwillige Geburtenkontrolle und gesetzliche Abtreibung, stets ein Hinweis auf die weibliche Emanzipation, wurden von den römischen und den griechischen Frauen gehandhabt, wie aus Martials Lob der Claudia Rufina zu entnehmen ist. (39)

Hier ist es angebracht, die Lüge der Kindesaussetzung unter den Römern zu entlarven. Unsere Bücher lehren uns, daß jene ruchlosen Heiden ihre unerwünschten Kinder, vor allem ihre kleinen Töchter, ausgesetzt und dem Hungertod überlassen haben. Studentinnen der alten Geschichte werden gewöhnlich etwas kleiner bei diesem Beweis der Wertlosigkeit ihres verachteten und erbärmlichen Geschlechts, während sich die Studenten aufplustern und ihre weniger wertvollen Kommilitoninnen mit mitleidigen Blicken bedenken.

Doch dieses Gerücht besitzt genauso wenig Glaubwürdigkeit wie jenes ähnliche von den Frauenopfern unter den alten Europäern. Beide Märchen wurden von männlichen Geschichtsschreibern der christlichen Zeit erfunden, deren Absicht es war, die beiden größten Hindernisse für die Annahme des Christentums in Verruf zu bringen: daß die Heiden zum einen zufrieden waren und zum anderen die Frauen in hohen Ehren hielten. Die Lüge von der Kindesaussetzung hatte sich jedoch so festgesetzt, daß im 18. Jahrhundert selbst der sehr christliche Herr Montesquieu bei der Abfassung seiner klassischen Rechtsgeschichte überrascht war, keinen rechtlichen oder geschichtlichen Beweis hierfür zu finden. „Wir finden *kein* römisches Gesetz," schreibt er, „das die Kindesaussetzung gestattet. (40)

Montesquieu entdeckte aber ein Gesetz aus dem Jahre 485 v. Chr., nach dem *alle* Kinder gleich erzogen werden sollten, unabhängig von ihrem Geschlecht oder ihrer gesellschaftlichen Herkunft. (41) Im Jahre 450 erlaubte ein Gesetz der Zwölf Tafeln, daß stark mißgebildete Kinder bei der Geburt „erstickt" wurden, vorausgesetzt, daß 5 unbeteiligte Personen in der Lage waren, des Kindes hoffnungslose Mißbildung zu bestätigen. (42) Und das ist etwas ganz anderes als „Aussetzung".

Forscher römischer gesellschaftlicher Sitten gestehen in jüngster Zeit ein, daß man an dem Glauben von der Aussetzung kleiner Mädchen deswegen so lange festhielt, weil es in den römischen Familien der Republik und des Kaiserreichs so wenige Töchter gab. Aber es gab in römischen Familien auch sehr wenige Söhne. Der Grund hierfür ist einfach: Geburtenkontrolle und gesetzliche Abtreibung begrenzten die Größe der Familie auf durchschnittlich weniger als zwei Kinder je Familie.

Wir haben gesehen, daß Platon die griechischen Frauen bat, wenigstens zwei Kinder zu gebären; und Martial pries über die Maßen eine römische Matrone, die, was noch nie dagewesen war, insgesamt drei Kinder zur Welt gebracht hatte.

Ohne Zweifel war es der Zorn der frühen Kirchen-„väter" gegen diesen Ausdruck weiblichen Vorrechts in Rom, der Konstantin, den ersten christlichen Kaiser, im 4. Jahrhundert veranlaßte, freiwillige Abtreibung zu einem *Schwer*verbrechen zu erklären. Seither beharrt die Kirche, und mit ihr die moderne Gesellschaft, darauf, daß der formlose, ungeborene und leblose Fötus für die Gesellschaft wertvoller ist als das Leben der Mutter, in deren Körper er gedeiht.

Die Bestrafung für eine Schwangerschaftsunterbrechung wurde unter den Christen eine solch allgemein beliebte Quälerei für Frauen, daß der Heilige Römische Kaiser Heinrich II. (973-1024) im 11. Jahrhundert selbst eine *unbeabsichtigte* Fehlgeburt für eine Frau zu einem Schwerverbrechen erklärte. Jede Frau die ihr Kind durch Fehlgeburt verlor, wurde zum Tode durch Verbrennen verurteilt. (43)

Wir verbrennen sie nicht mehr lebend, aber in den meisten Staaten verlangen heute die Gesetze von den Frauen, daß sie ihr Leben riskieren, um jede Frucht, die unbekümmert in sie gelegt wurde, heranzuziehen, ganz gleich, wie gesellschaftlich unerwünscht der gereifte Organismus sicherlich sein wird, oder welche körperlichen oder seelischen Gefahren für die Mutter sich daraus ergeben. In der Ausgabe der Zeitschrift Look vom 4. November 1969 fragt eine Frau, deren Leben, dem Gesetz entsprechend, von der Medizin in Gefahr gebracht wurde: „Warum war das Leben des Fötus so viel wichtiger als das meine?" Das ist eine alte Frage unter christlichen Frauen. Die Antwort liegt in dem barbarischen und frauenfeindlichen Geist der Kirchenväter und der von uns vertretenen jüdisch-christlichen „Moral".

Die zivilisierteren Römer waren, wie die Griechen, der Meinung, der Körper der Frau sei ihr eigener Besitz, und es sei ihr eigenes Recht, ein Kind auszutragen oder nicht, je nachdem, ob sie es für zweckmäßig hielt.

Aus vielen Gründen zogen die römischen und griechischen Frauen kleine Familien vor, und mit Hilfe der Geburtenkontrolle und der leicht erreichbaren sicheren Abtreibung waren sie dazu in der Lage. Die Alten hielten die Erziehung ihrer Kinder für so wichtig wie deren Leben, und die Nachkommen kleinerer Familien konnten besser erzogen werden als solche größerer. In Rom wurden die Töchter in der griechisch-römischen Literatur, der Philosophie, der Redekunst, der Geschichte und der Logik genauso sorgfältig unterwiesen wie die Söhne.

Plinius der Jüngere bewundert in seinen „Briefen" die Gelehrsamkeit der Frauen seiner Freunde und überhäuft seine eigene Frau Calpurnia mit Lob wegen ihres literarischen Geschmackes und ihrer umfassenden Bildung. Gaius Musonius Rufus, ein Gelehrter und Philosoph unter der Herrschaft von Claudius und Nero, verkündete, wie Platon in Griechenland, die sittliche und geistige Gleichheit der beiden Geschlechter und betonte das Recht aller Frauen auf persönliche Würde und Unabhängigkeit.

Die Scheidungsgesetze, ein weiteres Kennzeichen der Frauenemanzipation, waren für die Frauen in Rom genauso günstig wie in Griechenland. Plutarch weist auf die Leichtigkeit hin, mit der sich Frauen in Athen im 5. Jahrhundert v. Chr. von ihren Gatten scheiden lassen konnten. (44) In Rom waren die Gesetze nicht weniger nachsichtig. Juvenal schimpft über die Frau, die ihren Mann, nachdem sie ihn jahrelang beherrscht hat, in einer Augenblickslaune davonjagt und ihn in seinem hohen Alter einsam und hilflos zurückläßt. (45) Scheidungsgründe gab es viele, z.B. hohes Alter oder schlechter Gesundheitszustand des Gatten oder sogar seine Abwesenheit an der Front. Keiner davon wird heute selbst in den aufgeklärtesten Staaten anerkannt.

„Die Frauen gelangten zu großer Macht und zu starkem Einfluß im römischen Kaiserreich", schreibt P. Donaldson. „Sie erfreuten sich der Freiheit des gesellschaftlichen Verkehrs; sie studierten Literatur und Philosophie; sie nahmen an den politischen Geschehnissen teil; wenn sie es wünschten, verteidigten sie sich selbst bei Gericht; und sie hatten teil an der Regierung von Provinzen und schrieben Bücher (...). Doch all das wurde von der Flut des Christentums hinweggespült." (46)

Acht Jahrhunderte hindurch war es Brauch christlicher Geschichtsschreiber, die Freiheit der römischen Frauen zu beklagen und sie für den Untergang des Römischen Reiches verantwortlich zu machen. Aber diese Anschuldigung hält den Tatsachen nicht stand. Rom fiel erst, *nachdem* es das Christentum angenommen hatte, was den „ketzerischen" Gedanken nahelegt, der auch von Dante, Gibbon und anderen vertreten wurde, daß das Christentum selbst den Niedergang und Fall des Reiches und das darauffolgende Dunkle Zeitalter hervorgerufen hat, „als diese Macht der Zerstörung und des Zerfalls wie ein Gespenst auf dem Thron der Cäsaren saß" (47)

Der übertriebene Patriarchalismus der paulinisch-semitischen Christen wurde von der Freiheit und Macht der römischen Frauen bis ins Mark getroffen. Die semitischen Frauen waren für Jahrhunderte die Sklavinnen und die Ware der Männer, und die Kirchenväter beabsichtigten, alle Frauen in ähnlicher Weise zu unterwerfen, wie es Paulus verfügt hatte, „der kleine, glatzköpfige, krummbeinige, abtrünnige Jude" aus Tarsus, wie ihn James Cleugh beschreibt. (48) Paulus' Frauenfeindlichkeit steigerte sich bis zu einer Feindseligkeit gegenüber allem Weiblichen. Moderne Psychologen führen Paulus Frauenfeindlichkeit auf alles von der Homosexualität bis zum Groll über die weibliche Ablehnung seines eignen mißgestalteten Körpers und seiner häßlichen Gesichtszüge zurück. (49) Was auch immer der Grund gewesen sein mag, Paulus' Verachtung der Frauen führte gerade dann zu verhängnisvollen Folgen, als die patriarchale Revolution begann, sich zu einer echten Gleichheit der Geschlechter zu entwickeln. Die Frauen und die Zivilisation des Abendlandes leiden immer noch unter Paulus' und der Kirchenväter wütender Frauenfeindlichkeit. Man braucht nur ihre donnernden Reden zu lesen, um einerseits das bissige Unbehagen zu erkennen, mit dem die christliche Kirche die Frauen betrachtete, und andererseits die Tiefen der psychopathischen Entschlossenheit der Kirche zu ermessen, mit der sie das weibliche Geschlecht herabsetzen und seine Seele vernichten wollte.

Ein moderner französischer Geschichtsforscher des alten Rom, der sicherlich nicht als Frauenrechtler angesehen werden kann, hat eine würdige Grabschrift für diese römischen Frauen geschrieben, die die frühe Kirche so haßte und fürchtete:

„Eins der leuchtendsten Beispiele menschlicher Größe war die römische Frau. Ihr, so stolz und frei wie Arria, ist es zu verdanken, daß das alte Rom selbst noch in den Jahren, als es gerade die blutige Taufe des Christentums erhält, eine der höchsten moralischen Höhen erklimmt, die die Menschheit erobert hat." (50)

Doch die am meisten zutreffende Grabschrift für die römischen und alle vorchristlichen Frauen wurde von einer römischen Dichterin der Kaiserzeit geschrieben, die damit für alle Frauen

aller Zeiten sprach:
> *Clames licet et mare caelo*
> *Confundas! Homo sum!* (51)

Was, frei übersetzt, bedeutet:
> Ihr Männer mögt Himmel und Hölle aufbieten!
> Auch ich bin ein Mensch!

Die Kaiserinnen Roms, und schon die allererste von ihnen, Livia, die mächtige 3. Gattin des Augustus, gehörten zu den ersten Zielscheiben der christlichen Väter. Mit ihrer befreiten Libido gehörten sie zur Vorhut der „Frauenrechts"-bewegung des kaiserlichen Rom. Sie suchten und gewannen leicht die Gleichberechtigung mit den Männern, vor allem auf geistigem, politischem und sexuellem Gebiet. Ihre republikanischen Vorgängerinnen, nämlich Augustus' allgemein bekannte Tochter Julia und die berühmte Clodia, Catulls geliebte „Lesbia", hatten den Weg bereitet, und so gab es im kaiserlichen Rom nie einen doppelten Maßstab. Die älteren noch lebenden Konservativen, wie Seneca und Juvenal, mochten zwar über die „neue Frau" schimpfen und die altmodischen Tugenden Cornelias und Aurelias preisen, doch die neuen Männer, wie z.B. der jüngere Plinius, besangen mit Ovid und Catull die Anmut und geistige Schönheit der befreiten Frauen.

„Es ist sicher, daß sich die römische Frau (des Kaiserreiches) einer Würde und Unabhängigkeit erfreute, die denen von heutigen Feministinnen geforderten zumindest gleichkommen, wenn sie sie nicht sogar übertreffen." (52) Die Kaiserinnen der ersten drei Jahrhunderte, gerade vor dem Sieg des Christentums, strahlten wie Leuchtfeuer des wiedererstandenen Frauentums, wie die Reinkarnation der edlen Frauen Etruriens, die sie zu ihren Vorfahrinnen zählten. Plotina teilte den Ruhm und die Verantwortung mit ihrem Gatten Trajan (98-117 n. Chr.) und begleitete ihn sogar während des ganzen Parthischen Krieges. Bei seinem Tod war sie es, die das Reich durch den Aufruhr der Nachfolge steuerte und dafür sogte, daß Hadrian, der von Trajan erwählte Nachfolger, seine Herrschaft friedlich und ohne Bürgerkrieg antreten konnte.

Julia Domna, die erste Frau des Reiches von 197 bis 217, leitete zuerst als Frau des Septimus Severus und dann als Mutter von Caracalla „während ihres Sohnes Regierung die Geschicke des Reiches mit einer Klugheit, die sein Ansehen mehrte, und mit einer Mäßigung, die seine wilde Zügellosigkeit ausglich (...). Julia Domna besaß selbst noch im fortgeschrittenen Alter (sie starb durch Selbstmord mit 50) die Anziehungskraft der Schönheit und vereinigte Verstandeskraft und Urteilsschärfe mit einem lebendigen Ideenreichtum, wie man sie bei ihrem Geschlecht selten antrifft (...). Sie widmete sich mit einigem Erfolg den schönen Künsten und der Philosophie und hatte hierfür einen hervorragenden Namen. Sie förderte alle Künste und war die Freundin jedes begabten Mannes." (53) Soweit Gibbon. Julia Domna haben wir alles zu verdanken, was wir über Apollonius von Tyana wissen, den großen Philosophen des ersten Jahrhunderts und Rivalen Christi. Denn es war Julia, die ihren Schützling Philostratus beauftragte, Apollonius' Lebensgeschichte zu erforschen und aufzuschreiben. (54)

Als Caracalla im Jahre 217 von dem Thronräuber Macrinus ermordet und das Reich ins Chaos gestürzt wurde, da war es eine Frau, Julia Maesa, die Schwester Julia Domnas, die „die Initiative ergriff" (55) und die Ordnung wieder herstellte. Sie setzte den tyrannischen Macrinus ab und brachte ihren eigenen Enkel Elagabalus, den Sohn ihrer Tochter Julia Soaemias „durch eine Frauenverschwörung, die mit Klugheit geplant und mit rascher Durchschlagskraft ausgeführt wurde" (56), auf den Thron. Während Elagabalus' Regierungszeit saß seine Mutter im römischen Senat auf dem Platz des Konsuls. (57) Als Elagabalus von der Prätorischen Wache im Jahre 222 ermordet wurde, griff Maesa erneut ein und leitete das Kaiserreich durch das chaotische Interregnum, indem sie ihren Enkel Alexander Severus, den Sohn ihrer Tochter Julia Mammaea, zum Kaiser unter der Regentschaft seiner Mutter ernannte. (58)

Julia Mammaea ragt als eine der größten Herrscherinnen aller Zeiten hervor. Wie die Herrschaft von Königin Hatschepsut in Ägypten, so kennzeichnete auch ihre (von 222 bis 235) eine Zeit des Friedens, der Gerechtigkeit und des Wohlstandes, wie sie in der gesamten vorherigen römischen Geschichte kaum zu finden ist. Als Alexander Severus noch minderjährig war, errichtete diese bemerkenswerte Frau, die Nichte und Tochter bemerkenswerter Frauen, eine strenge demokratische Regierungsform, die während der meisten Zeit der späteren Herrschaft ihres Sohnes wirksam blieb.

Ihre Regierung richtete sich im allgemeinen gleichermaßen auf das Wohl ihres Sohnes und das des Reiches. Mit Zustimmung des Senats wählte sie aus ihm die 16 Weisesten und Tüchtigsten, die den ständigen Staatsrat bildeten, vor dem jede wichtige öffentliche Angelegenheit erörtert und entschieden wurde (...). Die umsichtige Entschlossenheit dieser Adelsherrschaft verhalf der Regierung wieder zu Ordnung und Ansehen. Sobald sie die Stadt von fremdem Aberglauben befreit hatten, (...) machten sie sich daran, unwürdige Geschöpfe aus der Verwaltung zu entfernen und sie durch tugendhafte und fähige Männer zu ersetzen. Bildung und Gerechtigkeitsliebe wurden der einzige Befähigungsnachweis für öffentliche Ämter.

Doch an der Charakterbildung des jungen Kaisers waren Mammaea und ihren weisen Ratgebern am meisten gelegen. Denn von seinem Wesen mußte letztlich das Glück der römischen Welt abhängen (...). Ein hervorragender Verstand überzeugte Alexander bald von den Vorteilen der Tugend, der Wissensfreude und der Notwendigkeit der Arbeit (...). Seine beständige Achtung vor seiner Mutter schützte seine unerfahrene (!) Jugend vor dem Gift der Schmeichelei (...) (59) Sie forderte von ihm in seinen reiferen Jahren denselben pflichtbewußten Gehorsam, wie sie ihn während seiner unerfahrenen Jugend verlangt hatte." (60)

Und Alexander entwickelte sich zu einem klugen und gerechten Herrscher, der der Habsucht, Grausamkeit und Begierlichkeit, den beruflichen Gefahren der römischen Kaiser, erst nach dem Tod seiner geachteten Mutter unterlag.

Vielleicht verhalf die enge Verbindung mit den Kelten Galliens und Britanniens, die durch die Eroberungen und Niederlagen des Julius und des Claudius Cäsar und der Feldherrn Agricola und Cerialis entstanden war, den Frauen des kaiserlichen Rom dazu, die Freiheit und Herrschaft wiederzugewinnen, die sie während des Königtums und der Republik vor Cato gekannt hatten. Denn die Römer bewunderten außerordentlich die keltischen Frauen und waren von deren *audax muliebris,* deren Fähigkeiten auf allen Gebieten, deren unbeschränkter Freiheit und deren Seelenadel beeindruckt.

13

Die Kelten

Ihre Frauen sind für jeden Mann die heiligsten Zeuginnen seiner Tapferkeit. Die Überlieferung erzählt, daß wankende Heere von Frauen wieder gesammelt wurden (...). Sie glauben, daß ihr Geschlecht ein bestimmtes Vorherwissen habe, und sie verachten ihre Ratschläge nicht, noch nehmen sie ihre Ansichten leicht.

Tacitus

Das Auftauchen der Kelten

Zum ersten Mal begegnen wir den jüngeren nördlichen Kelten, Tacitus' blauäugigen Riesen, um 900 v. Chr., als die Griechen sie „Keltoi" nannten, was Professor Powell für den Namen ihrer königlichen Familie hält. (1) Wo waren sie seit dem Untergang der alten Kultur gewesen? Wo hatten sie in der langen Zeit gelebt, während der die sumerische Kultur erblüht und abgestorben war, und die patriarchale Revolution die Gesellschaft des östlichen Asien und der Ägäis verändert hatte?

Wo immer sie auch waren, sie hatten Sitten und Gebräuche ihres alten Erbes bewahrt. Klassische Schriftsteller wundern sich unterschiedslos über die seltsamen Lebensgewohnheiten der Kelten und ihrer Stämme: Sie hielten keine Sklaven; sie kannten keine Todesstrafe; bei ihnen bestand vollständige Gleichheit der Geschlechter mit einem leichten Übergewicht auf der weiblichen Seite; die Frauen nahmen an den Stammesversammlungen teil und führten dabei oft den Vorsitz; ihre Häuptlinge wurden gewählt, während das Königtum erblich war, und zwar in weiblicher Linie. Nur in diesem letzten Punkt glichen sie der übrigen alten Welt. Als die klassische Welt ihrer gewahr wurde, hatten sie sich schon über ganz Europa ausgebreitet. „Im dritten Jahrhundert v. Chr.", schreiben Dillon und Chadwick, „konnte man von Galatien und Kleinasien nordwestwärts nach Schottland und Irland und dann wieder südwärts nach Andalusien in Spanien reisen, ohne keltisches Gebiet zu verlassen." (2) Sie waren ein Volk mit einer gemeinsamen Kultur. Und überall hielten sie an ihren demokratischen Einrichtungen und ihrer traditionellen Achtung vor der Frau fest.

Sie waren keineswegs die Barbaren, die die moderne Geschichte aus ihnen gemacht hat. Die Archäologie zeigt zusammen mit der weniger voreingenommenen Forschung des 20. Jahrhunderts schließlich jetzt, wie die vorchristlichen Kelten wirklich waren, bevor sie, wie die Kreter und Etrusker vor ihnen, ein Opfer einer ,,Verschwörung des Schweigens" geworden waren, einer Verschwörung mit der Absicht, ihre Errungenschaften unterzubewerten, um die ihrer späteren Beherrscher hervorzuheben. Diese waren die wilden und barbarischen Teutonen, die heutigen Deutschen, die aus den dichten baltischen Wäldern im 5. Jahrhundert als Vandalen und Goten hervorbrachen und unbewußt das christliche Bemühen unterstützten, sowohl das keltische als auch das römische Reich zu zerstören. Zusammen vernichteten diese Mammute des Männlichkeitskultes — die teutonische Barbarei und das semitische Christentum — die alte zivilisierte Welt und setzten an ihre Stelle das dunkle Zeitalter des mittelalterlichen Europa, von dessen Rückschritt sich die abendländische Zivilisation noch nicht erholt hat.

Im Gegensatz zur vorherrschenden Meinung, daß Europa bis zur Kolonisierung durch Rom während der letzten drei Jahrhunderte v. Chr. ein Brachland gewesen sei, weisen die jüngsten Funde der Archäologie ,,darauf hin, daß Europa in vorgeschichtlicher Zeit von Völkern bewohnt war, die eine höhere Kulturstufe besaßen als man bisher angenommen hat. Auch ihre Errungenschaften hatten sich in *tausenden von Jahren* weiterentwickelt, *selbst vor der etruskischen Zeit*". (3)

Das keltische Zeitalter im vorgeschichtlichen Europa ,,war ein Heldenzeitalter", schreibt Stuart Piggott, ,,ähnlich Homer auf der einen und Beowulf und den Sagas auf der anderen Seite. Und hinter allem liegen Hesiods Werke und Tage!" (4) Das heißt, alles gründete sich auf die Gynaikokratie, an die Hesiod erinnert, ,,der Dichter der Matriarchate". ,,Die keltische Kunst gehörte zu den führenden (...) in Europa", fährt Piggott fort. (5) Die Technologie der alten Kelten bildete die Grundlage, auf die die europäische Technologie bis ins Dampfzeitalter hinein ruhte, das heißt bis vor weniger als 200 Jahren. Die Schmiede und die Töpfer des 18. Jahrhunderts verwendeten dieselbe Technik und dieselben Stoffe wie die Kelten des vierten Jahrtausend v. Chr. (6) Technologie und Landwirtschaft des mittelalterlichen Europa waren nur eine Fortsetzung der keltischen des 6. *Jahrtausends v. Chr.* „Der Ziehpflug und die rechteckigen Felder waren im keltischen Britannien seit dem 3. Jahrtausend bekannt. Die vorgeschichtlichen Kelten entwickelten Fruchtwechsel und das Düngen, um den Boden vor dem Auslaugen zu bewahren." (7)

Im Gegensatz zur landläufigen Meinung waren die Kelten nicht des Lesens und Schreibens unkundig. Sie hatten ihre eigene Literatur, die in den mittelalterlichen Liedern und späteren Romanen Irlands, Britanniens und Westeuropas fortbestand. In der Ritterzeit, schreibt W.W. Comfort, „übernahmen die französischen Dichter viele keltische Volksbräuche und verwendeten sie dazu, sie mit zahlreichen Ritterbräuchen und -vorstellungen zu beladen". (8) Und Charlotte Guest schreibt: „Bemerkenswert ist, daß sich bei einer Überprüfung der großen Romane der gesamten europäischen Literatur die Namen vieler Helden und die ihrer Schauplätze als keltisch herausstellen (...). Da die meisten keltischen Völker die keltische Sprache verloren haben, ist es verwunderlich, daß Geschichten, die ursprünglich in keltischen Mundarten Großbritanniens und Frankreichs überliefert wurden, so sehr die Literatur von Völkern beeinflussen konnten, denen die keltische Sprache vollkommen unbekannt war." Man kann nur annehmen, fährt sie fort, „daß sich bei der Vertreibung aus ihrer Heimat durch spätere Völker die Namen ihrer Helden und Heldinnen und deren Großtaten und die *Schöpfungen ihrer Dichter* überall unter den Eindringlingen verbreiteten und deren Geschmack und Literatur für viele Jahrhunderte beeinflußten, und daß deshalb die keltische Literatur sehr wohl beanspruchen kann, die Wiege des europäischen Romans zu sein". (9)

Lady Charlotte schrieb diese Worte 1849, als man die hohe Kultur der Kelten und ihre große Zahl ganz und gar nicht vermutete, sondern glaubte, sie seien kleine, verstreut lebende, ungebildete Stämme gewesen, die lediglich den Südwesten Europas und die Britischen Inseln bewohnt hätten.

Aus den Feststellungen Comforts und Guests kann man entnehmen, daß die Zeit des Rittertums, die vorübergehend die Dämmerung des Mittelalters erhellte und für allzu kurze Zeit den mittelalterlichen Frauen ihren alten Glanz zurückgab, nur eine Erneuerung des keltischen Feminismus war.

Piggott sagt in seinem Buch, das er vor kurzem über die Kelten herausgebracht hat, daß sie „ein von Gelehrsamkeit zeugendes Verhältnis zu Maßstäben der Bildung zeigten", und daß „es einen Indizienbeweis dafür gibt, daß Papyrus als Schreibmittel ins frühe keltische Britannien eingeführt wurde. Das würde natürlich Bildung einschließen", fährt er fort, „wie das auch die Münzinschriften und die Schriftzeichen an früher keltischer Töpferei zeigen." (10)

Daß die Kelten die Kunst des Schreibens seit frühester Zeit gekannt haben müssen, läßt die Tatsache vermuten, daß ihre alte Handschrift „Ogham" „aus *Anatolien* zu stammen scheint" (11), eine Gegend, die sie so früh in grauer Vorzeit verlassen hatten, daß sie das selbst gar nicht mehr wußten.

Doch so bemerkenswert ihre Kunst, ihre Beredsamkeit und ihre Schönheitsliebe sind, das hervorragende Wesensmerkmal der alten Kelten war doch ihre Freiheitsliebe. Sie waren im späten Altertum in ihren Vorstellungen von Gerechtigkeit, geschlechtlicher und gesellschaftlicher Gleichberechtigung, Demokratie und Menschenfreundlichkeit mit niemandem zu vergleichen. Sie verabscheuten die Todesstrafe. Henry Hallam schreibt, daß „die Todesstrafe im Gegensatz zum Geist der alten Völker Europas stand. Man entschädigte vielmehr die Familie des Opfers" (12), eine sicherlich menschlichere und gesellschaftlich nützlichere Art der Bestrafung als die Hinrichtung.

Die Frauen Galliens

Wir haben von alten Zeiten kein glänzenderes Bild als das der keltischen Frau. Schlank und edel in der Haltung, ihr rotgoldenes Haar den Rücken hinabwallend oder in einem losen Knoten im Nacken gefaßt, mit leuchtenden, blauen Augen, so sehen wir sie, wie sie Truppen im Kampfe führt, Stammesversammlungen leitet, ihre Verwundeten auf dem Schlachtfeld pflegt, tapfer an der Seite ihres Gatten kämpft und mit Güte ihre Kinder erzieht. Sie erscheint wie eine spätere Camilla, frei wie Artemis und stolz in ihrer Freiheit.

Dieses herrliche Geschöpf, diese keltische Frau des Altertums sehen wir plötzlich einige Jahrhunderte später, im dunklen Zeitalter des christlichen Europa, sich an ihrer Hüttentüre ducken, eine wimmernde Sklavin, von der Kirche als Geschöpf des Teufels gebrandmarkt, ohne Seele, ohne Rechte, ohne menschliche Natur.

Sie war nicht mehr die Gebieterin ihres Volkes oder die Priesterin ihrer Göttin; sie war ausgeschlossen von den Gerichtshöfen, ausgeschlossen vom Dienst am Altar des neuen Gottes, ihrer Rechte auf Eigentum beraubt, ja sogar beraubt des Rechts auf ihren eigenen Körper. Jules Michelet zeichnet uns ein unvergeßliches Bild von dieser einst stolzen Frau: jetzt aufs tiefste erniedrigt, mit vom ständigen Weinen geröteten Augen, ihr goldenes Haar stumpf und ungekämmt, ihre Gliedmaßen von Stock und Peitsche grün und blau geschlagen. Versklavt durch das Gesetz, mißbraucht und ausgebeutet von ihrem Mann, ein Zeitvertreib für ihren Lehnsherren, betrogen und beschmutzt von Priester und Mönch, ist sie ein überarbeitetes, geschlagenes, hoffnungsloses Objekt geworden, eine Vorläuferin von Generationen christlicher Frauen, die noch kommen sollten. (13)

Aber in den unzähligen Jahrtausenden vor dem Christentum war diese „untermenschliche" Sklavin der Ruhm der Welt gewesen, ein Ziel der Verehrung unter den Völkern, eine Quelle der Ehrfurcht für die erobernden Römer. Noch im vierten Jahrhundert n. Chr. schrieb der römische Historiker Ammianus Marcellinus von den keltischen Frauen des heidnischen Gallien: „Nahezu alle Gallier sind von hehrer Gestalt, haben einen kühnen Blick und sind sehr stolz. Eine ganze Schar von Fremden wäre nicht in der Lage, einem einzigen Gallier zu widerstehen, wenn er seine Frau zu Hilfe ruft, die gewöhnlich sehr stark und blauäugig ist." (14) Julius Cäsar berichtet, daß der vereinigte Generalstab des keltischen Volkes aus Frauen bestand. „Die Matronen entschieden", schreibt er in seinem *Gallischen Krieg* im Jahre 58 v. Chr., „wann die Truppen angreifen und wann sie sich zurückziehen sollten." (15) Und nach Tacitus war es die Königin Veleda, vom keltischen Stamme der Batavier, an die sich der römische Feldherr Cerialis wegen der Übergabe seines Flaggschiffes wenden mußte, das die Batavier „als Geschenk für Veleda den Fluß Lupia hinaufgezogen hatten". (16)

Die fortgesetzte Vorherrschaft der Frauen in der keltischen Regierung wird von Tacitus bestätigt. Denn als derselbe Feldherr Cerialis die Stämme aufforderte, sich den Römern anzuschließen, „murmelten die unteren Klassen, daß, wenn wir zwischen Meistern wählen müssen, wir bei den Kaisern Roms ein ehrenhafteres Los haben als bei den Frauen Galliens". (17) Dieses Bild erhellt, wie die Römer das männliche Element unter den niederen Schichten der Kelten in der gleichen Weise angesprochen haben wie die moderne Black-Power-Bewegung und skrupellose weiße Politiker die rassistischen Elemente bei den Unterschichten Amerikas.

Im dritten Jahrhundert v. Chr. hatte der karthagische König Hannibal, der Rom beinahe eroberte, die keltischen Frauen achten und fürchten gelernt, als er ihre Bereiche auf seinem Marsch über die Alpen nach Italien durchquerte. In Spanien, Gallien und Norditalien waren es Frauen, die an ihn herantraten, und nur mit ihrer Erlaubnis konnte er seinen Weg unbehindert fortsetzen. In dem zwischen Kelten und Karthagern ausgehandelten Vertrag wurde vereinbart: „Wenn die Kelten Beschwerden über die karthagischen Soldaten haben, so soll der karthagische Befehlshaber entscheiden. Doch wenn die Karthager irgend etwas gegen die Kelten vorzubringen haben, so soll das den keltischen Frauen unterbreitet werden." (18)

Edward Gibbon setzte im 18. Jahrhundert, typisch männlicher Anschauung entsprechend, Weiblichkeit mit Kleinmut gleich, und bezeichnete abfällig die keltischen Frauen des vorchristlichen Europa als „unweiblich". Diese „hochgeistigen" Matronen, wie er sie bezeichnete, „müssen die anziehende Sanftheit verloren haben, in der der Liebreiz und die Schwäche der Frau bestehen". (19) Doch daß die Sanftheit und Schwäche der Frauen anziehend seien, ist eine jüdisch-christliche Vorstellung, die bei den vorchristlichen Europäern nicht vorhanden war. Wie die früheren Bewohner Italiens, bewunderten auch die Kelten die *audax*, die Kühnheit, vor allem der Frauen, bei den Etruskern *audacia muliebris* genannt, was moderne Gelehrte als Widerspruch in sich angesehen haben. „Weibliche Kühnheit", sagen sie, „ist sicherlich nicht zu bewundern. Weibliche Schüchternheit und Untergebenheit, ja. Weiblicher Wagemut, nein." Carpenter drückt es so aus: „Heute wird die Vorstellung, daß Frauen Mut und Stärke brauchen, für sehr abwegig gehalten. Doch die Wahrheit ist, daß Eigenschaften wie Unabhängigkeit und Mut einem Sklaven nicht zuerkannt werden können, und deshalb hat sie der Mann in all den letzten Jahrhunderten herabgesetzt, bis die Frau sie schließlich selbst als ‚unweiblich' angesehen hat." (20)

Doch die Kelten glaubten an die *audacia*, und selbst ihre Hochzeitsbräuche waren danach ausgerichtet, der Braut zu versichern, daß sie durch Heirat nichts von ihrer Unabhängigkeit verliere, daß sie und ihr Gatte beim Streben nach Ehre und Ruhm gleiche Partner seien, daß sie „mit ihm teile und wage, im Frieden wie im Krieg", wie es Tacitus berichtet. (21)

Tacitus vermerkt zustimmend die Tatsache, daß die Kelten, wie die Römer und die Griechen, monogam und „mit einer Frau zufrieden waren". (22)

„Keine ihrer Sitten ist lobenswerter als ihr Hochzeitsbrauch. Die Frau bringt dem Gatten keine Mitgift, doch dieser seiner Frau. Mit seinen Hochzeitsgaben würde sich eine Braut nicht schmücken; es sind vielmehr Ochsen, ein aufgezäumtes Pferd, ein Schild, eine Lanze und ein Schwert. Damit die Frau nicht denkt, sie könnte bei den Bemühungen um edle Taten beiseite stehen, wird sie durch diese Zeremonie daran erinnert, daß sie die Partnerin ihres Gatten in der Gefahr ist und dazu bestimmt, sowohl im Krieg als auch im Frieden mit ihm zu teilen und zu wagen. Das Paar Ochsen, das angeschirrte Pferd und die übergebenen Waffen verdeutlichen diese Tatsache." (23)

Auch als Mütter gewannen die Frauen Tacitus' Anerkennung: „In jeder Familie wachsen die Kinder nackt auf mit ihren kräftigen Gestalten und starken Gliedmaßen, die wir so sehr bewundern. Jede Mutter stillt ihr eigenes Kind und vertraut es nie Dienern oder Ammen an." (24) „Der Soldat kommt mit seinen Wunden zu seiner Mutter, die sich nicht scheut, sie zu zählen." (25)

Die hohe Stellung der keltischen Frau im ersten Jahrhundert n. Chr. wird außerdem, wenn noch ein weiterer Beweis nötig sein sollte, durch ihre religiösen Bräuche und die Bedeutung der mütterlichen Verwandtschaft bestätigt. „Allen Stämmen sind die Anbetung der Mutter der Götter und der Glaube gemeinsam, daß sie in menschliche Angelegenheiten eingreift und die Völker in ihrer Fürsorge besucht (...). Es ist eine Zeit der Freude, und Feste werden gefeiert, wo immer sie sich entschließt hinzugehen. Sie führen keinen Krieg, noch tragen sie Waffen, die alle unter Verschluß gehalten werden; Frieden und Ruhe herrschen in diesen Zeiten, bis die Göttin, vom Umgang mit den Menschen ermüdet, schließlich wieder in ihren Tempel zurückgebracht wird", der auf einer Meeresinsel inmitten eines heiligen Eichenhaines liegt. (26)

Die Schwesternbeziehung ist heilig, und die Kinder der Schwester werden höher geachtet als die eigenen. „Die schwesterliche Verwandtschaft wird tatsächlich für heiliger und bindender gehalten als irgendeine andere." (27)

Tacitus hatte offensichtlich vergessen oder war sich dessen nicht bewußt, daß in seinem eigenen Land nicht sehr lange vor seiner Zeit dieselbe Sitte üblich gewesen war.

Die Kriegerköniginnen

Alle schriftlichen Berichte, die wir von den frühen Kelten besitzen, wurden von Männern verfaßt, deren Land mit den Kelten verfeindet war, angefangen mit Herodot im 5. Jahrhundert v. Chr. bis Ammianus Marcellinus im 5. Jahrhundert n. Chr.. Doch alle sprechen bewundernd von der keltischen Frau, von ihrem Adel, ihrem Mut, ihrem Stolz und ihrer Unabhängigkeit.

„Anders als die modernen Kritiker, bezweifeln, geschweige denn verändern diese alten Schriftsteller die Überlieferung nicht deswegen, weil sie eine Abweichung in ihr zu finden scheinen", sagt Bachofen. (28) Mit einem Wort, „die matriarchalen Vorstellungen hatten den Bedürfnissen der patriarchalen Theorie noch nicht nachgegeben". (29) Die alten Autoren sind deshalb viel zuverlässiger als ihre modernen Interpreten, deren „bewußte Feindseligkeit gegenüber den Alten" die eigentliche Substanz und das Gefüge der alten Geschichte und Gesellschaft verändert haben. (30)

Herodot, in dessen griechischem Heimatland sich in seiner Zeit das Patriarchat bereits gegen das ursprüngliche Matriarchat durchgesetzt hatte, schrieb mit Bewunderung von Tomyris, der keltischen Königin, die den mächtigen Cyrus den Großen, den König von Persien, erschlug. Herodot sah hierin nichts „Ungewöhnliches". Er beschimpfte sie nicht, wie moderne Historiker, als „unnatürliches Mannweib", sondern stellt sie als Frau von hohem Adel und besonderer Lauterkeit dar.

Als Cyrus die Massageten bedrohte, „sandte deren Königin Tomyris einen Boten zu ihm, der sagte: ‚König der Meder, beende dieses Unternehmen (...). Begnüge dich damit, in Frieden dein eigenes Königreich zu regieren, und ertrage es, daß wir über die Länder herrschen, die wir zu lenken haben.' " Aber Cyrus wies dieses Gesuch zurück, und Tomyris sandte ihren Sohn Spargapises an der Spitze einer Armee aus, die die Meder und Perser aus ihrem Land vertreiben sollte. Die Perser gewannen den folgenden Kampf und nahmen Spargapises gefangen, der sich sogleich tötete, um der Sklaverei zu entgehen. Als Tomyris hörte, daß ihr Sohn gefangen genommen worden war, schickte sie Cyrus folgende Botschaft: „Du hast mein Kind gefangen. Gib mir meinen Sohn zurück und ziehe unbeschadet aus meinem Land. Weigerst du dich, so schwöre ich dir, blutdürstig wie du bist, daß ich dir genügend von deinem Blute geben werde."

„Als Tomyris erkannte", fährt Herodot fort, „daß sich Cyrus um ihren Rat nicht kümmerte, versammelte sie alle Streitkräfte ihres Königreiches und zog gegen ihn in die Schlacht (...). Von allen Kämpfen war dieser der fürchterlichste. Am Ende trugen die Massageten unter der persönlichen Leitung von Tomyris den Sieg davon. Der größere Teil des Heeres der Meder und Perser wurde vernichtet, und Cyrus selbst fiel (...). Als sie erfuhr, daß ihr Sohn tot war, nahm Tomyris Cyrus' Körper, tauchte seinen Kopf in eine Lache geronnenen Blutes und sprach zu ihm: „Ich lebe und habe dich im Kampf besiegt. Aber durch dich wurde ich vernichtet, denn du hast mir meinen Sohn durch Arglist genommen. Doch so mache ich meine Drohung wahr und gebe dir genügend von deinem Blute.' " (31)

Es ist sehr aufschlußreich, daß trotz Herodots Tatsachenbericht, den er nur wenige Jahre nach dem Ereignis schrieb, moderne Historiker vorgeben, nicht zu wissen, wie Cyrus starb. Mit nur leicht unterschiedlichen Worten sagen die Nachschlagewerke, er starb im Jahre 529 v. Chr. *wahrscheinlich* bei einem Feldzug. Es scheint, als hielten es die männlichen Schriftsteller des christlichen Zeitalters für unmöglich, daß dieser große König Cyrus, der Gründer des Persischen Reiches und Eroberer des Morgenlandes von Frauenhand im Kampf erschlagen worden sein könnte. Wenn sie ihn verräterischerweise umgebracht hätte, durch Gift oder Betrug, wie er ihren Sohn, so würde Tomyris eine jener berüchtigten Frauen, eine aus „der schrecklichen Schar" sein, wie Toynbee sie bezeichnet, deren Erinnerung von männlichen Historikern als Beispiele für die Ruchlosigkeit des weiblichen Geschlechts bewahrt wurde.

Tomyris' herausfordernde Worte erinnern an eine andere keltische Königin, an Boadicea von Britannien, die etwa 600 Jahre später siebzigtausend der einfallenden Römer erschlagen sollte, wie die Römer selbst voll Trauer berichteten. Boadiceas Aufforderung an ihr Volk im Jahre 60 n. Chr. klingt ähnlich stolz wie Cyrus' Herausforderung durch Tomyris 529 v. Chr.:

„Nicht als Königin adeliger Vorfahren, sondern als eine aus dem Volk räche ich unsere verlorene Freiheit. Die römische Zügellosigkeit geht bereits so weit, daß nicht einmal unsere Körper unbeschmutzt bleiben. Wenn ihr die Stärke unserer Heere genau abwägt, so werdet ihr sehen, daß wir in diesem Kampf entweder siegen oder sterben müssen. Das ist der Entschluß einer *Frau*. Was die *Männer* betrifft, so mögen sie leben und Sklaven sein!" (32)

Dio Cassius hat uns ein eindruckvolles Bild von Boadicea hinterlassen:

„Sie war groß gewachsen und besaß ein anmutiges Gesicht; bekleidet war sie mit einem losen Gewand wechselnder Farben, und die Locken ihres blonden Haares hingen bis zum Saum ihres Kleides. Um ihren Hals trug sie eine Goldkette und in der Hand einen Speer. Und so stand sie für eine Weile und musterte ihr Heer. Mit ehrfurchtsvoller Stille wurde sie betrachtet; dann hielt sie eine beredte und leidenschaftliche Ansprache." (33)

Das ist Agnes Stricklands Übersetzung. Es ist ein fesselnder Beweis für den fortdauernden Krieg zwischen den Geschlechtern, daß G.R. Dudleys Übersetzung für Boadicea viel ungünstiger ausfällt. Für ihn hatte sie „eine riesige Gestalt", sie bot „einen *schrecklichen* Anblick". Sie trug eine „mehrfarbige *Tunika*", und die „*große Masse ihres glänzenden roten* Haares fiel bis zu ihren *Knien* herab". Um ihren Hals trug sie „ein *großes, verdrehtes*, goldenes Halsband", und „ihre Hand hatte *einen langen Speer gepackt*". Von ihrem Heer wurde sie nicht mit „*Achtung*", sondern mit „*Furcht*" betrachtet. (34)

Unglücklicherweise sind beide Übersetzungen nicht ganz genau. Die unterschiedlichen Wörter werden in den meisten lateinischen Wörterbüchern als zusätzliche Erklärungen gegeben, wie z.B. „achten, fürchten" für das Verb *vereor*.

Es hängt alles von der Anschauung ab, und der männliche Chauvinist wählt die eine Bezeichnung, die feministisch gesinnte Person eine andere. Doch der Psychoanalytiker könnte interessantes Material in der Wahl des ersteren für furchterregende, schreckliche Wörter finden, mit denen er diese Kriegerkönigin beschreibt, als ob schon allein der Gedanke an eine Kriegerin atavistische Bilder von männlicher Hilflosigkeit in Gegenwart weiblicher Macht hervorriefe. Wie James Thurbers Karikatur von dem winzigen Mann, der von einem gigantischen, schrecklichen Weib verfogt wird, das zehnmal so groß ist wie er, so enthüllt diese Wahl die angeborene, ursprüngliche Furcht des Mannes vor der Frau.

Boadicea schlug nicht nur die Heere des mächtigen Rom in die Flucht, sondern sie eroberte auch die römischen Städte London, Colchester, und St. Albans, bevor sie schließlich selbst durch verstärkte Legionen unter Suetonius Paulinus der Gefangenschaft entgegensah. Um der Schmach der Bloßstellung in einem römischen Triumphzug zu entgehen, setzte diese hervorragende Königin im Jahre 62 n. Chr. ihrem Leben selbst ein Ende.

Wie unterschiedlich war doch das Verhalten ihres britischen Landsmannes Caractacus gewesen, der nur elf Jahre vorher von dem römischen Heerführer Publius Ostorius gefangengenommen worden war. In Ketten wurde der Brite nach Rom gebracht und in einem Siegeszug allen Bürgern gezeigt. Als er an der Kaiserloge vorbeikam, flehte er feige um sein Leben: „Meinem Tod würde Vergessenheit folgen. Aber wenn du mir das Leben schenkst, werde ich eine immerwährende Erinnerung an deine Milde sein." (35) Der weichherzige Kaiser Claudius vergab ihm, verbot ihm aber, nach Britannien zurückzukehren. Und Caractacus verbrachte den Rest seines ruhmlosen Lebens als Gefangener in Rom.

Tacitus berichtet von dem Erstaunen der Römer, als Caractacus bei dieser Gelegenheit entsprechend seiner keltischen Erziehung seine erste Ehrerbietung der Königin darbrachte und „Agrippina mit denselben Worten des Lobes und der Dankbarkeit huldigte wie dem Kaiser". (36)

Es ist interessant, daß Caractacus eine Heldengestalt bleibt, ein Name, der in der Weltgeschichte beachtet wird, während die viel tapferere und edlere Boadicea vergessen worden ist, mit der Ausnahme, daß man sie als „unnatürliches Mannweib", als „Anomalie", als „unweibliche Mißgeburt" der frühen britischen Geschichte ansieht.

Noch schändlicher ist es, daß Cartismandua vergessen wurde. Doch sie ist eine weitere britisch-keltische Königin, die eine wahre Heldin ihres Volkes und eine Geißel für ihre Feinde war. „Cartismandua," schrieben Dillon und Chadwick, „ist eine der hervorragendsten Herrscherinnen der keltischen Vorzeit, vergleichbar der Königin Boadicea und der heldenhaften Königin Maedb von Connacht. Ein wirklicher Zugang zur keltischen Geschichte und Literatur ist tatsächlich nur dann möglich, wenn man sich den hohen Status vor Augen führt, den die keltischen Frauen hatten." (37) „Königin Cartismandua herrschte auf Grund ihrer erlauchten Geburt über die Briganten." schreibt Tacitus. (38) Cartismandua war also durch die Erbfolge Königin geworden und, wie Boadicea „eine Frau königlicher Herkunft, denn sie machen bei der Thronfolge keinen Unterschied zwischen den Geschlechtern." (39)

Ihren ersten Kampf gewann sie gegen ihren Gatten, Venutius,

der ihr irgendwie mißfallen hatte. Nachdem sie ihn unterworfen hatte, wandte sie sich gegen das Römische Reich. Nur der große Feldherr Agricola konnte die Briganten schließlich im Jahre 77 n. Chr. bezwingen, „die unter der Führung einer Frau das römische Joch wohl hätten abwerfen können". (40)

Doch nicht nur die Königinnen waren heldenhaft. Heldenmut scheint auf dem Festland wie auf den Inseln ein allgemeiner Wesenszug der keltischen Frauen gewesen zu sein. „Die britischen Frauen standen ihren gallischen Schwestern an Stärke ihrer Persönlichkeit und in politischem und militärischem Ansehen kaum nach." (41) Als Paulinus die Insel Mona im Irischen Kanal zu nehmen suchte, die seit frühesten druidischen Zeiten heilig war, standen ihm feindliche Linien gegenüber, unter denen „schwarz gekleidete Frauen, die Fackeln trugen, hin und her liefen", ein Anblick, „der unsere Soldaten so erschreckte, daß sie bewegungslos stehen blieben, als seien ihre Glieder gelähmt (...). Dann trugen sie, von ihrem Feldherrn aufgefordert, nicht vor einer Schar von Frauen zu verzagen, die Feldzeichen vorwärts". (42) Als ein andermal die Römer den Heeren von Boadicea gegenüberstanden, verloren die Soldaten ihre Nerven, so daß sie von ihrem Feldherrn angefeuert wurden: „Ihr seht hier mehr Frauen als Krieger (...). Schließt die Reihen dichter und schleudert eure Speere." (43)

Die Briten, von denen er schreibt, nennt Tacitus richtigerweise Kelten und erwähnt ihre Ähnlichkeit mit den Kelten Europas: „Ihre Sprache unterscheidet sich nur wenig von der Galliens, und man findet dieselbe Kühnheit bei der Herausforderung einer Gefahr. Ihre langen Gliedmaßen und ihr rotes Haar deuten klar auf einen ‚germanischen' Ursprung hin." (44) Doch wo Tacitus von „Germanen" spricht, meint er das keltische Volk, „da das Germanien seiner Tage das keltische war, das von den patriarchalen Quadratschädeln, die wir heute Germanen nennen, noch nicht überflutet war", wie Graves schreibt. (45) Terence Powell fügt hinzu: „Die von Tacitus benutzte Bezeichnung „Germani" war ein keltischer Stammesname (...). Die teutonischen Menschen, die wir heute als Deutsche bezeichnen, traten ins volle Licht der Geschichte erst im 5. Jahrhundert n. Chr. Damals erschienen sie als Vandalen und Goten." (46)

„Groß und schön und blond"

Mit unserer Auffassung, daß die Götter und Göttinnen der Mythologie ursprünglich wirkliche Helden und Heldinnen waren, stimmt die Feststellung Dillons und Chadwicks überein, daß die irischen Götter weder Zwerge noch Feen, sondern „groß und schön und blond" waren. „Sie erinnern an die Beschreibungen der Gallier (Kelten), die wir bei klassischen Schriftstellern finden." (47)

Diese der klassischen Beschreibung der Kelten so sehr ähnelnden Göttinnen und Götter waren ursprünglich die Tuatha de Danann, das Volk der Göttin Dana, das etwa zur Zeit des Moses nach Irland kam. Diese Göttin Dana oder Danu war entsprechend einer Auslegung die alte vorachäische Göttin Danae, deren Name in Homers Zeit zu Danaus vermännlicht wurde. „Matriarchale Vorstellungen waren zu Zeiten Homers den Bedürfnissen patriarchaler Theorie gewichen, und ein weiblicher Name wurde sehr häufig durch einen männlichen ersetzt." (48) Danaus war im griechischen Mythos der Vater der 50 Danaiden, die ihre 50 Gatten auf ihrem Hochzeitsfest ermordeten. Dieser Massengattenmord kann eine antipatriarchale Gegenrevolution in frühen dorischen Zeiten versinnbildlicht haben, als die Frauen nach der Weise der lemnischen Frauen sich gegen die Männer erhoben und sie töteten.

Nennius erzählt die Sage, daß Albion, der römische Name für Britannien, sich von der ältesten der gattenmörderischen Danaiden, von Albina, der Weißen Göttin (49) ableitet, was darauf hinweist, daß diese Tochter mit ihrer Mutter zumindest bis nach England gekommen ist. Der Einfluß der Göttin Dana und auch die Ausbreitung ihres Kultes können durch Europa von den Danaern und den Flüssen Don und Donau im Osten bis zu den Dänen und nach Dänemark im Westen verfolgt werden. Völker und Örtlichkeiten, die ihr zu Ehren benannt wurden. Die Stadt London, die nach John Stows Aussage 1108 vor Chr. gegründet wurde – „ungefähr im Weltjahr 2855", fügt er zur Klärung hinzu – wurde auch nach der keltischen Göttin Dana benannt. (50) Thomas Fuller überliefert im Jahre 1654, daß die Stadt ihren Namen von einem „Tempel der Dana (Diana) herleitete, im keltischen *Lan Dian*, der einst dort stand, wo sich jetzt Sankt Paul befindet." (51)

Lange vor der Gründung Londons jedoch kam das „große und

schöne und blonde Volk" der Göttin Dana nach Irland. Es ist nicht bekannt, woher, aber man muß es einfach mit den Menschen der alten Kultur gleichsetzen, den blonden Fremden der auf der ganzen Welt verbreiteten Sage, die vor 10 000 Jahren die Sieben Meere befahren und die Sieben Kontinente auf Karten festgehalten hatten.

„Die Tuatha de Danann", schreibt der irische Historiker Sheumas MacManus, „waren ein kultiviertes und hochzivilisiertes Volk, das eine solche handwerkliche Geschicklichkeit zeigte, daß die Firbolgs sie Zauberer nannten; und im Verlauf der Zeit schufen die Firbolgs und die späteren Milesier eine Mythologie um sie." (52) „Spätere Generationen der Milesier, denen die wundervolle Tradition des wunderbaren Volkes überliefert wurde, erhoben sie in einen mystischen Bereich, wobei die Großen unter ihnen Götter und Göttinnen wurden, die ihren Nachfolgern eine herrliche Mythologie boten." (53) Ihre Königin Eire gab Irland seinen Namen; denn sie war es, die die Heere der Tuatha gegen die einfallenden Milesier führte. Nach der milesischen Königin Scota, die in der Schlacht gegen die Königin Eire fiel, wurden die Iren lange Zeit benannt, denn die Schotten des Altertums waren die Iren. Schließlich fiel bei Tailte, dem heutigen Teltown, die Königin Eire selbst, und die Milesier, die ebenso „groß gewachsen und rotblond" wie die Tuatha de Danann waren, (54) wurden die Beherrscher Irlands.

Die Überlieferung verbindet die Milesier mit Milet in Karien, das ohne weiteres die Wiege der gälischen Kelten gewesen sein kann, genauso wie Lydien und Lykien die der Italo-Kelten gewesen war, der alten Latiner, von denen Mommsen fand, daß sie den nördlichen Kelten Europas seltsamerweise so ähnlich waren. Könnten diese Kelten des geschichtlichen Europa der letzte Rest der großen verlorenen Zivilisation gewesen sein, deren Existenz immer klarer hervortritt, und von der Sumer ein letztes, schwaches, sterbendes Echo war? Vielleicht waren die Götter und Göttinnen der griechischen Mythologie, ebenfalls „groß und blond und schön", die Helden und Heldinnen jener verlorenen Zivilisation gewesen, genauso wie die Götter des späteren keltischen Irland einst die Helden und Heldinnen der Tuatha de Danann gewesen waren.

Das Brehon-Recht und das Christentum

Als Beispiel für die gerechten und klugen Gesetze der keltischen Völker besitzen wir heute noch Abschriften des Brehon-Rechtes, eines Gesetzeswerkes, das seit vorgeschichtlichen Zeiten unter den Kelten Irlands weitergegeben wurde. „Diese Gesetze weisen das Vorhandensein eines vollständigen Rechtssystems unter den keltischen Stämmen zu einer sehr frühen Zeit nach" und sie werfen „ein wichtiges Licht auf die alte keltische Zivilisation". (55) Und, was noch wichtiger ist, wie Powell bemerkt „*sie sind ein Spiegelbild der alten keltischen Gesellschaft insgesamt*". (56)

Zu den Brehon-Gesetzen, die die Frauen betreffen, gehörte das Recht, große Landbesitzungen zu erben und auch die Adelstitel, die zu diesen gehörten. Dabei waren die Frauen nur verpflichtet, und das erst in viel späteren Zeiten, einen Ersatzkrieger zu stellen, wenn Soldaten ausgehoben wurden. Diese Gewohnheit war in Frankreich noch im 14. Jahrhundert n. Chr. üblich. „Bis zum 14. Jahrhundert wurden in Frankreich große Lehensgüter generell an Frauen vererbt, und die Krone ähnelte einem großen Lehen." „Die großen Lehensgüter der Krone gingen an Frauen, und Burgund wurde bis ins 15. Jahrhundert hinein immer als weibliches Lehen betrachtet." „Frauen konnten auch Heereslehen erben." (57)

„Es ist ein seltsamer Umstand" folgert Hallam von seinem patriarchalen Standpunkt des 19. Jahrhunderts, „daß offensichtlich *kein* erbliches Königtum Europas im Mittelalter die Frauen vom Thron ausgeschlossen hat." (58)

Die Kirche erkannte, daß es, verglichen mit der verhältnismäßigen Leichtigkeit, mit der es ihr schließlich gelungen war, die Frauen des Volkes zu unterwerfen, viel schwieriger war, die Frauen der königlichen Familien und des Adels zu unterjochen. Trotzdem dauerte es auch sehr lange, bis sie das erstgenannte Ziel erreichte. Sie errang den vollständigen Sieg über die Frauen nämlich erst im 17. Jahrhundert, und damals auch nur mit Hilfe der neuen protestantischen Christen, der Puritaner.

Nach dem Brehon-Recht waren die Ehepartner gleichberechtigt. Wie im heidnischen Rom „besteht nur ein Vertrag zwischen ihnen (...). Das Römische Recht behandelte die Ehe wie einen Vertrag, der mit Zustimmung beider Seiten auflösbar war". (59) Doch unter Papst Leo III. (796-816) bestimmte das christliche kanonische Recht, „daß die Ehe ein unauflösliches Band ist", aus dem es außer durch Tod keine Befreiung gab. (60)

Die Frau blieb nach der Heirat nicht nur alleinige Eigentümerin ihres eigenen Besitzes, wie das auch unter griechischem und römischem Recht der Fall war, sondern sie erhielt auch gleichen Anteil am Eigentum ihres Mannes, dessen er sich ohne ihre schriftliche Zustimmung nicht entledigen konnte. Nach keltischem Recht waren die Frauen nicht nur bei Gericht zugelassen, von dem sie nach christlichem Recht ausgeschlossen waren, sondern sie konnten sich bei Gerichtsverhandlungen selbst vertreten und sogar ihre eigenen Gatten zur Sühne heranziehen, nach christlichem Recht ein abscheuliches Verbrechen. Wenn sie einen Grund hatte, konnte sich eine Frau von ihrem Mann scheiden lassen, wie das im alten Griechenland und Rom der Fall war, und dabei hatte sie das Recht, ihren eigenen Besitz und die von ihrem Mann erhaltene Aussteuer ebenso mitzunehmen wie alle andere Mitgift. Darüber hinaus konnte sie sogar noch ein Drittel bis zur Hälfte des gesamten privaten Vermögens ihres Mannes verlangen. (61)

Die Bereiche des Brehon-Rechts, die sich auf die Frauen bezogen, wurden bald von der Kirche angegriffen und in Europa schrittweise beseitigt. In England hielt sich das Brehon-Recht, zumindest seine die Männer begünstigenden Teile, im Gewohnheitsrecht. Martia Proba, eine keltische Königin Britanniens im 3. Jahrhundert v. Chr. fügte das Brehon-Recht in die Gesetzessammlung, die sie ihrem Volk gab, die Martianischen Verordnungen ein. Es waren diese Verordnungen, auf die sich König Alfred der Große tausend Jahre später in seiner Gesetzessammlung stützte, der Ursprung des anglikanischen Common Law. (62)

In Irland mußte sich die Kirche dem Volk anpassen, und nicht umgekehrt. Es bedurfte erst des redegewandten Hl. Patrick, um entsprechend der christlichen Lehre den Mann zu verherrlichen und die Frau herabzusetzen. Wir lesen im *Senchus Mor*, einer Überarbeitung des Brehon-Rechts aus dem 6. Jahrhundert n. Chr., daß „in der Ehe der Mann die Führung hat. Es ziemt sich, dem vornehmen Geschlecht den Vorrang zu geben, das heißt, dem Mann. Denn der Mann ist das Haupt der Frau. Der Mann ist edler als die Frau". (63)

Das klingt sehr ähnlich dem semitischen Tonfall eines bestimmten frauenfeindlichen Autors des Neuen Testamentes, in dem wir lesen: „Die Weiber seien untertan ihren Männern als dem Herrn. Denn der Mann ist des Weibes Haupt." (Eph. 5;22-23) Weiter: „Denn der Mann ist nicht vom Weibe, sondern das Weib ist vom Manne. Und der Mann ist nicht geschaffen um des Weibes willen, sondern das Weib um des Mannes willen." (I Kor. 11; 8-9)

Und unser Verdacht, daß wir es hier mit einem Plagiat zu tun haben, wird bestätigt, wenn wir Fachleute zu Rate ziehen, die sagen, daß das *Senchus Mor* von niemand anderem geschrieben wurde als vom *Hl. Patrick* selbst! (64) Dieser listige Heuchler!

Während des christlichen dunklen Zeitalters des Abendlandes, als nur das keltische Irland das Licht der Gelehrsamkeit bewahrte, führten die Frauen im Bereich des Rechts, des Wissens und der Dichtkunst. Keltische Mädchen und Knaben besuchten Akademien, deren Leiter und Lehrer fast ausschließlich Frauen waren. (65)

Im 5. und 6. Jahrhundert war die Hl. Brigitte für ihre vollkommene Bildung ebenso bekannt wie für ihren scharfsinnigen Verstand im Bereich des Rechts. Und ihr Einfluß und Beispiel wirkten noch Jahrhunderte über ihren Tod hinaus. Doch sie war in den Annalen der irisch-keltischen Frauen keineswegs ein Einzelfall. Weibliche Dichter, Helden, Ärzte, Weise, Rechtsgelehrte, Krieger und Richter werden häufig in alten Berichten erwähnt, wie Sheumas MacManus und Edmund Curtis bestätigen. Zu den größten irischen Dichterinnen gehörte die Freifrau Uallach, die im Jahre 932 n. Chr. starb, und Liadan aus dem 7. Jahrhundert. (66)

Die irisch-keltischen Frauen zogen, wie ihre Schwestern in Britannien und auf dem Kontinent, in den Krieg und schlugen sich heldenhaft. Erst im Jahre 697 verbot der Hl. Adamnan, ein christlicher Bischof, den Frauen Irlands, sich aktiv an Waffenübungen zu beteiligen. Demütig gehorchten sie, da die Gehirnwäsche durch den christlichen Mythos von ihrer Minderwertigkeit schon zur Hälfte Erfolg hatte. Und so endete das lange und ruhmreiche Zeitalter der keltischen Kampfesheldin und Kriegerkönigin, das, soweit die Geschichte bisher nachweisen konnte, mit Camilla, der Königin von Latium, im 13. Jahrhundert v. Chr. begonnen hatte.

In England traten die keltischen Frauen erst 936 n. Chr. ihren langen und schmerzlichen Abstieg in die Knechtschaft an, denn erst zu dieser Zeit, als „der britisch-keltische Bischof Conan sich dem römisch-katholischen Erzbischof Wolfstan von Canterbury unterordnete", (67) verschlechterte sich die Stellung der Frauen in Britannien, zumindest im keltischen Gebiet. Nahezu fünfhundert Jahre hatten die keltischen Christen gegen die die Frauen hassenden römischen Christen ausgehalten, die vom Hl. Augustinus bekehrt worden waren. Denn dieser brachte das Christentum nicht zu den Kelten, sondern nur zu den Sachsen Britanniens. Und was er lehrte, war die paulinische Art des Katholizismus, die bereits von allem Anfang an frauenfeindlich eingestellt war.

Die Kelten des südlichen Britannien waren schon sehr frühzeitig mit einer anderen, einer apostolischen Art des Christentums in Berührung gekommen, die vom Paulinismus noch nicht verdorben war. Die Überlieferung behauptet, daß die keltische Kirche von Glastonbury „im letzten Jahr von Tiberius Cäsar" gegründet wurde (37 n. Chr.), wie Gildas schreibt. (68) Alte Geschichtsschreiber von Tertullian bis Eusebius bestätigen, daß das Christentum zu Lebzeiten Jesu oder spätestens einige Jahre nach der Kreuzigung durch einen echten Apostel, nämlich Philippus, ins keltische Britannien gebracht worden war.

Selbst der Hl. Augustinus, der an Papst Gregor im Jahre 600 schrieb, bezeugt, daß die „Neugetauften des katholischen Rechts" (er und seine Anhänger) in England bereits eine Kirche vorfanden, „geschaffen von den Händen Christi selbst", mit anderen Worten: zu Lebzeiten Christi. (69) Da wir den Zeitpunkt der Kreuzigung nicht kennen, kann das Jahr 37, das von Gildas angegebene Gründungsdatum Glastonburys, ohne weiteres noch zu Christi Lebzeiten gewesen sein. Sicherlich ging es der „Bekehrung" des Hl. Paulus noch voraus.

Das Alter des keltischen Christentums in England ist deswegen übergangen worden, weil die Chronisten der englischen Kirche, von Bede angefangen, Sachsen waren, die es vorzogen, das Christentum mit dem paulinisch-römischen Katholizismus gleichzusetzen, der von Augustinus, dem Missionar der Sachsen, eingeführt wurde. Der Triumph des paulinischen Christentums beendete im 10. Jahrhundert die traditionelle weibliche Freiheit und Vorrangstellung, die das keltische Christentum übernommen und fortgesetzt hatte.

John Lloyd schreibt, daß Papst Gregor, als er Augustinus nach Britannien sandte, einen „schweren Fehler machte". Gregor nahm an, daß diese unwissenden Kelten „das neue Licht vom Sitz des Hl. Petrus und Paulus" begrüßen, ehren und schätzen würden. Deshalb übertrug er Augustinus die Amtsgewalt über die keltischen Bischöfe. Aber ach, die Kelten waren weder ehrfurchtsvoll, noch wollten sie „als nebensächlich behandelt werden, noch eine untergeordnete Rolle in einer emporgekommenen Missionskirche annehmen". (70) Augustinus' Unausgeglichenheit — „das muß man zugeben," sagt Lloyd, machte seine Aufgabe nicht weniger schwer. Und der Kampf tobte 4 Jahrhunderte. Natürlich, und wahrscheinlich bedauerlicherweise, siegte die römische Kirche schließlich über die tolerantere und sicherlich christlichere keltische.

Lugh und die Große Göttin

Herodot sagt, daß die höchste Göttin der Kelten zu seiner Zeit die Göttin Tabiti war. (71) Könnte sie vielleicht die Große Göttin Tiamat, Tabirra oder Tibir gewesen sein, die große Kulturbringerin, die von den Sumerern der Frühzeit verehrt wurde und bei den Hebräern übersetzt zu „Tubal", die Schöpferin von Kunst und Kultur wurde? Vielleicht war Tabiti oder Tabirra vor langer Zeit die Königin einer vergessenen Kultur gewesen, die dann eine Göttin der Restkultur, Sumers und der keltischen Nationen wurde.

Eine weitere mögliche Verbindung zwischen den sumerischen und den keltischen Ausläufern dieser großen Kultur stellt das Wort *Lugh* dar — in der sumerischen Sprache das Wort für „Sohn" und in der keltischen Mythologie der Name des größten keltischen Helden, des Sohnes der Königin Ethne. (72)

Durch die Tatsache, daß die irischen Tailtea-Spiele von Lugh (73) eingeführt wurden, erscheint die Verbindung zwischen den Kelten, den Sumerern der Frühzeit und der vergessenen Kultur noch enger. Denn die Ähnlichkeit der irischen Tailtea-Spiele mit den Beerdigungsspielen der Etrusker ist von Wissenschaftlern vermerkt worden. (74) Und es ist bekannt, daß die Etrusker die Spiele aus Lydien in Anatolien, der Heimat der Kelten der Vorzeit und dem Ausgangspunkt der sumerischen Kultur, mitgebracht hatten.

„Die Lydier," schreibt Herodot, „erklären, daß sie alle Spiele etwa zu der Zeit, als sie Tyrrhenien (Etrurien) kolonialisierten, erdacht haben. Während der achtzehn Jahre der Hungersnot, die Tyrrhenius schließlich dazu zwang, sich auf seine Kolonialisationsexpedition nach Italien aufzumachen, unterhielten sich die Lydier mit Spielen, indem sie abwechselnd jeden zweiten Tag fasteten und spielten oder schmausten und ausruhten. „Verschiedene Leute erfanden die unterschiedlichsten Variationen," erklärt uns Herodot. (75) Wahrscheinlicher jedoch ist, daß die vage Erinnerung an die Spiele der Vorfahren aus einer Notwendigkeit heraus wieder wach wurde, und nach und nach gelang es ihnen, den Zeitvertreib ihrer Vorfahren aus alter Zeit wiederaufleben zu lassen.

Es ist durchaus wahrscheinlich, daß diese Spiele, die zur Zeit der Lydier nach Italien kamen, durch die Kelten, die zu einem früheren Zeitpunkt aus Anatolien abwanderten, auch auf die Britischen Inseln gebracht wurden. Daß im keltischen Britannien und in Irland diese Spiele von Lugh-,,Sohn'' eingeführt worden waren, unterstützt die Hypothese, daß die Göttin-Sohn-Dualität sehr viel älter als jede Dreieinigkeit ist.

Der Sterbetag Lughs am ersten Sonntag im August wurde Lugh-Messe genannt und war bei den Kelten ein Trauertag. Für die Kirche war es unmöglich, dieses Heidenfest auszulöschen und so nahm sie es in der ihr eigenen praktischen Art in den Kalender unter der Bezeichnung Lammas auf, ein Fest, das später mit Allerheiligen verbunden wurde und in einigen Teilen Englands, Wales und Irlands immer noch Lammas heißt. (76)

Es wirft ein interessantes Licht auf die Kirchengeschichte, daß Lughs Mutter, Ethne, mit der keltischen Göttin Oestre gleichgesetzt wurde, deren Frühlingsfest von der Kirche als der Tag der Auferstehung des Herrn übernommen und nach der Göttin Ostern genannt wurde, so wie dieser Tag von den Kelten schon seit Urzeiten bezeichnet worden war.

Cuchulainn, der große irische Held frühgeschichtlicher Zeit, ist dem Glauben nach die Reinkarnation von Lugh, dessen Seele als Eintagsfliege in den Mund seiner Mutter, Dichtire, flog. Kann Dichtire ein Echo von Dictynna gewesen sein? Dictynna war die Schutzgöttin Äginas, und es wird angenommen, daß es Ägina war, wo die Tuatha De Danann erstmalig aus dem Nebel der Zeiten auftauchten. Die Insel Ägina im Saronischen Golf zwischen Attika und dem Peleponnes wurde im vierten Jahrtausend von ionischen Griechen aus Anatolien besiedelt, und Ägina war es auch, wo Herodot das goldene Trinkgefäß sah, das der Göttin geweiht war. Dieser goldene Kelch war eines der keltischen Reliquien, die vor langer Zeit ,,vom Himmel gefallen'' waren; und Plutarch sagt in seinem *De Defectu Oraculorum*, daß er noch in einem druidischen Ritual im zweiten Jahrhundert v. Chr. in Gebrauch gewesen war. (77)

Seine Urform, ein Eichenholzkelch in der Form eines Pokals,

wurde vor kurzem in Anatolien in Catal Hüyük ausgegraben. Die an ein Weinglas erinnernde Form dieses Kelches ist in der frühzeitlichen Archäologie ungewöhnlich, wenn nicht sogar einmalig. Es sind Kelche mit Stiel, jedoch ohne Fuß und Kelche mit Fuß, aber ohne Stiel gefunden worden. Die meisten frühzeitlichen Kelche stehen wie moderne Kaffeetassen auf ihrem abgeflachten Boden. Doch die einmalige Form dieses aus dem 90. Jahrhundert v. Chr. stammenden Kelches aus Catal Hüyük fand auf irgendeine Weise seinen Weg ins Europa der neueren Zeit und diente als Modell für Altarkelche in der christlichen Kirche.

Und das geheiligte Trinkgefäß der Kelten selbst wurde zum Heiligen Gral der christlichen Legende. Die Ähnlichkeit zwischen phantasievollen Beschreibungen des Heiligen Grals in der mittelalterlichen Kunst und dem Eichenholzkelch aus dem „prähistorischen" Catal Hüyük ist verblüffend. (78) In der volkstümlichen Legende wurde der Heilige Gral von Joseph von Arimathia im Jahre 37 v. Chr. nach Glastonbury in Südbritannien gebracht. Man hielt ihn für den Kelch, aus dem Jesus beim Letzten Abendmahl getrunken hatte und in dem Joseph das Blut Jesu bei der Kreuzigung auffing.

Es gibt keinerlei historisches Beweismaterial, nicht einmal fadenscheiniges, daß dieser Kelch jemals irgendjemandem in Glastonbury zu Gesicht kam. Im sechsten Jahrhundert jedoch lebte die Legende wieder auf, und die Suche nach dem Heiligen Gral, die in Camelot in Südbritannien ihren Anfang nahm, griff ebenso wie die „Ritterlichkeit" der keltischen Ritter König Arthurs innerhalb der gesamten Christenheit um sich und wurde zum edelsten — vielleicht dem einzigen edlen — Aspekt des mittelalterlichen Lebens in Europa.

Aber der Gral, nach dem Arthurs Ritter suchten, war nicht der Heilige Gral des christlichen Mythos. Der goldene Kelch der frühzeitlichen Kelten war es, nach dem die keltischen Ritter König Arthurs auf der Suche waren. In der walisischen Literatur hat sich eine vorchristliche Sage über Arthur und seine Leute erhalten, die sich in einer Art geheimnisvollem Initiationsritus auf die Suche nach dem geheiligten Kelch machen, zweifellos eine druidische Zeremonie, die eine Reise über Wasser und unter der Eroberfläche beinhaltet. (80) Es war Chrétien de Troyes, der im zwölften Jahrhundert erstmals den originalen goldenen Kelch von Camelot durch den Heiligen Gral ersetzte. Und ebenso ist die heilige Axt, die Labrys, vom Catal Hüyük des neunten Jahrtausends nach Stonehenge in England gelangt, die heiligen Hörner von Catal Hüyük wurden zu den goldenen Halsreifen der keltischen Gräber im Britannien des zweiten Jahrhunderts, (81) und der heilige Kelch aus dem frühzeitlichen Anatolien erscheint am Ende als Heiliger Gral in der christlichen Legende. Alle diese Gegenstände waren Reliquien, die der Großen Göttin geweiht waren. Alle lassen sich bis zum neunten oder zehnten Jahrtausend zurückverfolgen und stammen aus Catal Hüyük in Anatolien. Und allen kam eine tiefe mystische Bedeutung in der großen keltischen Kultur Europas zu.

„Die Kultur, die in Catal Hüyük entdeckt wurde, leuchtet wie eine Supernova inmitten der dämmrigen Galaxis der heutigen Kulturen des Nahen Ostens. Ihre Einflüsse waren nicht im Nahen Osten am stärksten und am längsten spürbar, sondern in Europa; denn diesem neuen Kontinent brachte die anatolische Kultur (...) den Kult der Großen Göttin, *das Fundament unserer Kultur.*" (82)

14

Das Emporkommen des Christentums

> Die christliche Ideologie hat zur Unterdrückung der Frauen nicht wenig beigetragen. Durch den Hl. Paulus wurde die so außerordentlich frauenfeindliche jüdische Tradition bekräftigt.
>
> *Simone de Beauvoir*

Die Kirchenväter

Wenn auch die Macht und Bedeutung der abendländischen Frauen im klassischen Griechenland und im republikanischen Rom etwas verringert wurden, so lebte doch das Frauenrecht im kaiserlichen Rom wieder auf. Im keltischen Europa erhielt es sich beständig. Die vereinigte Macht der Kirche und des späteren Reiches war nötig, um die Frau des Abendlandes zu entwürdigen. Für jene, die dem Mythos zustimmen, die Kirche habe die Stellung der Frauen verbessert, mag es wie eine verwirrende Erleuchtung vorkommen, daß es im Gegenteil die christliche Kirche selbst war, die den bitteren Feldzug zur Erniedrigung und Versklavung der Frauen Europas begann und fortsetzte. Die Stellung der abendländischen Frauen verschlechterte sich seit dem Emporkommen des Christentums ständig, auch heute noch. Die Frau des Abendlandes wird heute sogar weniger geschätzt als im frühen

Mittelalter, in dem die Kirche erst drei oder vier Jahrhunderte zur Erfüllung ihrer Mission zur Verfügung gehabt hatte, im Gegensatz zu den 1600 Jahren, die sie nun schon dieser Angelegenheit gewidmet hat.

Die Christen fanden die Frauen Europas frei und souverän. Das Recht auf Scheidung, Abtreibung, Geburtenkontrolle und Eigentum, auf das Tragen von Titeln und Erben von Besitzungen, auf Willensentscheidungen und Einklagbarkeit von Fällen vor Gericht, all diese und andere Rechte wurden von der Kirche während der christlichen Jahrhunderte beseitigt, und es sind noch nicht alle wieder eingesetzt. Die absichtliche Unterdrückung des Beweises für die frühere Stellung der europäischen Frauen und die Förderung der Legende von deren Verbesserung durch die christliche Kirche werden unbewußt durch die Worte der keltischen Autorität Terence Powell enthüllt: „Man nimmt allgemein an, daß das Recht einer Frau auf Eigentum und das einer Tochter auf Erbschaft eine späte Entwicklung seien. Doch das römische und keltische Recht scheint sogar noch freier gewesen zu sein." (1) Wie alle, die die Vergangenheit erforschen, ist auch Powell davon überrascht, daß die Frauen als Menschen von den Heiden höher geachtet wurden als jemals von den Christen.

Die semitische Erfindung von der männlichen Überlegenheit wurde zuerst in Europa einem heidnischen Volk gepredigt, dem sie wie eine radikale und erstaunliche Neuigkeit erschien. Wir dürfen nicht vergessen, daß die Führer der jungen Kirche Juden waren, erzogen in der hebräischen Überlieferung, daß die Frauen ohne Bedeutung und nur dazu vorhanden waren, dem Mann zu dienen. Das orthodoxe Judentum dieser Zeit lehrte, wie der Hl. Augustinus von Hippo, daß die Frauen keine Seele hätten, und damals wie heute schloß ein Dankgebet folgende Worte ein: „Gesegnet bist du, Herr, daß du mich nicht zu einer Frau gemacht hast." Der Jude Paulus, der erste Wortführer der Kirche (und ohne ihn hätte es keine Kirche gegeben), betonte in seinen Briefen immer wieder die anerkannte jüdische Auffassung: „Die Frau möge schweigen." „Der Mann ist das Haupt der Frau." „Der Mann ist der Diener Gottes, die Frau jedoch die Dienerin des Mannes." „Die Frau wurde für den Mann geschaffen." „Frauen, ordnet euch euren Männern unter." usw. bis zum Erbrechen.

Für die Kelten, die bereits seit Jahrtausenden vor Entstehung des hebräischen Volkes gelehrt worden waren, ihre Schwestern und Frauen mehr zu ehren und zu achten als ihre Brüder und Väter, klang das alles sehr fremdartig und verwirrend. Und nun mußten sie lernen, daß gerade diese besonderen Menschen keine Seele hätten! Daß sie nicht von Gott wären! Lediglich Dienerinnen der Männer!

Als die jüdischen Jünger, wie Paulus, in die zivilisierte Welt Griechenlands, Roms und des südlichen Gallien zogen, erbebten ihre semitischen Seelen vor Zorn über das Ansehen und die Freiheit, die man den abendländischen Frauen zuerkannte. Sie waren überwältigt von der Achtung, mit der den Frauen aller Schichten begegnet wurde.

Am meisten brachten sie aber das gebieterische Wesen der römischen Matrone und der Einfluß der keltischen Frau in Wut. Paulus verkündete streng: ,,Gestattet keiner Frau zu lehren, noch die Macht über einen Mann an sich zu reißen." (2) Und der Autor des Hl. Petrus ermahnte die Sklaven, sich ihrem Herrn, und die Frauen, sich ihren Männern unterzuordnen.

Als Folge der Frauenfeindlichkeit der Jünger verkündete bereits im 2. Jahrhundert n. Chr. der Hl. Clemens, daß ,,jede Frau schon bei dem bloßen Gedanken, eine Frau zu sein, von Scham überwältigt sein sollte." (3)

Um diese oder ähnliche Ereiferung kümmerte sich jedoch der Großteil der zivilisierten Welt nicht. Keiner, der etwas auf sich hielt, las Paulus, Petrus, Clemens oder einen anderen christlichen Schriftsteller der ersten drei Jahrhunderte. Die zivilisierte Welt betrachtete die Christen als eine ziemlich einfältige Gruppe harmloser Fanatiker, (obwohl sie Tacitus als ,,die niederträchtigsten Menschen" bezeichnet hatte). ,,Die Namen von Seneca, der beiden Plinier, Tacitus, Plutarch, Galen, Epiktet, und die Kaiser Marcus Antonius und Marcus Aurelius zieren das Zeitalter, in dem sie lehrten", schreibt Gibbon. ,,Ihre Tage wurden auf der Suche nach der Wahrheit verbracht. Aber alle diese Weisen schätzten die ,Vollkommenheit' des christlichen Systems gering oder wiesen sie zurück. Ihre Worte oder ihr Schweigen enthüllen in gleicher Weise ihre Verachtung für die wachsende Sekte. Diejenigen unter ihnen, die sich herabließen, die Christen zu erwähnen, betrachten sie nur als eigensinnige und störrische Enthusiasten (Fanatiker), unfähig, ein einziges Argument hervorzubringen, das die Aufmerksamkeit von Leuten mit Verstand und Bildung erregen könnte." (4)

Die Christen wurden von niemandem sehr ernst genommen

und von der Regierung des kaiserlichen Rom geduldet. Die sogenannten Verfolgungen der Christen durch die Römer sind von christlichen Schriftstellern stark übertrieben worden. „Die vollkommene Mißachtung der Wahrheit und Wahrscheinlichkeit bei der Wiedergabe dieser einfachen Märtyrertode entstand durch einen sehr natürlichen Fehler: Die kirchlichen Chronisten der christlichen Jahrhunderte schrieben den richterlichen Beamten Roms einen genauso hartnäckigen und unnachgiebigen Eifer zu, wie er ihre Herzen gegenüber den Heretikern und Götzendienern der eigenen Zeit erfüllte." (5)

Und ein mittelalterlicher Christ, der gebildete und orthodoxe Petrus Cantor aus dem 12. Jahrhundert, beklagte, daß die Kirche seiner Zeit „mit den Heretikern härter verfährt als die Heiden mit den frühen Christen". (6) Während die Römer ihre Hunderte, so hatten die Christen ihre Hunderttausende getötet.

Die erste Frage, die sich einem unvoreingenommenen Betrachter aus der nichtchristlichen Welt stellen muß, lautet: Warum? Wie konnte diese örtlich begrenzte, fanatische, kleine Religion verachteter Juden und bemitleideter heidnischer Sklaven solche Macht erringen, um die Zivilisation um 2000 Jahre zurückzuwerfen?

Helena und Konstantin

Die Antwort, glaube ich, liegt in Helena begründet, der Mutter Konstantins. Sie war eine adlige Frau Britanniens, vielleicht eine Königin. Ohne Zweifel war sie eine Christin, ein Mitglied jener kleinen, keltischen christlichen Gemeinschaft, die dem römisch-paulinischen Katholizismus in Britannien um etwa sechs Jahrhunderte vorausging. Den Kelten Südbritanniens war eine östliche apostolische Art des Christentums ungefähr seit dem Jahr 37 (nach dem römischen Kalender 791) bekannt, wie Gildas, Tertullian, Eusebius und sogar Augustinus bestätigen. (Es darf nicht vergessen werden, daß die Zeitrechnung der abendländischen Welt bis zum zehnten Jahrhundert weiterhin mit der Gründung Roms, *ab Urbe Condita*, mit dem Jahre 754 v. Chr. anfing. Erst im zehnten Jahrhundert begann die Kirche auf Vorschlag von Dionysius Exiguus hin, einem skythischen Priester und Kanoniker, der im Jahre 544 unserer Zeitrechnung gestorben ist, mit der Zeitrechnung von der Geburt Christi an, einem Datum, das willkürlich auf das Jahr 754 nach dem römischen Kalender festgesetzt wurde. Alle Schriftsteller vor dem Jahr 1000 bedienen sich also der römischen Zeitrechnung, und Augustinus kam demnach nicht im Jahre 597 nach England, um die Sachsen zu bekehren, sondern im Jahr 1351. Wir halten uns hier jedoch an die neue christliche Zeitrechnung, auch wenn das bei den Personen, über die wir schreiben, nicht der Fall war.)

Das Christentum, das der Apostel Philippus und, wie die Legende erzählt, Joseph von Arimathia nach Glastonbury gebracht hatten, war im keltischen Britannien zur Zeit von Helenas Geburt, um die Mitte des dritten Jahrhunderts, bereits fest begründet. Helenas Einfluß auf Constantius, den römischen Statthalter in Britannien, ist wahrscheinlich der Grund für dessen „Milde gegenüber den Christen", eine Schwäche, für die er von Kaiser Diocletian getadelt wurde.

Der hochwürdige Bede, der im 6. Jahrhundert n. Chr. schrieb, berichtet, daß „Constantius, der Gallien und Britannien unter dem Kaiser Diocletian regierte, in Britannien starb und Helena einen Sohn, nämlich Konstantin, hinterließ, der zum Caesar und Kaiser in Britannien wurde". (7) Bede sagt nicht, wer Helena war, aber sein Hinweis läßt darauf schließen, daß sie seinen Lesern so bekannt war, daß es einer weiteren Erklärung nicht bedurfte. Geoffrey von Monmouth berichtet im 12. Jahrhundert, daß Helena die Tochter König Coels und somit die Erbin des britischen Thrones gewesen sei. (8) Diese Tatsache ist ein weiterer Beweis dafür, daß Helena eine Christin war, denn William von Malmesbury schreibt, daß König Coel *in Glastonbury begraben* wurde, dem Sitz der keltischen Christenheit in Britannien. (9) Demselben Autor zufolge stiftete Coels Vorfahr, der keltische König Arviragus, im ersten Jahrhundert n. Chr. Land zur Gründung der dortigen Kirche, und obwohl er selbst das Christentum nicht annahm, wurden seine Nachkommen Marius und Coel offensichtlich Christen und unterstützten die Kirche bis ins dritte Jahrhundert. Helena wurde ungefähr in der Mitte des dritten Jahrhunderts geboren, also fünf oder sechs Generationen nach der Gründung Glastonburys. „Sie war die Königin", schreibt Geoffrey, und besaß dieses Königreich nach dem Erbrecht, *was niemand bestreiten kann.*" (10) Er schreibt außerdem: „nach ihrer Heirat mit Constantius hatte sie mit ihm einen Sohn names Konstantin." (11) Beide Feststellungen Geoffreys sind von späteren Historikern in Zweifel gezogen worden; John Stow jedoch, der im sechzehnten Jahrhundert lebte und zu den vorsichtigen und sorgfältigen Berichterstattern zu zählen ist, scheint die Königswürde Helenas anzuerkennen: „Wie Simon von Durham, ein Schriftsteller aus alter Zeit, berichtet, errichtete Helena, die Mutter Konstantins, als erste Mauern um die Stadt London, ungefähr im Jahr des Herrn 306." (12)

Die Sage hielt, wie Geoffrey, daran fest, daß Helena die rechtmäßige Königin Britanniens war. Doch Gelehrte des 18. und 19. Jahrhunderts sprachen ihr nur eine sehr niedere Stellung zu, und zwar die einer öffentlichen Kurtisane. Weltliche und kirchliche Historiker haben auch behauptet, Konstantin sei ein *unehelicher* Sohn Constantius' und Helenas gewesen, was im Gegensatz zu der Feststellung Geoffreys steht, daß sie verheiratet waren.

Constantius war ein Soldat, der sich in den römischen Legionen bis zur obersten Stellung emporgedient hatte und vom Kaiser mit der Hand seiner Stieftochter und der Ausrufung zum Cäsar des Westens belohnt wurde. Zu jener Zeit hatte Rom zwei Kaiser (Augustus) und zwei Regenten (Cäsar), je einen für das Ost- und das Westreich. Constantius war Regent des Westens, zu dem Gallien, Britannien und die angrenzenden Gebiete gehörten. Mit Theodora, der Stieftochter des Kaisers, hatte Constantius bereits Kinder, als er Helena begegnete. Doch sein Sohn mit Helena, sei er nun ehelich gewesen oder nicht, wurde Cäsar und Kaiser nach Constantius' Tod, und nicht seine ehelichen Kinder, die die Enkel des Kaisers Maximian waren.

Helenas Sohn wurde in London geboren (275 n. Chr.) und dort von seiner Mutter erzogen, während sein Vater durch das Reich zog. Das ist ein weiterer Hinweis darauf, daß Helena mehr war als eine Kurtisane, denn in römischen Zeiten bekannten sich die Väter zu ihren unehelichen Söhnen und trennten sie sehr früh von unerwünschten Müttern der unteren Schichten. In späteren Jahren sollte Kaiser Konstantin seinem Biographen Eusebius erzählen: „Ich begann in Britannien." (13) Trotzdem ist sein Geburtsort in einigen Kreisen immer noch umstritten.

Als er nach dem Tode seines Vaters im Jahre 306 Cäsar des Westens wurde, setzte er dessen milde Politik gegenüber den Christen fort. Diese Haltung und auch seine Bevorzugung vor dem Kaisersohn Maxentius führte 312 zu Konstantins Marsch auf Rom. Maxentius nahm seinem Vater Maximian übel, daß er Konstantin begünstigte, und nach dem Tode des alten Kaisers forderte Maxentius Konstantin heraus und beschuldigte ihn, die Christen zu nachsichtig zu behandeln.

Schon 298 war Konstantin durch einen Stellvertreter mit Maximians damals noch kleiner Tochter Fausta verheiratet worden, und diese Eheschließung ist wahrscheinlich der Grund dafür, daß der Kaiser Konstantin gegenüber seinem eigenen Sohn Maxentius begünstigte, was ihm sehr zum Vorwurf gemacht wurde. Der matrilineare Gedanke war in der römischen Vorstellung sehr tief eingegraben, denn in alten Zeiten, sogar noch zu Zeiten Marc Aurels, hatte der Mann der Tochter das Vorrecht vor den Söhnen.

Während seines Marsches nach Rom, im Jahre 312, hatte Konstantin die berühmte Vision auf der Milvischen Brücke. In späteren Jahren erzählte Konstantin Eusebius, daß er auf der Milvischen Brücke über dem Tiber in der untergehenden Sonne das Zeichen des Kreuzes sah, auf dem die Worte *in hoc signo victor eris* („In diesem Zeichen wirst du Sieger sein") geschrieben standen. Am nächsten Tag traf er auf Maxentius, besiegte ihn und wurde zum Kaiser des Westreiches ausgerufen. Vier Jahre später machte er das Kreuz zum Symbol des Reiches, und das Christentum wurde seine auserwählte Religion.

Aber *wurde* Konstantin durch seine Vision auf der Milvischen Brücke tatsächlich bekehrt, wie Historiker und die Kirche immer noch behaupten? Oder war er schon immer ein Christ gewesen, Sohn der keltischen Christin Helena? Der Historiker H.M.D. Parker, dessen Spezialgebiet das Römische Reich ist, schreibt: „Der Glaube war in Konstantin immer stärker geworden, daß der Christengott die größte übernatürliche Macht der Welt war (...). Und *schon bevor* er Gallien im Jahre 312 n. Chr. verließ (um nach Rom zu marschieren) war er zu der Überzeugung gelangt, daß er unter dem Banner Christi über seinen Feind siegen würde. *In der Stärke dieses Glaubens marschierte er nach Rom.*" (14)

Es ist deshalb wohl allem Anschein nach so, daß die berühmte Vision auf der Milvischen Brücke, um die die Christen soviel Aufhebens gemacht haben, ein Ergebnis und nicht der Grund seiner Bekehrung zum Christentum war.

Will man den nackten Tatsachen ins Auge sehen, so ist es zweifelhaft, daß jemals eine Vision auf der Brücke stattgefunden hat. Konstantin erzählte Eusebius, daß die Begebenheit sich wie oben beschrieben ereignet habe. Aber Lactantius, einem christlichen Apologeten, den er bewunderte und der der Lehrer seines Sohnes war, erzählte er auch, daß er keine Vision sondern einen Traum gehabt habe. In der Nacht vor der Schlacht, so erzählte er Lactantius, hatte er geträumt, daß er *nicht* das Kreuz mit der lateinischen Inschrift gesehen hatte, sondern die griechischen Buchstaben *Chi Rho* in der Form eines Kreuzes. (15)

Die ganze Geschichte beruhte wahrscheinlich auf einer späteren Erfindung, die seine Mutter, Helena, ihm eingegeben hatte. Alle Belege weisen auf Helena als der wirklich wirkenden Kraft bei Konstantins Bekehrung hin — einer Bekehrung, die in seiner Kindheit, auf den Knien seiner Mutter, und nicht auf der Milvischen Brücke stattgefunden hatte. Diese Belege werden allgemein übergangen oder von den männlichen Historikern tunlichst ignoriert.

Daß Helena eine dominierende Frau war, die großen Einfluß auf ihren Sohn hatte, wird von der Tatsache bestätigt, daß sie die Ehe mit der Prinzessin Fausta, die noch ein Kind war, in die Wege geleitet hatte, wodurch sie seine Bevorzugung und schließlich seinen Aufstieg zur Herrschaft über das Kaiserreich sicherstellte. Helena war es auch, die später, als die erwachsene Fausta für ihren Sohn nicht mehr von Nutzen war, deren Sturz und grausamen Tod auf Konstantins Befehl hin bewerkstelligte.

Der allerchristlichste Kaiser Konstantin

Man hat die Tatsache nicht genügend beachtet, daß Konstantin, der erste *christliche* Kaiser, der erste war, der die Hinrichtung seiner eigenen Frau befahl. Er ließ Fausta auf den Verdacht des Ehebruches hin bei lebendigem Leibe kochen, und dieser Fall war Vorbild für die nächsten 14 Jahrhunderte. 13 Jahrhunderte später sollte der Abbé de Brantôme die Ungezwungenheit beklagen, mit der ,,unsere christlichen Herren und Prinzen ihre Frauen umbringen. Es ist kaum zu verstehen, daß die Heiden des Altertums, die Christus nicht kannten, so sanft und freundlich zu ihren Frauen waren, während die Mehrzahl unserer Herren sie so grausam behandeln''. (16) Er dachte unter anderem vielleicht auch an den heidnischen Kaiser Marc Aurel, der sich von seiner Frau Faustina, im Vergleich zu deren Verbrechen Faustas wie leichte Sünden erschienen, nicht einmal scheiden ließ.

Nach Römischem Recht wurden Männer und Frauen, die man

beim Ehebruch ertappte, in gleicher Weise bestraft: Man verbannte sie aus Rom, und ein Teil ihres Besitzes wurde eingezogen. Aber während der Mann der Hälfte seiner weltlichen Güter verlustig ging, mußte die Frau nur ein Drittel abgeben. Doch beide Seiten hatten stets die Möglichkeit des Widerrufs und der Vergebung. Unter dem späteren *Christlichen* Römischen Reich jedoch „war ein Gatte berechtigt, seine so ertappte *Frau* zu *töten*, den Ehebrecher durfte er aber nur umbringen, wenn dieser ein Sklave war". (17)

Die von Will und Mary Durant vertretene Meinung, daß das „mittelalterliche Christentum ein moralischer Rückschlag war", (18) wird außerhalb der katholischen Kirche von niemandem bestritten. Doch die *Katholische Enzyklopädie* erklärt Konstantins Bekehrung mit folgenden erstaunlichen Worten: „Bei seiner Entscheidung für das Christentum war Konstantin zweifellos von Einsichten beeinflußt, die bei jedem unvoreingenommenen Menschen aus dem Eindruck der *moralischen* Stärke des Christentums entstehen." (19)

Die *Katholische Enzyklopädie* erwähnt allerdings nicht, daß Konstantin seine junge Frau in einem Wasserkessel, der über einem Holzfeuer zum schwachen Kochen gebracht worden war, zu Tode brühte, in der Tat ein langsames und qualvolles Ende. Auch spricht sie nicht von Helenas Anteil an diesem Verbrechen. Sie, die später das „wahre Kreuz" in Jerusalem finden und dafür von der Kirche, die sie selbst errichtet hatte, heiliggesprochen werden sollte, wurde von ihrem Sohn Konstantin angebetet. Er verlieh ihr den Titel Augusta, den einst die vergötterte Livia, die Frau des Augustus Cäsar und Mutter des Tiberius, trug. Konstantin befahl auch, daß seiner Mutter im ganzen Reich alle Ehren zuteil wurden. Außerdem ließ er zu ihren Lebzeiten Münzen prägen, die ihr Abbild trugen (20), und die Stadt Helenopolis zu ihrem Ruhm erbauen. All das verdeutlicht den starken Einfluß, den diese christliche Frau auf ihren Sohn ausübte. Ich denke, wir brauchen die weiteren Gründe für Konstantins „Bekehrung" zur neuen Religion nicht weiter zu untersuchen.

Angesichts all dieser Hinweise auf Konstantins Beeinflussung durch Helena sagt der Verfasser des Artikels über Helena in der *Katholischen Enzyklopädie*, nicht dazu bereit zuzugeben, daß eine Mutter einen Mann beeinflussen kann, da sie ja weiblich ist: „Sie, seine Mutter, geriet unter *seinen Einfluß* und wurde eine so ergebene Dienerin Gottes, daß man den Eindruck gewinnen konnte, sie sei schon von frühester Kindheit an eine Jüngerin des Erlösers gewesen." (21) Und das traf ja auch zu.

Vom Kaiser nun offiziell angenommen, wurde das Christentum zur Staatsreligion des Römischen Reiches, so daß Verrat an der Kirche gleichzeitig Verrat am Reich bedeutete. Da Ketzerei gegen die Kirche jetzt ein verräterischer Akt war, der mit Folter und Tod bestraft werden konnte, nahmen die christlichen Führer in einer blutigen Orgie rasende Rache für die drei Jahrhunderte der Erniedrigung und Verspottung, die sie von den „Heiden" erlitten hatten. Konstantin erleichterte ihnen ihr Vorgehen, indem er verfügte, daß die Bischöfe der Kirche überall im Reich Urteile bürgerlicher Gerichte aufheben konnten. Im Jahre 333 verstärkte der Kaiser die Macht der Kirche in weltlichen Angelegenheiten, indem er allen Gerichtshöfen befahl, die Urteile der Bischöfe zu bekräftigen, so daß die weltlichen Gerichte nur noch Handlanger der Kirche waren und nicht mehr wie früher Beweise führen und Recht sprechen konnten.

Die *Katholische Enzyklopädie*, die zugibt, daß die junge Kirche „die individuelle Freiheit und das individuelle Gewissen, *so wie wir es heute verstehen*, nicht verteidigte", erklärt: „Religiöse Freiheit und Toleranz *konnten* als eine Form der Gleichheit *nicht fortbestehen*; die Zeit war für eine solche Vorstellung noch nicht reif." (22)

Der Verfasser der eben angeführten wissenschaftlichen Begründung übersieht die Tatsache, daß im keltischen Europa wie in Rom die individuelle, die religiöse, die Gewissensfreiheit, die Toleranz und die Gleichheit seit undenklichen Zeiten bestanden hatten. In Wirklichkeit wollte er sagen, daß die *Kirche* hierzu noch nicht fähig war. Und das ist sie auch heute nicht, was die Frauen betrifft.

Der Kaiser selbst gab das Vorbild für christliches Verhalten. Nach seiner „Bekehrung" kochte er nicht nur seine Frau bei lebendigem Leibe, sondern er ermordete auch seinen Sohn Crispus und seinen Schwager Licinius, nachdem er diesem persönliche Sicherheit zugesagt hatte. Dessen Sohn hatte er aus keinem anderen Grunde, als daß er der Sohn seines Vaters war, zu Tode gepeitscht. Diese letzte schreckliche Tat wird von christlichen Schriftstellern dadurch entschuldigt, daß „Licinianus nicht das Kind von Konstantins Schwester, Licinius' Frau, sondern das einer Sklavin war, weshalb Konstantin ihn wie einen Sklaven behandelte und tötete". (23) Der matriarchale Beiklang scheint den patriarchalen Verfassern dieser „Entschuldigung" entgangen zu sein, denn indem sie Licianus in erster Linie als den Sohn seiner Mutter ansahen und auf ihn *ihre* Stellung übertrugen, wird der Vorrang des Mutterrechts vor dem Vaterrecht offen eingestanden, eine Lehre, die die Kirche angeblich verabscheut.

Es ist unnötig zu erwähnen, daß sich in der Mehrzahl von Konstantins Handlungen matriarchale Wesensmerkmale nicht zeigten. Er war der Verteidiger der patriarchalen christlichen Werte *schlechthin* und nach Paulus der Hauptverfechter der Theorien von der männlichen Überlegenheit und der weiblichen Minderwertigkeit.

Nach Konstantin sollte im späteren Mittelalter Thomas von Aquin den Frauen einen Platz noch nach den Sklaven zuweisen: „Die Frau ist auf Grund des Naturgesetzes untergeordnet", verkündete er im 13. Jahrhundert mit anmaßender Unfehlbarkeit, „doch ein Sklave nur auf Grund der Umstände (...). Die Frau ist wegen der Schwäche ihres Verstandes wie auch ihres Körpers dem Manne untergeordnet." (24) Und Gratian, der berühmte kanonische Rechtsgelehrte aus dem 12. Jahrhundert, schrieb: „Der Mann, und nicht die Frau ist nach dem Ebenbild Gottes geschaffen. Daraus geht hervor, daß sich die Frauen ihren Gatten unterordnen und wie Sklaven sein sollten." (25)

Man möchte gerne wissen, was die Millionen von Menschen im ganzen Reich, die immer noch glaubten, Gott sei eine Frau, eine weibliche Gottheit, sich bei all dem dachten.

Rückfall in die Barbarei

Das Christentum, das offizielle, vereinigte staatliche Christentum, breitete sich wie ein blutiger Fleck von Konstantinopel durch das südliche Europa bis nach Frankreich, Italien, Spanien und die Niederlande aus und schließlich auch noch jenseits des Kanals in Britannien und Irland, „ein gewaltiger Raubzug, von den geistigen Führern der Kirche erzwungen". (26) Wo immer es hinkam, widersetzte man sich ihm hartnäckig und forderte es offen heraus, bis grausame Erfahrung gelehrt hatte, daß Herausforderung und Widerstand sinnlos waren.

„Historiker", so sagt Henry Thomas, „haben die roten Blutflecke, die den Bericht vom Mittelalter bespritzten, durch den goldenen Glanz der Romantik zu verbergen versucht." (27) Doch die Flecke blieben. „Die Europäer wurden nie durch die Anziehungskraft der neuen Lehre überredet, überzeugt, besiegt. Sie wurden entweder wie Vieh von ihren Königen der Kirche zugetrieben oder nach Generationen des Widerstandes und des Massakers in die Unterwürfigkeit geprügelt. Das Elend und die Schlächterei, die dadurch vom Anfang bis zum Ende entstanden, sind unvorstellbar. (...) Das Christentum war wirklich eine Religion des Feuers und des Schwertes", schrieb Robertson in seiner *History of Christianity*. (28)

Die Sklaverei gehörte zur Ideologie der Kirche, und Eigentum und Eigentumsrecht wurden besonders heilig, wobei die Armen und Besitzlosen mit Versprechungen auf ein Jenseits vertröstet wurden, an das die Kirche selbst nicht glaubte. Sie setzte mit Nachdruck die Vorstellungen durch, daß „Macht Recht verschafft" und „Wohlstand erst den Mann ausmacht". Damit führte sie zu dem schrecklichen Materialismus, der unsere gegenwärtige Zivilisation kennzeichnet und beeinträchtigt. Alle feineren Empfindungen brandmarkte sie mit jener schlimmsten aller Bezeichnungen, nämlich „weiblich", und wandte sogar die Tugenden der Frau gegen diese selbst. Sie verherrlichte die „männliche" Angriffslust in Angelegenheiten der Kirche und übertraf im Ersinnen von Grausamkeiten und im organisierten Terror sogar die Nazis.

„Grausamkeit und Barbarei waren im christlichen Mittelalter häufiger als in irgendeiner Zivilisation vor der unseren", schreiben die Durants. (29) Und die ehrwürdige *Cambridge Mediaeval History* sagt: „Die Gesetze des mittelalterlichen Europa stellen eine Verwilderung der alten dar", die in Rom und im keltischen Europa vor dem 6. Jahrhundert n. Chr. herrschten. (30) „Das christliche Recht schadet dem Staat mehr als es ihm nützt. (...) Ich kenne nichts, was den gesellschaftlichen Geist mehr schädigen würde", schreibt Rousseau. Der gute Christ ist notwendigerweise und per definitionem „hart und mitleidlos (...) denn die Unglücklichen zu lieben bedeutete, Gott zu hassen, der sie bestraft". (31)

Mit der Verrohung des Wesens und der Verhärtung des Herzens der Männer noch nicht zufrieden, ging die Kirche planmäßig daran, deren Verstand zu beschränken, indem sie alle Nachrichten unterdrückte, die nicht von ihr selbst kamen. Zuerst schloß sie die alten griechischen Akademien und dann begann sie, die Bücher der großen klassischen Dichter, Philosophen und Gelehrten zu verbrennen, wodurch sie das Wissen um fünfzehnhundert Jahre zurückwarf und in unserer Zeit die mühevolle *Neuentdeckung* von Wahrheiten und Tatsachen nötig machte, die bereits den alten griechischen Weisen bekannt gewesen waren. (32)

Im 5. Jahrhundert wandte sie ihre gierige Aufmerksamkeit der berühmten Bücherei von Alexandrien zu, dem letzten Aufbewahrungsort der Weisheit und Kenntnisse der Alten. Man verbrannte die Bücher, riß die Gebäude ein und schleppte nach Konstantinopel alles fort, was man in Geld umsetzen zu können glaubte. Unter diesen Schätzen befand sich die früher erwähnte Karte der alten Seefahrer, deren wahren Wert ihre Räuber hätten nicht einmal erträumen können.

In Alexandrien brandschatzte man auch die große Philosophenschule, aus der eines der letzten Lichter der Weisheit in der sich verdichtenden Dunkelheit der prächtigen neuen christlichen Welt hervorgegangen war. Das Haupt dieser großen neuplatonischen Schule war Hypatia, ,,eine bemerkenswerte Frau von auserlesener Bildung und besonderer Beredsamkeit, deren Zauber ihrer außergewöhnlichen Bescheidenheit und Schönheit, verbundden mit ihren hohen geistigen Fähigkeiten, eine große Zahl von Schülern in ihre Vorlesungen kommen ließ''. (33) Diese hervorragende Frau, die sich der Mathematik, der Logik, der Astronomie und der Philosophie widmete, zog natürlich den fanatischen Haß Cyrils, des christlichen Bischofs von Alexandrien, auf sich, der beschloß, sie zu vernichten.

Nach einer verleumderischen und paulinischen Strafpredigt über die Schlechtigkeit der Frauen im allgemeinen und Hypatias im besonderen, die sich anmaßte, *Männer* zu lehren, drang er in seine Gemeinde, nicht zu gestatten, daß so ein unweibliches, unchristliches Ungeheuer lebe. Mit christlichem Feuereifer strömte die Versammlung aus der Kirche, und als sie Hypatia nur mit einem ihrer Schüler, Synesius von Cyrene, vorfand, riß man ihr die Kleider vom Leib, zerstückelte ihren Körper mit Austernschalen und verbrannte jedes einzelne Stück. Synesius rettete sich, indem er bekannte, ein Christ zu sein, — und später wurde er Bischof von Ptolemais. (34)

Als Ergebnis solcher Verfolgungen der intellektuellen Gemeinschaft entwickelte sich ein gewaltiger ,,geistiger Auszug'' aus dem christlichen Europa in den nichtchristlichen Nahen Osten, eine

„Flucht der Intelligenz", die nur mit der der jüdischen Schriftsteller, Wissenschaftler und Gelehrten, der geistigen Elite Deutschlands während der dreißiger Jahre, aus dem von den Nazis bedrohten Europa gleichkommt. Montesquieu, der als Zeugen Agathias zitiert, sagt, daß die meisten großen Geister Griechenlands und Roms lieber nach Persien auswanderten, um nicht unter dem Christentum leben zu müssen. ,,Ganze Länder (Europas) wurden durch die despotische Macht und das unverhältnismäßige Übergewicht des geistlichen Standes verwüstet und entvölkert." (35) Diese Flucht der Intellektuellen nach dem Osten trug zweifellos zur Blüte der arabischen Kultur zwischen dem 8. und 14. Jahrhundert bei, als nur die Mauren und Moslems sich rühmen konnten, große Geister hervorzubringen, die denen des alten Griechenland und Rom gleichkamen. Dem christlichen Europa entsprang während dieser dunklen Jahrhunderte nicht eine einzige Seele, die zur Gesamtheit der menschlichen Wissens nur irgend etwas beigetragen hätte. (36)

Wo immer sich das Christentum ausbreitete, brachte es den tödlichen Keim des Antifeminismus mit sich und zwang die staatlichen Regierungen, die grausamen und frauenfeindlichen Gesetze der Kirche anzuwenden. Die Männer nahmen natürlich die neuen Ideen bereitwilliger auf als die Frauen, die ihnen länger und mit tragischeren Folgen widerstanden als ihre Brüder. Die Frauen waren, wie James Cleugh bemerkt, in Europa das geachtete Geschlecht gewesen, und ,,sie waren so entschlossen, dies zu bleiben, wie die Kirche, sie herabzusetzen". (37) Doch ihre Entschlossenheit war vergeblich. In den Tiefen des Unterbewußtseins waren bei den Männern stets Furcht und Schrecken vor den Frauen vorhanden gewesen. Diesen Schrecken in tätlichen Haß und Abscheu zu verwandeln, wurde nun die Bestimmung der rein männlichen christlichen Hierarchie.

,,Das weibliche Geschlecht wurde im Übermaß geschmäht", schreibt Jules Michelet. ,,Schmutzig, unanständig, schamlos, unmoralisch waren nur einige der Bezeichnungen, die die Kirche auf sie schleuderte." Die Frau, verkündete die christliche Geistlichkeit, war von Natur aus verderbt und lasterhaft und für die Seelenrettung des Mannes gefährlich; um ihre eigene Seele brauchten sich die Frauen nicht zu bekümmern, denn sie besaßen keine. ,,Die Frauen teilten schließlich selbst das abscheuliche Vorurteil", fährt Michelet fort, ,,und hielten sich selbst für unrein (...) die Frau, die im Vergleich zum anderen Geschlecht so nüchtern ist, (...) war beinahe geneigt, sich dafür zu entschuldigen, daß sie überhaupt existierte, daß sie lebte und die Lebensbedingungen erfüllte". (38)

Das Wunder besteht nicht darin, daß die Kirche schließlich ihr Ziel erreichte, die Frau zu entwürdigen. Anfangs mit der Macht des Reiches hinter sich und etwas später mit der sogar noch größeren des Papstes konnte sie ja kaum scheitern. Verwunderlich ist, daß die Kirche so *lange* brauchte, bis sie das einst stärkere Geschlecht erniedrigt hatte. Denn erst nach der protestantischen Reformation des fünfzehnten und sechzehnten Jahrhunderts und dem Sieg des Puritanismus erreichte die Stellung der Frau den Tiefpunkt, in dem sie sich auch heute noch befindet. Nachdem die Kirche mit ihrer Mission erfolgreich war, die Männer zu lehren, daß die Frauen wilde und seelenlose Tiere seien, griff das bürgerliche Gesetz ein und übergab die Frau in die unumschränkte Macht der Männer. Ihr Feind wurde ihr Beherrscher, und das obszöne Ziel der christlichen Väter wurde endgültig und vollständig erreicht.

„Unsere Neugier veranlaßt uns natürlich herauszufinden, womit der christliche Glaube seinen bemerkenswerten Sieg errungen hat", schreibt Gibbon. „Augenscheinlich wurde er durch den von der jüdischen Religion übernommenen unbeugsamen und intoleranten Eifer der Christen unterstützt." (39) Und die jüdische Religion ist, so wie sie sich im Alten Testament ausdrückt, ein „in vieler Hinsicht barbarisches System, das für ein barbarisches Volk gedacht war", sagt John Stuart Mill. Diese barbarische Religion, fährt er fort, befangen in Frauenhaß und Aberglauben, bildet die Grundlage der sogenannten „christlichen Moral". (40)

15

Maria und die Große Göttin

Was das Christentum schmerzt ist, daß das alte religiöse Mutter-Göttin-Motiv und das neue vom Allmächtigen Gott grundsätzlich unvereinbar sind.

Robert Graves

Die Entdeckung Mariens

„Und so geschah tatsächlich", schreibt Rousseau, „was die Heiden befürchtet hatten." In ihrer neuen Macht und mit dem Segen der kaiserlichen Regierung „änderten die bescheidenen Christen ihre Sprache, und ihr angebliches Königreich der anderen Welt wurde zur wütendsten Gewaltherrschaft in dieser." (1) Bei der unerbittlichen Durchsetzung des christlichen Glaubens waren Spione überall bereit, Menschen aus allen Schichten zu beschuldigen. Lippenbekenntnisse für die Kirche wurden die einzige Sicherheit. Europa wurde eine Welt von Heuchlern, die offen der neuen Kirche ihre Ehre bezeigten, wobei sie im Verborgenen die alten Gottheiten anbeteten.

Während sie der neuen Religion, die Ethik mit Moral in einer Weise verwechselte, wie es bisher nur eine kleine, unbekannte jüdische Sekte in Palästina getan hatte, Achtung vortäuschte, ging die wirkliche Religion in den Untergrund. Die schwarze Messe und der Sabbat waren viel verbreiteter als die Kirche einzugestehen wagte; doch Hexenversammlungen bildeten nur einen kleinen Teil des geheimen Protestes gegen die Autorität der Kirche (2). Wie übermäßig streng erzogene Kinder, die es nicht wagen, den Vater von Angesicht zu Angesicht herauszufordern, so bildeten die Völker Europas geheime Gesellschaften in allen Schichten, um bildlich und auch wörtlich dem Christentum lange Nasen zu machen.

Die Kirche schien zum blutigen Untergang inmitten der blutenden Körper ihrer Opfer verdammt, als das Volk Maria entdeckte. Und nur nachdem diese gegen die strengen Erlasse der Kirche aus der Vergessenheit, in die sie Konstantin verwiesen hatte, gehoben und mit der Großen Göttin gleichgesetzt worden war, wurde das Christentum schließlich vom Volk geduldet. Der Hl. Patrick, war der Entdecker des Geheimnisses, wie man willige Konvertiten gewinnen konnte.

Obwohl in Rom zum Priester ausgebildet, war der Hl. Patrick doch ursprünglich ein keltischer Christ aus Britannien, und mit seiner Person vermittelte er der katholischen Priesterschaft ein Verständnis für den Wunsch der keltischen Völker nach ihrer eigenen Göttin. Es wird erzählt, daß er, als er in seinen neuen römischen Amtsgewändern an der irischen Küste landete, die Bewohner der Insel bei einer kultischen Zeremonie vor einem Bild Brigantes, der Mutter der Götter, versammelt fand. Patrick, mit dem schnellen Verstand und der noch schnelleren Zunge, überzeugte sie bald, daß die Mutter der Götter in Wirklichkeit Maria, die Mutter Gottes, war. Die immer liebenswürdigen Iren stimmten höflich zu, die Göttin *Maria* zu nennen und setzten ihre Zeremonie gleich darauf fort. Irland ist bis auf den heutigen Tag, wie alle Nachkommen der keltischen Völker im ganzen katholischen Europa, eher ein auf Maria als auf Jesus ausgerichtetes Land.

In Irland „war das Christentum von beredten und einfühlsamen Missionaren und nicht, wie sonst überall, mit dem Schwert eingeführt worden; und die Schule der Druiden nahm Jesus und seine Mutter eher als Vervollständigung denn als Entehrung ihrer alten Theologie an. Man erwartete, daß die irischen Bischöfe, die anfangs von den Königen und nicht vom Papst ernannt wurden, sich zurückhielten, was sie auch taten. Sie tauften die Göttin zur Hl. Brigitte um, der Schutzpatronin der Dichter, deren ewiges Feuer noch zur Zeit Heinrichs VIII. in Kinsale brannte." (3)

Der größte Widersacher Christi war im ganzen Römischen Reich, wie E.O. James schreibt, die Große Göttin, „die Göttin vieler Namen und doch immer die eine". Patricks Entdeckung, daß die Heiden Christus annähmen, wenn sie auch Maria bekämen, änderte nun die offizielle Haltung der Kirche ihr gegenüber. Konstantin hatte die Zerstörung aller Göttinnentempel im ganzen Reich befohlen und die Marienverehrung streng verboten, „da er fürchtete, daß ihre Verehrung die ihres Sohnes in den Schatten stellen würde". (4) Doch trotz der Autorität der Kirche wurde der letzte erhaltene Göttinnentempel erst im Jahre 560 zerstört. (5)

„Kann das Ewige weiblich sein?"

Wie können wir uns den Sieg des Christentums über das herrliche griechische Pantheon erklären? fragt Jane Harrison. Sie stellt fest, daß die Antwort in einem aufregenden Wesensmerkmal der klassischen homerischen Götter und Göttinnen besteht: „Sie sind *zu* schön, zu künstlich, als daß sie auf natürliche Weise eines Volkes Verlangen nach Unsterblichkeit hätten entspringen können (...). Die olympischen Götter erschienen mir wie ein Strauß abgeschnittener Blumen, deren Blüte kurz ist, weil sie von den Wurzeln abgetrennt wurden (...). Um diese zu finden, müssen wir tief in die unteren Schichten der Gedankenwelt eindringen, in jene chtonische Kulte, deren Lebensgrundlage sie bildeten und aus denen ihre ganze herrliche Blüte entsprang."

Um diese Wurzeln zu finden, vertiefte sich Jane Harrison in die griechische Religion und schrieb ihr großes Werk, *Themis*, in dem sie die Olympier bis zu ihrer alten Quelle in der ursprünglichen und althergebrachten Verehrung der Göttin *Themis*, Gerechtigkeit, der frühesten Erscheinung der Großen Göttin zurückverfolgte. „Die Große Göttin," stellte sie fest, „hat überall Vorrang vor den männlichen Göttern." Als ihre Annahmen später von der Archäologie bestätigt wurden, war Jane Harrison begeistert: „Zu meiner großen Freude konnte ich feststellen, daß meine „Ketzereien" von der neuen Wissenschaftlergeneration beinahe als Postulate anerkannt wurden (...) historisch abgesichertes Material, das auf genauen Tatsachen beruhte (...)." (6)

Zu Harrisons Zeit, vor etwas mehr als einem halben Jahrhundert, steckte die Archäologie noch in den Kinderschuhen, und dennoch hatte sie bereits viele geliebte männliche Ansichten und Vorurteile über die Frühgeschichte umgeworfen: vor allem das Vorurteil, daß die menschliche Gesellschaft stets vom Manne beherrscht, und daß die Gottheit, welchen Namen sie auch immer hatte, stets männlich gewesen sei.

In den 60 Jahren, die vergangen sind, seit Harrison ihre begeisterten Worte geschrieben hat, sind unsere Vorstellungen von Geschichte, Geschlecht und Religion durch Beweis und Zeugnis der Archäologie so gründlich angezweifelt worden, daß all unsere Geschichtsbücher, all unsere theologischen Theorien und all unsere Ideen von den geschlechtlichen Unterschieden und Begrenzungen veralteten. Doch die Lehrbücher haben mit der neuen Erkenntnis nicht Schritt gehalten, ebensowenig die

Theologen, die Soziologen und die Politiker.

Robert Graves, der über die Ähnlichkeiten der griechischen, keltischen und jüdischen Religionen schreibt, kommt zu Harrisons Ergebnis von der weit verbreiteten Vorherrschaft der Göttin, wenn auch auf einem anderen Weg. „Die Verbindung besteht darin", schreibt er, „daß alle drei Völker vom selben alten ägäischen Volk zivilisiert wurden, das sie unterwarfen und absorbierten." (7) Diese verschollenen Menschen, das alte Volk, waren Göttinnenverehrer, die das weibliche Prinzip als vorrangig und dem männlichen überlegen betrachteten. Diese letzte Vorstellung konnten die neuen Menschen nicht ertragen, und während sie die Weiblichkeit herabsetzten, stürzten sie gleichzeitig die weibliche Gottheit und ersetzten sie durch eine männlich bestimmte Hierarchie von Göttern und Göttinnen. Der Grund für die Künstlichkeit und Wurzellosigkeit der olympischen Götter und auch des jüdischen und christlichen Gottes besteht darin, daß sie *erdacht* wurden, von Patriarchen absichtlich erfunden, um die alte Große Göttin zu verdrängen. Demnach ist im Christentum die einzige Wirklichkeit Maria, das weibliche Prinzip, die wiedergeborene alte Göttin.

Weil sie nicht echt waren, unterlagen die klassischen Götter dem Christentum. Aber nicht, sagt Graves, dem *männlichen*, nicht Jehova oder Jesus, sondern Maria.

Das Vorherrschen des Göttinnenkultes in alter Zeit „ist nicht nur eine Angelegenheit für den Altertumsforscher, denn die allgemeine Anziehungskraft des modernen Katholizismus beruht trotz der rein männlichen Priesterschaft und der patriarchalen Dreifaltigkeit eher auf der alten Göttin und der ägäischen religiösen Mutter-Sohn-Überlieferung, auf die der Katholizismus bei der Marienverehrung zurückgegriffen hat, als auf seinen aramäischen und indo-europäischen Gottesmerkmalen." (8)

„Da man behauptete, der Logos sei aus einer menschlichen Mutter Fleisch geworden", schreibt James, „wurde, als sich in Rom die katholische Kirche aus der jüdischen Sekte entwickelte, der alte Kult von der Göttin und dem jungen Gott in einer neuen Synthese wieder eingeführt." (9)

Kurz gesagt, letztlich siegte das Christentum, weil es eine Rückkehr zur ursprünglichen Göttinnenverehrung darstellte, die zwar vorübergehend durch die olympischen Götter verdrängt, aus dem Verstand und dem Herzen des Volkes jedoch nie ganz getilgt worden war.

Montesquieu berichtet, indem er die *Briefe* von Cyril zitiert, daß das Volk von Ephesus, als es der Bischof davon unterrichtete, ,,daß es die Jungfrau Maria als die Mutter Gottes verehren durfte, ganz außer sich vor Freude war. Die Menschen küßten die Hände der Priester und umarmten deren Knie, und die ganze Stadt hallte von Zustimmungen wider". (10)

,,Kann das Ewige weiblich sein?" fragt Gide und erwartet keine Antwort. (11) Doch es ist, wie vorher schon gesagt, interessant, daß bei Visionen stets die Jungfrau Maria erscheint, nie Gott, nie der Hl. Geist und sehr selten Jesus. Die großen christlichen Mystiker, gleich, ob sie Männer oder Frauen waren, behaupten, irgendwann die leibhaftige Maria gesehen zu haben. Und es vergeht kaum eine Woche, in der nicht einem einfachen Bauern oder einem Padre irgendwo auf der Welt ,,unsere Heilige Frau" erscheint.

Wer sich mit psychologischen Untersuchungen befaßt, möchte vielleicht gerne wissen, ob Menschen bei Visionen tatsächlich etwas sehen, den astralen oder ätherischen Körper einer wirklichen Frau. Aber welcher Frau? König Numa sah sie in der Grotte von Nemi und nannte sie Egeria. Bernadette sah sie in der Grotte von Lourdes und nannte sie Maria. Wer kann sagen, daß sie nicht die Verkörperung einer wirklichen ,,Heiligen Frau" ist, der Großen Göttin selbst, ,,die sehr verschieden bezeichnete Weiße Göttin, die letzte Spur der matriarchalen Zivilisation oder, wer weiß, die Vorbotin von deren Wiederkehr". (12)

Maria im Mittelalter

So fand sich die Kirche, die in ihrem fanatischen Patriarchalismus versucht hatte, den Göttinnenkult auszutilgen, durch das allgemeine Verlangen und um selbst zu überleben, gezwungen, Maria anzuerkennen. Man konnte nicht in das Extrem verfallen, sie in die Dreieinigkeit einzuschließen, wohin sie an sich nach alter religiöser Überlieferung gehörte, aber man wies ihr schließlich widerstrebend neunzehnhundert Jahre später einen Platz bei ihrem Sohn im Himmel zu und versah sie, wie ihn, mit einer sündenlosen und übermenschlichen Reinheit.

,,Die Kirche weigerte sich jahrhundertelang, die sündenlose Geburt Marias zu verkünden, eine Makellosigkeit, die sie, Maria, auf eine Stufe mit Jesus gestellt hätte, dem einzigen Menschen, der ohne Sünde geboren wurde. Die großen Scholastiker waren dagegen und die belesenen Mönche wehrten sich mit allen Mitteln. Doch die große Zahl der Gläubigen war so sehr dafür, daß die Kirche am Ende gezwungen war nachzugeben." (13)

Von Anfang an widersetzten sich die Heiden dem ausschließlich männlichen Charakter der neuen Religion. Von Rom bis Griechenland, von Ägypten bis Anatolien und besonders in Europa versuchte man, das Joch des Christentums abzuschütteln, um „die alte Ordnung (...) wiederherzustellen, doch ohne Erfolg: Das Christentum herrschte über alles". (14)

In Rom fiel das letzte Bildnis der Göttin, die goldene Statue der Göttin *Virtus* (Tugend) im Jahre 410. Und mit ihr, schreibt Zosimus verbittert, „verschwand endgültig, was noch in Rom an Mutigem und Wertvollem vorhanden war". (15)

Aus dieser Bemerkung ergibt sich die einst von Dante erhobene Frage, ob Konstantin mehr Unheil angerichtet als Gutes geschaffen habe, als er die Kirche errichtete, und außerdem die ähnliche, von vielen Gelehrten und Denkern, einschließlich Gibbon, gestellte Frage, ob nicht das Christentum für den Untergang des Römischen Reiches und das daraus entstehende Chaos des gesellschaftlichen und geistigen Rückschrittes verantwortlich sei. „Indem die Kirche *Vorzüglichkeit* auslöschte", schreibt Otto Seeck, „wandte sie dem Fortschritt freiwillig den Rücken zu, und stürzte die Westliche Welt in das lange Leid und die Unterdrückung des Dunklen Zeitalters." (16)

Doch in der Dunkelheit glomm ein schwaches Licht, das langsam zu einer Flamme wurde, die die Herzen der Menschen wärmte und ihre Hoffnungen neu belebte. Das Licht war Maria. Männer und Frauen sammelten sich in Scharen um sie, und bald wetteiferte ihr Kult mit dem Jesu. Mit dem elften Jahrhundert hatte sie Jesus als Erlöser der Menschheit bereits *verdunkelt*. „Die heilige Jungfrau," schreibt Briffault, „die Albertus Magnus die Große Göttin nennt, hätte in der Verehrung des Volkes die männliche Dreifaltigkeit beinahe verdrängt. Gott-Vater war unnahbar und schrecklich. Christus hatte das strenge Amt eines Richters. Nur die Königin des Himmels konnte uneingeschränkt Barmherzigkeit walten lassen. Sie wirkte mehr Wunder als alle göttlichen und heiligen männlichen Wesen im Himmel zusammen. Sie hatte tatsächlich ihre ursprüngliche Stellung als Große Göttin, als göttliches Urbild der zauberischen Weiblichkeit ganz und gar zurückgewonnen." (17)

Henry Adams, der vor 70 Jahren durch Europa reiste, machte eine Entdeckung, die ihn, den patristischen amerikanischen Mann des 19. Jahrhunderts, überraschte: Die prächtigen Kathedralen des mittelalterlichen Europa, jene „steinernen Triumphlieder", waren nicht zum Ruhme Gottes erbaut worden, wie es die Kirche beabsichtigt hatte, sondern als Ausdruck der Marienverehrung. „Er liebte ihre Würde, ihre Einheit, ihre Ausmaße, ihre Linien, ihre Schatten, ihre Lichter, ihre schmückenden Bildwerke; und er war sich der Kraft bewußt, die das alles geschaffen hatte: die Jungfrau, die Frau, durch deren Geist die stattlichen Zeugnisse gebaut worden waren, durch die Sie Ausdruck erhielt (...). Alle Kraft der Welt hätte nicht so wie die Jungfrau Chartres erbauen können (...). Symbol oder Kraft, die Jungfrau hat als größte Macht gewirkt, die das Abendland jemals fühlte und das Tun der Menschen stärker auf sich gelenkt, als es jede andere natürliche oder übernatürliche Macht jemals vermochte." (18)

Adams hat scheinbar nicht erkannt, daß diese mystische Macht der Jungfrau Maria, der Frau, der Göttin, so alt war wie die Zeit, daß es eben diese Kraft war, die in den ersten Äonen die Welt zusammengehalten und die Menschheit auf ihren langen und häufig unterbrochenen Weg zur Menschlichkeit geführt hatte. Doch der Mensch des Mittelalters, in dessen Erinnerung die Große Göttin immer noch lebendig war, wußte das. Und als er die Schwibbögen der großen Kathedralen aus Stein meißelte oder sie aufrichtete, erinnerte er sich an sie und ehrte sie, wie es seine Vorfahren im Altertum getan hatten, mit seiner größten Anstrengung und seinen erhabensten Gedanken.

Die schönsten und ehrfurchtsvollen Bildwerke stellen Maria dar. Die vollkommensten Gemälde sind ihr gewidmet. Und die zartesten und herrlichsten Glasmalereien zeigen die Mutter und das Kind. (19) Trotz des Papstes und der weltlichen Macht des örtlichen Geistlichen verehrte der Mensch des Mittelalters immer noch die Mutter der Götter.

Maria und die britischen Kelten

Das Neue Testament weiß über Maria nach der Kreuzigung nichts mehr zu berichten. Der *Legende zum Neuen Testament* nach jedoch soll Maria von Petrus und einigen anderen Aposteln in einem Höhlengrab in Jehoshaphat begraben worden sein. Acht

Tage nach der Beerdigung wurde ihr Grab geöffnet. Man fand es leer vor. Worauf Thomas, der gerade auf einer Wolke aus Indien zurückgekehrt war, erklärte, daß er der Auferstehung Marias vom Gipfel des Ararat aus beigewohnt hatte, wo seine fliegende Wolke ihn auf seiner Route von Indien kurz abgesetzt hatte. Jesus selbst, sagte Thomas, sei vom Himmel herabgestiegen und habe seine Mutter nach oben geleitet. Auf dieses Zeugnis hin vergab man Thomas seine Zweifel an diversen früheren übernatürlichen Erscheinungen, und die Apostel fielen auf die Knie nieder und beteten ihn an. Danach kamen zwölf Wolken herab und nahmen die vereinigten zwölf auf, um sie zu ihren jeweiligen Ämtern zurückzubringen. (20) Es gibt aber noch eine andere Legende über Marias letzte Jahre, die erdgebundenere Naturen eingängiger erscheint. Und nach dieser Legende, die in Südfrankreich und England noch lebendig ist, starb Maria in Marseille.

Dieser Version zufolge entschlossen sich nach der Steinigung des Hl. Stephan im Jahre 35 v. Chr. mehrere seiner Freunde und Verwandten, die um ihr eigenes Leben fürchteten, aus Jerusalem zu fliehen und soviel Abstand wie möglich zwischen sich und den Sanhedrin zu bringen. Deshalb kaufte Joseph von Arimathia ein Schiff, und hierin segelte eine kleine Gruppe christlicher Juden nach Europa. An Bord befanden sich Joseph von Arimathia, seine Nichte Maria, die Jesus' Mutter war, ihr Cousin Lazarus, ihre Cousinen Martha und Maria und ein kleines Waisenmädchen namens Thekla.

Sie segelten die Nordküste Afrikas entlang bis zum Tyrrhenischen Meer und landeten im Jahre 36 in Marseille. „Marseille," schreibt Lionel Smithett Lewis, „redet immer noch über diese Flüchtlinge, die vor zweitausend Jahren dort ankamen." (21)

Marseille war ein großer Hafen und zur Zeit Roms das Tor zu Europa, und von da aus führten gute römische Straßen in alle Teile des Reiches. Die bestehende Handelsroute von den Mittelmeerländern zu den Britischen Inseln, führte von Marseille durch Armorica und durch den Kanal nach Südengland. Joseph von Arimathia kannte diese Route sehr genau, und er hatte Marseille als seinen Zufluchtsort ausgesucht, weil er dort gut bekannt und hochgeachtet war.

Denn Joseph von Arimathia war ein Metallhändler, ein Zinnmagnat, der Zinn- und Kupferminen in Cornwall und in Somerset im Süden Englands besaß. Er pflegte diesen Minen häufig Besuche abzustatten und hatte viele Freunde unter den britischen Kelten.

Einer davon war der keltische König Arviragus.

Kurz nach der Ankunft der Jerusalemer Flüchtlinge in Marseille besuchte sie dort der Apostel Philip auf einer Missionsreise. Er stellte jedoch bald fest, daß die Marseiller zu erfahren und zu sehr dem römischen Einfluß ausgesetzt waren, als daß sie in das christliche Lager überwechseln würden. Philip entschloß sich, weiterzuziehen und mit Joseph von Arimathia nach Britannien zu gehen. Und in der Begleitung Marias und vielleicht Theklas, Marthas und der anderen Maria machten sich die beiden Männer im Frühling desselben Jahres nach Somerset auf. (22)

Nachdem Philip festgestellt hatte, daß die Kelten Britanniens neuen Ideen gegenüber aufgeschlossen waren, ließ Philip Joseph und einige der Frauen dort zurück, damit sie in Glastonbury eine Kirche gründeten, was sie Gildas zufolge noch im selben Jahre, 37, traten, während Philip Maria nach Marseille zurück begleitete. Dort starb sie später und wurde auch dort beerdigt.

Das ist die Marseiller Legende. In Somerset und Cornwall geht die Legende bis zu Jesus' Kindheit zurück. In der herrlichen Geschichte hatte der junge Jesus seinen Großonkel, den reichen Händler Joseph von Arimathia, auf wenigstens einer Geschäftsreise nach Britannien begleitet und hatte die Herzen der Kelten durch seinen aufgeschlossenen und wissensdurstigen Verstand so sehr für sich eingenommen, daß er ihnen in guter Erinnerung geblieben war. Als dreißig Jahre später seine Mutter mit Joseph sie besuchte und sie von dem traurigen Schicksal des vielversprechenden Knaben erfuhren, war es ihnen ein Anliegen, zu seinem Gedenken eine Kirche aus Flechtwerk in Glastonbury zu bauen. So gelangte das Christentum beinahe sechshundert Jahre vor Augustinus ins keltische Britannien.

„Wahrscheinlich ist etwas Wahres an der seltsamen Überlieferung, die nicht nur unter den Hügelbewohnern Somersets sondern auch in Gloucestershire immer noch Gültigkeit hat, daß der Hl. Joseph von Arimathia erstmals als Metallhändler nach Britannien kam und auf den Scillyinseln und in Cornwall nach Zinn suchte und im Bergland Somersets nach Blei und Kupfer und anderen Metallen und daß Jesus selber ihn als Junge begleitete. Auch in Irland existiert eine Überlieferung, nach der Jesus als Junge nach Glastonbury kam." (23)

Der keltische König Arviragus, ein direkter Vorfahre der Königin Helena und also auch Kaiser Konstantins, war ein alter Freund Josephs, und er setzte dieser Freundschaft ein Denkmal, indem er der Kirche von Glastonbury das Land stiftete, auf dem sie erbaut wurde. (24)

Es besteht wenig Zweifel daran, daß Joseph im alten Britannien sehr gut bekannt war. Daß er mehr als nur Erinnerungen und Überlieferungen hinterließ, wird durch die Tatsache unter Beweis gestellt, daß der keltische König Arthur im sechsten Jahrhundert behauptete, an achter Stelle in der direkten Nachkommenschaft Josephs von Arimathia zu stehen. (25)

Von großer Bedeutung ist auch die Tatsache, daß die keltischen Ritter, angefangen mit König Arthur, ausnahmslos das Abbild der Jungfrau auf ihren Schilden trugen. Und bei der Schlacht von Castle Guinnion trug, Nennius zufolge, Arthur „ein Bildnis der Hl. Maria, der ewigen Jungfrau" auf seinen Schultern in die Schlacht. (26)

Aber *war* dies wirklich ein Bildnis Marias „der ewigen Jungfrau"? Oder war es vielleicht ein Abbild des Ewigen, der ewigen Göttin der alten Kelten?

16

Frauen im Mittelalter

Wenn das Christentum die Uhr des allgemeinen Fortschrittes um zweitausend Jahre zurückgedreht hat, so (...) auch für die Frauen (...). Die Männer der Kirche beraubten sie ihres Platzes bei und vor Gericht, in den Schulen, in Kunst, Literatur und Gesellschaft. Sie verriegelten ihren Verstand vor dem Wissen (...) (und) ketteten sie an die Stellung, in die sie sie geworfen hatten.

Margaret Sanger

Häusliche Züchtigung

„Am längsten und ganz besonders bewahrten die Menschen, die *pagi*, auf dem Lande ihre Liebe zu ihren alten Festen, ihre Verehrung der alten Götter und Göttinnen der Felder und Herden. Sie liebten ihre alte Lebensweise und überließen gerne den Städten die neue Religion."

Aber die allgegenwärtige Kirche wollte sie nicht mit ihrer alten Lebensweise zufrieden sein lassen, genausowenig wie sie den römischen Senat „in seinem Irrtum" nicht „ungestört" ließ. (1) Jeder mußte mit dem Blut des Lammes getauft werden. Jeder einzelne, der keltische Bauer und der römische Senator, mußten sich der strengen neuen Moral fügen und an der neuen Barbarei teilnehmen.

Von der Kanzel aus wurden die Männer aufgefordert, ihre Frauen zu schlagen, und diese ermahnte man, die Rute zu küssen, die sie schlug. In einem mittelalterlichen theologischen Handbuch, das jetzt im Britischen Museum liegt, steht unter dem Wort *castigare* folgendes Beispiel: „Ein Mann muß seine Frau züchtigen und sie zu ihrer Besserung schlagen. Denn der Herr muß die Seinen bestrafen; so steht es in Gratians *Decretum*." (2) „Die unnatürliche Zurückhaltung der Frauen auf mittelalterlichen Bildern wurde durch den häufig angewandten Zwang mit der Rute erreicht; die Eltern erzogen ihre Kinder mit Schlägen, und die Gatten bedachten ihre Frauen in gleicher Weise." (3)

Die bewußte Lehre von der häuslichen Gewalttätigkeit, verbunden mit der Auffassung, daß Frauen von Natur aus keine menschlichen Rechte haben könnten, führte im späten Mittelalter so weit, daß die Männer ihre Frauen schlimmer als ihre Tiere behandelten.

Das Schlagen der Frau auf Betreiben der Kirche war im 15. Jahrhundert so allgemein üblich geworden, daß sich selbst ein Priester veranlaßt sah, sich dagegen zu wenden. Bernardino von Siena bat im Jahre 1427 in einer Predigt, daß die Männer seiner Gemeinde sich in der Bestrafung ihrer Frauen etwas zurückhielten und ihnen wenigstens so viel Mitgefühl entgegenbrachten wie ihren Hühnern und Schweinen. „Ihr Männer habt mehr Geduld mit der Henne, die euren Tisch beschmutzt, aber jeden Tag ein frisches Ei legt, als mit eurer Frau, wenn sie ein Mädchen gebiert. Oh ihr Narren, die ihr von eurer Frau kein Wort ertragen könnt, obwohl sie euch doch eine so schöne Frucht trägt. Vielmehr nehmt ihr sogleich einen Stock und schlagt sie (...). Seht ihr denn nicht auch das Schwein, das den ganzen Tag quiekt und euer Haus beschmutzt, und das ihr trotzdem duldet? Doch wenn ihr zufällig eure Frauen schmutziger seht als ihr es haben wollt, so peinigt ihr sie sofort. Denkt an die Frucht der Frau und habt Mitleid; nicht *jeder* Grund gibt das Recht, sie zu schlagen." (4)

Selbst der wohlmeinende Bernardino betrachtete die Frau nicht als einen Menschen, der um seiner selbst willen der Achtung wert ist. „Denkt an die Frucht der Frau!" sagt er. Die Frau war ein Zuchtvieh, ein Sexobjekt, ein Sklave, der es wert war, gehalten zu werden.

Nach einem spätmittelalterlichen Gesetz, das im christlichen Sachsen wirksam war, konnte jeder Landedelmann jede beliebige Frau seines Besitzes auspeitschen, wenn sie Stolz und Selbstachtung zeigte, was mit den Worten des Gesetzes beschönigend als „Unzüchtigkeit" bezeichnet wurde. „Genauso schamlos und ungerecht wird mit ehrbaren Frauen, mit Kaufmannsgattinnen verfahren, wodurch überdeutlich wird, wen die Männer erniedrigen wollen," schreibt Michelet. (5)

Der Grundherr, der einen Männerhaushalt führte, betrachtete die Frauen seines Herrschaftsbereiches als Freiwild für jede Gewalttat. „Bewaffnete Männer, Pagen, Diener und Ritter bildeten Jagdgesellschaften, (...) wobei ihr Vergnügen darin bestand, die

Frauen zu mißhandeln, zu schlagen und sie zum Schreien zu bringen (...)." Der französische Hof bog sich vor Lachen, „als er den Herzog von Lorraine schildern hörte, wie er und seine Mannen Dörfer überfielen und dabei jede Frau, auch die alten, schändeten, marterten und töteten". (6)

Vor der Dorfkirche steht eine Dame, „stolz gekleidet mit einem vornehmen grünen Gewand und einem Zweispitz (...). Milord zieht einen Dolch, und mit einem einzigen Schnitt seiner scharfen Klinge schlitzt er das grüne Gewand von oben bis unten auf. Die halbnackte Dame fällt nach dieser grausamen Beleidigung beinahe in Ohnmacht. Des Herrn Gefolgsleute stürzen alle miteinander vorwärts, um das Opfer zu jagen. Schnell und gnadenlos fallen die Schläge; die arme Frau stolpert, fällt und schreit schrill. Aber die Männer sind mitleidlos und peitschen sie wieder auf die Beine." Den ganzen Weg bis zu ihrer eigenen Türschwelle verfolgen sie sie mit ihren Peitschen, und blutend und ohnmächtig fällt sie gegen ihre Türe. Doch ihr Mann hat diese von innen versperrt und verrammelt, und schändlich kauert er im Innern des Hauses und hat Angst, seinem Herrn das Vergnügen zu verderben. (7)

Wie Michelet in seinen *Origines* hervorhebt, war der oben erwähnte Vorfall im Mittelalter alltäglich. Auf diese Weise konnte jeder Mann jede Frau bestrafen, die Stolz und Selbstbewußtsein zeigte. Man kann sich dabei leicht den rachelüsternen Funken im Auge des Mannes und sein satanisches Lächeln vorstellen.

Die Grundbesitzer und Edelleute des Mittelalters schlugen ihre Frauen genauso hemmungslos wie ihre Leibeigenen und die gewöhnlichen Frauen ihres Besitztums. Eine Geschichte zur moralischen Erbauung, die man sich im Mittelalter erzählte und die von Geoffrey de la Tour de Landry überliefert wurde, der mit ihr seine Töchter unterwies, zeigt deutlich die Schlechtigkeit eines zänkischen Weibes: „Hier ist ein Beispiel für jede gute Frau, daß sie geduldig leide und ertrage und auch weder mit ihrem Gatten streite, noch ihm vor Fremden erwidere, wie es einst eine Frau mit kurzen Worten tat. Und er schlug sie mit seinen Fäusten zu Boden; und dann stieß er mit seinem Fuß in ihr Gesicht und brach ihr die Nase, und bis zu ihrem Lebensende hatte sie eine krumme Nase, welche ihr Antlitz so verdarb und entstellte, daß sie es nicht mehr zeigen wollte, so garstig war es. Und das hatte sie davon, weil sie ihrem Gatten herausgeben wollte. Und deshalb sollte die Ehefrau geduldig sein und ihren Mann das Wort führen und ihn Herr sein lassen, denn das ist ihre Pflicht." (8)

Die Bauern kamen dem Vorbild ihrer Herren getreu nach. Uns ist der Bericht von einem Leibeigenen erhalten, der seine Frau jeden Morgen, bevor er aufs Feld ging, heftig schlug, damit sie, wie er sagte, den ganzen Tag mit Heulen und der Pflege ihrer Verletzungen beschäftigt sei und so für Klatsch weder Zeit noch Lust habe.

Die Kirche hieß es gut, die Frauen auf diese Weise zu unterwerfen, und riet den mißhandelten Frauen nur, den guten Willen ihrer Gatten durch verstärkte Aufopferung, Unterwürfigkeit und noch größeren Gehorsam zurückzugewinnen, denn das waren die besten Mittel, die schlechte Laune des Mannes zu vertreiben. Rousseau gab im 18. Jahrhundert den Frauen immer noch den gleichen Rat. Unglücklicherweise setzte sich diese Gewohnheit, die Frauen als andere Wesen anzusehen, die nicht dieselben Gefühle haben und nicht genauso leiden wie der Mann, im Bewußtsein des Mittelalters so fest, daß sie bis jetzt noch nicht ausgerottet werden konnte. Auch heute noch nehmen die meisten Männer an, die Frau könne mehr Schmerzen, tiefere Erniedrigung und größere Verachtung ertragen als der Mann. Und männliche Richter und Ärzte sind immer noch geneigt, sich entsprechend zu verhalten.

Neben dem Schlagen war die häufigste Art der gebilligten Bestrafung das Haareziehen. In Nonnen- und Mönchsklöstern bestand die Vorschrift, daß es für Novizen und Laienbrüder bzw. -schwestern keine andere körperliche Züchtigung geben sollte als das Schlagen mit Ruten und das Ziehen an den Haaren.

Berthold, ein Bruder aus Regensburg, ermahnte im 13. Jahrhundert die Männer, deren Frauen gerne ihr Haar schmückten, „mit Lockenspänglein hier und Netzlein (...) dort", dies auszureißen. „Reißt ihr den Kopfschmuck ab, auch wenn sie dabei Haare lassen sollte. Macht das *nicht nur drei- oder viermal*, und alsbald wird sie es unterlassen." (9) Das ist anzunehmen, denn nach drei- oder viermal konnte sie kaum mehr Haare gehabt haben, um sie herzurichten!

Ein grimmiger und grausamer Scherz war jungen verheirateten Paaren des Mittelalters nicht völlig unbekannt. Sir Thomas More berichtet von einem Fall aus dem 15. Jahrhundert, bei dem ein Holzfäller auf der Dorfwiese Holz hackte, wobei sich viele Dorfbewohner versammelt hatten, um ihm zuzusehen und damit die Zeit verginge. Schlagfertig wechselten die Antworten, ein Scherz folgte dem anderen, und es herrschte freudiges Gelächter. Diese Fröhlichkeit rief auch die Frau des Holzhackers heraus, um daran teilzunehmen. Als ihr guter Mann seine Axt niedergelegt hatte, kniete sich die gute Frau im Spiel hin und legte ihren Kopf auf den Hackstock, und der gute Gatte schlug ihn zum Spaß ab.

Vom Bischof nach dem Grund für diesen entsetzlichen Scherz gefragt, erklärte der Holzhacker, seine Frau hätte schon längst eine Strafe verdient, da sie ein ‚böses Weib' gewesen sei. Als Beweis für diese Behauptung bestätigten Augenzeugen, daß, selbst nachdem der Kopf der armen Frau blutüberströmt vom Körper gerollt sei, ,,sie die Zunge in ihrem Kopf hatten lallen und zweimal ‚Schuft', Schuft' rufen hören". Dieses Zeugnis bewies des Mannes Behauptung, daß er herausgefordert worden sei, denn natürlich war jede Frau, deren Zunge nach ihrem Tode noch ihren Mann beschimpfte, während ihres Lebens unbestreitbar ein ‚böses Weib'. Sir Thomas berichtet nicht, ob die kleinen Kinder der Frau zusahen, wie der Kopf ihrer Mutter zum Scherz von ihres Vaters Axt rollte.

Es erübrigt sich zu erwähnen, daß der Holzfäller vom Bischof vollkommen freigesprochen wurde. Doch es gab eine abweichende Zeugenaussage, ,,nur eine einzige und die stammte von einer Frau, die sagte, sie hätte die Zunge nicht sprechen hören". Aber da sie nur eine Frau war, wurde ihre Aussage vom Bischof nicht beachtet. (10)

Der lüsterne Priester und der unzüchtige Bruder

François Rabelais, Giovanni Boccaccio und Marguerite von Navarra sind ergiebige Quellen für Berichte von Verbrechen, die von Kirchenmännern des Mittelalters an Frauen verübt wurden. Es ist aufschlußreich, daß diese wahren Geschichten für Rabelais und Boccaccio erheiternd sind, während sie die Königin von Navarra als tragisch empfindet.

Die Frauen waren einer doppelten Gefahr ausgesetzt. Denn wenn sie sich den Wünschen der Geistlichen fügten, wurden sie möglicherweise von ihren Gatten getötet, und wenn sie sich weigerten, wurden sie aller Wahrscheinlichkeit nach als Heretikerinnen angezeigt, was den Tod auf dem Scheiterhaufen bedeutete. ,,Darüber hinaus", schrieb Petrus Cantor 1190, ,,wurden gewisse ehrbare Damen, die sich weigerten, der Lüsternheit der Priester zu willfahren, von diesen in das Buch des Todes eingetragen, als Heretikerinnen angeklagt und *zum Tode durch Verbrennen verurteilt.*" (11)

Während des Mittelalters wurden Frauen mit bemerkenswerter Gewissenlosigkeit verbrannt. Wenn Buch geführt wurde, so hat man die Angaben sehr erfolgreich verborgen. Doch Zeugnisse weisen darauf hin, daß das Verhältnis zwischen Frauen und Männern, die von 800 bis *1800* lebendig verbrannt wurden, bei etwa 10 000 zu 1 liegt. Männer wurden manchmal als Heretiker verbrannt, nachdem man sie vorher gnädigerweise erhängt hatte. Doch Frauen wurden unter zahllosen Vorwänden *lebendig* verbrannt: wegen Bedrohung des Gatten, wegen Widerspruchs oder Verweigerung gegenüber dem Priester, wegen Diebstahls, Prostitution, Ehebruchs, wegen Geburt eines unehelichen Kindes, weil sie Analverkehr zugelassen hatten, auch wenn dem beteiligten Priester oder Gatten vergeben worden war (12), wegen Selbstbefriedigung, lesbischer Liebe (13), Vernachlässigung der Kinder, wegen Boshaftigkeit und Keifens und sogar wegen einer *Fehlgeburt* (14), auch wenn diese durch einen Stoß oder Schlag ihres Gatten verursacht war. Wir lesen in den alten Chroniken von Frauen, die in den letzten Wochen der Schwangerschaft verbrannt wurden, so daß durch die Hitze ihr Bauch zerbarst und die Leibesfrucht bis über die Flammen hinausfiel. Das Kind wurde aufgelesen und zurück ins Feuer zu den Füßen der Mutter geschleudert. Wir lesen von den kleinen Töchtern verbrannter Frauen, wie sie gezwungen wurden, barfüßig einhundertmal um den rauchenden Scheiterhaufen durch die Asche der Mutter und die noch glühenden Scheite zu tanzen, um „ihnen die Erinnerung an die Sünden ihrer Mütter einzuprägen". Und das geschah alles zu einer Zeit, als das einzige Gesetz das der Kirche war und die bürgerlichen Gerichte reine Ausführungsgehilfen der christlichen Hierarchie darstellten.

„Die verschlagensten, gefährlichsten und hinterhältigsten Kuppler sind eure schurkischen Priester, Mönche, Jesuiten und Brüder", schrieb Robert Burton im 17. Jahrhundert. „Denn unter dem Deckmantel der Untersuchung, der Ohrenbeichte, des Trostes und der Buße haben sie freien Aus- und Eingang und verderben weiß Gott wie viele Frauen. Vor lauter Zauberbrüdern können die Frauen nicht in ihren Betten schlafen. Wie Proteus gehen sie in den verschiedensten Verkleidungen umher, um junge Frauen zu verführen und zu betrügen und sich mit den Frauen anderer Männer zu vergnügen. Wenn sie auch in der Öffentlichkeit noch so großen Zorn zeigen und gegen Ehebruch und Unzucht noch so lautstark predigen, gibt es doch im ganzen Land keine größeren Kuppler und Hurenmeister." (15)

Burtons kurze Zusammenfassung der priesterlichen Moral wird durch solche geschichtlichen Tatsachen bestätigt, wie die, daß Papst Johannes XII. im 10. Jahrhundert sogar im Vatikan selbst einen Harem hielt, und daß Papst Johannes XIII. „den Besuch von Nonnenklöstern genauso vergnüglich fand wie den von Freudenhäusern." Auf der Synode von London im Jahre 1126 wandte sich der Vertreter des Vatikans, Kardinal Giovanni von Cremona, mit beredten Worten gegen die Unzucht in den Reihen der Priesterschaft, und noch in derselben Nacht überraschte man ihn im Bett mit einer Prostituierten. 1171 brüstete sich Clarembald, der Abt von Canterbury, öffentlich damit, daß er in einer Pfarrei allein 17 uneheliche Kinder habe, und der Bischof von Lüttich zeugte gar innerhalb von 20 Monaten in seiner Diozöse 14!

Bruder Salimbene, ein Franziskanermönch aus Parma, warnte 1221 seine junge Nichte vor „der allgemein üblichen Gewohnheit der Beichtväter, ihre kleinen Büßerinnen hinter den Altar zu ziehen, um sich dort an ihnen zu vergehen". (16) Der gleiche Mönch berichtet eine wahre Geschichte von einer Dame, die einem Priester beichtete, von einem Fremden an einem einsamen Ort vergewaltigt worden zu sein. „Der Priester, von ihrer Beichte erregt, zog die Weinende hinter den Altar und vergewaltigte sie selbst", wie es auch die nächsten beiden taten, denen sie ihre Sünden bekannte. Bischof Faventino brachte seine kleinen Pfarrkinder, die Mädchen seiner Diözese, dazu, sich mit ihm ins Bett zu legen, „wo er bei Tageslicht stundenlang ihre nackten Körper betrachtete und liebkoste und ihre Geschlechtsteile mit Goldmünzen schmückte, die die kleinen Mädchen, wenn sie das Bett des alten Lüstlings verlassen durften, behalten konnten." (17)

Die Verderbtheit der Geistlichkeit war der Hierarchie sehr wohl bekannt, doch die Verbrechen wurden übergangen und die unverletzliche Heiligkeit geschützt. „Obwohl das Leben vieler Geistlicher voller Verbrechen ist", verfügte der Hl. Bernardino im 15. Jahrhundert, „wohnt dennoch in ihnen eine *heilige und verehrungswürdige Autorität.*" (18) Nachdem der Bischof von Orleans die kleine Tochter eines bekannten Ritters seiner Diözese vergewaltigt hatte, sprachen ihn seine Vorgesetzten von der Schuld frei, obwohl der Ritter selbst seinen Fall nach Rom gemeldet hatte. In Brüssel befahl man einem armen Mädchen im 13. Jahrhundert, barfuß nach Rom zu pilgern, als Buße für die Anzeige gegen einen Priester, der es vergewaltigt hatte. Der Hl. Thomas Becket ließ einen schuldigen Priester, den man ihm wegen Vergewaltigung und Ermordung eines jungen Mädchens vorgeführt hatte, einfach in eine andere Pfarrei versetzen. (19)

Der Priester kam bei Vergewaltigung und Verführung unbestraft davon, obwohl vielleicht das Opfer mit voller Billigung des Gesetzes und der Kirche von seinem Gatten mit dem Tode bestraft wurde. Im Gegensatz dazu wurden im heidnischen Rom unter der Herrschaft des Tiberius zwei ,,heidnische" Priester (vielleicht ein hebräischer und ein christlicher) wegen Verführung einer römischen Matrone gekreuzigt, während diese als vollkommen schuldlos betrachtet wurde. (20) Der Jude Josephus, der diesen Vorfall berichtet, führt ihn als Beispiel für die verdrehte römische Rechtsvorstellung an.

Der Präzedenzfall für die christliche Gerechtigkeit gegenüber Frauen ist im Alten Testament im Buch der Richter, 19;23 ff. zu finden, wo eine Geschichte von einem ,,bestimmten Leviten" erzählt wird, der jemanden in Gebea besucht und dabei von einer Gruppe von Homosexuellen bedrängt wird. ,,Sie schlugen an das Tor und sprachen mit dem Hausherrn, indem sie sagten: Gib den Mann heraus, der in dein Haus kam, damit wir ihn erkennen. Und der Hausherr ging zu ihnen hinaus und sagte zu ihnen: Nein, Brüder, handelt nicht so schlecht, denn seht, dieser Mann ist mein Gast. Seht, hier ist meine Tochter, ein Mädchen und seine Konkubine. *Sie* will ich euch herausgeben und sie mögt ihr erniedrigen und mit ihr tun, was euch gut dünkt. Aber an diesem *Mann* dürft ihr nicht so schlecht handeln. So nahm der Mann denn seine Konkubine und gab sie ihnen heraus; und sie erkannten sie und mißbrauchten sie die ganze Nacht bis zum Morgen, alsdann ließen sie sie gehen. Dann kam die Frau in der Morgendämmerung und fiel (tot) vor der Tür des Hauses nieder, wo ihr Herr war (...).''

Wir sehen hier den Ursprung der christlichen Wertschätzung der Frauen. Die Christen brauchten mehr als tausend Jahre, um diese den Männern des Abendlandes ins Bewußtsein einzuprägen.

Um ihre gegen die Frauen gerichtete Brutalität zu rechtfertigen, führten die Priester die Bibel an, und zwar das Alte wie das Neue Testament. Die Sprüche 9;13, 30;16 und 21 ff waren sehr bekannt, doch natürlich ebenso die Briefe des Hl. Paulus, besonders I Korinther 2 und Epheser 5, und auch I Timotheus 1 und II Timotheus 1 betrachtete man als sehr guten Ausgangspunkt für eine frauenfeindliche Predigt.

Eva wurde immer wieder als die Quelle allen Übels angeführt, als das sündige Geschöpf, das der ganzen Welt Elend gebracht hatte, als sie ihrem Mann nicht gehorchte. (21) Den schrecklichen Tod Jezebels und wie sie von Kötern aufgefressen wurde, brachte man als Beispiel dafür, was einer Frau geschehen kann, die versucht, ihren Gatten zu beeinflussen. Delilahs Verrat an Samson sollte die Männer davor warnen, ihren Frauen zu trauen.

Keuschheit und Jungfräulichkeit und die Wichtigkeit ihrer Erhaltung wurden von der Kanzel gepredigt, doch manch eine Jungfrau ging den Weg zum brennenden Scheiterhaufen, weil sie gerade diese Ermahnungen beherzigte. Ralph von Coggeshall erzählt uns die Geschichte einer solchen Jungfrau, doch ohne Entrüstung über die Ungerechtigkeit, die diesem tugendhaften Mädchen zugefügt wurde. Zur Zeit Ludwig VII. von Frankreich (1137-1180) ritt der Erzbischof Wilhelm von Rheims eines Tages gerade außerhalb der Stadt zusammen mit seiner Geistlichkeit, als einer davon, Gervase von Tilbourgh, ein schönes Mädchen sah und zur Seite ritt, um es anzusprechen. Nach einigen kurzen Schmeicheleien schlug er ihr „amour" vor, woraufhin die Jungfrau errötend antwortete: „Nein, junger Herr. Gott bewahre, daß ich eure Geliebte sei; denn wenn ich entehrt werden und meine Jungfräulichkeit verlieren sollte, müßte ich ewige Verdammnis erleiden." Das arme, unschuldige Ding, das die Doppelzüngigkeit der Geistlichen nicht kannte, plapperte wahrscheinlich nur nach, was es in der Kirche gelehrt worden war.

Doch der Erzbischof, der gerade herankam, und von Gervases Gesicht die ärgerliche Enttäuschung ablas, betrachtete die Weigerung des Mädchens als ungehörige Herausforderung von höher Gestellten. Was würde außerdem werden, wenn alle jungen Frauen ihre Keuschheit ernst nehmen und ihre Gunst der Geistlichkeit verweigern würden? Was würde dann aus den priesterlichen Vergnügungen? Da das Mädchen sich selbst noch nach dem Eingreifen des Bischofs weigerte, befahl dieser sie mit der Reitgesellschaft nach Rheims zurückzubringen, wo man sie, wie vorauszusehen, wegen Ketzerei anklagte. „Keine Überredungskunst konnte sie von ihrer törichten Hartnäckigkeit abbringen", fährt der Chronist Ralph fort, „weshalb sie verbrannt wurde, was viele bewunderten, die bemerkten, daß sie keinen Seufzer und keine Klagen ausstieß und keine Tränen vergoß, sondern alle Qualen der sie verzehrenden Flammen tapfer ertrug." (22)

Die grausame Vernichtung der Frauen

Die christliche Bewertung der Frauen als angenehmer sexueller Verbrauchsgegenstand wurde mit unterschiedlicher Begeisterung von weltlichen Männern übernommen, für deren Vorfahren diese Lehre unglaublich gewesen wäre. Sir John Arundel überfiel 1379 auf seinem Weg nach Frankreich, wohin er in den Krieg zog, bei Southampton ein Kloster und schleppte 60 junge Nonnen davon, um seinen Männern während des Feldzuges Erholung zu verschaffen.

„Sofort auf dem Schiff wurden sie vergewaltigt. Doch als im Kanal ein Sturm aufkam, ließ Arundel, um die Schiffe zu erleichtern, alle unglücklichen Gefangenen über Bord werfen" in die aufgewühlte See, (23) wo sie alle ertranken. Damit diese Ungeheuerlichkeit nicht als einmalige mittelalterliche Greueltat abgetan wird, sei noch angeführt, daß im 19. Jahrhundert die Mannschaft der *Pindos*, eines nordamerikanischen Handelsschiffes, etwa 50 polynesische Frauen und Mädchen genauso behandelte. Nachdem die Mannschaft von ihnen an Bord genug hatte, wurden die Mädchen in den Pazifik geworfen. Die U.S.-Handelsmatrosen fügten jedoch Arundels früherem Beispiel eine Variante hinzu: Als der Maat, ein gewisser Waden, sah, daß einige der Frauen, die gute Schwimmerinnen waren, sich wahrscheinlich an der fernen Küste der Osterinsel in Sicherheit bringen würden, erschoß er sie mit seinem Gewehr, wobei die gesamte Mannschaft jedesmal in begeistertes Geschrei ausbrach, wenn er traf". (24)

Im 16. Jahrhundert übernahm auch der frauenfreundliche Abbé de Brantome die christliche Lehre von der Wertlosigkeit der Frau und den unbezweifelten Rechten des Mannes, sie zu seinem Vergnügen zu mißbrauchen, zu quälen und zu ermorden. Doch Brantomes' innerste Instinkte regten sich: „Viel wäre zu dieser Angelegenheit zu sagen, was ich aber nicht tun werde, weil ich fürchte, meine Einwände wären schwach neben denen der Großen (der Kirche) (...). Doch wie groß auch das Ansehen des

Gatten sein mag, welcher Sinn besteht für ihn darin, daß er seine Frau töten darf?" (25)

Dann erzählt er eine wahre Geschichte von einem Ritter aus seinem Bekanntenkreis, die in ihrer Furchtbarkeit nur mit der biblischen Erzählung vom feigen Leviten verglichen werden kann:

„Ich kannte am Hof von Venedig einen bestimmten albanischen Ritter, der so langweilig war, daß seine Frau ihn nicht liebte. Um sie zu bestrafen, machte er sich die Mühe, ein Dutzend zügelloser Burschen auszusuchen, alles große Hurenböcke und dafür bekannt, daß sie besonders starke und große Penisse hatten und sehr fähig und leidenschaftlich in deren Gebrauch waren. Er heuerte sie gegen Bezahlung an, sperrte sie in das Schlafzimmer seiner Frau (die sehr lieblich war), und überließ diese ganz und gar ihren Händen, wobei er forderte, hier ihre Pflicht zu tun. Daran machten sie sich, einer nach dem anderen, und mißhandelten sie so, bis sie sie am Ende töteten. (...) Das war eine schreckliche Todesart." (26)

Boccaccios Bericht von Romilda, der Gräfin von Forli, ist diesem so ähnlich, daß man sich einfach fragen muß, wie weit verbreitet diese besondere Art des Frauenmordes im späten Mittelalter war. Ein gewisser Caucan hatte die Gräfin Romilda wegen ihres großen Vermögens geheiratet, berichtet Boccaccio. Da er sich aber nicht mehr mit ihr belasten wollte, nachdem nun einmal das Eigentum auf ihn übergegangen war, wenn auch nur durch die Ehe, so entschloß er sich, die schöne Romilda zu töten. „Er ließ zwölf seiner zähesten, stärksten Soldaten kommen und übergab ihnen Romilda, daß sie sich an ihr vergnügten. Und sie verbrachten eine Nacht damit, ihr Bestes zu geben, und als der Tag kam, befahl er Romilda zu sich, und nachdem er sie streng wegen ihrer Untreue gerügt und sie sehr beschimpft hatte, durchbohrte er ihre Genitalien, woran sie starb." (27)

Mit Ausnahme von Vater Bernardino im 15. und Abbé de Brantome im 16. Jahrhundert, verteidigte kein Mann die Frauen in der christlichen Zeit bis zum Ende des 19. Jahrhunderts. Wie grausam und brutal der Mann auch war, stets war er im Recht, und die Kirche stand immer auf seiner Seite, bereit, ihn bei den schlimmsten Verbrechen gegen das ‚geringere' Geschlecht zu unterstützen.

„Die grausame Vernichtung der Frauen schließt eine unterschwellige Angst ein, (...) denn die Frau stellt für den Mann eine Gefahr dar", schreibt Horney. (28) „Der Priester", schreibt Michelet, „erkannte klar, wo die Gefahr lag: daß man einen Feind, einen drohenden Widersacher in der Frau fürchten muß, dieser Hohenpriesterin der Natur, die er angeblich verachtet." (29)

„Die Kirche ist sich immer der Gefahren der inneren seelischen Kräfte der Frauen bewußt gewesen, die mit deren Freiheit zum Tragen kämen", stellt Margaret Sanger fest. „Aus diesem Grund haben die männlichen Institutionen sich darum bemüht, die Frau in Sklaverei zu halten (...) die Frau lediglich als Besitzgegenstand (...) des Mannes zu gebrauchen. Alles, was die Frauen in die Lage versetzt, für sich selbst zu leben, wurde als unmoralisch verdammt." (30)

Mit dem 12. Jahrhundert, schreibt Roger Scherman Loomis, „war die natürliche Verderbtheit der Töchter Evas eine anerkannte Tatsache, und die Frau war zum verläßlichsten Verbündeten des Teufels geworden. Sie war nicht nur minderwertig, sie war *böse*. ‚Es ist unmöglich', schreibt Chaucer in seinem *Wife of Bath*, ‚daß irgendein Geistlicher Gutes von den Ehefrauen spricht'." (31)

Daß die Kirchenmänner im Mittelalter sogar noch ihr Vorbild, den Hl. Paulus, an gewalttätigem Frauenhaß übertrafen, wird erschreckend in all ihren Schriftstücken deutlich, die uns erhalten geblieben sind. Johann Nider, ein berühmter Dominikaner des 15. Jahrhunderts, beschreibt ohne irgendwelche merklichen Anzeichen des Mitleides oder des Bedauerns die Folterung einer armen alten Frau, deren einziges Verbrechen in ihrer Beweglichkeit bestand. „Sie wechselte oft ihren Wohnsitz", schreibt Nider, „von Haus zu Haus und von Stadt zu Stadt, und das seit mehreren Jahren." Wahrscheinlich roch diese Beweglichkeit für die Kirche nach unweiblicher Unabhängigkeit, eine Absonderlichkeit, die nicht geduldet werden konnte. Man ließ die nichtsahnende alte Dame beobachten, und schließlich geschah eines Tages in Regensburg das, worauf man gehofft und gewartet hatte. Laut Aussage eines Spions, „äußerte sie einige unvorsichtige Worte bezüglich des Glaubens, weshalb sie sofort beim Vikar angeklagt und ins Gefängnis gesteckt wurde".

Als sie vom Inquisitor, der kein anderer war als Vater Nider selbst, vernommen wurde, „antwortete sie sehr schlau auf jeden Vorwurf und behauptete, sie verweigere dem Papst den Gehorsam in Angelegenheiten, *die er falsch entschieden hatte*". Hier war offensichtlich eine denkende Frau, eine mit geistiger Unabhängigkeit und Überzeugungstreue, eine Absonderlichkeit, die die Kirche verachtete und fürchtete. Aus diesen Gründen hatte die Frau keine Chance. Man beschloß, „sie auf die Folter des öffentlichen

Gerichts zu spannen, *langsam*, so wie es ihr Geschlecht ertragen konnte". Klar ausgedrückt, befahl Nider, daß ihre Folterung so lange wie möglich ausgedehnt wurde, als eine zusätzliche Bestrafung für ihr Geschlecht, ihre geistige Unabhängigkeit und ihre unweibliche ‚Schläue'. Ihr Alter wurde nicht als Milderungsgrund angesehen.

„Nachdem sie einige Zeit gefoltert worden war", fährt Nider selbstgefällig fort, „war sie durch die Verletzung ihrer Gliedmaßen sehr gedemütigt, weshalb man sie in ihren Gefängnisturm zurückbrachte, wo ich sie noch am selben Abend besuchte. Sie konnte sich vor lauter Schmerzen kaum bewegen", sagt der gute Vater mit aufrichtiger Genugtuung, „doch als sie mich sah, brach sie in lautes Weinen aus und erzählte mir, wie schwer sie verletzt worden war." Als der gute Inquisitor „viele Stellen der Hl. Schrift zitiert hatte, um zu zeigen, wie sündhaft das weibliche Geschlecht ist"(!), und nachdem er ihr gedroht hatte, sie weiter zu foltern, „erklärte sich" die arme alte Frau „bereit, öffentlich ihren Irrtum zu widerrufen und zu bereuen". Was sie, sobald sie wieder laufen konnte, „vor der ganzen Stadt Regensburg tat". (32)

So wurden im Mittelalter die ‚Heiden' zum Banner Christi hingezogen und ermutigt, das Christentum anzunehmen. Doch noch heute werden die Kinder in der Schule gelehrt, zu glauben, daß die christliche Religion Barmherzigkeit, Aufklärung und Gerechtigkeit in eine Welt gebracht habe, in der früher die Menschen in der Dunkelheit des Heidentums gelebt hätten. Sie werden gelehrt, zu glauben, daß das Christentum die Welt vor der Barbarei gerettet habe. Doch in Wirklichkeit schuf es eine barbarische Kultur, wie sie das Abendland vorher nie gekannt hatte. Und, was von allem am widerwärtigsten ist, es hatte die abendländische Frau frei und unabhängig, geschätzt, geehrt und geachtet vorgefunden und sie dann in eine abgrundtiefe Hoffnungslosigkeit und Verzweiflung einer Leibeigenen gestürzt, woraus sie sich bis jetzt noch nicht befreien konnte.

So drückt es Michelet aus: „Sie, die von ihrem Throne aus die Menschheit gelehrt (und) einer vor ihr knienden Welt Orakel gegeben hatte, ist dieselbe Frau, die tausend Jahre später wie ein wildes Tier gejagt, verleumdet, mit Fäusten geschlagen, gesteinigt und mit rotglühender Kohle gebrannt wird! Die Geistlichkeit hat nicht genug Scheiterhaufen (...) für die unglückliche Frau." (33)

17

Einige mittelalterliche Frauen

Wie viele wunderbare Taten von Frauen bleiben ungerühmt!

Seneca

Die heilige Johanna

Unser Inquisitor Johann Nieder, der so mitleidlos die Qualen der armen, namenlosen, alten Frau beschrieb, deren Gliedmaßen er gebrochen und deren Gelenke er auf der Folter ausgerenkt hatte, durfte einmal Jeanne d'Arc ‚befragen'. Und hier ist sein Bericht:

„In den letzten zehn Jahren lebte in Frankreich ein Mädchen namens Johanna, ausgezeichnet, wie man dachte, wegen seines prophetischen Geistes und auch wegen seiner Kraft, Wunder zu wirken. Denn es trug ständig Männerkleidung, und alle Bemühungen der Heiligen Kirchenväter konnten es nicht dazu bewegen, sie abzulegen und sich mit Frauengewändern zufriedenzugeben, besonders, da es doch öffentlich bekannte, eine Frau und Jungfrau zu sein.

‚In diesen männlichen Kleidern als Zeichen des bevorstehenden Sieges bin ich von Gott gesandt worden', sagte sie, ‚um Karl, dem rechtmäßigen König von Frankreich, seinen Thron zu sichern, von dem ihn der König von England und der Herzog von Burgund verjagen wollen.' Denn zu jener Zeit waren diese beiden miteinander verbündet und bedrängten Frankreich außerordentlich mit Krieg und Totschlag. Johanna ritt deshalb beständig wie ein Ritter mit ihrem Herrn, sagte viel Erfolg voraus und vollbrachte andere ähnliche Wunder, worüber sich nicht nur Frankreich, sondern die ganze Christenheit wunderte.

Johanna wurde schließlich so vermessen, daß Laien und Geistliche in Zweifel kamen, ob sie vom Geiste Gottes oder des Teufels geleitet wurde. Dann schrieben einige sehr gelehrte Männer Abhandlungen über sie, worin sie gegensätzliche Meinungen bezüglich der Jungfrau darlegten. Nachdem sie dem König Karl sehr geholfen und ihm seinen Thron gesichert hatte, wurde sie *nach dem Willen Gottes* gefangengenommen und ins Gefängnis geworfen. Zahlreiche Meister des kirchlichen und weltlichen Rechts wurden daraufhin befragt, und sie wurde viele Tage vernommen. Sie bekannte endlich, daß sie ständig von einem Engel Gottes begleitet werde, den man auf Grund vieler Vermutungen und Beweise und nach der Meinung der meisten gelehrten Männer für einen bösen Geist hielt, der sie zu einer Zauberin machte. Deshalb gestattete man ihr, vom öffentlichen Henker auf dem Scheiterhaufen verbrannt zu werden." (1)

„Man gestattete ihr": Es ist anzunehmen, daß der öffentliche Henker darauf bestand, sie auf dem Scheiterhaufen zu verbrennen, und daß die Geistlichen und die im kirchlichen und bürgerlichen Recht Kundigsten ihm dies zugestanden. Wenn ein männlicher Ritter den französischen Thron seinem rechtmäßigen König gesichert und einen Feind geschlagen hätte, der „Frankreich mit Krieg und Totschlag außerordentlich bedrängte", hätte der öffentliche Henker dann sein Ziel auch so leicht erreicht? Wohl kaum!

Während sich (mit Ausnahme eines einzigen) kein Mann zur Verteidigung Johannas erhob — nicht einmal der König, dem sie Thron und Land erhalten hatte — so taten es doch zwei Frauen, die dafür ebenfalls gefoltert und verbrannt wurden.

Der einzige unter den männlichen Nutznießern, den Johannas Schicksal nicht gleichgültig ließ, war der echte Blaubart, der berüchtigte Gilles de Rais. Dieser Edelmann war Johannas Leutnant in ihrem Krieg gegen die Engländer gewesen, und er hatte eine starke und beständige Zuneigung zu ihr als seiner Führerin und Kommandantin entwickelt. Er machte all seinen Einfluß geltend, um sie vor den Flammen zu retten, doch vergeblich. Als er von Johannas schwelendem Scheiterhaufen fortging und seinen Fall verloren sah, verwandelte er sich in den Teufel, als den ihn die Geschichte kennt. Er wurde schließlich wegen vielfachen Mordes gefangengenommen, nachdem er auf die schrecklichste Weise buchstäblich Hunderte von kleinen Mädchen und Jungen zur Befriedigung seines perversen Geschlechtstriebes getötet hatte. Das Interessante an dem Fall ist, daß, obwohl er das Schicksal der Heiligen teilte und auf dem Scheiterhaufen verbrannt wurde, sein Tod eintrat, *bevor* das Feuer entzündet wurde. Wie allen männlichen Verbrechern gewährte man ihm die Gnade, vor dem Verbrennen gehängt zu werden, während die Heilige Johanna, wie alle Frauen, ‚schnell', d.h. lebendig verbrannt wurde. (2)

Nider drückt im Zusammenhang mit der ganzen Angelegenheit nur einmal ein Bedauern aus, und zwar darüber, daß einige Jahre später der Macht des Inquisitors eine Jungfrau entgangen war, die behauptete, eine Wiederverkörperung Jeanne d'Arcs zu sein. Die Frauen müssen durch Johannas grauenvolles Schicksal sehr beunruhigt worden sein, da sich so viele von ihnen scheinbar so verwirrt verhalten haben, wie ein Flug von Tauben, wenn eine von ihnen, vom Pfeil des Jägers getroffen, blutend zu Boden stürzt. Doch wir haben keinen Bericht von einer Frau aus dieser Zeit. Sehr viel, wie man 400 Jahre später entdeckte, wurde darüber von Männern geschrieben, die alle Johanna verdammten und sehr darüber erfreut waren, daß sie ihr wohlverdientes Geschick ereilt hatte.

Unmittelbar nach Johannas Märtyrertod begann die Kirche mit allem Nachdruck, sie zu mythologisieren, und zwar so erfolgreich, daß sie mit dem 18. Jahrhundert bereits ein halbmythisches Wesen geworden war, an das man in der Öffentlichkeit nur teilweise glaubte und das von den Gläubigen strikt abgelehnt wurde. Erst als man im 19. Jahrhundert in Paris echte Abschriften von ihrem Prozeß fand, wurde Johanna allgemein als die geschichtliche Person anerkannt, die sie tatsächlich war. 500 Jahre nach ihrer Opferung wurde sie von der schamroten Kirche 1920 widerstrebend, aber dem allgemeinen Verlangen entsprechend, heiliggesprochen.

Päpstin Johanna

Der Versuch, Jeanne d'Arc in den mythischen Bereich zu versetzen, erinnert an eine andere Johanna, die erfolgreich von ihrer Kirche mythologisiert wurde, nämlich die Päpstin Johanna. Die Kirche war mit ihrem Bemühen, diese aus der Geschichte zu tilgen, tatsächlich so erfolgreich, daß die große Mehrzahl der heute lebenden Menschen von einem weiblichen Papst überhaupt noch nie etwas gehört hat. Und für die wenigen, die davon wissen, ist sie selbstverständlich nur ein Mythos, so wie es die katholische Kirche behauptet.

Aber *ist* die Päpstin Johanna nur eine mittelalterliche Legende? Wenn ja, so erscheint es sehr seltsam, daß die Kirche beinahe 800 Jahre wartete, um sie für legendär zu erklären. In der langen Zeit von 855, als sie starb bis 1601, als man sie auslöschte und mit dem Bann belegte, hielt man Johanna für echt. Während all dieser

Jahrhunderte, sagt die *Katholische Enzyklopädie*, „war Johanna eine historische Persönlichkeit, deren Existenz niemand bezweifelte." (3) Die Kirche zählte sie zu den Päpsten als Johannes VIII., und auch für sie wurden in der Kathedrale zu Siena und im Petersdom in Rom Standbilder errichtet.

Scheinbar hat sich Johanna, ein „hübsches", junges, englisches Mädchen, als Mönch verkleidet, auf den Weg nach Athen begeben. Nach der *Katholischen Enzyklopädie* tat sie sich dort „in der Gelehrsamkeit so sehr hervor, daß ihr kein Mann gleichkam". Ausgestattet mit einem philosophischen Titel, kam sie nach Rom, wo sie Papst Leo IV. zum Kardinal ernannte. Nach dessen Tod wurde sie im Jahre 853 zum Papst gewählt. Die *Katholische Enzyklopädie* fährt fort: „Sie diente als Papst zwei Jahre, vier Monate und acht Tage, bis man entdeckte, daß sie eine Frau war, und sie steinigte." (4)

Die Legende erzählt, man habe Johannas Geschlecht erkannt, als sie bei einer päpstlichen Prozession ein Kind geboren habe, und habe das Baby in ihren Armen zu Tode gesteinigt. Als Bestätigung dieser Überlieferung sagt die *Katholische Enzyklopädie*, daß in den Jahrhunderten vor 1600 in der Straße, in der Johanna gesteinigt worden sein soll, lange eine Statue zu finden war, die eine Gestalt in päpstlichen Gewändern darstellte, mit einer Mitra auf dem Haupt und einem Kind in den Armen. Dieses Bildnis ging schon vor langer Zeit verloren, doch der Weg der päpstlichen Prozession wurde für viele Jahrhunderte geändert, um den Platz zu umgehen, wo es gestanden hatte.

Was auch immer geschehen sein mag, „Johannes VIII., eine Frau aus England", zierte die Liste der Päpste von 855 bis 1601. In diesem Jahr erklärte sie Papst Clemens VIII. für mythisch und befahl, all ihre Abbildungen, Büsten, Statuen, Altäre und alle Berichte über sie vollkommen zu zerstören und ihren Namen aus den päpstlichen Urkunden zu löschen. Es waren die Angriffe der deutschen Reformation auf diese „Absurdität" eines weiblichen Papstes, sagt die *Katholische Enzyklopädie*, die Clemens dazu veranlaßte, diese extremen Maßnahmen zu ergreifen.

Man kann nur hoffen, daß die Kirche bei der Vernichtung aller Erinnerungen an Päpstin Johanna genauso nachlässig war wie im Falle der *Heiligen* Johanna, und daß eines Tages schriftliche Beweise für ihre Existenz aufgefunden werden.

Zwei Dinge im Falle der Päpstin Johanna sind noch nicht hinreichend geklärt. Erstens: Wo *war* Papst Johannes VIII. während all der Jahrhunderte bis 1601? Denn der Papst Johannes (872-882), der jetzt als VIII. geführt wird, war für sieben Jahrhunderte der neunte. Es gab einen Papst Johannes VII. von 705 bis 708 und dann keinen mehr bis zur Weihe Leo IV. im Jahre 847. Nach dem offiziellen *Annuario Pontificio* der katholischen Kirche wurde Benedikt III. 855 geweiht. Doch *Leo war 853 gestorben*, zwei Jahre vor Benedikts Weihe. Die Kirche geht über diese Lücke hinweg, indem sie murmelt, Leo habe bis 855 gelebt, was jeder leicht widerlegen kann, der sich um die Tatsachen bemüht.

Der nächste offizielle Johannes, der Papst werden sollte, war im Jahre 872 Papst Johannes IX. Wo blieb dann Johannes VIII.? Und warum wurde Johannes IX. plötzlich der achte, als die Kirche 700 Jahre später Johanna amtlich mythologisierte? Bis dahin hatte es seit Johannes IX. nicht weniger als 14 Päpste gleichen Namens gegeben, und alle mußten eine Nummer zurückgestuft werden, so daß Papst Johannes XX. (1024-1032) der XIX. wurde. Den zwanzigsten ließ man einfach aus. Denn der nächste Johannes blieb der einundzwanzigste, und ihm folgten der zweiundzwanzigste und dreiundzwanzigste noch *vor* 1600.

Und dann haben wir seltsamerweise im Jahre 1958 noch einen Johannes XXIII.! Bedeutet das, daß sie alle stillschweigend vom *Annuario Pontificio* um einen Platz zurückversetzt wurden, um die freie Stelle Johannes' XX. auszufüllen, den man beim ersten Mal ausgelassen hatte?

Zweitens bleibt noch zu erklären, warum erst seit der Päpstin Johanna, und *nicht vorher*, während 700 Jahren alle Bewerber um den Stuhl Petri ihr Geschlecht überprüfen lassen mußten. Warum?

Die Kirche erklärt das damit, daß man habe verhindern wollen, einen Eunuchen zum Papst zu wählen. (5) Sehr aufschlußreich ist die Tatsache, daß die Untersuchung zum ersten Mal 855 durchgeführt wurde, in dem Jahr, als Benedikt geweiht wurde, der sich auch als erster Papst überprüfen lassen mußte. Wenn Benedikt unmittelbar auf Leo folgte, wie die Kirche heute behauptet, warum wurde dann bei keinem vor ihm das Geschlecht festgestellt? Nur Benedikts unmittelbarer Vorgänger Johanna konnte der Grund für diese Neuerung gewesen sein.

Päpstin Johanna wurde von ihrem Zeitgenossen, Anastasius dem Bibliothekar, in sein *Lives of the Popes* aufgenommen. Auch andere Hinweise auf sie wurden in der allgemeinen „Nieder mit Johanna"-Kampagne des sechzehnten Jahrhunderts nicht völlig ausgemerzt. Sie erscheint als eine wirkliche Person und eine historische Päpstin in den Schriften von Marianus Scotus im elften Jahrhundert. Otto von Freising, Gottfried von Viterbo, Martinus Polonus, William von Ockham, Thomas Elmham, Jan Hus, Gulielmus Jacobus und Stephen Blanch haben sie alle in ihre Geschichte der Päpste der darauffolgenden vier Jahrhunderte als wirkliche Päpstin aufgenommen.

In seiner unmittelbar vor der amtlichen Auslöschung Johannas verfaßten *Kirchengeschichte* schreibt Johann Lorenz von Mosheim: „Zwischen Leo IV. und Benedikt III. ebnete sich eine Frau, die ihr Geschlecht verheimlichte und den Namen Johannes angenommen hatte, durch ihre Bildung und ihren Geist den Weg zum päpstlichen Thron und leitete die Kirche. Sie wird gewöhnlich die Päpstin Johanna genannt. Während der folgenden fünf Jahrhunderte finden sich hierfür zahllose Zeugnisse. Vor der Reformation Luthers hielt diese Geschichte auch niemand für unglaublich oder für die Kirche abträglich." (6)

Im letzten Jahrhundert glaubte Sabine Baring-Gould, der das verwerfliche militaristische Kirchenlied „Vorwärts, christliche Soldaten!" geschrieben hat, die Päpstin Johanna sei der Antichrist gewesen. „Ich selbst bezweifle kaum, daß Päpstin Johanna die Große Hure der Offenbarung war, die auf den Sieben Hügeln sitzt." (7)

So wird die Geschichte von „echten Männern" neu geschrieben.

„Gynikomnemonikothanasie"

Der Eifer männlicher Geschichtsschreiber und Enzyklopädisten, die Erinnerung selbst an große Frauen auszulöschen (was das oben angegebene Wort bedeuten soll), hat die Untersuchung der Geschichte von Frauen außerordentlich schwierig gemacht. Wenn der *Sinn* der Geschichte den Einschluß einer Frau verlangt, so wird sie nur als jemands Frau, Mutter, Tochter oder Schwester erwähnt, und im Index findet man sie nie. Die Archäologie hat kürzlich die historische Existenz einst großer Frauen enthüllt, deren Namen aus den Geschichtsbüchern so gründlich ausgelöscht worden waren, als hätte es sie nie gegeben.

Im 18. Jahrhundert wunderte sich George Ballard, daß so viele große Frauen Englands von den Historikern übergangen worden waren, während zahlreiche *weniger bedeutende* Männer in den

Annalen des Landes einen dauernden Platz gewonnen hatten. (8) Natürlich wurden die Frauen absichtlich nicht beachtet. Die Männer haben die Geschichte nicht geschrieben, ,,als ob Frauen kaum zählten", wie Dingwall beklagt (9), sondern als ob sie kaum vorhanden waren. Doch die Rolle der Frauen in der Formung der Geschichte und ihr Einfluß auf die Ereignisse, die das Geschick des Menschen bestimmten, sind unermeßlich. Gelehrte sind sich dieser Tatsache bewußt, und doch, jedesmal, wenn sie gezwungen sind, um der Genauigkeit oder Logik eines nationalen Geschehens willen, den *Namen* einer Frau anzuführen, wird dieser mit einem verkleinernden Adjektiv verbunden, das nicht nur die Frau selbst herabsetzen, sondern auch die weiblichen Leser versichern soll, daß solche Frauen unerwünscht und ,,unweiblich" seien. So werden alle hervorragenden Frauen in den Geschichtsbüchern zu ,,Mannweibern", (Boadicea), ,,Weibsbildern" (Mathilde von Flandern), ,,hysterische Frauenzimmer" (Jeanne d'Arc), ,,Ungeheuer" (Tomyris) oder reine Mythen (Martia und Päpstin Johanna).

Arnold Toynbee, dessen *A Study of History* vor einer Generation als großes geistiges Werk anerkannt, das aber inzwischen als veraltet zum Abfall geworfen wurde, und von dessen Philosophie Toynbee sogar selbst abgerückt ist, drückte darin die männliche Absicht über große Frauen aus. Bei dem Versuch, die Frauenherrschaft in der minoisch-mykenischen Kultur zu erklären, gesteht er unbeabsichtigt die grundlegende Gleichheit der Geschlechter ein, wenn er ausführt, daß in jenem ,,sozial unorganisierten Zeitalter (...) der Individualismus so unumschränkt herrschte, daß er die eigentlichen Unterschiede zwischen den Geschlechtern beseitigte". Dieser ,,ungezügelte Individualismus trug Früchte, die von jenen eines doktrinären Feminismus kaum zu unterscheiden sind". (10)

Kurz, Toynbee sagt, daß dort, wo die Gesellschaft nicht ein Geschlecht dem anderen unterworfen hat, sich diese gleich entwickeln: Gleiche Behandlung und gleiche Möglichkeit, sich selbst auszudrücken, beseitigen die augenscheinliche Ungleichheit, ,,die eigentlichen Unterschiede" zwischen den Geschlechtern. Doch das ist natürlich vom männlichen Standpunkt aus unerwünscht. ,,Die *a priori*-Logik" von der ,,Unfähigkeit" der schwachen Frau, ,,sich gegenüber dem körperlich überlegenen Geschlecht zu behaupten," wird ,,durch die *Tatsachen der Geschichte*" widerlegt. Toynbee gibt zu, daß die Frauen überlegen *waren*, doch wie war das möglich? Wie konnte die unzulängliche, schwache Frau zu irgendeiner Zeit in der Geschichte den Mann, den muskelstarken Herrn der Schöpfung, jemals beherrscht haben? Der nach der Bibel erzogene Toynbee mit seinem viktorianischen Geist, ein echtes Ergebnis männlichen Materialismus', gerät durch diese Ungereimtheit in rührende Verwirrung. Für Toynbee kann die frühere Überlegenheit der Frau nur auf ihre „größere Hartnäckigkeit, Rachsucht, Unversöhnlichkeit, Verschlagenheit und Falschheit" zurückgeführt werden. (11)

Die den abendländischen Männern für nahezu 2000 Jahre immer wieder vorgepredigte Lehre von der Schlechtigkeit der Töchter Evas und von den nach David Hume, jenem ehrenwerten, englisch-schottischen christlichen Philosophen, „ganz und gar unheilbaren Gebrechen und der Minderwertigkeit des weiblichen Geschlechts", hatte er so gut gelernt, wie die Mehrzahl seiner im Geist des 19. Jahrhunderts erzogenen Zeitgenossen. Es ist verwunderlich, daß sich Männer wie Hume und Toynbee jemals überwinden konnten, solch ekelhafte Geschöpfe überhaupt zu heiraten!

Emily James Putnam schrieb vor etwa 60 Jahren von der „immerwährenden Unruhe des Mannes in der Gegenwart der aufrührerischen Frau". (12) Vor mehr als 2000 Jahren warnte Cato die übrigen Mitglieder des römischen Senats vor den aufrührerischen Frauen des republikanischen Rom: „In dem Augenblick, in dem sie euch gleichgekommen sind, werden sie eure Herrn und Meister sein", wütete er. Und im 18. Jahrhundert gestand der berühmte Dr. Samuel Johnson, daß die Männer den Frauen Ausbildung deswegen vorenthielten, weil sie wüßten, daß die Frauen, wenn sie so viel lernten wie sie, die Männer „überflügelten". (13)

Der Hauptgrund für den männlichen Widerstand, die Frauen an den Geheimnissen der Bildung teilhaben zu lassen, ist dieselbe Furcht vor der „aufrührerischen" oder „wiederauferstehenden" Frau: Wenn man den Frauen gestattete, sich nach eigenem Gutdünken auf den verschiedenen Pfaden der Wissenschaft und Bildung zu bewegen, könnten sie vielleicht des Mannes bestgehütetes Geheimnis enthüllen: die Tatsache, daß die Frau in der Geschichte der Menschheit eine größere Rolle gespielt, und die Wahrheit, daß der Mann diese Tatsache absichtlich verheimlicht hat.

Die böswillige Tilgung weiblicher Namen aus den geschichtlichen Zeugnissen begann vor zwei- bis dreitausend Jahren und wird auch in unserer Zeit noch fortgesetzt.

Das Risiko der Anonymität ist für Frauen genauso groß, ob sie nun ihren Namen mit Männern in schriftstellerischer Arbeit verbinden oder in der Ehe. Dr. Mary Leakey entdeckte in Afrika jene bedeutenden paläontologischen Beweisstücke, doch alle Anerkennung zollt man Dr. Louis Leakey. Genauso hinterlistig verhält man sich nun gegen Eve Curie. Ein kürzlich für junge Leute geschriebenes Buch behauptet, das Radium sei von Pierre Curie unter Mithilfe von Eve, seiner Assistentin und späteren Frau, entdeckt worden.

Aspasia schrieb die berühmte feierliche Rede an die Athener, wie Sokrates wußte, doch in allen Geschichtsbüchern ist sie Perikles' Werk. Corinna lehrte Pindar und verbesserte seine Gedichte für die Nachwelt, doch wer hörte je von Corinna? Peter Abelard erhielt seine besten Ideen von Héloise, die ihm, wie zugestanden wird, geistig überlegen war, doch Abelard gilt als der große mittelalterliche Gelehrte und Philosoph. Nausicaa schrieb die *Odyssee*, wie Samuel Butler in seinem Buch *The Authoress of the Odyssey* beweist, zumindest zur Zufriedenheit der Autorin dieses Buches und Robert Graves', der bemerkt, daß „keine andere Alternative recht sinnvoll ist". (14)

Nofretete, die ägyptische Königin des vierzehnten Jahrhunderts v. Chr. kann sehr wohl die Autorin des 104. Psalms sein; und der weibliche Apostel Thekla kann die Epistel an die Hebräer verfaßt haben. Wer hat jedoch in den letzten tausend Jahren überhaupt auch nur von einem weiblichen Apostel erfahren?

Der weibliche Apostel Thekla ist wahrscheinlich nach der Päpstin Johanna das beste Beispiel für „Gynikomnemonikothanasie" in der christlichen Kirche. Die Hl. Thekla von Iconium war eine geschichtliche Persönlichkeit und nach der *Katholischen Enzyklopädie* wurde sie als „bona fide Apostel" von der Kirche in frühen Zeiten anerkannt und ist es in der Ostkirche heute noch. Sie war eine Gefährtin des Hl. Paulus, der sie zur Predigerin des Evangeliums und zum Apostel Christi weihte. Ein Buch mit dem Titel *Die Taten Paulus und Theklas* war in den ersten vier Jahrhunderten des Christentums weit verbreitet, und noch im Jahre 590 wurde es als ein authentisches Dokument des Apostelzeitalters bezeichnet. Es ist jetzt in den Apokryphen enthalten.

Niemand stellte seine Glaubwürdigkeit in Frage, bis es im Jahre 367 aus dem offiziellen Kanon des Neuen Testaments verbannt wurde, obwohl Tertullian im dritten Jahrhundert den Versuch unternommen hatte, es in zweifelhaftem Licht erscheinen zu lassen. Siebzehn Jahre danach verbürgte sich jedoch der Hl. Hieronymus „der gelehrteste Latinerpater" immer noch sowohl für die Glaubwürdigkeit des Buches als auch für die historisch belegte Existenz Theklas, des weiblichen Apostels selbst. Soviel ist Tatsache.

Die Feministin Philippa

„Philippa war, wie üblich unter den hervorragendsten Vertreterinnen weiblicher Außerordentlichkeit, eine Freundin ihres eigenen Geschlechts", schreibt Agnes Strickland. (15) Philippa, die Königin Edwards III. aus dem England des 14. Jahrhunderts, war tatsächlich eine der wenigen aktiven Feministinnen des Mittelalters. Sie hatte eine Stellung inne, um nicht nur Frauen zu ehren, sondern auch Männer hervorzuheben, die Frauen wertschätzten. Weil Philippa sein Eintreten für unterdrückte Frauen achtete, wurde der französische Ritter Bertrand du Guesclin freigelassen, nachdem er in der Schlacht von Poitiers gefangengenommen worden war. Sie zahlte das ungeheure Lösegeld von ihrem eigenen Vermögen, „weil ein Ritter, der dafür bekannt ist, Frauen zu unterstützen, meinen Beistand verdient, auch wenn er ein Feind meines Gatten ist". (16)

Philippa wurde in ganz Europa wegen ihrer und ihrer Söhne und Töchter Schönheit und auch wegen des Edelmutes ihres ältesten Sohnes Edward, des Schwarzen Prinzen, gerühmt, in dem man den mittelalterlichen Ritter schlechthin und das Vorbild für viele folgende Rittergenerationen sah. Darüber hinaus pries man sie auch wegen ihrer umwälzenden Erneuerungen auf dem Gebiet der sozialen Wohlfahrt und wegen ihres erfolgreichen Bemühens, die Lebensbedingungen der Armen, und hier besonders der Frauen, zu verbessern.

Nachdem sie im Alter von 16 Jahren zur Königin gekrönt worden war, bestand eine ihrer ersten Amtshandlungen darin, die Wollindustrie von Norwich zu gründen, die zusammen mit der von ihr später bei Tyndale ins Leben gerufenen Kohleindustrie für Jahrhunderte die Grundlage von Englands Wohlstand und Wirtschaft bildete. Als Teil ihrer Mitgift hatte Philippa Norwich erhalten, ein Mittelpunkt der Schafzucht und der für die Ausfuhr bestimmten Wollerzeugung. Bei ihrem ersten Besuch wenige

Monate nach ihrer Hochzeit stellte Philippa fest, daß dort zu viele Menschen gezwungen waren, von dieser einzigen Einkommensgrundlage zu leben. Gleich ließ sie aus ihrem Heimatland Flandern Wollkämmer, Weber und Färber kommen, um die Bewohner Norwichs, besonders die Frauen, in der Kunst zu unterweisen, aus roher Wolle Kleider zu fertigen.

Wie zu erwarten, schrieben spätere Historiker, einschließlich Henry Hallam, Charles Dickens und jene der *Cambridge Mediaeval History*, die englische Wollindustrie Edward III. zu und erwähnten in diesem Zusammenhang nicht einmal Philippas Namen. Doch ihre eigenen Zeitgenossen John Froissart und ein ungenannter klösterlicher Chronist ebenso wie die *Foedera* erkennen Philippa das alleinige Verdienst an diesem Segen für England zu.

„Geehrt seien der Name und das Gedenken der Königin Philippa, die das englische Tuch erfand," schrieb ein Klosterchronist später (17). Denn dank Philippa war es für den Durchschnittsengländer seit der Zeit möglich, gute wollene Kleidung „made in England" zu tragen, die unter geringen Kosten zu erwerben und die von dauerhaftem Nutzen für die englische Wirtschaft waren.

Philippas Wollfabriken waren weit von den Ausbeuterbetrieben entfernt, zu denen sie im 18. und 19. Jahrhundert absanken. Norwichs „Fabriken" waren im 14. Jahrhundert angenehme, offene Plätze, wo Männer und Frauen ohne Maschinen glücklich arbeiteten, kämmten, webten, färbten. „Wie die wohltätige Bienenkönigin umsorgte und beschützte sie ihre Arbeitsbienen. Auch hielt sie es nicht für unter ihrer Würde, all die Pracht der Ritterlichkeit mit ihrer Schutzherrschaft über die produktiven Künste zu verbinden." Sie veranstaltete Turniere und Wettkämpfe in Norwich, auf denen die Edelleute und Ritter die Arbeiter mit Prunk wie Reiterkünsten und Schwertkampfspielen unterhielten. „Diese Feste stellten die verteidigende Klasse und die produktive Klasse in bewundernswerter Einheit dar, während das Beispiel der Königin den gegenseitigen Respekt untereinander förderte. Während eines Lebensabschnitts, der im allgemeinen als Mädchenzeit gilt, bereicherte und adelte Philippa ihr Königreich." (18)

Um die Wertschätzung für ihre Königin zu zeigen, sollten die Kaufleute und Arbeiter von Norwich später freiwillig die gewaltige Summe von 2500 englischen Pfund Sterling unter sich aufbringen, um Philippas „schönste Krone" auszulösen, die sie in Köln gegen Geld für die schottischen Kriege verpfändet hatte.

Gerade als König Edward und der 16-jährige Schwarze Prinz (so genannt, weil er, obgleich blond wie alle Plantagenets, eine schwarze Rüstung trug) im Jahre 1346 in der Schlacht von Crecy standen, fielen die von König David Bruce geführten Schotten vom Norden ein und bedrohten England. Philippa führte in der Abwesenheit des Königs die Regentschaft, so daß „es nun ihre Aufgabe war, mit einem König einen königlichen Kampf zu führen", und sie zauderte nicht. Sie versammelte ihre Armee bei Neville's Cross, und während sie zwischen ihren Männern auf einem weißen Schlachtroß ritt, feuerte sie sie an, „um der Liebe Gottes willen tapfer für ihren König zu kämpfen". „Sie versicherten sie", wie Froissart berichtet, „daß sie sich gut schlagen würden, sogar noch besser, als wenn der König selbst zugegen wäre." (19) Und die Schlacht begann. In wenigen Stunden war alles vorüber. Der schottische König war gefangen, und seine Truppen flohen in heillosem Durcheinander zurück über die Grenzen. Für das englische Volk war Philippa erneut die Heldin des Tages.

„Als Kompliment für die erfolgreiche militärische Führung der Königin begannen die englischen Damen, sich den Anstrich von Kriegern zu geben." Wie Ritterhelme geformte Hüte wurden Mode, und die vornehmen Frauen schmückten sich mit edelsteinbesetzten Dolchen. „Die Kirche bereitete geeignete Maßnahmen gegen diese Mode vor, als aller Stolz plötzlich wie auf ein Signal hin von der Pest zunichte gemacht wurde, die die Küsten Englands im Jahre 1348 erreichte." (20)

Philippas zweitälteste Tochter, die damals vierzehnjährige Johanna, war eine der ersten, die jenen schrecklichen Tod starb, der die Bevölkerung Europas während der nächsten Monate dezimierte. Der *Cambridge Mediaeval History* zufolge kam ein Drittel der Bevölkerung Englands bei der Pest um.

Philippa war die Mutter von 12 schönen und großgewachsenen Kindern, alle außergewöhnlich begabt und intelligent. Acht von ihnen überlebten sie, auch ihr Lieblingskind Edward, der Prinz von Wales. Doch keines bestieg je den englischen Thron. Merlin der Weise hatte achthundert Jahre vorher prophezeit, daß keines der Kinder Edwards und Philippas regieren würde. Und Merlin behielt recht. Edward, der Schwarze Prinz, „gebildet, elegant und geistreich und mit dem Genius (...) der provencalischen Plantagenets (Kelten) ausgezeichnet," (21) starb vor seinem Vater;

und so wurde nach dem Tod des Königs der kleine Sohn des Schwarzen Prinzen, Richard, der König Englands.

Philippa starb 1369, in ihren Mitfünzigern, und Froissart, ihr Sekretär und Günstling, schrieb: „Ich muß jetzt vom Tod der liebreichsten, weitherzigsten und edelsten Dame sprechen, die je lebte, von Philippa von Hainault, der Königin von England." (22)

Philippa war nicht nur die Gönnerin von Froissart, dem Chronisten gewesen, sondern, was noch bemerkenswerter ist, auch von Chaucer, den ihr Tod, so wird berichtet, dermaßen schmerzte, daß er sich ganz und gar zurückzog, „und nicht einmal die Heirat der Schwester seiner Frau mit dem Herzog von Lancaster (Philippas Sohn) konnte ihn aus seiner Zurückgezogenheit hervorlocken." (23) (Es war der Sohn dieses Herzogs, der dem jungen Richard in der nächsten Generation die Krone entriß und das Haus von Lancaster als Heinrich IV. gründete.) Philippa hatte das Queen's College in Oxford gegründet und gestiftet und war eine Gönnerin und Patientin der berühmten Caecelia von Oxford, der hervorragenden Ärztin ihrer Zeit.

Philippa hatte die Schotten aus England vertrieben, die großen, den Wohlstand steigernde Tuch- und Kohlenindustrien errichtet, die berühmtesten Männer und Frauen ihrer Zeit gefördert und ein College in Oxford gegründet. Doch in dem wunderlichen mittelalterlichen Bewußtsein blieb sie einfach deswegen besonders und am längsten haften, weil sie ihren Sohn, den Schwarzen Prinzen, an ihrer Brust genährt hatte. Die Madonna mit dem Kind wurde zu ihren Lebzeiten und später „nach Philippa mit ihrem kleinen Prinzen von Wales an der Brust gestaltet". (24) Philippa war groß gewachsen, wohl proportioniert und in ihrer Jugend überwältigend schön. Und der kleine Edward war ein junger Herkules. Man kann ihn immer noch als Jesuskind in den Armen seiner Mutter in vielen Fenstern mittelalterlicher Kirchen und Kathedralen Englands und des Kontinents sehen.

Es ist ein merkwürdiger Zufall, daß diese gute Königin, das Modell für so viele Bildnisse der Jungfrau Maria, am Tag der himmlischen Auferstehung der Jungfrau starb, am 15. August. Und wie bei Maria, schreibt Froissart, „so wurde auch bei dieser großartigen Lady, die soviel Gutes getan hatte und voller Barmherzigkeit für die ganze Menschheit gewesen war (...) ihr Geist, als er sie verließ, von den Heiligen Engeln aufgenommen und zur Herrlichkeit des Himmels getragen." (25)

Königin Philippa blieb es erspart, das Siechtum ihres geliebten Sohnes miterleben zu müssen, der sieben Jahre nach ihr ,,an einer Wassersucht" starb. Nach ihrem Tod verfielen Verstand und Sitten ihres Gatten Edward III., der Staatsgelder für seine Geliebte Alice Perrers verschwendete und sogar allen Erbberechtigten seiner Königin befahl, ihre Erbschaften auf Alice zu übertragen. (26)

,,Wer die Geschichte genau untersucht, wird sicherlich feststellen, daß mit dem Leben der Königin Philippa auch Glück und Ansehen Edwards III. und seiner Familie vergingen, und daß Streit, Kummer und Torheiten den Hof zerrütteten, wo sie einst Tugend, Gerechtigkeit und geordnete Freigiebigkeit gefördert hatte." (27)

Die Sozialreformerinnen

Britannien hatte mit seinen Königinnen stets besonderes Glück. Sie zeigten, ob nun als Herrscherinnen oder als Gemahlinnen, größeres Regierungsgeschick, wie Mills sagt, als die Könige. Seit undenklichen Zeiten haben britische Königinnen an vorderster Stelle für soziale und bürgerliche Reformen gekämpft. Das englische Common Law (Gewohnheitsrecht), auf das die anglikanische Rechtsordnung gründet, und das den Ursprung des Bill of Rights der Vereinigten Staaten bildet, wurde von der keltischen Königin Martia Proba verfaßt und erlassen, die in Britannien im 3. Jahrhundert v. Chr. regierte.

,,Martia, die den Beinamen Proba, ,die Gerechte', erhielt", schreibt Raphael Holinshed, ,,die viel verstand von der Führung ihrer Amtsgeschäfte, die reformiert werden mußten, erließ mehrere Gesetze, die die Briten nach ihrem Tode Martianische Verordnungen nannten. Alfred der Große verfügte, daß die Gesetze dieser hervorragend gebildeten Prinzessin (...) für ganz England rechtswirksam wurden." (28) Geoffrey von Monmouth schreibt im 12. Jahrhundert von Martia: ,,Nach dem Tode König Guithelens regierte Martia, eine adelige Frau, die in allen Künsten sehr geschickt und überaus intelligent, gleichzeitig aber auch sehr erfahren war, über dieses ganze Land (...). Unter den vielen außerordentlichen Dingen, zu deren Erfindung sie ihre natürlichen Gaben benutzte, gehörte auch ein Gesetz, das sie verfaßte und das von den Briten Lex Martiana genannt wurde. König Alfred übersetzte dieses zusammen mit anderen. Nach der sächsischen Sprache nannte er es Mercianisches Gesetz." (29)

So wurde also das Gewohnheitsrecht, das allgemein König Alfred dem Großen zugeschrieben wird, ein Jahrtausend vor seiner Herrschaft von einer keltisch-britischen Königin erlassen, deren Name in den Nachschlagewerken nicht mehr zu finden ist. Zu ihren großen Reformen, von denen viele zweifellos vom Brehon-Recht der Kelten abgeleitet waren, zählte auch das Recht auf ein Geschworenengericht, ein Begriff, den es im Römischen Recht nicht gab. Es ist eine Ironie, daß man das standesgemäße Geschworenengericht, das in der modernen Rechtswissenschaft so heilig ist und zum erstenmal von einer Frau eingesetzt wurde, den Frauen fast von Anfang an verweigerte. Heute noch werden in England und in den Vereinigten Staaten Frauen vor Geschworenen, die nicht ihresgleichen sind, verhandelt und von ihnen zum Tode verurteilt. Nur die Frau erhält mehr Recht als Gerechtigkeit. Doch im Falle des Geschworenengerichts erfahren die Frauen weder Recht *noch* Gerechtigkeit. Selbst heute noch sind weibliche Geschworene bei Verhandlungen gegen Frauen nicht in der Mehrzahl, wie es an sich dem Gesetze nach sein sollte.

Eine weitere übergangene Königin im alten England war Aethelflaed, die Tochter desselben Alfreds des Großen, der die Gesetze Martias weiterführte. Bei seinem Tod im Jahre 906 n. Chr. hinterließ Alfred seinem Sohn Edward das Königreich Wessex und seiner Tochter Aethelflaed sein Königreich Mercia. „Eine Generation lang gab Aethelflaed Mercia eine äußerst sorgfältige und wirksame Regierung," schreibt William von Malmesbury. (30) Das *Anglo-Saxon Chronicle* schreibt ihr den Bau und die Besiedelung beinahe eines Dutzends Städte zu, die Planung von Militärstreifzügen und die Rückeroberung von ganz Leicester, Derby und York von den Dänen, Gebiete, die zu König Alfreds Zeiten von ihnen eingenommen worden waren. Die meisten ihrer Siege errang sie auf friedlichem Weg, berichtet die Chronik, *eher durch Überzeugungskraft als durch Gewalt*. Zum Zeitpunkt ihres Todes im Jahre 918, „hatten alle Bewohner Yorks ihr versprochen, daß sie sich unter ihre Führung begeben würden. Bald nachdem sie dem zugestimmt hatten, starb die Königin jedoch zwölf Tage vor Sonnenwend in Tamworth, im zwölften Jahr ihrer rechtmäßigen Herrschaft über Mercia. Ihr Leichnam liegt in Gloucester in der Ostkapelle der St. Peterskirche begraben." (31) Ihr Bruder Edward fiel daraufhin in Mercia ein, und „alle Leute, die Aethelflaed unterstanden hatten, ergaben sich ihm (...) und der Tochter Aethelflaeds entzog man jegliche Herrschaftsgewalt in Mercia und brachte sie nach Wessex. Sie hieß Aelfwyn." (32) Und so wurde die kleine Königin von ihrem hinterhältigen Onkel Edward entthront, der es nicht gewagt hatte, sich zu Lebzeiten Aethelfleads in die Angelegenheiten des Königreichs einzumischen.

Aethelflaed bleibt mit einer Bemerkung im Gedächtnis, die sie William von Malmesbury zufolge am Hofe ihres Vaters Alfred kurz nach ihrer Heirat mit Ethelred, ihrem zukünftigen Gemahl, in Mercia gemacht haben soll. Auf die Frage, warum sie sich ihrem Gatten verweigere, antwortete Aethelflaed, daß „es einer Königstochter nicht zustehe, einem Vergnügen nachzugeben, das so unangenehme Folgen hat." (33) Ihre Tochter Aelfwyn ist jedoch der Beweis, daß die Königstochter einmal einem Vergnügen nachgab, das Folgen hatte.

Es war ebenfalls eine Königin, die die Bürgerrechte für das britische Volk nach der Normannischen Eroberung wieder in Kraft setzte. Die Normannen hatten im elften Jahrhundert die fränkisch-christliche Rechtsordnung des Festlandes mit nach England gebracht, die weit weniger demokratisch war und den Gleichheitsgrundsatz lange nicht in dem Maße berücksichtigte wie die der beiden großen Gesetzgebenden Martia und Alfred. Die Engländer waren entrüstet über die Einschränkung ihrer Freiheiten unter Wilhelm dem Eroberer und seinem Sohn Rufus. Nachdem dieser beim Jagen auf geheimnisvolle Weise erschossen worden war, bestieg sein jüngerer Bruder Heinrich, der erste der normannischen Erben, der auf englischem Boden geboren war, als Heinrich I. den Thron. Dessen Liebe zu einer Prinzessin und seine Bereitwilligkeit, sich von ihr beeinflussen zu lassen, bewirkten, daß das englische Volk seine alte Freiheit zurückgewann.

Die Prinzessin war Mathilda von Schottland, die Tochter der sächsischen Erbin von England, Margaret the Aetheling. Margaret, die nach der Eroberung mit ihrer Mutter und ihrem Bruder aus England floh, hatte Malcolm, Macbeths Widersacher, geheiratet und war so Königin der Schotten geworden. Sie hatte ihre älteste Tochter Mathilda, oder Maud, nach Wilton geschickt, wohin die englische Königsfamilie schon jahrhundertelang ihre Töchter zur Erziehung sandten, und dort hatte Heinrich sie gesehen. Bei der Thronbesteigung bat Heinrich Mathildas Eltern, Malcolm und Margaret, um die Hand ihrer Tochter. Sie stimmten zu, doch sonderbarerweise widersetzte sich Mathilda. Sie war ihrem englischen Erbe treu geblieben, und die Leiden ihres Volkes unter den Normannen hatten sie tief beeindruckt und beunruhigt. Auf Drängen ihrer Eltern und in dem Glauben, als Königin vielleicht das harte Los ihres Volkes lindern zu können, willigte sie schließlich unter der Bedingung ein, daß Heinrich als König versprechen mußte, ,,dem englischen Volk seine alten Rechte und Privilegien zurückzugeben, wie sie von König Alfred erlassen und von König Eduard dem Bekenner bestätigt wurden". (34)

Nach Heinrichs feierlichem Eid, diese Bedingungen anzunehmen, ,,war die Tochter der königlichen Linie Alfreds bereit, den Thron mit ihm zu teilen". (35) Heinrich widerrief unmittelbar danach all die einschneidenden Gesetze, die seine beiden Vorgänger erlassen hatten, und ordnete an, einen Abriß von Alfreds Gesetzen anzufertigen und Abschriften davon in alle Städte Englands zu senden, ,,um eine den Bedürfnissen des Volkes entsprechende gesetzmäßige Autorität zu schaffen". (36) Nach diesem ersten Vertrauensbeweis von seiten Heinrichs heiratete ihn die Prinzessin Mathilda am 11. November des Jahres 1100.

,,Viele gute Gesetze wurden in England unter der Guten Königin Maud erlassen", schrieb der Chronist Robert von Gloucester. Sie bestimmte, daß auch schwangere Frauen unter den Armen regelmäßig unterstützt wurden, und gründete für die Benachteiligten zwei freie Krankenhäuser, St. Giles in the Fields und Christ Church. Brücken und Straßen, die unter den Normannen verfallen waren, ließ sie wieder instandsetzen.

Doch vor allem können wir nach Stricklands Worten ,,auf diese Königin englischer Abstammung, englischer Erziehung und englischen Herzens alle verfassungsmäßigen Segnungen zurückführen, die dieses freie Land in der Gegenwart genießt. Auf Grund ihres Einflusses gestand Heinrich die wichtige Urkunde zu, die das Vorbild und den Vorläufer jenes großen Hortes der englischen Freiheit, der Magna Charta, darstellt". (37)

Diese gute Königin, Generationen von Engländern als Heilige Maud bekannt, starb 1118 im Alter von 41 Jahren. Und mit ihr starben viele Vorrechte, die sie für das Volk hart erkämpft hatte. Heinrich wurde wieder ein normannischer Tyrann wie sein Vater und Bruder. Als 100 Jahre nach der Guten Königin Maud unter der Herrschaft König Johns der Abriß der Gesetze Heinrichs und Mathildas gesucht wurde, konnte man nur eine einzige Abschrift finden. „Man nahm an, daß Heinrich nach dem Tod seiner Königin alle sichergestellten Abschriften einer Übereinkunft zerstörte, die zugestanden zu haben er später bedauerte. Nach dieser einzigen übriggebliebenen Abschrift wurde die Magna Charta verfaßt."(38)

So stammte die Magna Charta, jener bedeutende Meilenstein des menschlichen Fortschrittes, wie auch das englische Common Law, in gerader Linie über Alfred den Großen, Eduard den Bekenner und den ‚Abriß' Heinrichs und Mathildas von den Martianischen Verordnungen der keltischen Königin Martia ab. Und diese wiederum entsprangen dem Brehon-Recht der alten Kelten, jenen entschlossenen Vorkämpfern der Freiheit und Gerechtigkeit.

Der keltische Einfluß blieb eine Kraft, mit der man rechnen mußte, und die Kelten waren damals und sind auch heute noch keineswegs eine sterbende oder tote Rasse.

18

Frauen in der Reformation

*Da Frauen Ketten tragen müssen, höre ich
sie gerne ein wenig rasseln.*
George Farquhar

Kurze Blüte: Das 16. Jahrhundert

Die protestantische Reformation versprach am Anfang, die Bürde der Frauen zu erleichtern, indem sie sie von der verdummenden und verkrüppelnden Unterdrückung befreite, in der das verachtete Geschlecht für so lange Zeit gehalten worden war. Man könnte sagen, die Reformation habe die Renaissance bewirkt, denn jene Wiederbelebung des Intellektualismus und der alten Bildung forderte eine Sprengung der Ketten, in die die Kirche den menschlichen Geist seit vielen Jahrhunderten gelegt hatte. Die Reformation bedeutete auch für die protestantischen Länder das Ende der Inquisition, jener blutigen Decke, unter deren alles einschließendem Machtanspruch so viele Frauen wegen zahlloser Gründe, die mit Ketzerei überhaupt nichts zu tun hatten, grausam vernichtet wurden. Die puritanischen Hexenjagden, die für das weibliche Geschlecht an die Stelle der Schrecken der Inquisition treten sollten, lagen noch in der Zukunft, und die unumschränkte Gewaltherrschaft der Geistlichkeit mit ihren Gefahren für so viele Generationen von Frauen war nicht mehr. Für Millionen Frauen bedeutete diese kurze Frist eine Verringerung von Furcht und Anspannung, und vorübergehend schien es, als erweitere sich die allgemeine Renaissance beständig, um auch die weibliche Hälfte der europäischen Bevölkerung einzuschließen.

Die kurze Periode der Aufklärung wurde jedoch im 17. Jahrhundert plötzlich beendet: In protestantischen Ländern durch das Emporkommen des fanatischen und die Frauen unterdrückenden Puritanismus und in den katholischen durch das Papsttum, das durch den Aderlaß der Zweifler, Intellektuellen und höher Gebildeten neu bestärkt wurde. Aber in der kurzen Zeit zwischen Luther und Calvin erfreuten sich die Frauen einer lebensspendenden Erholung von dem Mißbrauch und der Knechtschaft der letzten tausend Jahre. Vorübergehend war es den Frauen auch nicht mehr verboten, sich geistig zu betätigen, mit dem Ergebnis, daß das 16. Jahrhundert Zeuge einer beachtenswerten Blüte hervorragender Frauen wurde, einer echten Wiedergeburt weiblichen Intellektualismus' und Schöpfergeistes, der die Renaissance vergleichsweise weit überstrahlte.

„Niemals seit der Zeit der weiblichen Dichter, Philosophen und Denker des alten Griechenland und Rom hatten die Frauen in geistigen Dingen mehr Handlungsfreiheit als im 16. Jahrhundert", schreibt John Augustus Zahm. „Der geistige Bereich stand ihnen überall in gleichem Maße offen wie den Männern." (1) Die Frauen des 16. Jahrhunderts verhielten sich wie Pflanzen, die nach langem Aufenthalt in der Dunkelheit an die Sonne gebracht werden: Sie antworteten auf das ungewohnte Licht und die unbekannte Wärme in einer Weise, die man nur als wunderbar beschreiben kann.

Nicht einmal eine Generation nach der Zeit, in der es Mädchen nicht gestattet war, Lesen zu lernen, „hatte jede bedeutende Stadt Frauen, deren Ruhm eine Quelle bürgerlichen Stolzes war. Frauen besuchten die großen Universitäten und hatten sogar wichtige Lehrstühle in den bedeutendsten Fakultäten inne". (2)

Vor England erreichte die weibliche Renaissance Spanien. Im späten 15. Jahrhundert hielt die Königin Isabella von Spanien am dortigen Hofe zwei hervorragende weibliche Gelehrte, die ihre Töchter und sie selbst in der wiederentdeckten Bildung der alten Griechen und Römer unterwies. Die eine dieser Lehrerinnen war die bekannte Beatrix Galindo, eine Professorin an der Universität von Salamanca, die andere Francisca de Lebrixa von der Universität Alcalá. Diese beiden Frauen schufen am spanischen Hof eine gelehrte und geistige Umgebung, eine anregende Atmosphäre, in der die Königstochter Katharina von Aragon heranwuchs. Dieses hochbegabte Mädchen, von dem berühmten Desiderius Erasmus *egregia docta* („eine sehr gelehrte Dame") genannt, wurde als Gemahlin des damaligen Prinzen von Wales nach England gesandt. Mit sich nahm sie die Gelehrsamkeit und die Wißbegierde des spanischen Hofes der Königin Isabella. Und mit dem Jahre 1501 war die Bildung von Damen in England genauso modisch geworden wie in Spanien. Zur Zeit Königin Marys, der Tochter Katharinas und Heinrichs VIII., fand man in England sehr viele gebildete und geniale Frauen.

Eine der geistreichsten war Königin Mary selbst, eine Enke-

lin der gebildeten Isabella, deren Übersetzung von Erasmus'
Paraphrase on the Gospel of St. John internationalen Beifall fand.
Anne Bacon, eine Zeitgenossin Marys, die Tochter von Sir Anthony Coke und Mutter des großen Genies der elisabethanischen
Zeit, Sir Francis Bacon, wurde von Heinrich VIII. zur Hauptlehrerin seines Sohnes Edward gewählt, Marys Halbbruder. Die
kleine Jane Grey, die Enkelin von Heinrich VII., die die Thronfolge nach Edward für neun kurze und tragische Tage antrat,
war eine glänzende Schülerin. Auf Befehl Heinrichs VII. hin,
wurde sie zusammen mit ihrem Cousin Edward, dem zukünftigen
König Edward VI., unterrichtet, der dem Vernehmen nach ein
ausgezeichneter Schüler und äußerst klug für sein Alter war. Doch
den Lehrern der zwei Kinder zufolge, war Lady Jane König Edward in ihrem Wissen und in Sprachen überlegen. (3)

Aber die größte dieser gebildeten vor-elisabethanischen Tudor-Frauen war Margaret Roper, die Tochter von Sir Thomas More.
Sir Thomas setzte sich nachdrücklich für die weibliche Erziehung
ein, und seine Töchter erhielten dieselbe Unterstützung wie sein
Sohn John. „Ich verstehe nicht, warum gleiche Bildung für beide
Geschlechter nicht gleich förderlich sein sollte", schrieb er und
wiederholte damit die Worte, die Platon 2000 Jahre vorher gesprochen hatte. Und Sir Thomas bewies die Richtigkeit seiner Anschauung, indem er Töchter hervorbrachte, deren Bildung weit
und breit gerühmt wurde und die die ihres einzigen Bruders
John überragte.

Die gelehrteste von ihnen war Margaret, seine „sweete Megg",
die er sanft in einem Brief schalt, „daß sie zu zaghaft ihren Vater
um Geld bat, der sowohl wünscht, es dir zu geben, als du es auch
verdient hast". (4) In einem anderen Brief sprach er mit ihr über
das uralte Problem, unter dem geistreiche Frauen heute noch leiden: „daß Männer, die deine Schriftstücke lesen, vermuten, du
hättest Hilfe von einem Mann in dir bekommen". (5)

1661, als die Frauen durch den neuen Puritanismus wieder zurück in die Knechtschaft geworfen worden waren, fühlte sich Thomas Fuller verpflichtet, sich zu entschuldigen, daß er Margaret
More Roper zu den großen Persönlichkeiten zählte. „Der Leser
möge mich dafür entschuldigen", schrieb er, „daß ich eine Frau
mit Männern gleichgestellt habe (...) doch Margaret Roper erreichte eine solche Vollendung in ihrer Bildung und in den Sprachen,
daß sie ein Wunder ihrer Zeit wurde. Ausländer schenkten dem so
viel Aufmerksamkeit, daß Erasmus ihr einige Episteln gewidmet

hat (...). Sie korrigierte eine zweifelhafte Stelle in Sankt Cyprians Werken und übersetzte Eusebius aus dem Griechischen." (6) Es braucht wohl kaum gesagt zu werden, daß Margarets Eusebius nie gedruckt wurde, denn ein „I. Christopherson", so erklärt Fuller, „hat das gleiche getan" und kam ihr beim Druck zuvor. (7)

1524 wurde Margarets Übersetzung von Erasmus' *Abhandlung über das Gebet des Herrn* gedruckt, mit einer Einführung von Richard Hyrde, der Margarets Leistungen als Argument für die höhere Bildung der Frauen benützte, „die erste in Englisch geschriebene Begründung für eine Universitätsausbildung der Frauen". (8)

Bis zur Mitte des Jahrhunderts folgten Hyrde viele berühmte Männer, die eine höhere Ausbildung der Frauen befürworteten. Zu ihnen gehörten Edward Coke, der Graf von Arundel, der Herzog von Somerset, More und König Heinrich. Selbst Erasmus wurde schließlich gewonnen, überzeugt, wie er sagte, von den zahlreichen Beispielen weiblichen Geistes und weiblicher Bildung unter den jungen Damen Englands. In dem Versuch, die allgemein männliche Abneigung gegenüber gebildeten Frauen abzubauen, riet er den Männern, sich an die neuen Gedanken zu gewöhnen, ähnlich wie Hamlet seiner Mutter riet, sich mit der Tugend zu befreunden, so daß am Ende all das, was „jetzt unangenehm erscheint, angenehm wird und alles Unschickliche würdevoll sein wird." (9)

Königin Elisabeth war eine der größten Gelehrten des ausgehenden 16. Jahrhunderts. John Ascham, einer der größten Gelehrten aller Zeiten und der Elisabeth unterwies, hielt sie schon als junges Mädchen für gebildeter als sechs Herren des Hofes zusammengenommen. (10) Sie sprach und schrieb ohne Schwierigkeiten griechisch und lateinisch ebenso wie französisch, italienisch und spanisch und übersetzte Platon, Aristoteles und Xenophon. Sie schrieb leidliche Gedichte, wobei eines ihrer Sonette, Ironie des Schicksals, der „lieblichen Tochter des Wortstreits", ihrer Cousine Mary, der schottischen Königin, gewidmet war, gegen die sie später so grausam war.

Einige große Zeitgenossinnen Elizabeths waren Jane Weston die zu den besten Dichterinnen ihrer Zeit gehörte; Elizabeth Danviers, eine Chaucer-Autorität; Elizabeth Melville, eine Dichterin, und vor allen anderen Mary Sidney, Gräfin von Pembroke, die Schwester von Sir Philip Sidney und die Mutter jenes William Herbert, dem Shakespeares Liebe galt und auf den wahrscheinlich eines seiner zärtlichsten Sonette geschrieben ist. Mary Sidney war nicht nur eine außergewöhnlich gute Dichterin, sondern ihr verdanken wir auch die meisten Werke ihres Bruders, Sir Philip Sidneys, Königin Elisabeth „vollkommenen Ritters". Denn es war Mary, die nach seinem frühen Tod sein Werk sichtete, auf Hochglanz brachte und veröffentlichte. Es wird behauptet, daß sein *Arcadia*, das schönste seiner langen Gedichte, zum großen Teil von ihr verfaßt wurde, da ihr Bruder es nicht vollenden konnte.

Es ist ziemlich wahrscheinlich, daß das gesamte *Arcadia* das Werk Mary Sidneys und nicht das Philips ist. Das Titelblatt der ersten Ausgabe von *Arcadia*, die 1590 erschien, weist es deutlich als das Werk der Gräfin von Pembroke, Mary Sidney Herbert, aus. In den späteren Ausgaben ging der Ruhm mehr und mehr auf Sir Philip über. In ihren kürzeren Gedichten kommen sich Philip und Mary sehr gleich; beide sind also als Autoren von *Arcadia* gleichermaßen glaubwürdig. In heutigen Seminaren über englische Literatur jedoch ist Sir Philip *der* Autor.

John Aubrey, ein Plauderer des 17. Jahrhunderts und Verfasser von *Brief Lives*, meint, daß Mary Sidney eine beachtenswerte Chemikerin gewesen sei, deren Kenntnisse auf diesem Gebiet die Bewunderung Adrian Gilberts fand, des bedeutendsten Chemikers jener Zeit. (11) Mary Sidney, die Gräfin von Pembroke, war nicht nur eine geistreiche und gebildete Dame, sie war auch wegen ihres großen Charmes und ihrer Schönheit berühmt. Sie war die Gönnerin von Ben Jonson und über ihren Sohn auch von William Shakespeare. Jonson's Huldigung für sie ist immer noch in allen Anthologien enthalten, jedoch wird sie in einigen auch William Browne zugeschrieben:

Unter diesem Leichentuche
Liegt die Angebetete der Dichtkunst –
Sidneys Schwester, Pembrokes Mutter.
Tod, bevor du eine andere dahinraffst,
So gelehrt, so lieblich und gut wie sie,
Soll der Pfeil der Zeit dich treffen. (12)

Mary Sidney Herbert, die Gräfin von Pembroke, die im Jahre 1621 starb, war die letzte eines Schauspiels großer, geistreicher, gebildeter und bezaubernder Frauen, die das England des 16. Jahrhunderts zierten. „Die Geschichte berichtet uns von keiner Zeit, in der so viele wahrhaft große Frauen anzutreffen waren, wie zwischen 1500 und 1600", schrieb William Wotton im Jahre 1697. (13)

Und dann war beinahe genau mit der Jahrhundertwende das

Zwischenspiel der weiblichen Wiederauferstehung plötzlich zu Ende. Königin Elisabeth starb, der Puritanismus regte sein häßliches Haupt, Bildung wurde nicht mehr geschätzt, und die Frauen warf man zurück in die Dunkelheit, aus der sie die Reformation für leider all zu kurze Zeit befreit hatte.

Zurück in die Knechtschaft: das 17. Jahrhundert

Man hat gemeint, der Puritanismus hätte wegen seiner Betonung des Individualismus das Los der Frauen erleichtern und zu ihrer Emanzipation beitragen müssen. Die Tatsache, daß männliche Autoren so beiläufig von ‚Emanzipation' im Zusammenhang mit Frauen reden, der Hälfte der Menschheit, ist sehr verräterisch. Denn Emanzipation schließt Sklaverei ein. Die Ansicht, der Puritanismus habe die Frauen emanzipiert, ist von vielen Männern vertreten worden. Doch die Begründung ist schwer zu verstehen, denn diese Religion war eine Rückkehr zur Frauenfeindlichkeit des Alten Testamentes, das vor allen anderen die Versklavung der abendländischen Frauen bewirkt hat. Der Individualismus wurde zwar von den Puritanern nachdrücklich betont, aber wie die amerikanische Unabhängigkeitserklärung mit ihrem „Alle Männer sind gleich geschaffen" (all men are created equal) (das englische Wort ‚men' bedeutet Menschen und Männer, Anm. d. Übers.), wandte sich die puritanische Erklärung nur an die Männer. Den puritanischen Frauen wurde die Gleichheit dreifach verweigert: durch das weltliche Gesetz, das Gesetz der Staatskirche und nun durch die puritanische Überbetonung der jüdischen ‚Moral', die bestimmte, daß sich die Frauen stets den Männern unterordnen mußten.

Wenn die katholische Kirche dem Alten Testament wegen der irrigen Vorstellung, es sei ein sittliches Zeugnis, übermäßiges Gewicht verliehen hatte, so waren die Puritaner noch einfältiger. Die harte Unmenschlichkeit und der mitleidlose Opportunismus der alten Hebräer hatten es ihnen so angetan, daß sie das Ritual der anglikanischen und der katholischen Kirche als verderbt und sündhaft frivol ansahen. „Die Rituale, die sich auf das Leben und Sterben unseres Herrn beziehen, bleiben bei den Puritanern leer", sagt die *Katholische Enzyklopädie*. „Sie hielten nur den Sabbat in einem Geist jüdischer Gesetzestreue." (14) Weihnachten wurde im 17. Jahrhundert des puritanischen England oder in der Plymouth-Kolonie der Pilgerväter Nordamerikas nie gefeiert, in einem Land, wo es heute der wichtigste Handelskarneval des Jahres ist. Und was die Jungfrau Maria, die Mutter Jesu, angeht, so ist es besser, je weniger man von ihr spricht!

Die Frauen hatten unter dem Katholizismus brutale Erfahrungen gemacht, und ihr Los linderte sich unter dem Protestantismus keineswegs. Denn die Protestanten waren es, die mit den Hexenjagden begannen, welche im 17. Jahrhundert den gewaltsamen Tod vieler Tausender unschuldiger junger und alter Frauen verursachten. Die Hexenverbrennung als Gegensatz zur Ketzerverbrennung war keine Eigentümlichkeit des Mittelalters. Sie stellte eine Neueinführung der Protestanten dar, und obwohl viele ‚Hexen' in katholischen Ländern während der Hexenzeit leiden mußten, so entstand doch der Wahn dort, wo er auch die größten Auswüchse zeitigte: im protestantischen Deutschland, jener Wiege des Extremismus und der Gewalttätigkeit.

Im Gegensatz zur weitverbreiteten Meinung wurden weder in England noch in der englischen Kolonie von Massachusetts jemals Hexen verbrannt. In England wurden einige Männer und Frauen als Hexen gehängt, und in Massachusetts waren es genau fünf Frauen und 15 Männer, und ein Mann wurde zwischen Brettern zu Tode gequetscht. Das bekannte amerikanische Märchen von alten Frauen, die zu Hunderten in Salem verbrannt wurden, ist reine Erfindung. Von den 21 Menschen, die dort wegen Hexerei hingerichtet wurden, waren mehr als Dreiviertel Männer, und weder ein Mann noch eine Frau wurden verbrannt.

Wenn auch in England die Hinrichtung wegen Hexerei selten war, so unterwarf doch die Suche nach möglichen Hexen allzu viele Frauen jeden Alters dem Schmerz und der Entwürdigung der Suche nach ‚Hexenmalen'.

Diese Untersuchungen wurden von Laien ausgeführt, die der Staat dazu bestimmte. Und viel öfter als nötig dehnten sie sich auch auf die privatesten und empfindlichsten Teile der Frau aus. Es war schon schlimm genug, überall mit langen Nadeln gestochen zu werden, um vielleicht gefühllose Stellen, die ‚Hexenmale' zu finden, noch übler war es aber, wenn einem die große, schmutzige, schwielige Hand des Untersuchenden die Scheide hinauffuhr, um angeblich verborgene Hexenmerkmale zu finden. Ebenso wie die Priester und Geistlichen Brüder des Mittelalters dieses Vorrecht bei ihrer angeblichen Suche nach Huren ausgenützt hatten, so taten dies auch die puritanischen Hexenjäger des

17. Jahrhunderts. (15)

Damals mußten sich in England alle Frauen, ob nun verwahrlostes Straßenmädchen oder Grundherrin, dieser entwürdigenden und schmerzhaften Prüfung unterziehen, je nachdem, wie es dem Hexenjäger einfiel. Und man kann sicher sein, daß diese Männer dabei nicht rücksichtsvoller vorgingen, als es sein mußte.

Die Frauen lebten in diesem dunklen Jahrhundert in einer neuen, seelenvernichtenden, häßlichen Umwelt, was Frauen und Künstler stets stärker empfinden als Männer.

Trotz all ihrer Grausamkeiten und Unterdrückungsmaßnahmen hatte die katholische Kirche doch zumindest Tanz und Lustbarkeiten auf der Dorfwiese und, in Grenzen, sexuelle Freuden zwischen den Ehepartnern geduldet, vielleicht die einzigen Lichtblikke in der stumpfsinnigen Plackerei und dem verdummenden Elend der Welt der mittelalterlichen Frau. Doch jetzt wurden selbst diese kleineren Vergnügungen von den strengen und puritanischen Pastoren der Reformation verboten.

Darüber hinaus hatten die Gottesdienstbesucher in den katholischen Kirchen, ob sie nun überzeugte Gläubige waren oder nicht, in der Schönheit der Kirche selbst, in den farbenprächtigen Gewändern der Priester, den herrlichen Bildern der Glasfenster, dem Duft des Weihrauchs, dem Funkeln der Altargeräte, den Abbildungen der Heiligen und dem ganzen Drum und Dran des lateinischen Ritus wenigstens vorübergehende Erleichterung und kurzzeitigen Trost gefunden. Doch was an wenigem Schönem in ihrem tragischen Leben noch gestattet war, wurde jetzt auch ausgemerzt. Das Tanzen wurde verboten, Sex nur mehr sehr widerwillig geduldet und die Ehemänner wurden ermahnt, sich nur mit der Absicht der Fortpflanzung sexuell zu betätigen und bei allem, was heilig war, auf keinen Fall die Frau zum Orgasmus kommen zu lassen.

Aus den Kapellen und Kirchen wurde alles Schöne und Geheimnisvolle als Werk des Teufels hinausgeworfen. Verschwunden waren die farbenfrohen Gewänder aus Samt, Satin und Gold, verschwunden die Glasmalereien, verschwunden die Heiligenstatuen, der Weihrauch, die silbernen Altargeräte, die Kreuze mit ihren kraftlosen und blutenden Jesusfiguren, und vor allem die Madonna mit ihre blauen Mantel, ihrem rosigen Kindchen und ihrer rosigen, offenen Brust. Und verschwunden war auch der Hokuspokus des lateinischen Gottesdienstes, der einst die Leere und Rohheit der traditionellen Worte verborgen hatte. *Nunc dimittis* bedeutete jetzt „Ihr seid entlassen!", und nichts Geheimnisvolles war mehr daran. Die Reformation hatte den einzigen erlösenden Wesenszug des organisierten Christentums beseitigt: die mystische, heidnische, griechische Schönheit seines Rituals.

Doch was die Seelen in dem neuen calvinistischen Protestantismus am stärksten erschütterte, war die Verkündung der Vorherbestimmung: daß des Menschen Schicksal festgelegt war, und daß all seine Frömmigkeit und all seine geistigen Fähigkeiten nicht das Mindeste daran ändern konnten. Vor allem für Frauen mußte diese neue Hoffnungslosigkeit besonders verheerend gewesen sein. Tausend Jahre lang in der Gewißheit erzogen, daß sie Gottes niederste Kreaturen waren, Sünderinnen von Geburt an, wegen Evas Ungehorsam für immer verflucht, hatten die Frauen dem Himmel entgegengeblickt, wo ihre Sünden von der barmherzigen und mitfühlenden Jungfrau vergeben werden würden. Jetzt aber gab es keine Hoffnung mehr. Die Jungfrau war beseitigt worden, und das Geschick der Frau war unausweichlich und furchtbar. Niemals konnte sie erlöst werden. Die Ermahnungen des Hl. Paulus an die Frauen wurden von diesen eifriger gelesen als je zuvor, in der vergeblichen Hoffnung, daß, wenn sie ihnen nachkämen, sie in des Mannes Himmel vielleicht freundlicher behandelt würden als auf seiner Erde.

Ein unerwartetes Ergebnis all dieses paulinischen Studiums war, daß Maria, die Prinzessin von Oranien, die Tochter Jakob II., sich weigerte, die Krone anzunehmen, als man sie 1688 nach England zurückrief, um den Thron zu besteigen, Und das alles deswegen, weil sie sich Paulus' Spruch „Man gestatte keiner Frau, Macht über einen Mann zu haben!" zu Herzen genommen hatte. Noch so inständiges Bitten der englischen Regierung, des Parlaments und der kurz zuvor wieder eingesetzten Kirche konnten sie nicht von ihrem paulinischen Standpunkt abbringen. Schließlich willigte sie nur unter der Bedingung ein, daß ihr unausstehlicher kleiner Gatte Wilhelm von Oranien gleichberechtigt mir ihr den Thron teilte, daß er aber *ihr*, der Erbin gegenüber, den Vorrang hatte. Die Obrigkeit mußte sich fügen. So besaßen die Engländer zum ersten Mal in ihrer Geschichte zwei gleichberechtigte Monarchen.

Den neubestärkten Antifeminismus jener Zeit hatte zu Beginn des 17. Jahrhunderts Marias Urgroßvater Jakob I. bestätigt, von dem frauenfeindlichen puritanischen Fanatiker John Knox beeinflußt, der Jakobs eigene Mutter Maria, die Königin von Schottland, in den Tod getrieben hatte. Ein Mann schuldete seiner Mutter nichts, mit Ausnahme seiner Existenz, verkündete Jakob. Der Vater war der einzige Ursprung, die Mutter nur ein Brutapparat. Dies war eine unerwartete Rückkehr zu dem von Aristoteles abgeleiteten Glauben, daß des Mannes Sperma einen „homunculus", einen vollständigen kleinen Menschen enthielte, der nur eine entsprechende Umgebung brauche, um zu einem fertigen menschlichen Wesen heranreifen zu können. Dieser Aberglaube ist zwar vorausschauend im Hinblick auf die genetische Erkenntnis, daß das neue menschliche Wesen bei der Befruchtung alles zur Bildung eines Mannes oder einer Frau Nötige mitbekommt. Der Irrtum liegt aber in der alten Ansicht, nur des Vaters Sperma enthalte die Baustoffe, daß nach Aeschylos' Worten „der Ursprung derjenige ist, der obenauf liegt". Es ist jetzt bekannt, daß die Mutter dem ungeborenen Kind weit mehr mitgibt als der Vater. Nicht nur übermittelt sie ihm bei gleicher Chromosomenzahl mehr Gene (16), sondern da sie das Kind neun Monate in ihrem Leib trägt, ist sie in der Lage, dem neuen Menschen bestimmte Merkmale seiner Psyche, seines Temperamentes und seiner nervlichen und körperlichen Verfassung zu verleihen. Hierin kann sich der Vater nicht mit ihr messen.

Während des ganzen finsteren Mittelalters war man so fest davon überzeugt, daß nur der Vater Natur und Aussehen des Kindes bestimmen könnte, daß manche Frauen wegen Untreue getötet wurden, wenn ihr Sohn bei der Geburt ihrem Vetter oder irgendeinem unbekannten Vorfahren ähnlich sah, anstatt dem Vater „wie aus dem Gesicht geschnitten" zu sein. Die Frauen, die sich sicher waren, weder Ehebruch noch Blutschande begangen zu haben, ließen sich die Bestrafung gefallen, in dem Glauben, daß vielleicht ein Alp, der dem Bruder, Vater oder Vetter ähnlich sah, während des Schlafes mit ihnen Geschlechtsverkehr gehabt hatte. Viele Frauen ‚gestanden' sogar solch seltsame seelische Verführungen.

„Die Frau bereitet nur den Boden, in dem der Samen des Mannes die erforderlichen Entwicklungsbedingungen findet", hatte Theophrastus Bombastus (Paracelsus) geschrieben. „Sie hegt den Samen und läßt ihn heranreifen, ohne selbst irgendeinen Samen hinzuzufügen. So stammt also der Mensch nie von der Frau, sondern immer nur vom Mann ab." (17)

So sehr glaubte man an diesen Irrtum, daß man von einem Wissenschaftler des 17. Jahrhunderts, dem Grafen Johann von Kueffstein, erzählte, er habe wirkliche lebende Wesen geschaffen, indem er männlichen Samen neun Monate warm und feucht gehalten und mit Monatsblut genährt habe. (18)

Der erneute Nachdruck, mit dem der weibliche Intellekt geächtet wurde, stellte jedoch den größten Rückschritt des Jahrhunderts dar. Wie die jüdischen Christen der ersten beiden Jahrhunderte beim Anblick der Freiheit und Macht der römischen Frauen sich entschlossen, sie zu erniedrigen und zu versklaven, so wollten auch die alttestamentarischen Puritaner des 17. Jahrhunderts die Neigung des 16. Jahrhunderts zügeln und die Frauen in die ihnen zukommende gottgewollte Knechtschaft zurückversetzen.

„Nach Art und Wesen sind das 16. und das 17. Jahrhundert mehr als hundert Jahre voneinander getrennt", schreibt Myra Reynolds. „Betrachten wir das eifrige geistige Leben der englischen Frauen der Tudor-Zeit mit all seinen mannigfaltigen Möglichkeiten, und sehen wir uns dann an, was im 17. Jahrhundert neben einer äußerst oberflächlichen häuslichen und schulischen Erziehung für die Mädchen noch übrigblieb." (19)

Der Geist der mächtigen Frauenfeinde des Mittelalters, angefangen beim Hl. Clemens bis hin zu Gratian, wurde neu belebt.

Mit seinen Zeilen aus *Paradise Lost* (Das verlorene Paradies), gab John Milton, der erste Dichter des Puritanismus, Thomas von Aquin aus dem 13. Jahrhundert wieder, der die Frau ein „Ungeheuer der Natur" genannt hatte:

Ach, warum hat Gott,
der weise Schöpfer, der die höchsten Himmel
mit männlichen Geistern bevölkerte, zuletzt
auf Erden diese Neuheit geschaffen, diese
schöne *Unvollkommenheit der Natur*? (20)

In einem 1631 veröffentlichten Buch ermahnt der Verfasser, ein gewisser Thomas Powell, die Frauen, Musik und Bücher sein zu lassen und „das Kochen und Wäschewaschen und die Grundlagen für eine gute Haushaltsführung zu lernen". Sir Ralph Verney erfreut sich in seinen *Memoirs of the Verney Family* (Erinnerungen der Familie Verney) darüber, daß seine Tochter „Pegg sehr zurückgeblieben ist", doch sei „sie für eine Frau genug gebildet". (21)

Anne Clifford, die Frau eines Enkels von Mary Sidney, der berühmten elisabethanischen Gräfin von Pembroke, litt in diesem düsteren Jahrhundert grausam unter ihren geistigen Fähigkeiten. Ihr war das Mißgeschick widerfahren, nach der elisabethanischen Tradition ihrer Mutter und Großmutter erzogen worden zu sein.

Ihre spätere Ehe mit einem Adligen, der, ganz ein Mann seiner Zeit, jegliche Bildung, ob der Männer oder Frauen, verachtete und verschmähte, war eine „einzige Qual". 1638 schrieb diese bemitleidenswerte Frau an eine Freundin, daß sie sich fürchte, sie ohne Zustimmung ihres Gatten zu besuchen, „damit er mich nicht aus diesem Haus wirft wie damals in Whitehall, so daß ich dann nicht weiß, wohin ich mein Haupt legen soll". (22) Doch diese Grafentochter hatte für ihren brutalen Mann einen großen Landbesitz und eine Menge Geld mit in die Ehe gebracht.

Eine andere bedauernswerte, gebildete Frau dieses Jahrhunderts war Elizabeth Jocelyn, die Enkelin des Bischofs von Lincoln. Dieser war von der Wichtigkeit der weiblichen Erziehung überzeugt und hatte sich deshalb um seine kleine, vielversprechende und intelligente Enkelin sehr bemüht. Daß all seine Mühe und Sorgfalt ihr später nur Kummer bescherten, wird durch einen Brief bestätigt, den sie auf ihrem Totenbett im frühen Alter von 25 Jahren schrieb. Sie hatte eben eine Tochter geboren, und ihr letzter Brief an ihren Gatten drückte ihre schmerzliche Sorge um das zukünftige Glück dieses armen kleinen Mädchens aus: „Ich wünsche, daß sie erzogen wird, die Bibel zu lernen, den Haushalt ordentlich zu führen und gute Werke zu tun. Mehr braucht sie nicht zu können. Denn ich habe erkannt, daß einer Frau Bildung nicht mehr nützt, als ein Hauptsegel einem Boot, das voll Wasser läuft." (23)

Mit dem Ende des 17. Jahrhunderts „hält man eine Frau in dieser Zeit für genügend gebildet, wenn sie das Bett ihres Mannes von dem eines anderen unterscheiden kann". (24)

Zwischen 1670 und 1680 erschien *The Ladies Calling* (Die Bestimmung der Frau), ein von einem Mann verfaßtes Buch, das die wütende Frauenfeindlichkeit des achtzehnten, neunzehnten und zwanzigsten Jahrhunderts bereits ankündigte. Zu seinen Glanzstellen zählte diese: „Da *Gott* bestimmt hat, daß es das Los der Frauen sei, unterworfen zu werden, brauchen wir uns nicht weiter darüber aufhalten, ob das schicklich ist, oder ob sie sich fügen." (25)

Mit diesem *argumentum ex deo* war die männliche Auseinandersetzung über die Rechte und Fähigkeiten der Frauen abgeschlossen, und zwar für zweihundert Jahre. Der Feldzug „Unterdrückt die Elende!" war in diesem rückschrittlichen Jahrhundert so erfolgreich, daß an seinem Ende ein gewisser J. Richards, dessen Manuskript jetzt im Britischen Museum liegt, von den Frauen seiner Tage tatsächlich schreiben konnte: „Diese erbärmlichen Kreaturen, die nichts anderes wissen, als daß sie zum Nutzen des Mannes gemacht wurden!" (26)

19

Die Aufklärung: Das 18. Jahrhundert

Solange die körperliche Liebe das bevorzugte Vergnügen des Mannes ist, wird er versuchen, die Frau zu versklaven.

Mary Wollstonecraft

„Ausgeschlossen, eingeschüchtert und geschlagen"

Mit Beginn des 18. Jahrhunderts gehörte der Puritanismus in England der Vergangenheit an. Er war in der Geschichte des Volkes ein Alptraum gewesen, eine Verirrung, die England nur noch zu vergessen wünschte. Doch seine kurze Herrschaft hatte auf die Stellung der Frauen lang andauernde Auswirkungen. Jetzt endlich hatte das patristische Christentum sein schon seit tausend Jahren verfolgtes Ziel erreicht, und die Frauen selbst hatten sich in ihre Erniedrigung gefügt und den Mythos von ihrer eigenen Unterlegenheit hingenommen.

Das 17. Jahrhundert war für die Frauen eine grausame Lektion, und die Mütter der nächsten Generation, Frauen wie Anne Clifford und Elizabeth Jocelyn, trachteten danach, daß ihre Töchter nicht dasselbe erleiden mußten, was sie wegen ihres Verstandes zu erdulden hatten. So wurde die Bildung der Frauen für die nächsten zwei Jahrhunderte auf Handarbeit, Gesang, Zeichnen und Cembalospielen beschränkt.

Doch es gab abweichende Meinungen, und diese kamen zum ersten Mal von Frauen. Bis zum 18. Jahrhundert hatte es mit Ausnahme der wahnsinnigen Verteidigerinnen Jeanne d'Arcs keine christliche Frau gewagt, öffentlich für ihr Geschlecht einzutreten. 1706 jedoch warf Mary Astell, eine geistreiche Autodidaktin, mit ihrem Buch *Reflections on Marriage* (Betrachtungen über die Ehe) den ersten großen Stein in den Teich der männlichen Selbstgefälligkeit: „Für die Erziehung der Knaben wendet man viel Zeit, Mühe und Geld auf, für die der Mädchen wenig oder gar nichts. Die ersteren werden frühzeitig mit den Wissenschaften vertraut gemacht, studieren Bücher und Männer und haben jede erdenkliche Ermutigung: nicht nur Ruhm, sondern auch Ansehen, Macht und Reichtum." (Über zweihundert Jahre später sollte Virginia Woolf die mangelhafte Ausstattung im Frauencollege zu Oxford im Vergleich zur luxuriösen Annehmlichkeit in dem der Männer feststellen. In *A room of one's own* (Ein Zimmer für sich) schrieb sie: „Die Sicherheit und der Wohlstand des männlichen Geschlechts und die Armut und Unsicherheit des anderen!")

„Das andere Geschlecht", fährt Mary Astell fort, „wird ausgeschlossen, eingeschüchtert und geschlagen (...). Von Kindheit an wird es von jenen Vorteilen ferngehalten, für deren Mangel man es später zur Rechenschaft zieht. Und es wird in jener weiblichen Kleinlichkeit erzogen, die ihm nachher vorgeworfen wird (...). Kein Mann kann eine Frau mit überlegenem Verstand ertragen, und keiner wird eine Frau höflich behandeln, weil er meint, er stehe über ihr, und sie sei einsichtig genug, sich entsprechend seinen Anordnungen zu verhalten." (1)

Im selben Buch rät Astell, offensichtlich ironisch, Ehefrauen zu folgendem: „Diejenige, welche heiratet, sollte es als feststehenden Grundsatz anerkennen, daß ihr Gatte unumschränkt und ganz und gar herrschen muß, daß sie nichts anderes zu tun hat als zu bitten und zu gehorchen. Sie darf seine Autorität nicht anzweifeln, denn sich dem Joch widersetzen, bedeutet nur, *sich noch mehr wundzureiben*. Sie muß ihn für in jeder Hinsicht weise und gut halten. Wer das nicht kann, ist vollkommen ungeeignet, eine Ehefrau zu werden." (2)

Mit typisch männlicher Dummheit führt Maurice Ashley diese Stelle, die er fälschlicherweise Damaris, Lady Masham zuschreibt, als *Beweis* dafür an, daß selbst intelligente Frauen mit den männlichen Vorstellungen von der den Ehefrauen zukommenden Rolle übereinstimmten und „sich in ihre eigene Unterlegenheit fügten". (3)

Obwohl er seine geistreiche und gebildete Stella liebte, schrieb Jonathan Swift: „Ein klein wenig Verstand schätzen wir bei einer Frau so, wie wir uns über die wenigen Worte eines Papageien freuen." Samuel Johnson verglich eine predigende Frau mit einem Hund, der auf seinen Hinterbeinen läuft: Wir fragen nicht, wie gut das geschieht, sondern wundern uns, daß es überhaupt möglich ist.

Damals wie heute erwartete man von der Frau, all diese Beschimpfungen und Herabsetzungen wie ein guter Kerl hinzunehmen, der sich nie rächt, nie zeigt, daß er verletzt oder verärgert wurde, sondern tapfer lächelt und in seiner Treue und Zuneigung zu seinen Verfolgern nie schwankend wird.

Johnsons Vorbehalte Frauen gegenüber wurde durch die uralte Frauenfurcht angefacht, die dem Mann zu schaffen machte, seit die patriarchale Revolution ihren Anfang nahm; so berichtet Boswell über ihn, daß er in einem freimütigen Augenblick gesagt habe: „Die Männer wissen, daß die Frauen ihnen etwas voraus haben. Sonst hätten sie nicht eine derartige Angst vor Frauen, die ebensoviel wissen wie sie." (4)

Alexander Pope war ein großer Frauenanhänger, solange er Lady Mary Wortley Montagu liebte, doch als sie ihn zurückwies, wurde er zu einem rasenden Weiberfeind. „Die meisten Frauen haben überhaupt keinen Charakter", schrieb er, und „Jede Frau ist in ihrem Innersten ein Wüstling."

Wie Bischof Burnet, der gebildete Frauen ablehnte und trotzdem drei von ihnen hintereinander heiratete, liebten und bewunderten alle diese Männer einzelne geistig hochstehende Frauen, doch „sie verachteten jeden Plan für eine allgemeine weibliche Erziehung", (5) wie Myra Reynolds hervorhebt.

Der begeistertste Befürworter der Frauen im 18. Jahrhundert oder, wenn man so will, in der gesamten Geschichte des christlichen Europa, war George Ballard. Er kam aus ärmlichen Verhältnissen, war der Sohn eines Schneiders, und ohne jede eigentliche Bildung. Trotzdem entwickelten sich er und seine Schwester zu Gelehrten von nationaler Bedeutung. 1752 veröffentlichte er, inzwischen ein Graduierter in Cambridge, ein zweibändiges Werk, das er *Memoirs of Several Ladies of Great Britain* (Memoiren einiger Damen Großbritanniens) nannte. In der Einleitung zu diesem Buch, dessentwegen er viele Jahre staubige vergessene Akten und Dokumente durchforscht hatte, schrieb er:

„Dieses Zeitalter hat eine große Zahl außerordentlicher Biographien hervorgebracht. Und dennoch, ich weiß nicht, wie es geschehen ist, sind viele *Frauen* dieser Nation, die (...) in ihren Tagen berühmt waren, heute der allgemeinen Öffentlichkeit nicht nur unbekannt, sondern sie wurden auch von allen unseren größten Biographen *mit Schweigen übergangen*." (6)

„Mit Schweigen übergangen". Wie naiv und weltfern muß dieser Schneidersohn gewesen sein, daß er die Methoden der patriarchalen Welt nicht kannte und nicht wußte, „wie es geschehen ist", daß so sehr viele große Frauen von den männlichen Historikern und Biographen der Christenheit „mit Schweigen übergangen" worden waren.

„Ich fordere zum Kampf heraus!"

Die weitaus bemerkenswerteste Frauenrechtlerin des 18. Jahrhunderts war Mary Wollstonecraft Godwin. „Ich fordere zum Kampf heraus!" verkündete sie 1791 in ihrem Buch *A Vindication of the Rights of Women* (Die Verteidigung der Rechte der Frauen). (7) „Es ist Zeit, den Frauen ihre verlorene Würde zurückzugeben und sie (...) zu einem Teil des Menschengeschlechts zu machen." (8)

Mary Wollstonecrafts Buch fand einen überraschend großen Leserkreis. Die Autorin dieses Buches fand bei Recherchen für einen Vortrag über die Kultur im Mittelwesten heraus, daß Wollstonecrafts Buch im Jahre 1796 unter den zehn oder zwölf Titeln gewesen war, die der erste Buchladen westlich der Alleghenies bestellt hatte und der John Bradford in Lexington, Kentucky gehörte. Es wurde mit Segelbooten und Lastkähnen befördert und auch auf Pferdewagen über den Cumberland Gap in die Wildnis gebracht, zusammen mit Gibbons *Decline und Fall of the Roman Empire* (Aufstieg und Fall des Römischen Reiches), der Bibel und Thomas Paines *The Rights of Man* (Die Menschenrechte). Heute erscheinen Wollstonecrafts Forderungen sehr milde. Bemerkenswert an ihrem Buch ist, daß sie schon im 18. Jahrhundert die Tatsache der grundlegenden Furcht des Mannes vor den Frauen erkannte, eine psychologische Tatsache, die erst im 20. Jahrhundert wissenschaftlich bekräftigt wurde. Sie fragte, warum Männer, die zugeben, von den Frauen „ihr hauptsächliches Vergnügen" zu erlangen, diese so sehr haßten. Die moderne Psychologie hat ihre vorausschauende Entdeckung nicht nur bestätigt, sondern sie auch erklärt: Die Männer hassen tatsächlich Frauen, und zwar teilweise deswegen, weil sie von ihnen wegen ihres „hauptsächlichen Vergnügens" abhängig sind.

Drüben in Frankreich hatte der Philosoph Jean Jacques Rousseau gerade seinen *Emile* veröffentlicht, ein Buch, das angefüllt war mit alttestamentarischem Patriarchalismus und jüdischchristlicher Frauenfeindlichkeit. Darüber geriet Wollstonecraft in Wut, und so ist ein Teil *ihres* Buches dazu angelegt, Rousseau zu widerlegen:

Rousseau (im Emile): „Die Erziehung der Frauen sollte sich immer auf den Mann beziehen. Zu gefallen, für uns nützlich zu sein, uns zu lieben und unser Leben leicht und angenehm zu machen: das sind die Pflichten der Frauen zu allen Zeiten, und das sollten sie in ihrer Kindheit gelehrt werden." (9)

Wollstonecraft: „Die Frau wurde nicht geschaffen, um ausschließlich der Trost des Mannes zu sein. (...) Auf diesem sexuellen Irrtum wurde die gesamte falsche Ordnung errichtet, die unser ganzes Geschlecht seiner Würde beraubt (...). Solange der Mann (...) der Sklave seiner Begierden (...) ist (...), bleibt unser Geschlecht notwendigerweise entwürdigt." (10)

Rousseau: „Mädchen müssen ihr ganzes Leben beständiger und strenger Zucht unterworfen werden, (...) damit sie um so eher lernen, sich dem Willen anderer unterzuordnen (...). Ist es dann nicht gerecht, daß dieses Geschlecht an den Leiden teilhabe, die es für *uns* verursacht hat?" (11)

(Taucht hier wieder Eva auf?) (12)

Wollstonecraft: „Wie kann eine Frau glauben, daß sie geschaffen wurde, sich dem Manne unterzuordnen, einem Wesen wie sie selbst?" (12)

Rousseau: „Frauen sollten nur wenige Freiheiten haben. Sie neigen dazu, auch in den kleinsten ihnen gewährten Dingen ausschweifend zu sein. Mädchen lassen sich von ihren Neigungen viel mehr hinreißen als Knaben." (13)

Wollstonecraft: „Bei Sklaven und Pöbelhaufen kam es stets zu Ausschreitungen, wenn sie sich einmal aus ihrem Joch befreit haben. Der gekrümmte Bogen schnellt mit Kraft zurück, wenn plötzlich die Hand nachläßt, die ihn bisher stark gespannt hat." (14)

Rousseau: „Knaben lieben Spiele und Lärm und Betriebsamkeit: Sie treiben den Kreisel, schlagen die Trommel und ziehen ihre kleinen Wagen umher. Die Mädchen hingegen lieben äußerliche Dinge und Zierrat: Flitterkram, Spiegel und Puppen." (15)

Wollstonecraft: „Kleine Mädchen werden *gezwungen*, stillzusitzen und mit Flitterkram zu spielen." Wer kann sagen, daß sie ihn lieben oder nicht? (16)

Mary Wollstonecraft erkannte vor 200 Jahren klar, welche Auswirkungen auf die weibliche Seele diese Art von Erziehung hatte. Die moderne Psychologie wird sich dessen jedoch eben erst bewußt.

Am meisten war Mary Wollstonecraft darüber verbittert, wie die Herrschaft des Mannes den *Verstand* der Frauen beeinflußt hatte: „Die Männer haben der Frau Vernunft abgesprochen. Der Instinkt, der zum Zwecke des Überlebens zum Verstand erhöht wurde, trat an ihre Stelle." (17) 1860 bemerkte John Stuart Mill, daß *alle* offensichtlichen Unterschiede zwischen Männern und Frauen, „besonders jene, die weibliche Unterlegenheit einschließen", das Ergebnis gesellschaftlicher Forderungen sind, die die Männer an die Frauen richten. „Es gibt keine rechtmäßigen Sklaven mehr (im ganzen Britischen Empire), außer den Frauen im Hause jedes Mannes." (18)

Viel schändlicher als die körperliche war für Wollstonecraft die Versklavung der Persönlichkeit der Frau, der Zwang, den „Herrn" zufriedenzustellen, ohne Rücksicht auf die eigene Unbescholtenheit oder den eigenen Stolz. Und das war Sklaverei, wie sie unzüchtiger nicht mehr sein konnte.

„Wie können Männer Tugend von einem Sklaven erwarten", fragt sie, „von einem Wesen, das die (männliche) Gesellschaft entkräftet hat?" (19) „Oh seid doch gerecht, ihr Männer, und nehmt den Frauen das, was sie falsch machen, nicht mehr übel als eurem Pferd seine hinterhältigen Angewohnheiten, sondern gestattet ihnen, denen ihr die Rechte der Vernunft absprecht, dieselben Vorrechte der Unwissenheit". (20)

Mary Wollstonecraft, die William Godwin (21) heiratete, nachdem sie ihre Verteidigung beendet hatte, erhielt nicht den Beifall, den sie verdiente. Sie war der Tom Paine ihres Geschlechts, mit dem einen großen Unterschied, daß Paines Buch über „Die Menschenrechte" mithalf, in der Neuen Welt eine Kolonie von Engländern zu befreien, die schon freier waren als ihre Schwestern jemals seit tausend Jahren. Und Marys Buch hat auch heute noch nicht sein Ziel erreicht. Selbst in Amerika stellten sich die Gründungsväter taub gegenüber den Frauen, und sogar 1789 gab es deren schon viele, die darum baten, in die neue Verfassung mit eingeschlossen zu werden und in der neuen Republik die Bürgerrechte gewährt zu bekommen.

Sprechen wir nun genauso über unsere frauenfeindlichen Gründungsväter wie Wollstonecraft über ihren Feind Rousseau: „Friede ihrer Asche! Wir bekämpfen nicht diese, sondern ihre ‚Empfindsamkeit', die sie dazu brachte, die Frau zu entwürdigen indem sie sie zu einer Sklavin der Sexualität (...) machten." (22)

Verbrechen und Strafe

Wollstonecrafts halb ernst gemeinte Bitte, daß Frauen, da sie als stumme Tiere betrachtet wurden, dasselbe Recht auf Straffreiheit haben sollten wie unvernüftige Pferde, ist verständlich. Warum sollten jene Nichtbürger, die keine bürgerlichen Rechte hatten, nicht wählen und kein Eigentum haben konnten, die weder ein Testament verfassen, noch vor Gericht bezeugen, noch Geschworene sein, noch sich scheiden lassen konnten, deren Kinder ausschließlich dem Vater gehörten und die nicht einmal ihren Namen unter einen Scheck setzen oder ein Bankkonto unterhalten durften — denn so weit war es mit den Rechten der Frauen im 18. Jahrhundert gekommen, — warum sollte diese Habe denselben Gesetzen unterworfen sein wie die Bürger, die Männer?

Doch eben das war der Fall. Das Gesetz forderte für die Frauen sogar viel härtere Strafen als für die Männer. Wir haben schon erwähnt, daß im mittelalterlichen Europa mehr Frauen gesetzlich hingerichtet wurden als Männer. Und diese Vorliebe, Frauen brutal und gnadenlos zu bestrafen, hörte mit dem Mittelalter nicht auf.

Im England des 18. Jahrhunderts, im Zeitalter der Aufklärung, der Kaffeehäuser, der wissenschaftlichen Entdeckungen, der mechanischen Erfindungen, der Zeitungen, der Straßenbeleuchtung, des Thomas Paine und Benjamin Franklin und der *Encyklopaedia Britannica* wurden Frauen immer noch lebendig verbrannt.

Im aufgeklärten Jahre 1752 unseres Herrn, vor nur 200 Jahren, wurde eine gewisse Anna Whale im Alter von 21 Jahren in England lebendig verbrannt. Sie hatte das in den Augen der Männer schrecklichste aller Verbrechen begangen: Mittäterschaft bei der Ermordung ihres Mannes. Der Gattenmord wurde, wie es Havelock Ellis im 19. Jahrhundert ausdrückte, vom Gesetz für *mehr* als Mord angesehen: Es war eine Art von Verrat, verbunden mit Gottesmord.

Anna Whale war eine unschuldige junge Frau, die ihr Gatte so schamlos mißbrauchte, daß eine Nachbarin, Sarah Pledge, sich gezwungen sah, einzugreifen und den Gatten zu bitten, seine Frau nicht mehr so gewalttätig zu behandeln. Diese wohlmeinende Vermittlung verstärkte nur noch die Grausamkeit des Mannes. Da sie wußte, daß es keine gesetzliche Möglichkeit gab — denn die Ehefrau zu quälen, war kein Verbrechen — entschloß sich Sarah Pledge, selbst zu handeln. Wenige Tage danach starb Mr. Whale ziemlich plötzlich. Dieser Vorfall und die allgemein bekannte Tatsache, daß Anna Whale guten Grund hatte, ihrem Mann den Tod zu wünschen, erregten den Argwohn des örtlichen Leichenbeschauers. Der Tote wurde untersucht und eine große Menge Arsen gefunden. Also band man am 14. August 1752 die kleine Anna auf einem Scheiterhaufen fest und entzündete das Feuer. Das Mädchen ging langsam und unter fürchterlichen Qualen in einen unverdienten Tod.

Sarah Pledge, die gestand, den Mord ohne Mithilfe begangen zu haben, wurde am Halse aufgehängt, bis sie tot war. Ihr blieb das schlimmere Schicksal erspart, da das Opfer nicht *ihr* Gatte war. (23)

Im gleichen Jahr wurde ein anderes unschuldiges, junges englisches Mädchen wegen Mittäterschaft bei der Ermordung ihres Vaters gehängt. Der Schuldige war in diesem Fall, wie er zugab, der Liebhaber, ein junger Medizinstudent, den der Vater von Mary Blandy, so war ihr Name, nicht dulden wollte. Wenn er auch den jungen Mann nicht leiden mochte, so nahm er doch von ihm verschriebene Medizin, wovon ihn eine, die ihm Mary verabreichte, tötete. Die Diener und Nachbarn schworen, daß Mary ihrem Vater sehr zugeneigt gewesen sei, sie selbst erklärte, von dem Gift nichts gewußt zu haben, der Medizinstudent floh verdächtigerweise aus dem Lande, und die ‚Gerechtigkeit' nahm ihren Lauf. Mary Blandy wurde am 6. April 1752 zum Galgen geführt. Sie war 18 Jahre alt. Ihr Geliebter durfte wieder zurückkehren, und man klagte ihn nicht an. Er lebte als Arzt bis zu seinem Tode, ohne daß seinem Namen der Geruch eines schweren Verbrechens anhing, obwohl er zugegeben hatte, ohne Mary's Wissen in Mr. Blandys Medizin Arsen gemischt zu haben.

Ein noch traurigerer Fall war der von Margaret Harvey, die am 6. Juli 1750 im Alter von 17 Jahren gehängt wurde. Schon sehr jung mit einem brutalen Mann verheiratet, der älter war als sie, rannte sie ihm bald davon und suchte Zuflucht bei ihren Eltern. Doch ihr Vater weigerte sich in echt patriarchaler Haltung, sie aufzunehmen und befahl ihr, zu ihrem Gatten zurückzukehren.

Um dieser Art von Selbstmord zu entgehen, zog sie in die Stadt, um Arbeit zu suchen. Bald stahl sie, vom Hunger getrieben, auf der Straße einem Mann ein kleines Geldstück. Dieser rief den Schutzmann, das Mädchen wurde festgenommen, die Gerechtigkeit nahm ihren Lauf, und Margaret mußte für ihren kleinen Diebstahl mit dem Leben bezahlen.

Martha Tracy, 16 Jahre alt, von ihrem Vater von zu Hause fortgejagt, da sie schwanger geworden war, folgte ihrem treulosen Liebhaber nach London, wurde von ihm zurückgestoßen, bekam Hunger, stahl die Tasche eines Mannes, wurde festgenommen, und, schwanger wie sie war, 1745 in Tyburn gehängt. (24)

Dann war da noch der Fall einer Mrs. Brownrigg, einer älteren Dame, die schon jahrelang Waisenkinder aus dem Arbeitshaus angenommen und ihnen Unterkunft, Verpflegung und Anstellung verschafft hatte. Nie wurden Klagen über sie laut, bis ihr Sohn von der See zurückkehrte und bei ihr Wohnung nahm. Nun verbreiteten sich Gerüchte, die Brownriggs mißbrauchten die ihnen anvertrauten jungen Mädchen. Geschichten von sadistischen Folterungen, von Auspeitschungen, finsteren Verließen und noch Schlimmeres kam den Behörden zu Ohren, so daß die Brownriggs vor Gericht gestellt wurden. Mr. Brownrigg und sein Sohn wälzten alle Schuld auf die Frau ab, doch die geschändeten Mädchen klagten den Sohn an. Trotzdem wurde Mrs. Brownrigg, würdevoll bis zuletzt, in Tyburn 1767 gehängt. Die beiden Männer erhielten jeder sechs Monate und wurden dann entlassen. (25)

Im selben Jahrzehnt wurden Sarah Meteyard und ihre Tochter, Kurzwarenhändlerinnen in der Bruton-Street, gehängt, weil sie den Tod ihres Lehrlings verursacht hatten. Nur wenige Jahre vorher war der Weber James Duran freigesprochen worden, nachdem er seinen 13 Jahre alten Lehrling mit einem Schrubberstiel totgeschlagen hatte. Auch John Bennett, ein Fischer aus Hammersmith, kam mit einer leichten Strafe davon, nachdem er seinen 11 Jahre alten Lehrling mit einem Seil erschlagen hatte. „Der Junge starb an seinen Wunden, an der mangelnden Pflege und an Hunger und Kälte", hieß es im ärztlichen Bericht bei der Verhandlung. (26)

Diese Fälle von Morden an Lehrlingen enthüllen nicht nur, wie wenig man sich im 18. Jahrhundert um die Kinder der Armen kümmerte, sondern sie verdeutlichen auch, was uns hier mehr angeht, den doppelten Maßstab, den das Gesetz bei weiblichen und männlichen Tätern anlegte. Ein Fall, der beide Mängel der Gesellschaftsordnung jener Zeit bezeugt, ist der der kleinen Mary Wotton, die von ihrer Herrin Schmuck gestohlen hatte und deshalb 1735 gehängt wurde. Sie war gerade neun Jahre alt. (27)

20

Nicht ganz Menschen: Das 19. Jahrhundert

*Alles eindeutig Menschliche ist der Mann.
Die Männer bilden die Art.*

Grant Allen

Eine besondere Art von Besitz

Nachdem sie es erreicht hatte, den Verstand der Frau zu versklaven und ihren Körper zu entwürdigen, ging die patriarchale Gesellschaft im 19. Jahrhundert daran, sogar das Selbstverständnis der Frau als menschliches Wesen zu vernichten. Im bisherigen Kampf hatte man sie berücksichtigt, wenn auch nur als gefährliches Element in der Gesellschaft. Doch jetzt wurde ihr schließlich jeglicher menschliche Wert ganz und gar aberkannt.

Wenn auch alle christlichen Jahrhunderte hindurch, einschließlich des frühen 18., die Frauen unbarmherzig verfolgt und zur ‚Spezialbehandlung' grausam ausgesondert wurden, so konnten doch die glücklicheren unter ihnen noch an bestimmten überkommenen Vorrechten festhalten. Alte englische Aufzeichnungen weisen nach, daß es Frauen während des ganzen Mittelalters gestattet war, als Rechtsanwältinnen oder Ärztinnen zu praktizieren. Cäcilia von Oxford hielt man sogar für den hervorragendsten Arzt des 14. Jahrhunderts.

Selbst im finsteren und rückschrittlichen 17. Jahrhundert wurden nicht alle wirtschaftlichen Beiträge der Frauen mißachtet. ,,Frauen besaßen und leiteten tatsächlich Geschäfte, die eine beträchtliche Menge Geld erforderten", schreibt Alice Clarke. ,,Nicht selten verliehen sie Geld. Häufig tauchen Frauennamen im Schiffshandel und in Verträgen auf." (1) Doch diese weiblichen Unternehmen wurden von den mehr männlichen Elementen der Gesellschaft sehr beargwöhnt, und mit dem Ende des Jahrhunderts waren sie fast alle verschwunden. Sogar im 18. Jahrhundert besaßen jedoch noch viele Frauen in London ihre eigenen Geschäfte wie M.Dorothy George berichtet. (2)

Mit dem Fortschreiten des 18. Jahrhunderts verschwinden in den Urkunden Englands mehr und mehr die wirtschaftlich unabhängigen Frauen, und mit dem 19. Jahrhundert sind sie praktisch nicht mehr vorhanden. In den Vereinigten Staaten, wo selbst noch im 20. Jahrhundert die puritanische Perversion starken Einfluß ausübt, waren solche ‚Absonderlichkeiten' wie unabhängige Frauen stets außerordentlich selten.

Die Französische und die Amerikanische Revolution wurden gegen Ende des 18. Jahrhunderts im Namen der Freiheit und Gleichheit aller Menschen geführt und gewonnen, und in beiden Kriegen hatten viele tapfere und heldenhafte Frauen auf der Seite der Freiheit gekämpft. Doch als der Staub sich schließlich gelegt und die Sieger sich an den Verhandlungstischen niedergelassen hatten, um die neuen Herrschaftsformen festzulegen, fanden sich die Frauen ausgeschlossen. Keine von ihnen war bei der verfassungsgebenden Versammlung in Philadelphia dabei und keine beim ersten *Kontinentalkongreß*, und keine Frau durfte teilnehmen, als George Washington zum ersten Präsidenten der Vereinigten Staaten gewählt wurde. Das Schlimmste war, daß man die Frauen überhaupt nicht in die Verfassung mit eingeschlossen hatte und sie in der gefeierten Bill of Rights der persönlichen Freiheiten gar nicht erwähnt wurden. Obwohl die einflußreiche Abigail Adams ihren mächtigen Gatten immer wieder inständig bat, ,,an die Damen zu denken", wurden die Damen ganz und gar vergessen. Trotz aller mutigen Unterstützung, die sie im Freiheitskampf geleistet hatten, waren sie immer noch einfach nur eine Habe.

Sie waren eine besondere Art von Eigentum, nicht ganz so wie Häuser oder Lasttiere, aber auch nicht ganz Menschen. Sie konnten an gerichtlichen Prozessen nicht teilnehmen, nicht als Zeugen aussagen, keine Verträge abschließen, kein Eigentum besitzen und weder Güter noch Land kaufen oder verkaufen.

,,Alles eindeutig Menschliche ist der Mann!" verkündete im 19. Jahrhundert ein Sprecher für die Menschheit. ,,Die Männer bilden die Art. Die Frauen sind nur das Geschlecht, das dazu bestimmt ist, sie fortzupflanzen." (3)

Nicht länger mehr wurde die Frau als gefährlich, bedrohlich oder verderbt angesehen, sondern man beachtete sie überhaupt nicht mehr. Sie gehörte der menschlichen Art nicht mehr an. Wenn sie Glück hatte, nahm sie in der Ordnung der Dinge den Platz eines Haustieres ein. Schon die Namen, die sie bei der Taufe erhielt, kennzeichneten sie als amüsantes und ergötzliches Spielzeug. Sie hieß jetzt Flossie, Kitty oder Mandy, so wie man früher nur Schoßhunde oder Kätzchen gerufen hatte. Aber was brauchte sie denn auch einen Namen?

Psychologen wissen heute, wie wichtig für jedes Kind sein Name ist. Wie muß auf das amerikanische Mädchen der letzten paar Generationen sein einziger, bedeutungsloser Rufname gewirkt haben! Sie mußte einfach bemerken, wie gründlich und bedächtig die Namen für seine Brüder ausgewählt wurden, Namen, von denen man erwartete, daß sie sie ihr ganzes Leben lang mit Stolz trügen. *Ihr* Name bestätigte sie nur in dem Glauben, daß sie in der Ordnung der Dinge ohne Bedeutung und für die Welt oder das Menschengeschlecht ohne Wert war, mit der Ausnahme, das Zuchttier für Männer zu sein.

Im Gegensatz zum alten Brauch wurde ein Mädchen schon von Kindheit an gelehrt und ermahnt, die Männer, einschließlich des eigenen jüngeren Bruders, als Geschöpfe einer höheren und heiligen Art zu verehren. „Bedenke stets", rät *Der Freund der jungen Dame*, „daß Jungen von Natur aus klüger sind als du. Betrachte sie als vernünftige Wesen, die Zugang zu bestimmten Wissensquellen haben, von denen du ausgeschlossen bist, und versuche, allen nur möglichen Nutzen aus ihren besonderen Kenntnissen und Erfahrungen zu gewinnen." (4) „Schwestern sollten immer gerne ihren Brüdern aufwarten und es als Vorrecht betrachten, sie begleiten zu dürfen (...). Wenn ihr einen Ball oder eine Party versäumt, um euren Brüdern zu Hause den Abend angenehm zu gestalten, so haltet das für ein kleines Opfer." (5)

Diese frühe Erziehung zur Unterordnung unter alles Männliche sollte in dem kleinen Mädchen die erwünschte Haltung der Frau gegenüber ihrem zukünftigen Gatten entwickeln, eine Art Kniezuckungsunterwürfigkeit, ein Pawlovscher Reflex der Huldigung und Willfährigkeit allem gegenüber, was Hosen trug. Ihre Bestimmung war der Ehestand, und auf diese ehrenwerte Stellung wurde sie beinahe vom Tag ihrer Geburt an unerbittlich vorbereitet, außer auf sexuellem Gebiet. Die Frau des 19. und nahezu der ersten Hälfte des 20. Jahrhunderts hatte neben der Ehe keine weitere achtbare Möglichkeit. Ihr blieb nur übrig, entweder zu heiraten oder für einen Hungerlohn zu arbeiten, eine alte Jungfer zu werden oder eine Prostituierte. Es ist schwer zu entscheiden, was für sie das schlimmste Übel war. Für die Mehrheit der Frauen bedeutete ‚Arbeit' nur Sklaverei in einer Fabrik oder in einem Ausbeuterbetrieb. Frauen erhielten in den Schuhfabriken Neuenglands für 84 Stunden in der Woche ganze 60 Cents, weniger als einen Cent pro Stunde. (6)

Doch selbst diese jämmerlichen Löhne wurden nicht den Frauen ausbezahlt, sondern, wenn sie unverheiratet waren, ihren Vätern (ein empörend hoher Anteil dieser arbeitenden ‚Frauen' waren noch Kinder) oder andernfalls ihren Männern. Denn natürlich hatten diese gesetzlichen Anspruch auf jeden Pfennig, den ihre Frauen verdienten.

Hatte sie eine etwas höhere soziale Stellung, so bedeutete Arbeit für eine solche Frau, sich als Erzieherin in einer vornehmen Familie zu verdingen oder den Kindern der Reichen Musik- oder Zeichenstunden zu geben. Aber diese Art der Unabhängigkeit brachte eine deutliche Herabsetzung der gesellschaftlichen Stellung mit sich.

In der demokratischen, klassenlosen Gesellschaft der Vereinten Staaten „würden die Damen sie (die Lehrerin) unter keinen Umständen als Gast in ihr Haus einladen, denn man hält sie für einer niederen Schicht zugehörig, da sie versucht hat, sich durch Ausübung ihrer Fähigkeiten unabhängig zu machen". (7)

Die männliche Gesellschaftsordnung achtete darauf, daß die Arbeit keinen Frauen Anreiz bot, die ‚ungewohnterweise' nach Freiheit strebten.

Die zweite Möglichkeit, die Prostitution, konnte man kaum als Wahl bezeichnen, da nahezu alle Frauen, die sie ausübten, sie nicht wählten, sondern in sie durch die grausame Rachsucht der Gesellschaft und des Gesetzes hineingestoßen wurden. Man gestattete zwar den Prostituierten, ihre Geschäfte zum Nutzen und Vergnügen der männlichen Bevölkerung zu betreiben, betrachtete sie jedoch als Geächtete. Nach Auffassung der Kirche hatten sie *sich selbst* exkommuniziert, weshalb sie nicht in geweihter Erde begraben werden durften. Nach dem bürgerlichen Gesetz besaßen sie kein einziges Recht. Die Männer konnten sie mißhandeln, berauben, schlagen und sogar ermorden, ohne bestraft zu werden. Kein Gesetz schützte sie, und ihren Peinigern drohte keine Strafe.

„Frauen, die sich der öffentlichen Prostitution hingegeben haben, sind so verderbt, daß sie vom Gesetz nicht geschützt werden können", schrieb Montesquieu im vorhergehenden Jahrhundert. (8) Derselben unglaublichen Auffassung war man auch noch im ganzen 19. Jahrhundert. T.Bell wiederholte 1821 in einem Buch Montesquieus Ausspruch und stimmte ihm mit weiteren Ausführungen zu. Er versucht, seinen Lesern die ‚Gerechtigkeit' und ‚Logik' des unmenschlichen Verhaltens der Gesellschaft gegenüber den Prostituierten und ‚gefallenen Frauen' zu erläutern, und indem er Montesquieu anführt, erklärt er: ,,Uneheliche Kinder tragen nicht viel zur Fortentwicklung der Menschheit bei. Der Vater ist unbekannt, und die Mutter, die verpflichtet ist, das Kind aufzuziehen, begegnet tausend Hindernissen der Scham, der Reue, der Beschränkung ihres Geschlechts und der Strenge des Gesetzes. Daneben fehlen ihr meistens die *Mittel.* (9)

,,Selbst Frauen, die nur *leicht gesündigt* haben, müssen in die Klasse der Prostituierten fallen'', fährt Dr. Bell mit Genugtuung fort. ,,Denn in der Welt umhergestoßen, nicht in der Lage, sich selbst zu versorgen, muß sie sich am Leben erhalten, indem sie *ganz und gar ihren Anstand und ihre Sittsamkeit aufgibt.*'' (10)

,,Wenn der Ehemann der Verbrecher (der Ehebrecher) ist, so schadet das seinem Ruf oder seinem Glück wenig oder gar nicht. Ist aber die Ehefrau die Verbrecherin, so werden sie die Verfolgungen der Welt und ihre Unfähigkeit, sich selbst ehrenhaft zu versorgen, dazu zwingen, sich den Prostituierten anzuschließen. Sie wird zum Zeitvertreib der Gesellschaft, und ihre Kinder, der Mutterliebe beraubt, werden durch die Schande ihrer Mutter ebenfalls stark beeinträchtigt.'' (11)

Und dann warnt Bell jeden liebenden oder mitleidvollen Gatten, daß alles nur schlechter wird, wenn er der sündigen Fau vergibt. *Er* würde dann ,,zum Gespött aller'' werden, und der Einfluß der verderbten Mutter könnten den Schaden für seine Kinder nur noch vergrößern. Stört sie nicht, rät der gute Doktor, und laßt die elende Frau in der Gosse verhungern, wie sie es verdient hat!

Die Journalistin Anne Royall ,,wurde wie ein räudiger Hund umhergestoßen'', als sie gegen die grausame Ungerechtigkeit protestierte, daß man auf Abwege geratene Frauen entweder in die Prostitution oder in den Hungertod trieb. Als sie 1829 den U.S.-Kongreß der ,,unchristlichen'' Gefühllosigkeit gegenüber dem weiblichen Geschlecht beschuldigte, verurteilte sie diese erhabene Gesellschaft doch tatsächlich, im Anacostia-Fluß als ,,gemeines, böses Weib'' *getaucht* zu werden. (12)

Anne Royall hatte das einzigartige Glück gehabt, mit einem Mann verheiratet gewesen zu sein, der der Meinung war, den Ehefrauen müßte erlaubt werden, das Geld ihres Gatten zu erben. Als er starb, übertrug er deshalb seiner Frau sein Vermögen, soweit es das Gesetz ermöglichte. In den wenigen Jahren, die dieses dazu brauchte, es ihren Händen zu entwinden und dem nächsten männlichen Verwandten ihres verstorbenen Gatten auszuhändigen, hatte sie ihr Vermögen gut genützt. Sie war gereist.

Die Lebensbedingungen, die sie auf ihren — ursprünglich zum Vergnügen unternommenen — Fahrten durch die neuen, jungen Vereinigten Staaten bei ‚arbeitenden' oder ‚gefallenen' Frauen vorfand, erschütterten sie tief. Sie schrieb Zeitungsartikel über ihre Reisen und es gelang ihr, über die entsetzlichen Bedingungen, unter denen die überwältigende Mehrzahl der Frauen und Kinder zu arbeiten gezwungen waren, Tatsachen einzuflechten, die der Aufmerksamkeit der Redakteure anfangs entgingen. Die Bezahlung der Sklavenarbeiter in den Fabriken — alles Frauen und Kinder — von einem Penny die Stunde, erregte ihre helle Wut. Aber ihre Berichte über diesen Mißbrauch fanden keinerlei Aufmerksamkeit. Auch über die Notlage der ‚gefallenen' Frauen, die den Hunger der Prostitution vorzogen, berichtete sie in ihren Artikeln, doch niemand schenkte dem Beachtung.

Nachdem man ihr das Geld abgenommen und sie so gezwungen hatte, ihre Reisen aufzugeben, zog sie in Washington in eine kleine Hütte, wo sie versuchte, sich mit ihrer Feder wenigstens ein dürftiges Auskommen zu verschaffen. Trotz ihrer Armut nahm sie ‚gefallene' Frauen auf und teilte mit ihnen das Wenige, das sie hatte. Das wurde schließlich bekannt. Man sperrte sie wegen Beherbergung liederlicher Personen ein!

„Was hat unser Erlöser getan?", fragte sie zu ihrer Verteidigung, und man ließ die Anklage fallen. Aber diese Erfahrung ließ sie nicht verstummen. Hartnäckig fuhr sie fort, ihr kleines Heim und ihre noch geringeren Mittel mit den verlassenen, heimatlosen Frauen zu teilen und über sie und die Sklavenarbeiter in den Ausbeuterbetrieben einen Bericht nach dem anderen zu schreiben. Von der unnachgiebigen Hartherzigkeit der Regierung und des Gesetzes gegenüber hilflosen Frauen und Kindern vollkommen ernüchtert, schwor sie schließlich dem Christentum öffentlich ab, mit der Begründung, daß „die guten Christen, die in Washington regieren, überhaupt keine Verbindung zwischen ihrer Religion und den ringsum bestehenden sozialen Zuständen erkennen".

Für diese und ähnliche unweibliche Worte verurteilte man Anne, öffentlich getaucht zu werden, und man ließ hierfür einen Tauchstuhl anfertigen. Im letzten Augenblick jedoch lenkte der Kongreß ein. Die Frau sei schon ziemlich alt, sie sei nicht größer als ein Kind und so „leicht wie eine Feder". Man fürchtete, das kalte Wasser des Anacostia könnte sie töten und ihren Tod wollte man nicht auf sein Gewissen laden. Sie wurde freigelassen, aber das schreckliche Erlebnis hatte ihren Geist gebrochen. Bis zu ihrem Lebensende veröffentlichte sie nichts mehr in den Zeitungen. Bald war sie vom Volk und vom Kongreß vergessen, und das ganze 19. Jahrhundert über hörte man nichts mehr über sie. Doch seit 1960 werden wieder einige ihrer Bücher gedruckt.

Anne Royall hatte ihren ‚gefallenen' Schwestern nicht helfen können, und die strenge und unbarmherzige Haltung ihnen gegenüber setzte sich bis weit in unser Jahrhundert hinein fort. Der Geistliche Dr. R.J. Campbell fragte 1907: „Warum verfolgen wir eine Frau, wenn sie ihre Jungfräulichkeit hingibt? Warum diskriminieren wir nur die untreue *Ehefrau*?" Er folgert, daß die Unkeuschheit der Frau ein Eingriff in die männlichen Besitzrechte ist, weshalb „wir unsere Frauen mit so vielen Strafen und Qualen einschränken, daß, wenn eine sich vergeht, wir sie in die Prostitution jagen und uns dabei noch vormachen, dies sei *sittlich gerechtfertigt* und christlich (...). In Wirklichkeit ist es der gemeinste, schäbigste und selbstsüchtigste Plan, der von selbstsüchtigen Männern jemals ausgeheckt wurde, um ihr Eigentum, die Frau, weiterhin zu behalten. Er läßt der gewöhnlichen Frau nur eine Art Hobson'sche Wahl: achtbare oder schimpfliche Abhängigkeit vom männlichen Geschlecht." (13)

Da sie durch „die Bosheit der patriarchalen Gesellschaft" tatsächlich von allen Möglichkeiten eines ehrbaren Daseins ausgeschlossen war, blieb der Frau des 19. und 20. Jahrhunderts, vom gesellschaftlichen Druck gezwungen, keine andere Wahl, als entweder ein unbezahltes Dienstmädchen im Hause irgendeines männlichen Verwandten zu bleiben oder den erstbesten Mann zu heiraten, der bereit war, sie zu unterstützen. Doch der Altjungfernstand war noch weniger verlockend als ‚Arbeit'. Wie die Prostituierte und die arbeitende Frau wurde die alte Jungfer der Sündenbock der Gesellschaft.

„Die Verachtung, mit der die nicht verheiratete Frau betrachtet worden ist, unterscheidet sich zwar von der, die man ihrer gefallenen Schwester entgegenbringt, doch ist sie deswegen nicht weniger wirklich", bemerkt Campbell. (14) Während die Prostituierte abstoßend schmutzig war, war die alte Jungfer abstoßend lächerlich.

Am Anfang des Jahrhunderts hatte Jane Austen in ihrer *Emma* geschrieben: „Eine alleinstehende Frau mit schmalem Einkommen muß zu einer lächerlichen, widerwärtigen alten Jungfer werden, eine rechte Belustigung für Jungen und Mädchen. Doch eine unverheiratete Frau mit Vermögen ist stets angesehen, und sie kann so vernünftig und liebenswürdig sein wie sonst jemand."(15) Aber wie viele von den letztgenannten gab es im 19. und 20. Jahrhundert?

Diese unglücklichen Menschen bezeichnete man öffentlich als „überzählige Frauen", und im Verlauf der Zeit wurden sie zu einem immer größeren Problem. Es gab Strömungen in der männlichen Gesellschaft, diese Frauen „in Institutionen einzuordnen, (...) wo ihre Tätigkeiten, *Meinungen*, und, falls sie eins besäßen, ihr Vermögen zum Wohle der ganzen Nation weise *kontrolliert* würden". (16) Kurz gesagt, man wollte sie zu Verbrecherinnen abstempeln, wegen des Verbrechens, jene schreckliche Absonderlichkeit, jene niemand gehörende, nicht auf den Mann ausgerichtete Frau, ein aus seiner Bahn geworfener Satellit zu sein.

Der eine und einzig achtbare Beruf, den eine Frau ergreifen konnte, war die Ehe, und von Kindheit an wurde sie dazu erzogen, nach diesem gesegneten und ehrenvollen Stand zu streben. Ihre Jugend war ein ununterbrochener Wahnsinn verzweifelter und tödlicher Furcht, daß man sie ‚überginge' und daß sie gezwungen werde, das Leben bis zum Ende in schmachvoller Ehelosigkeit als überzählige Frau zubringen zu müssen. Und wenn sie das Glück hatte, einen Mann zu finden, erwartete man von ihr, daß sie ewig dankbar sei, ganz gleich, wie schlecht die Ehe später wurde. „Liebe im Herzen der Gattin sollte im wesentlichen aus *Dankbarkeit* bestehen", sagt ein weitverbreitetes Buch, das 1847 für junge Damen geschrieben wurde. Ihr Innerstes sollte angefüllt sein mit Dankbarkeit für Gott und den Mann, der sie auserwählt hat, jetzt und in Ewigkeit seine Gattin zu sein." (17)

Wofür aber sollte sie dankbar sein?

Am Ende des 19. Jahrhunderts schrieb Richter Lucillius Alonzo Emery vom Obersten Gerichtshof des States Maine: „Die ganze Gesetzestheorie bezüglich der Frauen ist sklavisch. Daß die Frau in der Ehe ihren Namen zugunsten des ihres Mannes aufgibt, ist ein Sinnbild für all ihre gesetzlichen Rechte. Die Fackel der Hochzeit dient nur dazu, den Scheiterhaufen zu entzünden, auf dem diese Rechte geopfert werden." (18)

Der Scheiterhaufen der Ehe

Bis vor kurzem, und in einigen der Vereinigten Staaten auch jetzt noch, besaß eine verheiratete Frau überhaupt keine Rechte. Ledige Frauen und Witwen wurden zwar nicht als Bürger betrachtet, doch zumindest hatten sie das Recht über ihren eigenen Körper; nicht so eine verheiratete Frau. Eine verheiratete Frau ‚gehörte' ganz und gar ihrem Mann, in derselben Weise, wie ihm seine Kleider, sein Pferd oder sein Hund gehörten. Er konnte sie mit voller Billigung des Gesetzes tätlich angreifen, sie einsperren und sogar *verkaufen*. In England veräußerte 1815 ein Mann namens John Osborne in Maidstone seine Frau und sein Kind für den Preis von einem Pfund an einen gewissen William Serjeant. ,,Es war ein ganz gewöhnliches Geschäft, wobei der Verkäufer einen urkundlichen Vertrag abschloß, wovon folgendes eine wörtliche Abschrift ist: ‚Ich, John Osborne, bin damit einverstanden, mich von meiner Frau Mary Osborne und meinem Kind zu trennen und sie an William Serjeant zu übergeben für den Betrag von einem Pfund, womit ich auf alle meine Ansprüche verzichte. Als Zustimmung setze ich hier unten mein Zeichen. Maidstone, 3. Januar 1815.' (19)

John Ashton berichtet, daß in späteren Jahren eine junge Dame in Smithfield bei einer Versteigerung angeboten wurde. Man hatte sie in einem Halfter ausgestellt und verlangte für sie 80 Guineen. Schließlich erhielt sie ein bekannter Pferdehändler für 50 Guineen und das Pferd, auf dem er saß. Der Mann der Frau war ein wohlhabender Viehhändler aus dem nahen London.

Im 19. Jahrhundert ,,scheint der Brauch, die Frau zu verkaufen, ziemlich weit verbreitet gewesen zu sein", schreibt Nina Epton. (20)

Bis 1885, vor weniger als einhundert Jahren, konnte ein Mann in England seine Frau oder seine Tochter immer noch in die Prostitution verkaufen. In diesem Jahre wurde es für ungesetzlich erklärt, ein Mädchen für die Prostitution zu veräußern oder zu entführen, *wenn es noch nicht sechzehn Jahre alt war*. Danach war es noch immer legal. Auch wurde es erst in den 80er Jahren des letzten Jahrhunderts einer Frau gesetzlich erlaubt, sich von ihrem Gatten zu trennen (nicht sich scheiden zu lassen), wenn er sie gewohnheitsmäßig so sehr schlug, daß ,,ihr Leben in Gefahr geriet". 1891 verbot das Gesetz zum ersten Mal einem Mann, seine Frau hinter Schloß und Riegel gefangen zu halten, wie es zum Beispiel ein Gouverneur Yeo jedesmal getan hatte, wenn er auf See ging. (21)

Selbst nach all diesen ‚Verbesserungen' der Lebensbedingungen konnte eine Ehefrau immer noch nicht ihr eigenes Haus oder ihr Erbe beanspruchen oder das wenige Geld, das sie sich durch Heimarbeit — Nähen, Einmachen oder Waschen — verdiente. Nicht einmal die Kinder ihres eigenen Körpers gehörten ihr. Ganz gleich, wie schlecht oder unwürdig der Mann war, nach dem Gesetz besaß er alle Rechte über sie. Er durfte seine Frau verjagen und öffentlich mit einer anderen zusammenleben. Dennoch blieben die Kinder sein, und die Mutter konnte sie nur sehen oder mit ihnen schriftlich verkehren, wenn und wie es ihm paßte. Eine Frau konnte zwar ein Vermögen erben, durfte aber nicht bestimmen, wie es angelegt wurde. Ihr Gatte konnte es, was oft geschah, zu seinem Vergnügen verschwenden, so daß Frau und Kinder tatsächlich Not litten. Trotzdem zwang ihn kein Gesetz, auch nur über einen Pfennig Rechenschaft abzulegen.

Gerade diese schändliche Tat beging im späten 19. Jahrhundert der Herzog von Queensbury, der Vater von Lord Alfred Douglas, dem Freund Oscar Wildes, an seiner Frau und seinen Kindern. Er jagte seine Gemahlin aus dem herzoglichen Haus, hielt sich eine Reihe von Geliebten, lebte wie ein Sultan vom Geld seiner Frau und weigerte sich, auch nur einen Schilling Unterhalt für seine Familie zu zahlen. Die Herzogin und ihre Kinder lebten in regelrechter Armut, während der Herzog das Vermögen verschleuderte, das seine Frau mit in die Ehe gebracht hatte, und es erhob sich gegen dieses Unrecht von keinem Gericht, noch von irgendeiner anderen offiziellen Stelle in ganz England eine Stimme des Protests. Das Ergebnis war, daß der junge Lord Alfred mit einem sich verzehrenden Haß gegen seinen Vater aufwuchs, und eine leidenschaftliche Liebe und ein großes Schutzbedürfnis für seine Mutter entwickelte.

In diesem Fall durften die Kinder wenigstens bei ihrer Mutter bleiben, eine Vergünstigung, die man dem Prinzen von Sachsen-Coburg, dem Gemahl der Königin Victoria, verweigerte. Seine Mutter war von ihrem Mann verstoßen worden, und zu seinem beständigen Kummer verbrachte der junge Albert seine Jugend, nicht einmal wissend, wo sie lebte. Als er herangewachsen war, starb sie an Armut. Prinz Albert war, wie Lord Alfred, von diesem traumatischen Erlebnis seiner Kindheit stark beeinflußt worden und wie dieser haßte er seinen Vater sein ganzes Leben und konnte von seiner schönen und bemitleidenswerten Mutter nie sprechen, ohne daß ihm die Tränen in die Augen stiegen.

Doch wenn schon zwei so berühmte und angesehene „Herren" wie ein sächsischer König und ein englischer Herzog trotz ihrer öffentlich bekannten Grausamkeiten gegenüber ihren Frauen unbehelligt davonkamen, wieviel schlimmere Verbrechen konnte ein gewöhnlicher Ehemann begehen, ohne bestraft zu werden. Hierzu schreibt Mill:

„Die Gewalt (der Männer über die Frauen) ist nicht nur guten und ehrenwerten, sondern allen Männern gegeben, auch dem unmenschlichsten und verbrecherischsten (...). Die Ehe ist keine Einrichtung für einige wenige auserwählte Männer. Man verlangt von den Männern als Vorbedingung für die Heirat nicht zu beweisen, daß man ihnen unumschränkte Macht über einen anderen Menschen übertragen kann (...). Selbst der schlimmste Übeltäter kann eine unglückliche Frau haben, der er alles Schändliche antun kann, außer sie zu töten, und selbst dann besteht für ihn keine allzu große Gefahr, gerichtlich belangt zu werden. Wie viele Männer gibt es, die ihre unglückliche Frau auf grausamste Weise foltern, wobei sie der einzige Mensch ist, der ihrer Brutalität nicht entfliehen kann. Selbst der Frauen Abhängigkeit stachelt der Männer gemeine und rohe Natur gegen sie an, wobei die Männer wissen, daß das Gesetz ihnen die Frau als ein *Ding* ausgeliefert hat, das sie nach ihrem Vergnügen benutzen können (...). Das Gesetz zwingt die Ehefrau, alles vom Mann hinzunehmen (...). Selbst wenn es sein tägliches Vergnügen wäre, sie zu foltern, selbst wenn sie sich vor ihm ekeln müßte, so kann er doch die gemeinste menschliche Erniedrigung von ihr verlangen und erzwingen: gegen ihren Willen das Instrument für eine tierische Funktion zu sein." (22)

Mills genaue Erkenntnis des Unrechts, das man im späten neunzehnten Jahrhundert den Frauen antat, rief, so wie er sie in seiner Abhandlung *Die Hörigkeit der Frau* dargelegt hatte, heftigsten Widerspruch bei der herrschenden männlichen Schicht hervor, die ihn geschlossen des Verrats an seinem Geschlecht und seiner Gesellschaft bezichtigte. Eine der wütendsten Reaktionen kam von Anthony Ludovici, einem Engländer, der das Ganze als „eine der erstaunlichsten Äußerungen" verurteilte, „die je über die Lippen eines angeblichen Philosophen kam." (23) „Die Abhandlung bleibt das unglücklichste Zeugnis von Mills Eigenschaft als Denker." (24)

„Es ist meine Überzeugung", verkündet Ludovici, „daß diejenigen, welche wie Mill die Frauen mit dem Glauben erfüllen, ihre Unterlegenheit sei nicht natürlich, sondern „künstlich", die wahren Feinde des weiblichen Geschlechts sind (...). Wir müssen in England alle Spuren des Frauenrechtlertums beseitigen und es von diesen männerfeindlichen Einflüssen reinigen (...). Da der Feminismus näher an die Wurzel des Lebens reicht, ist er für die Zivilisation und die Menschheit vielleicht sogar noch gefährlicher als die Demokratie selbst." (25) Diese war vermutlich deswegen gefährlich, weil sie den auserwählten Mann seiner Macht über den Mitmenschen beraubte, während der Feminismus alle Männer ihrer Macht über die Frauen zu berauben drohte. Und nichts anderes als diese Furcht, ihre letzte „Minderheit" zu verlieren, über die sie dominieren können, bringt die Männer dazu, sich „den gerechten Forderungen der Frauen nach wenigstens der kleinsten Erleichterung der ihnen auferlegten Beschränkungen" zu widersetzen, meint Campbell. Nur deswegen, sagt er weiter, haben die Männer in böser Absicht „offen oder insgeheim jeden Versuch der Frauen zurückgewiesen, sich von ihnen zu befreien und für sich zu leben". (26)

Seltsamerweise hat noch nie jemand bedacht, wie sich diese unumschränkte Macht, die die Männer in den letzten Jahrhunderten über die Frauen ausübten, vielleicht auf den männlichen Charakter ausgewirkt hat. Wenn, wie die heutigen Soziologen sagen, die Sklaverei im Süden für die Sklavenhalter schädlich war, und die absolute Macht, die sie hatten, ihre moralische Verfassung beeinträchtigte, warum hat nicht dieselbe Macht über die Frauen nachteilige Wirkungen auf die Männer gehabt? Warum hat die absolute Gewalt sie nicht ganz und gar verdorben? Oder hat sie es?

„Die Folgen der patriarchalen Ehe sind beklagenswert und sehr *unmoralisch*", schrieb August Forel am Ende des 19. Jahrhunderts. „Der Patriarch mißbraucht seine Macht, und der Patriarchismus degeneriert zu grausamer Tyrannei seitens des Familienoberhauptes, das als Gott betrachtet werden will." (27)

Wenn nach Auffassung der Soziologen schon etwas mehr als 200 Jahre Sklaverei den Charakter der Schwarzen so ungünstig beeinflußten, warum haben sich dann nicht 1500 Jahre Sklaverei ebenso auf die Frauen ausgewirkt? Vielleicht ist die Frau einer vollständigen innerlichen Entwürdigung entgangen, weil sie eine instinktive Kenntnis von und eine intuitive Erinnerung an ihre ursprüngliche und immer noch grundlegende Überlegenheit besitzt. Denn selbst bei den Schwarzen waren es *die Frauen*, das stärkere Geschlecht, die ihre Würde, ihre Integrität und ihre Selbstachtung schneller zurückgewannen.

21

Die Vorurteile bestehen fort

*Im allgemeinen benutzen die Männer ihre
Vernunft dazu, ihre überkommenen Vorurteile gegen die Frauen zu rechtfertigen,
anstatt sie zu erkennen und auszurotten.*

Mary Wollstonecraft

Einige männliche Mythen über die Frauen

Der überkommene Glaube an die Unterlegenheit der Frauen ist eine Lehre, die in den letzten paar Jahrhunderten von Gesetz, Religion, Staat und Erziehung gemeinsam so nachdrücklich vertreten wurde, daß ihre Widerlegung durch Geschichte, Archäologie, Anthropologie und Psychologie ohne außerordentliche Maßnahmen seitens der Behörden kaum möglich sein wird.

1965 erklärte Präsident John F. Kennedys Ausschuß über die Stellung der Frauen: „Das Ausmaß der negativen Haltung unter den Männern bezüglich der Fähigkeit der Frauen verdeutlicht die Notwendigkeit, die Ursachen solcher Haltungen und Ansichten zu untersuchen *und positive Maßnahmen zu ergreifen, um das Vorurteil dort abzubauen, wo es besteht.*" (1)

Doch erst müssen wir versuchen, die vielen Mythen und Lügen darzulegen, die sich die Männer ausgedacht haben, um ihre Unterdrückung der Frauen zu rechtfertigen.

„Was das Wesen der Frau angeht, so haben die Männer ganz bestimmte Theorien: Von Natur aus sei sie schwach und gefühlsbestimmt, wolle abhängig sein, sei begrenzt in ihrer Fähigkeit zu arbeiten und sogar masochistisch." (2)

Die Männer rechtfertigen ihre Mißhandlung der Frauen mit der Selbsttäuschung, diese seien im allgemeinen mit ihrer Stellung zufrieden und nur einige wenige unnatürliche fühlten sich „in der modernen Gesellschaft beraubt und gefangen". „Daher äußert sich nur ein kleiner Kreis von Frauen zu diesem Thema, die wahrlich nicht typisch sind", meint Odenwald. (3) Schwer zu sagen, wie der gute Doktor dazu kommt, typisches und untypisches bei Frauen zu unterscheiden. Doch es ist, wie Bertrand

Russell bemerkt, wohlbekannt, daß „Frauen, solange sie unterworfen sind, es nicht wagen, ihre Gefühle offen zu zeigen, sondern nur jene, die dem Manne angenehm sind". (4) Vor allem dann, wenn die befragende Person männlich ist; und es läßt sich schwer vorstellen, daß irgendeine Frau bereit wäre, einem Mann wie Dr. Odenwald eine aufrichtige Antwort zu geben.

Der Mythos vom Masochismus

Die Männer wollen, daß sich die Frauen in ihrer Unterwerfung ruhig verhalten, und ob sie glücklich sind oder nicht, hat nicht viel zu bedeuten. Doch die Männer glauben tatsächlich, daß es den Frauen *gefällt*, mißbraucht zu werden, daß sie von Natur aus masochistisch sind. Freud verewigte diesen Mythos, um damit seine eigene sadistische Behandlung seiner lange leidenden Frau zu rechtfertigen. Von zarter besaiteten Männern, die in ihrem Unterbewußtsein von der Grausamkeit gegen die Frauen beunruhigt waren, wurde der Mythos dankbar aufgenommen und vertreten. Zu glauben, daß die Frauen „es lieben", erleichtert die Schwere der Schuld.

Daher rühren also solch alberne Bemerkungen wie von Havelock Ellis „Die Frauen ergötzen sich an körperlichem Schmerz, wenn er ihnen von einem Liebhaber zugefügt wird", (5) oder die von Edward Westermarck „Die meisten Frauen genießen männliche Gewalt, auch wenn sie gegen sie selbst gerichtet ist" (6) oder die zur Zeit im Fernsehen gezeigte abstoßende Werbung für ein männliches Schönheitsmittel: „Ich liebe *Männer*, selbst wenn sie *unfreundlich* zu mir sind!"

Die Männer, nicht die Frauen, haben den Kult der brutalen Männlichkeit gefördert. Und weil sie Muskeln und Körperkraft bewundern, nehmen sie an, das gelte auch für Frauen. Doch das ist offensichtlich eine falsche Vorstellung. Eine Meinungsumfrage nach der anderen unter Mädchen und Frauen ergibt, daß sie sanfte und kluge Männer muskelstarken und männlichen vorziehen.

Frauen scheinen zu wissen, daß „vollkommene Männlichkeit kaum von Dummheit zu unterscheiden ist", wie H.L. Mencken bemerkt. (7)

Die Verehrung von Muskelprotzen ist eine männliche, nicht eine weibliche Schwäche. Bilder von einem „Mr. Atlas" oder

„Mr. Universum" schmücken fast ausnahmslos die Stuben von Männern oder Jungen. Die normale Frau findet sie abstoßend. Den harten Kinohelden, den angeblich die Frauen ins Herz schließen, schauen sich meistens männliche Besucher an. Die Vorstellung, daß Frauen von aggressiver und übertriebener Männlichkeit angezogen werden, ist nur einer der Mythen, die sich im Bewußtsein der Männer und damit auch im sozialen Verhalten unausrottbar festgesetzt haben.

Die Männer bewundern die männliche Muskelkraft nicht nur um ihrer selbst willen, sondern weil sie ihnen die Herrschaft über die an Körperkraft schwächere Frau verleiht. Die Mehrheit der männlichen Ärzte empfiehlt die christliche oder „Missionars"-stellung beim Geschlechtsverkehr, bei der der Mann obenauf liegt, weil ihrer Meinung nach hier „die Frau eingeschlossen und sein Gefangener ist und nicht entkommen kann". Angeborener Sadismus des Mannes und angeborener Masochismus der Frau werden somit befriedigt. (8)

„Daß sich die Ehefrauen ihren Männern unterwarfen, war natürlich die Folge des instinktiven männlichen Wunsches, Macht auszuüben." (9) Diese vor fast vierzig Jahren geäußerte Bemerkung soll nur verdeutlichen, wieviel wir im letzten halben Jahrhundert über die Vorgeschichte und frühe Gesellschaft gelernt haben. Denn das männliche Streben nach Macht ist in der menschlichen Entwicklung eine sehr späte Erscheinung, und weder männlicher Machtmißbrauch noch weibliche Unterwürfigkeit ist eine angeborene, geschlechtlich gebundene Eigenart. Beides war das Ergebnis einer zielbewußten Lehre im Abendland. Und der Lehrer, der mit Rute und Scheiterhaufen Gehorsam erzwang, war die christliche Kirche.

Der Sex-Mythos

An die Stelle der im 19. Jahrhundert fälschlicherweise vertretenen Auffassung, die Frau entbehre jeglicher sexueller Gefühle, tritt jetzt im 20. Jahrhundert der ältere, aber ebenso falsche Glaube an die zügellose Sexualität der Frau, die Meinung, jede Frau sei „in ihrem Innersten ein Wüstling". „Die Mädchen werden meistenteils in all ihren häßlichen Künsten der Koketterie bestärkt und kommen mehr mit Eifer denn mit Abscheu den gräßlichen Gelüsten und schrecklichen Begierden der Männer nach." (10) Hier zeigt sich beispielhaft der Wunsch als Vater des Gedankens. Denn die Vorstellung, daß die Frauen sexuell genauso begierlich seien wie die Männer, kann deren eigene übersteigerte Sexualität entschuldigen und ihre maßlosen sexuellen Wünsche rechtfertigen.

Es gehört zu den vielen Widersprüchen männlicher Logik, daß die meisten Männer glauben, die Frauen seien von ihnen in allen anderen Bereichen grundverschieden, ihnen aber in sexueller Hinsicht gleich. Doch das ist der einzige Bereich, in dem sich die Geschlechter tatsächlich unterscheiden. Die Männer denken, die Frauen antworteten auf dieselben erotischen Reize wie sie; doch nichts ist verkehrter als dies.

Die weibliche Sexualität ist sehr eng mit Liebe und Zärtlichkeit verbunden, und sanfte Worte erregen viel eher ihre Wünsche als ein steifer Penis. Sein nackter Körper ist dem Mann bei der Unterwerfung seiner sexuellen Beute viel eher ein Hindernis als eine Hilfe, denn, so meint Reik, „die Frauen besitzen keine sexuelle Neugier für Männer". „In der Sprache finden wir kein weibliches Wort für *voyeur*." (11)

Simone de Beauvoir schreibt, daß normale Frauen mehr sinnlichen Genuß gewinnen, wenn sie den zarten, weichen Körper eines Kindes oder einer anderen Frau liebkosen, als wenn sie über den rauhen und eckigen Körper eines Mannes streichen. Denn „der ungeschlachte Mann mit seinen harten Muskeln, seiner rauhen und behaarten Haut (...) erscheint ihr nicht begehrenswert; er wirkt sogar abstoßend (...). Schlimmer noch, der Mann reitet sie, als würde er ein Tier durch Gebiß und Zügel unterwerfen. (...) Sie fühlt, sie ist nur ein Werkzeug: Einzig und allein der andere besitzt Freiheit." (12)

Die weibliche Liebe ist stets mehr oder weniger mütterlich und nie, im Gegensatz zu der des Mannes, ausschließlich sexuell.

Die Frau kann auch nie völlige sexuelle Befriedigung erreichen, ohne wenigstens die Illusion zu haben, von ihrem Partner wiedergeliebt zu werden, was für den Mann sicherlich nicht zutrifft, da es andernfalls keine Vergewaltigung gäbe.

„Hysterie" und ähnliche Mythen

Der Mythos von der geistigen Unterlegenheit der Frau ist durch statistische Beweise widerlegt worden; aber an die weibliche Schwachheit, Abhängigkeit, Gefühlsseligkeit und Furchtsamkeit wird in Amerika von der Mehrheit beider Geschlechter immer noch geglaubt.

In patriarchalen Zeiten haben die Männer den Frauen immer diese Wesenseigenschaften zugeschrieben. Als es sich nun herausstellte, daß solche Frauen selten oder überhaupt nicht vorhanden waren, galten die Beschreibungen unterschiedslos für alle. *Alle* Frauen waren daher von Natur aus als schwach, emotional, ängstlich und abhängig zu betrachten. Von der Frau, die sich zwar bei schönem Wetter wie ein Weinstock anklammern soll, erwartet der Mann jedoch seltsamerweise, daß sie bei Sturm plötzlich eine feste Eiche wird: Sie soll die Lasten tragen, des Mannes Haltung bewahren und die Festungen halten, die er verlassen hat. Der Mann ist nur Herr bei schönem Wetter und Sonnenschein.

Gefühlsseligkeit — Hysterie — halten die Männer für eine rein weibliche Wesensart. ,,Es ist" jedoch ,,heute allgemein bekannt, daß das Verhältnis zwischen Männern und Frauen, die an Hysterie oder an von dieser herrührenden Geisteskrankheiten leiden, *sieben zu eins* ist." (13) Darüber hinaus kommen Geistesschwächen jeder Art bei Männern zweimal so häufig vor wie bei Frauen, Schizophrenie ist dreimal und die verschiedenen Krankheiten der Persönlichkeit, des Verhaltens und des Verstandes sind viermal so häufig. (14)

Trotzdem berichten die Zeitungen immer noch, daß die Frauen bei Notfällen ,,kreischen". Leonard Woolf bemerkt, daß Frauen, ob sie nun kreischen oder nicht, sich in gefährlichen Lagen viel eher zum Handeln entschließen, während Männer in einen Zustand der Starre zu verfallen scheinen. (15) ,,Wenn alle Männer den Kopf verlieren," schreibt Stendhal ,,dann ist der Augenblick gekommen, wo die Frauen ihre unbestreitbare Überlegenheit beweisen." (16) Die Frau war auf zivilem Gebiet in die Kriege der letzten sechzig Jahre verwickelt und hat dabei ein für allemal den Mythos von ihrer Unzulänglichkeit bei Notfällen zerstört: ,,Die uralte Behauptung, die Frauen seien empfindlicher als die Männer, ist durch die beiden Weltkriege endgültig widerlegt worden. Sie haben Blockaden, Bombenangriffe und Konzentrationslager viel besser überstanden. Psychiatrische Fälle unter solchen Umständen waren *überwiegend* auf Männer beschränkt (...) (im Verhältnis 70:1). Im biologischen und im Gefühlsbereich sind die Frauen stärker als die Männer." (17)

Mit der überlegenen Gefühlsstärke der Frauen geht eine größere natürliche Fähigkeit zum Heldenmut einher, wie man sie nur äußerst selten bei Männern findet. Das Wort „Heroe", Held war schließlich ursprünglich weiblich — *hera*, was sprachwissenschaftlich belegt ist; (18) und die ursprünglichen Heroen der Menschheit waren „heras", Heroinnen, was durch die Namen und Bezeichnungen alter Orte und sogar Kontinente zu Tage tritt. Herodot erklärt, daß Asien, Europa und Lybien (Afrika) in alten Zeiten nach großen Frauen benannt wurden: Lybien „nach einer Frau, die dort lebte", Europa nach Europa, der Vorfahrin der Kreter; Asien nach der Frau des dort ansässigen Prometheus. (19) All diese Frauen waren wahrscheinlich große Krieger-Königinnen — heras, Heroinnen — der Zeit, als Frauen dabei waren, die Menschheit einer wahren Kultur entgegenzuführen.

Die Zeitungen von heute sind voll von heldenhaften Taten von Frauen, das heißt, nur die ersten Ausgaben. Bei der zweiten wurde bereits der Name der Frau durch den eines Mannes ersetzt. Bei der Entstehung von Nachrichten und, wie Bachofen hervorhebt, auch von Mythen, tritt anstelle des Namens der Heldin ein männlicher, während ein männlicher Schurke einen weiblichen Namen erhält. (20) Oder, wenn der Name bleibt, hat man die Tat der Heldin zu einem zwar glücklichen, aber doch grotesken Zufall herabgesetzt.

Kürzlich wurde über Florida ein Luftpirat von einer Stewardess entwaffnet. Die ersten Ausgaben der Zeitungen rechneten ausschließlich ihr diese mutige Tat als großes Verdienst an. Bei der zweiten Ausgabe jedoch wurde mit ihr bereits auch der Pilot rühmend erwähnt, während in den *Wochen*ausgaben der *Held* nur noch der Pilot war.

„Von heldenhaften Taten von Frauen ist in Büchern oder in Zeitschriften selten etwas zu lesen." (21) Die mit Vorurteilen von weiblicher Furchtsamkeit behafteten männlichen Herausgeber schieben diese Geschichten beiseite, da sie nicht von Mut, sondern von irgend etwas anderem zeugten. Bei der Verleihung von Heldenmedaillen lassen männliche Richter Namen von Mädchen von vornherein außer acht und berücksichtigen nur solche von Jungen. Die Carnegie-Stiftung verleiht alljährlich Tapferkeitsauszeichnungen an Zivilpersonen, die sich durch selbstlosen Mut hervorgetan haben. Wenn man die Jahreslisten durchsieht, fällt einem sofort auf, daß die Namen von Männern oder Jungen bei weitem überwiegen. Das Übergewicht der männlichen Empfänger von Auszeichnungen entspricht nicht dem überwiegenden Anteil von Frauen, die in den ersten Ausgaben der Lokalzeitungen als Heldinnen erscheinen.

Alles läuft darauf hinaus, daß in den Augen der männlichen Richter nur Jungen Helden sind, Mädchen hingegen nicht. Wenn ein Mädchen eine Heldentat vollbringt, so ist das eine Anomalie, eine groteske Geschichte. Man kann nur fragen: Wie oft muß sich eine Ausnahme wiederholen, bevor sie aufhört, eine solche zu sein? Odenwald gesteht in seinem wunderlichen, frauenfeindlichen Buch zu, daß ,,Frauen in der Vergangenheit auf Barrikaden gestanden und wörtlich wie bildlich ihre Männer auf ihren Rücken getragen haben.

In diesem Falle *waren sich aber alle einig, daß sie Ausnahmen darstellten*. Wenn sie sich jedoch heute *allgemein* so verhalten, so fragen immer mehr Leute: ‚Nun, warum eigentlich nicht?' Sie meinen damit, *man sollte nicht so genau unterscheiden.*" (22) Mit anderen Worten: Frauen haben nicht das Recht, tapfer zu sein. Das ist der Bereich des Mannes. Und sicherlich ist es der Gipfel der Unweiblichkeit, wenn Frauen in den Bereich des Mannes eindringen. Die Frauen müssen vortäuschen, Feiglinge zu sein, damit im Gegensatz dazu der Mann mutiger erscheint.

So sind die Männer von Odenwalds Schlag. Aber vielleicht zollen sie völlig unbewußt und unabsichtlich den Frauen Tribut, indem sie einschließen, daß mutig zu sein einem *Mann* schwerer fällt als einer Frau. Man muß sich damit abfinden, daß Frauen insgesamt gesehen tatsächlich mutiger sind als Männer, sowohl moralisch als auch körperlich. ,,Gelegentlich habe ich Frauen gesehen, die den tapfersten Mann übertrafen", schreibt Stendhal. (23)

Männer sind tapfer, wenn das Auge der Kamera oder des befehlshabenden Offiziers auf ihnen ruht, wenn ihre Zukunft auf dem Spiel steht oder wenn es sehr wahrscheinlich ist, daß sie doch noch mit dem Leben davonkommen. Frauen sind instinktiv mutig. Denn zum Mut gehören Selbstvergessenheit, starkes Mitgefühl und eine hohe Wertschätzung des Lebens anderer, alles weibliche Tugenden, die bei Männern selten zu finden sind.

Es ist nicht allgemein bekannt, daß mit der Ehrenmedaille, die der Kongreß verleiht, bei ihrer Stiftung nach dem Bürgerkrieg auch Frauen ausgezeichnet werden konnten, und daß sie einer von ihnen, Dr. Mary Walker, wegen Heldenmuts während dieses Krieges zugesprochen wurde.

Mary Walker war Sanitätsoffizier in der Unions-Armee, und ein

Abschnitt ihrer Erwähnung wegen Tapferkeit lautet folgendermaßen: „Oft ging sie im Geschoßhagel hinaus, um Verwundete zu retten, wenn sich kein männlicher Arzt mehr traute, aus Furcht, gefangengenommen zu werden." (24) 1907 wurde ihr Orden bestätigt. Doch 1917 beschloß ein neuer Kongreß, ihre Auszeichnung einzuziehen und ihren Namen von der Liste der Helden zu streichen! Man entschuldigte sich damit, Dr. Walker sei ein Nichtkombattant gewesen und daß künftig nur noch tatsächliche Soldaten für den Orden in Betracht kämen. Doch viele andere Nichtkombattanten — männliche Ärzte, Sanitäter, Chirurgen und Pfarrer — aus dem Bürgerkrieg, dem Spanisch-Amerikanischen und aus dem Grenzkrieg mit Mexiko konnten ihre Medaille behalten. Als man diese Diskrepanz dem Kongreß vorhielt, war dessen Antwort, Dr. Walker sei eine Vertragsärztin gewesen, und Vertragsärzte könnten bei Ordensverleihungen nicht berücksichtigt werden. Doch, schreibt Joseph Schott, hat der Kongreß 1915 an John O. Skinner, einen *Vertragsarzt*, eine Medaille verliehen und diese *nicht* zurückgezogen. (25)

In Wahrheit wurde Dr. Walker wegen ihres Geschlechts und wegen ihrer Teilnahme an der Frauenrechtsbewegung diskriminiert. Diese Entscheidung des Kongresses, welche Gründe er auch immer dafür gehabt haben mag, legte jedoch ein für allemal fest, daß die Ehrenmedaille nur noch an Männer verliehen werden konnte und daß sich Frauen gar nicht mehr um sie zu bewerben brauchten. Bis heute hat das auch keine getan. Keine einzige, nicht einmal eine jener außerordentlich tapferen Krankenschwestern von Corregidor, wurde zum Beispiel für die Medaille überhaupt nur vorgeschlagen. Doch männliche Ärzte, Sanitäter und Pfarrer werden immer noch damit geehrt. Erst vor kurzem erhielten zwei Pfarrer in Vietnam diesen Orden. Sie waren bestimmt nicht mehr „Kombattanten" als Mary Walker.

Dr. Walker wurde, wie vor ihr Hypatia und die Päpstin Johanna, von höchster Stelle für ihren Mut verleumdet, verspottet und verachtet. Und ebenso wie diese steinigte man sie tatsächlich, und zwar in den Straßen Washingtons, wegen ihrer „Anmaßung", gegen die hinterhältige Aberkennung der Auszeichnung zu protestieren. Sie starb 1917, ein Opfer des männlichen Mythos von der Unfähigkeit der Frau, Heldentaten zu vollbringen.

Das Bild der Frau

Männer und Frauen stehen auf den entgegengesetzten Seiten eines Einwegfensters (wenn es gestattet ist, ein Bild von Ernest Bornemann zu übernehmen). Auf der Spiegelseite befindet sich der Mann und sieht nur sein eigenes sich brüstendes und gestikulierendes Selbst, ohne Kenntnis davon, daß etwas auf der anderen Seite ist. Auf der durchsichtigen Seite jedoch steht die Frau, und sie kann deutlich sehen, wie der Mann sich verhält. Sich selbst aber kann sie nicht wahrnehmen.

Es ist deshalb vielleicht nicht sehr verwunderlich, mit welcher Langmut und mit wie wenig Bitterkeit die Frauen ihr Bild betrachten, wie es täglich und stündlich in allen Kommunikationsmitteln von den Zeitungen bis zum Fernsehen entstellt dargeboten wird. Bemerkenswert ist jedoch die Empfindungslosigkeit der Männer, die dieses Bild schaffen und verbreiten, ,,ein Bild, das die Verachtung für die Frauen von seiten der Gesellschaft und die weibliche Selbstverachtung verewigen''. (26) Der mangelnden Rücksichtnahme auf Gefühl und Würde der Hälfte der amerikanischen Öffentlichkeit von seiten der Männer des Rundfunks, der Schriftsteller, Unterhaltungsstars und Zeitungsleute kommt nur die unfaßliche Gefühllosigkeit von Erwachsenen gleich, die öffentlich und im Beisein kleiner Mädchen Eltern bedauern, wenn sie noch ein Mädchen bekommen haben, sie aber zu einem Jungen beglückwünschen.

,,Das entstellte Bild der Frauen ist, so wie es heute überwiegend in den Massenmedien dargestellt wird'' (27) beleidigend und entwürdigend, ob nun absichtlich oder nicht. Virginia Knauer, die Beraterin des Präsidenten in Verbraucherangelegenheiten, wurde kürzlich bei einem Fernsehinterview als ,,eine 55 Jahre alte Großmutter'' vorgestellt und dann vom männlichen Berichterstatter gefragt, ,,ob irgend jemand im Weißen Haus auf sie höre''! Man denke nur, an Stelle Virginia Knauers hätte Henry Kissinger oder irgendein anderer männlicher Berater gestanden. Hätte man auch ihn als 55-jährigen Großvater vorgestellt und dann rüde gefragt, ob irgendjemand im Weißen Haus auf ihn höre? Warum ist die Großelternschaft nur bei Frauen mitteilenswert und interessant? Und warum glauben männliche Berichterstatter, weibliche Beamte mit weniger Achtung behandeln zu können? Als Betty Furness die erste Beraterin in Verbraucherangelegenheiten wurde, tat der Nachrichtenkommentator diese Ernennung als ‚Fensterdekoration' ab. Warum?

Offensichtlich läuft jede Frau, die sich einem männlichen Reporter zu einem Interview stellt, Gefahr, daß man sie würdelos behandelt, wenn man nicht gar ihre Beweggründe anzweifelt. Selbst die Senatorin Margaret Smith kann sich den gönnerhaften Spötteleien, den versteckten Beleidigungen und der angedeuteten Verachtung einiger männlicher Interviewer nicht entziehen. Warum nennen sie sie z.B. fast immer nur „Mrs." Smith, während alle männlichen Senatoren korrekt mit „Herr Senator" angesprochen werden?

Die Rundfunknachrichten lassen selten eine Gelegenheit aus, Frauen zu erniedrigen und zu demütigen, sei es nun ein weiblicher Jockey oder eine hochgestellte ausländische Besucherin. Sendungen des Werbefernsehens und Unterhaltungsprogramme übertreffen den Rundfunk sogar noch an Widerwärtigkeit. In Werbestreifen sind die Frauen ausnahmslos entweder Sexobjekte, oder sie beten den Sex eines sich herablassenden Mannes an. Die Ehefrau in solchen Sendungen ist, wie z.B. die „gute kleine Maxwell-Hausfrau", stets ein kriecherischer, vom Ehemann beherrschter, hirnloser Trottel. Das Abscheulichste auf diesem Gebiet ist eine Werbung für ein Mittel gegen Körpergeruch: die verstörte kleine Frau, die doch nur ihrem Mann klarmachen will, daß er unter Körpergeruch leidet, lächelt albern, windet sich, kichert furchtsam und versichert winselnd: „Ich bin doch deine Frau. Ich liebe dich doch. Ich will dir doch nur helfen!" Hat sie Angst, daß er ausholt, um ihr eine runterzuhauen? Es scheint so. Aber vielleicht mildern Unterwürfigkeit, Erniedrigung und Entwürdigung den Schlag etwas.

In Unterhaltungssendungen und Fernsehfilmen ist die Frau dem Mann stets untergeordnet. Nie wird sie als ernstzunehmende Partnerin oder Brotverdienerin gezeigt. Das Fernsehen zielt darauf ab, die Frau *herabzusetzen*". (28) Wer ein Fernsehskript verfaßt, muß zwar Albinos, Kretins und Mongoloide mit Achtung behandeln, nicht aber die amerikanische Frau. Ungestraft darf sie als stupide, habgierig, selbstsüchtig, unmenschlich, flatterhaft, unzuverlässig, unwissend, aufreizend und lächerlich dargestellt werden. Niemand begehrt dagegen auf. Man erwartet, daß die Frauen das wie brave Kerle hinnehmen — oder wie Außenseiter, deren Gefühle nicht maßgebend sind.

Frauen werden in den angeblich von der Zukunft handelnden Fortsetzungsserien, wenn überhaupt, dann nur als Gesinde gezeigt, das Sklavendienste für den alles bedeutenden Mann verrichtet. In der Reihe *Im Weltraum verloren*, die immer wieder von neuem gesendet und immer wieder von neuen Kindergenerationen angesehen wird, ist der mythische Unterschied zwischen Mädchen und Jungen bis zur Lächerlichkeit übertrieben.

In Film und Fernsehen ist die Sekretärin die Dienerin ihres Chefs, die er braucht, um ihm Kaffee zu kochen, seine Pillen zu verabreichen, seine persönlichen Einkäufe zu erledigen, seine Kleider auszubürsten und sogar, um seine Krawatte glattzuziehen und ihm den Hut aufzusetzen. Dabei verehrt sie ihn unterwürfig und nimmt selbst die herablassendste und rücksichtsloseste Behandlung hin. Daß dies tatsächlich heute in Amerika die Aufgaben und Pflichten einer Sekretärin sind, und daß sie sogar dazu in den Handelsschulen erzogen wird, beweisen die enttäuschten britischen Sekretärinnen, die kürzlich unser Land verließen. Sie waren empört, daß sie für die maßgeblichen Herren gleichzeitig auch noch Dienerin und Kindermädchen spielen sollten.

Noch verheerender als das Bild einer idiotischen Dienerin wirkte sich auf die weibliche Selbstachtung und Würde die stereotype Darstellung der jungen Frau als „Sex-Mieze" oder „Betthäschen" aus, im Vergleich zum „Haustier" und „Spielzeug" des 19. Jahrhunderts eine noch weitere Degradierung. Die Männer glauben anscheinend, es gefällt den Frauen, wenn man sie als Sexobjekte betrachtet, daß sie es gern haben, wenn man ihnen zuzwinkert, nach ihnen grapscht und ihnen pfeift oder sie zwickt und tätschelt. Zu viele Frauen geben vor, sich geschmeichelt zu fühlen, wenn ein Lastwagenfahrer ihnen nachpfeift. Aber das ist, wie so viele Vorspiegelungen der Frauen, eine bewußte Lüge, um die zustimmende Aufmerksamkeit des allmächtigen Mannes auf sich zu ziehen, und es entspricht nicht den echten Empfindungen von neunzig Prozent der Mädchen oder Frauen.

Bereits vor rund 200 Jahren drückte Mary Wollstonecraft ähnliche Abscheu vor der Verzeichnung der Frauen als Sexobjekt aus: „Die verderbliche Absicht jener Bücher, deren Verfasser heimtückisch das (weibliche) Geschlecht herabwürdigen, während sie die persönlichen Reize der Frauen loben, kann nicht nachdrücklich genug angeprangert werden." (29)

Bereits 1965 erkannte der Ausschuß des Präsidenten zur Untersuchung der Stellung der Frauen die schädlichen Auswirkungen solcher frauenfeindlichen Propaganda und empfahl, daß die Rundfunk- und Fernsehanstalten „die gegenwärtigen stereotypen Darstellungen abändern" sollten, so daß sie mehr der Wirklichkeit entsprächen. Heute, sechs Jahre später, werden die Angriffe nicht nur fortgesetzt, sondern sogar noch verstärkt.

Man braucht sich nicht zu wundern, daß die durchschnittliche amerikanische Frau, der die Vergangenheit nicht vertraut und die nicht in der Lage ist zu erkennen, wie sehr der Mann seit alters her seinem krankhaften Zwang unterworfen ist, sie zu bestrafen, daß diese Frau ihr Abbild so übernimmt, wie man es ihr bietet. Sie schließt daraus, daß etwas Wahres daran sein muß und daß ihr zu Recht der Platz auf der untersten Stufe zukommt. „Es ist offensichtlich, daß diese männlichen Ideologien nicht nur bewirken sollen, daß sich die Frau mit ihrer untergeordneten Stellung abfindet, wenn man sie ihr als unabänderlich darstellt, sondern auch, daß in ihr die Überzeugung erweckt wird, diese Rolle sei (...) ein erstrebenswertes Ziel." (30)

Die Männer haben durch erfolgreiche Gehirnwäsche den Glauben der Frauen an ihre eigene Unfähigkeit so gefestigt, daß bei einer kürzlichen Meinungsumfrage unter Collegemädchen die Mehrzahl von ihnen angab, die Männer seien *in allen* Berufen besser. (31) 1963 ermittelte ein Meinungsforschungsinstitut, daß zwar 58 % der Männer, aber nur 21 % der Frauen zum Präsidenten auch eine Frau wählen würden. 1968 schrieb Theodore Sorensen: „Frauen geben weiblichen Kandidaten nicht nur nicht den Vorzug, es ist sogar anzunehmen, daß sie sie für öffentliche Ämter ablehnen." (32)

Dieser offensichtliche Mangel an Vertrauen in ihre eigenen Geschlechtsgenossinnen ist auf den Umstand zurückzuführen, daß sie dauernd den gängigen Fernsehdarstellungen über ihr Geschlecht und den Vorbehalten und dem mangelnden Respekt ausgesetzt sind, die prominenten Frauen von männlichen Kommentatoren und Journalisten entgegengebracht werden. Ihre antifeministische Haltung ist nicht aus ihrer Überzeugung heraus entstanden, sondern durch Indoktrinierung: zu Hause, in den Schulen, in der Kirche und in den Massenmedien bringt man ihnen immer noch bei, daß sie zum schwächeren Geschlecht gehören.

„Einige Frauen sind teils aus echter, von der männlichen Gesellschaft bestärkter Überzeugung, teils aus *Opportunismus* bereit, die sehr zweifelhafte Überlegenheit der Männer zu bestätigen" (33) schreibt Lolli. Und Montagu sagt: „Ich bin nicht sicher, daß alle Frauen die Wahrheit (von der Unterlegenheit des männlichen Geschlechts) kennen. Es ist Zeit, daß sie sie erfahren (...). Offensichtlich besteht (hierüber) eine Verschwörung des Schweigens", wobei Frauen gewöhnlich die ersten sind, die die männliche Überlegenheit verteidigen, weil sie vielleicht fühlen, ,,man sollte den Mann in seinem Wahn belassen, da es möglicherweise nicht gut für ihn wäre, die Wahrheit zu erfahren." (34)

Aber die meisten Frauen bekümmern sich nicht so sehr um die Männer, wenn sie den gegenwärtigen Zustand verteidigen. Vielmehr bemühen sie sich in ergreifender Weise um Selbstachtung, Rechtfertigung und Selbstvergebung. Nach 1500 Jahren Unterdrückung ist es für die Frau beinahe unerträglich zu erfahren, daß sie von den ihr *Unterlegenen* getäuscht und versklavt worden ist, daß der Herr geringer ist als der Sklave. Es wäre ihr unerträglich, mit Sicherheit erkennen zu müssen und offen zuzugeben, daß die langen Jahrhunderte des Mißbrauchs, der Grausamkeit und der Verachtung, die sie unter ihren Herren erleiden mußte, das Ergebnis eines unnötigen Fehlurteils waren, zu erkennen, daß sie viel mehr Unheil erleiden mußte, als sie in jener Zeit dachte, da sie sich noch mit dem von der Kirche genährten Glauben tröstete, sie sei tatsächlich unterlegen, Gott habe sie aus der Rippe Adams geschaffen, um des Mannes Sklavin zu sein, daß ihre Knechtschaft vorherbestimmt, richtig, gerecht und Gottes Wille und vor allem unabänderlich sei.

Die angeborene Logik der Frau, ihr einzigartiges Gefühl für Ausgeglichenheit, Ordnung und Vernunft widersetzen sich der schrecklichen Erkenntnis, daß Gerechtigkeit ein leeres Wort gewesen und daß sie für nahezu zwei Jahrtausende gezwungen worden ist, falsche Götter anzubeten und sich vor deren leeren Heiligtümern hinzuwerfen.

22

Die Frau im Zeitalter des Wassermanns

In einer traurigen Lage wären wir, wenn wir nicht, den Horizont von Osten, Westen, Norden und Süden her erhellend, die neuen, jungen Frauen von heute sähen, die, da die Zeit der weiblichen Versklavung dahinschwindet, Blicke des Erkennens über die Zeiten hinweg ihren älteren Schwestern zuwerfen.

Edward Carpenter

In den Augen der Männer gibt es zwei Arten von Frauen: das Sexobjekt und „die andere". Zur ersten gehören die Ehefrau, die Mutter, die Geliebte und all die mannbaren jungen Mädchen, die Ehefrau, Mutter oder Geliebte werden können. Dieser Gruppe Frauen bringen die Männer eine Toleranz entgegen, die sogar vor ihnen selbst die zugrundeliegende Furcht und den Haß verbergen, die alle Männer gegenüber allen Frauen empfinden.

Zu „der anderen" rechnen alle unverheirateten Frauen über 40, nahezu alle intellektuellen und ganz besonders alle Frauen, die nicht überwiegend auf den Mann ausgerichtet sind. Nach Ansicht der Männer stehen diesen letzteren weder menschliche Rechte zu, noch haben sie eine Daseinsberechtigung. Sie sind einfach entbehrlich. Man gestattet ihnen zu leben nur dann, wenn sie ihre Unterlegenheit in einer „weiblichen" Art hinnehmen, d.h., wenn sie vom Leben nichts fordern, weder Gerechtigkeit noch Beachtung erwarten und sich im übrigen so verhalten, wie es jene Säule der jungen Kirche, der Heilige Clemens von Alexandrien, gefordert hat: „Jede Frau sollte bei dem Gedanken, ein Weib zu sein, von Scham überwältigt werden."

Diese clementinische Philosophie hat das Denken der abendländischen Gesellschaft für nahezu 2000 Jahre beeinflußt. Die Vorstellung wird in allen Bereichen unserer modernen Kultur sichtbar, in all unseren Bräuchen, in unseren Einstellungen, unseren Bildungswerten und selbst in unseren Gesetzen. Trotz der sozialen Fortschritte der letzten hundert Jahre wird die Lehre von der weiblichen Unterlegenheit von der Mehrheit der Bevölkerung der Vereinigten Staaten, von Männern wie von Frauen, immer noch stillschweigend anerkannt. ,,Tasächlich ist das Mädchen von Geburt an der unausweichlichen, ob nun rohen oder sanften Beeinflussung ausgesetzt, sie sei minderwertig und unterlegen," schreibt Horney. (1) Andererseits wird der Junge von klein auf gelehrt, er sei das wertvollste Geschöpf Gottes. Daß diese Lehre von der männlichen Überlegenheit eine Täuschung ist, eine falsche jüdisch-christliche Auffassung, verdeutlicht eine im Januar 1969 untersuchte Klasse, in der schwarzen Amerikanerinnen die Einstellung des weißen Mannes gegenüber den Geschlechtern eingeimpft wurde. Ergebnis der Unterrichtsstunde war, daß ,,die Männer die natürlichen Führer sind, weshalb die schwarzen Frauen sie unterstützen und achten müssen". ,,Die männliche Überlegenheit beruht auf drei Dingen", meinte die Lehrerin: ,,auf Überlieferung, Anerkennung und Vernunft."

Sie wiederholte damit nur, was man ihr über das ideale Verhältnis zwischen den Geschlechtern in einer männlichen Gesellschaft zu erklären aufgetragen hatte. Doch welche ,,Überlieferung"? Die jüdisch-christliche? Welche ,,Anerkennung"? Die des Mannes? Und welche ,,Vernunft"? Keine, als die des maßlosen männlichen Egoismus'. Mehr noch, diese schwarzen Frauen, die für Jahrtausende der Kopf, das Rückgrat und die Ernährerinnen ihrer Familien waren, mußten still dasitzen und so tun, als ob sie diese weiße männliche Propaganda hinnähmen. Wie hätten sie sich wohl verhalten, wenn man an Stelle von *männlich* das Wort *weiß* verwendet hätte? ,,Die *weiße* Überlegenheit beruht auf drei Dingen (...)!" Die Lüge von der *männlichen* Überlegenheit kann aber doch für die Frauen nicht schmählicher sein als die von der *weißen* für die Schwarzen.

Kürzlich sprach eine bekannte Persönlichkeit über die mangelnde Teilnahme der schwarzen Frauen in der Frauenrechtsbewegung. Offensichtlich war dieser Person nicht bekannt, daß sich in der Welt der schwarzen Frau im Gegensatz zu der der weißen die Frage des ,,Selbstverständnisses" nicht stellt. Nur in der weißen Welt bedeutet das Geschlecht ein Hindernis. Die einzige schwarze Frau im amerikanischen Kongreß, die Abgeordnete Shirley Chisholm von New York, gab jüngst in einem Fernsehinterview zu, daß in der Welt der Weißen ihr *Geschlecht* sie mehr beeinträchtige als ihre *Hautfarbe*. In der Bürgerrechtsbewegung waren in den Verwaltungs- und den Entscheidungsgremien schwarze Männer und Frauen gleichmäßig vertreten, während sich in den verschiedenen Studentenbewegungen die weißen Mädchen beklagen, daß sie von weißen Jungen mit solch nebensächlichen Aufgaben betreut werden, wie z.B. dem Beschriften von Umschlägen, dem Zubereiten von Kaffee und dem Befriedigen sexueller Bedürfnisse.

Somit ist offensichtlich, daß zumindest in der abendländischen Welt der Kult von der weiblichen Unterlegenheit ein Ergebnis unserer jüdisch-christlichen Erziehung ist und weder natürlich noch angeboren. Tatsächlich ist er genau das Gegenteil der gewöhnlichen natürlichen Verhältnisse. In der Natur ist das Weibliche die Hauptsäule, die das Leben stützt, das Männliche hingegen nur eine Ausschmückung, ein „nachträglicher Einfall", eine entbehrliche geschlechtliche Beifügung. Man muß nur sehen, wie das weibliche Geschlecht jeder Art von der Natur geschützt und erhalten wird. Nur ihm sind, wie die Naturforscher, die Biologen, die Humangenetiker aussagen, die Schutzhülle, das Tarngefieder, die Nahrungsvorräte, der wirksamere Stoffwechsel, die mehr spezialisierten Organe, die größere Widerstandsfähigkeit, die angeborene Immunität gegen bestimmte Krankheiten, das zusätzliche X-Chromosom, mehr Gehirnwindungen, das stärkere Herz und das längere Leben gegeben (2). Im Plan der Natur ist das männliche Geschlecht nur eine „verherrlichte Keimdrüse". (3) Das weibliche jedoch ist die Art.

Wenn die Menschheit heute unglücklich ist, was alle modernen Philosophen bestätigen, dann nur deswegen, weil sie sich in der vom Mann geschaffenen Spiegelbildgesellschaft nicht wohlfühlt, in jener verkehrten Welt, in der die tragende Säule der Natur gezwungen ist, als Randleiste des Tragbalkens zu dienen, während die Randleiste sich müht, das Gebäude zu tragen.

Tatsache ist, daß der Mann die Frau mehr braucht als sie ihn. Da er sich dessen bewußt war, hat er die Frau wirtschaftlich von sich abhängig zu halten gesucht, was für ihn die einzige Möglichkeit war, sich für sie notwendig zu machen. Weil die Frau am Anfang nicht seine willige Sklavin werden wollte, hat er im Verlauf der Jahrhunderte eine Gesellschaft errichtet, in der die Frau ihm dienen mußte, wenn sie überleben wollte. Während fünfzehnhundert Jahren hat der abendländische Mann seine Versklavung der Frau vernunftmäßig mit ihrer „Geschlechts-Rolle" erklärt, mit der Tatsache, daß „Gott sie so schuf", wie Roy Wilkins kürzlich sagte, ,,daß Gott selbst sie benachteiligte, indem er ihr die Aufgabe des Gebärens zuwies. Dieser weitverbreitete Glaube, der von Männlichkeitsanbetern beiderlei Geschlechts vertreten wird, beruht auf zwei falschen Prämissen: erstens, daß alle Frauen Mütter sein müssen und wollen, und zweitens, daß die weiblichen Funktionen zwangsläufig benachteiligen und lähmen.

Durch nüchterne Statistiken ist die erste Annahme leicht zu widerlegen. 1967 ergab eine Volkszählung, daß von 73 Millionen erwachsenen Frauen in den Vereinigten Staaten nur 43 Millionen ,,lebensfähige Ehemänner" und von diesen nur 24 Millionen kleine Kinder hatten. (4) Also gehörten in den Vereinigten Staaten weniger als ein Drittel der Frauen in die Gruppe, in die die männliche Ideologie *alle* einordnet.

Doch die Gesellschaft benützt weiterhin die Fortpflanzungsrolle der Frau als Rechtfertigung dafür, sie weiterhin in Knechtschaft zu halten. Weil sie eine Gebärmutter hat, ist sie nicht ganz ein Mensch; weil sie gesegnet ist mit lebensspendenden Organen, ist sie minderwertig. Weil sie schwanger werden kann, muß sie sich mit zweitklassigen Stellen, zweitklassiger Bezahlung, zweitklassiger Bildung, zweitklassiger ärztlicher Fürsorge und zweitklassiger Gerechtigkeit abfinden. Sie muß damit rechnen, länger bei den Behörden zu warten und mehr für alle Dienstleistungen bezahlen zu müssen und Freiwild zu sein für jeden betrügerischen Handwerker, Arzt, Rechtsanwalt, Händler, Vorgesetzten, Bettler, Schneider, Wahrsager und Dieb. Sie muß sich sogar damit abfinden, unnötig zu leiden, weil die Ärzte unseres Landes, zu 95 % Männer, in der Überlieferung von der ,,Verdammnis Evas" erzogen worden sind, nach der es für die Frau normal und natürlich ist zu leiden. ,,Gott schuf sie so."

Daß die weiblichen Funktionen eine Frau benachteiligen, ist nicht ein Mangel der Natur, sondern der Gesellschaft. In früheren Gesellschaften waren sie eine Selbstverständlichkeit, zusätzliche Eigenschaften des überlegenen ,,Mehrheits-"geschlechts, und die Gesellschaft paßte sich ihnen an. Wie wir gesehen haben, fühlten sich Männer sogar gezwungen, sie nachzuahmen, um zur Mehrheit zu gehören.

Aber die patriarchale, männlich orientierte Gesellschaft hat diese natürlichen Funktionen in Besonderheiten der unterlegenen Minderheit verwandelt, die unerwünscht sind, mit Ausnahme für den Fortbestand der Menschheit. Gerade deswegen wurden die natürlichen weiblichen Funktionen in einer immer mehr männlichen Gesellschaft in allzu vielen Fällen wirklich hinderlich. Alle Frauen leben heute in einer männlichen Welt, in der die menschlichen Eigenschaften der Frauen entwertet und geleugnet, während ihre rein geschlechtlichen Merkmale überbewertet und überbetont werden. Die Scheu, mit der der Mann stets die geheimnisvollen Funktionen der Frau betrachtet hat, endeten in dem Versuch, die ganze Angelegenheit und damit die Frau selbst zu verunglimpfen und unter den Teppich zu kehren.

Eine solche Leugnung der Persönlichkeit führt bei den Opfern zu Anspannung und Belastung und damit unweigerlich zu Gefühlen der Unsicherheit. Auch bei Primitiven und Affen, die man in ständiger Anspannung hält, entwickeln sich Regel- und Geburtsschwierigkeiten, die in ihrer natürlichen Umgebung nicht auftreten. Wenn die Frauen wieder wie Menschen behandelt und gewertet werden und nicht wie Sexobjekte, wenn man ihre Selbstachtung und Würde genauso berücksichtigt wie die des Mannes, dann werden ihre ,,weiblichen Behinderungen" verschwinden.

Sicherlich waren Tomyris, Hiera, Artimisia, Camilla, Veleda, Boadicea, Cartismandua, und Jeanne d'Arc bei der männlichsten aller Beschäftigungen, dem Krieg, durch ihre Weiblichkeit nicht behindert. Für die Alten waren weibliche Tapferkeit und weiblicher Heldenmut nichts Absonderliches oder Ungeheuerliches, noch betrachtete man schöpferische und geistig hochstehende Frauen wie Aspasia, Sappho (5), Corinna und Nausicaa als Ausnahmen. Nur in der neueren Zeit hat der Mann das ,,biologische Hindernis" in den Weg der Frau gelegt. Erst als ,,die Kirche ihren Würgegriff angesetzt hatte, (...) konnten die Frauen, die vom Priestertum ausgeschlossen und von ihren Vätern und Brüdern als geistig minderwertig angesehen wurden, nichts anderes mehr erstreben als einen Mann, viele Kinder und einen christlichen Tod". (6) Die Frau *mußte* ein Sexobjekt sein, ein Zuchttier, eine Mutter und nichts anderes, weil nach dem Dogma der christlichen Kirche Gott sie so geschaffen hatte.

Vor über 2000 Jahren schrieb der heidnische Philosoph Platon: ,,Der Unterschied zwischen den Geschlechtern besteht nur darin, daß die Frauen Kinder austragen und die Männer sie zeugen. Das beweist aber nicht, daß sich die Frau vom Mann in anderen Bereichen unterscheidet." (7) Im aufgeklärten Griechenland wurden die Jungen und Mädchen in gleicher Weise erzogen und auf eine gleiche geistige Betätigung im späteren Leben vorbereitet.

Trotz aller Schmähungen der weiblichen Intelligenz stellt man seit langem fest, daß kleine Mädchen im Vergleich zu Jungen früher laufen, sprechen, lesen und schreiben lernen und eher reifen. Das ist so offensichtlich, daß man sich in Erzieherkreisen ernsthaft überlegt, ob man nicht die Buben erst ein oder zwei Jahre später in die Schule schicken sollte, damit sie nicht von den Mädchen überholt werden. Im 19. Jahrhundert wurde die Frühreife der Mädchen tatsächlich als Beweis für ihre Unterlegenheit benutzt: Kleine Affen und Kinder afrikanischer Wilder, hieß es da, reifen eher als weiße Kinder. Weiße Menschen seien aber sicherlich intelligenter als Affen und Wilde aus Afrika. *Ergo* waren Männer intelligenter als Frauen.

Als man später, nachdem die Mädchen wieder mit ihren Brüdern zur Schule gehen durften, herausfand, daß diese weibliche Frühreife die ganze Schulzeit hindurch andauerte, erklärte man, Schülerinnen *erschienen* nur tüchtiger: Da sie kleiner seien und ihre Rechtshändigkeit stärker ausgeprägt sei, fielen ihnen das Lesen und Schreiben leichter, und wegen ihrer größeren „Gelehrigkeit" und Bereitwilligkeit seien sie bessere Schülerinnen. Aber diese frühe Überlegenheit, so versicherte man die Eltern und Erzieher, verschwände auf dem College, wo sich der „tiefere" Verstand des Jungen zeigen würde. Das stimmte natürlich alles recht gut, solange nur die Jungen zum College gingen. Wenn er auch mit seinen sechzehn Jahren im Vergleich zu seiner vierzehnjährigen Schwester ein Dummkopf war, so war doch jedermann überzeugt, daß beim Sohn der Knoten aufgehe, sobald er das College besuche, und seine Schwester aus dem Rennen schied.

Als dann nach dem Ersten Weltkrieg auch die Schwester aufs College gehen konnte, da war sie, *mirabile dictu*, immer noch tüchtiger. Wie nun das auf einmal? Nachdem man einige Versuchsballone hatte steigen lassen, kamen Psychologen und Erzieher auf folgende Erklärung: Die Mädchen hätten keinen *Ehrgeiz* (!) und seien deshalb geneigt, sich allen Fächern in gleicher Weise zu widmen. Man solle nur bis zur Hochschule warten. *Dort* würden sich die männliche Intelligenz und die Fähigkeit, *abstrakt zu* denken, herausstellen. Jetzt stützen wir diese Meinung, indem wir es den Mädchen so schwer wie möglich machen, auf die Hochschule und zu höheren Abschlüssen zu kommen, mit Ausnahme der Bereiche Hauswirtschaft und Sozialfürsorge, in denen wenige Studenten vertreten sind.

Eine 1967 vom National Manpower Council der Universität

Columbia veröffentlichte Studie erklärt: „Von fünf (College-Schülern), die auf Grund ihrer Fähigkeiten den Abschluß erreichen könnten, sind (...) zwar drei davon Schülerinnen, aber sie machen ihn nicht." In der Gruppe der Hochbegabten, bei der die Frauen nahezu 60 % ausmachen, bemüht sich nur eine aus dreihundert, oder 3/10 %, um einen höheren Abschluß. Doch schon vorher haben 75 % der begabten Schülerinnen nach der Highschool aufgehört. Dieselbe Studie erbrachte, daß von denen, die die Highschool abschließen, mehr Mädchen als Jungen für den Besuch des College geeignet sind. „Aber aus dieser Gruppe (von Begabten) besuchen die Hälfte der Jungen und nur ein Viertel der Mädchen das College, um es später abzuschließen." (8) Man muß gar nicht erst erwähnen, daß auch viele Schüler, die nicht zu dieser Gruppe von Begabten gehören, auf das College weitergehen, was beweist, daß wir dort nicht unsere klügsten Köpfe ausbilden, ganz zu schweigen von der Hochschule.

Der verschwenderischste „geistige Abfluß" spielt sich heute in Amerika im Küchenausguß ab, durch den täglich mit dem Spülwasser die Wünsche und Fähigkeiten von 51,97 % unserer begabtesten Bürger hinabfließen, von Hausfrauen, deren Intelligenzquotienten die ihrer Männer, für die sie das schmutzige Geschirr säubern müssen, in den Schatten stellen. Stendhal sagte sehr treffend, daß „alle Genies, die als Frauen geboren werden für die Welt verlorengehen".

Was die Fähigkeit zu abstraktem Denken angeht, dem letzten Bereich der Vertreter der männlichen geistigen Überlegenheit, so sagte Pater Stanley de Zuska, der Vorsteher der Mathematischen Abteilung des Boston College, in einem Interview am 30. Mai 1968, er habe bei seinem Unterricht in der neuen Mathematik gefunden, daß Mädchen aller Altersstufen bei abstrakten Gedankengängen angeregter mitarbeiten und sie auch schneller auffaßten als Jungen. (9) So viel nun zu der alten Phrase, den Jungen entspreche das abstrakte Denken, den Mädchen und Schwachsinnigen hingegen das mechanische Auswendiglernen.

Erst vor kurzem hat eine auf alle Vereinigten Staaten ausgedehnte allgemeine Untersuchung erbracht, daß die Mädchen vom Kindergarten bis zum College durchschnittlich einen höheren Intelligenzquotienten besitzen als Jungen.

Doch wie der sprichwörtliche Blutfleck auf dem Stein, so hält sich weiterhin die Ansicht, Frauen und Mädchen seien nicht so intelligent wie Männer und Jungen. Wieviele Gegenbeweise sind denn noch nötig? Die Frauen sind in der ungerechten Lage, daß sie immer wieder, jede für sich und eine Generation nach der anderen, beweisen müssen, daß sie den Männern in allen Bereichen zumindest ebenbürtig sind. Ihre Fähigkeit nimmt man nie als gegeben hin. Um überhaupt beachtet zu werden, müssen sie stets zeigen, daß sie dem durchschnittlichen Mann tatsächlich *überlegen* sind. Und in allzu vielen Bereichen verweigert man ihnen weiterhin sogar die Möglichkeit, sich selbst zu bestätigen.

Die Männer behaupten, sie hätten nichts dagegen, wenn die Frauen erfolgreich seien, solange sie ihre „Weiblichkeit" bewahrten. Doch die Eigenschaften, die die Männer für „weiblich" halten — Furchtsamkeit, Unterwürfigkeit, Gehorsam, Albernheit und Selbsterniedrigung —, sind genau die Wesensmerkmale, die mit Sicherheit auch den begabtesten Bewerber zu Fall bringen. Was ist denn diese gepriesene „Weiblichkeit"? Für die von beiden Geschlechtern kommenden Befürworter des Männlichen schließt „Weiblichkeit" all das ein, was *Männer* in den letzten Jahrhunderten in das weibliche Bild eingefügt haben: Schwachheit, Dummheit, Unselbständigkeit, Masochismus, Unzuverlässigkeit und eine gewisse ‚babydoll'-Geschlechtlichkeit, die in Wahrheit nur eine Übertragung männlicher Wünsche ist. Für die Fürsprecher des Weiblichen, seien sie nun Männer oder Frauen, ist Weiblichkeit gleichbedeutend mit dem ewigen weiblichen Prinzip, nämlich mit Stärke, Integrität, Weisheit, Gerechtigkeit, Zuverlässigkeit und einer seelischen Kraft, die den unverdrossenen Männlichkeitsverehrern aus beiden Geschlechtern fremd und deshalb gefährlich ist.

Die fälschlicherweise als „weiblich" bezeichnete Frau, die von ihrem Erfinder, dem Mann, so sehr bewundert wird — die Frau, die sich in ihre Minderwertigkeit fügt und die die Vorstellung des Mannes verinnerlicht hat, sie sei zu seiner „Gefährtin" und zu nichts anderem bestimmt — ist in Wirklichkeit die „männliche" Frau. Die wirklich weibliche Frau bebt innerlich vor Zorn darüber, daß sie sich mit dem negativen Bild identifizieren soll, das sich ihr Ausbeuter von ihr gemacht hat, und daß sie sich den Vorstellungen ihres Peinigers über das Weibliche und den damit verbundenen, vom Mann verfügten Beschränkungen anpassen soll. (10)

Das sind die Frauen, die „entschlossen sind, weder den anmaßenden Egoismus der Männer länger zu ertragen noch in sich oder anderen Frauen die Verschlagenheit und sklavische Unterwürfigkeit zu dulden, die die notwendigen Ergänzungen der männlich-weiblichen Beziehungen sind". Das sind die jungen Frauen von heute, die, ermüdet von ihrer Rolle als „Vasallen" des Mannes und als Mittel seiner Lust, begonnen haben, ihrem eigenen Geschlecht seine alte Würde zurückzugeben.

Aus all diesen Gründen behaupten die Sozialpsychologen, die moderne amerikanische Frau „sei sich über ihre Rolle im unklaren". Es ist jedoch nicht die Frau, sondern der Mann, der sich über die Rolle der Frau im Unklaren ist. Der Mann, nicht die Frau, klammert sich an die überholte Vorstellung von der Frau als seiner ausschließlichen ‚Gehilfin'. Die Frau blickt weiter zurück, über die Häupter der Patriarchen hinweg, und sie erkennt sich so, wie sie die Natur ursprünglich schuf: als die eigentliche Kraft des menschlichen Fortschritts.

Seit sich der Mann zum ersten Mal die Rolle Gottes auf Erden anmaßte und zum Herrn der Frau erklärte, suchte er sie nach seinen Wünschen zu formen; und indem er sie, wie Mill sagt, hier stutzte und dort begoß, indem er unerwünschte Triebe abfrieren ließ und dann verbrannte, „züchtete er die Frau entsprechend dem Wohle und Belieben ihres Herrn; und jetzt glaubt er gar, daß der Baum von sich aus so wächst, wie er ihn zu wachsen zwang". (12) Wie eine majestätische Bergfichte, die von einem rücksichtslosen Gärtner zu groteskem Zwergwuchs eingeengt und gestutzt wird, so kämpfen auch die verkümmerten Wurzeln und Äste des weiblichen Wesens um ihre Freiheit, um erneut die Grenzenlosigkeit des Himmels und der Erde zu erfahren.

Die meiste Zeit der Menschheitsgeschichte über war die Frau die Führerin. Sogar in dem kurzen geschichtlichen Zeitabschnitt vor der Erfindung des Eigentums und den damit einhergehenden Kriegen und Plünderungen waren Verstand, Einsicht und Verständnis zum Überleben weit wichtiger als brutale Kraft. Wenn das Geheimnis des Überlebens in brutaler Kraft bestanden hätte, wäre der Mensch schon vor langer Zeit den größeren Tieren, die gleichzeitig mit ihm existierten, unterlegen. Doch zum Überleben war Kraft keine Notwendigkeit. Auffassungsgabe, Voraussicht, Eingebung und Intelligenz waren nötig, und in diesen wichtigeren Eigenschaften zeichneten die Frauen sich aus. Es waren die Frauen, an die sich die Männer wandten, wenn es um Führung, um die Erklärung der Naturereignisse und die Verbindung zur Natur und zur Ewigkeit ging. Die Frau war Prophetin, Priesterin, Richterin, Medizinerin, Königin und Göttin.

Die Entdeckung des Mannes, daß Kraft — physischer Zwang und Brutalität — nicht nur die kleineren Tiere, sondern auch die ihm geistig und seelisch überlegene Frau einschüchtern konnte, war zweifellos die „Erkenntnis des Bösen", die seine „Erbsünde" darstellte, seine „Entlassung aus der Gnade".

Mit diesem neuen Bewußtsein über seine körperliche Überlegenheit eignete sich der Mann nach und nach alle traditionellen Vorrechte der Frauen an, vertrieb sie endlich sogar vom Thron, von dem aus sie ihr Volk gelehrt und geführt hatte und trieb sie tiefer und tiefer in die Rolle der Kurtisane. Erst in den letzten tausend Jahren, einem Moment im langen Zeitenlauf, ist es dem Mann im Abendland gelungen, ihr eine ausgesprochene Nebenrolle als Gegenstand seiner sexuellen Bedürfnisse und Sklavin seiner Annehmlichkeiten zuzuweisen. Das Resultat sehen wir heute — Gewalt, Elend, Verwirrung und eine so ausgesprochen ideologische Einteilung der Gesellschaft in Schichten, wie sie in der Geschichte noch nie vorgekommen ist.

Der Mann ist von Natur aus ein pragmatischer Materialist, ein Mechaniker, ein Liebhaber von Apparaten und Apparatismen; und diese Eigenschaften zeichnen das ‚Establishment' aus, von dem die moderne Gesellschaft bestimmt wird: Pragmatismus, Materialismus, Mechanisierung und Apparatismus. Die Frau dagegen ist eine praktische Idealistin, eine Menschenfreundin mit einem stark ausgeprägten Sinn für *noblesse oblige*, eher eine Altruistin als eine Kapitalistin.

Der Mann ist ein Feind der Natur: das Töten, das Roden, das Einebnen, die Verunreinigung und die Zerstörung sind seine instinktiven Reaktionen auf die ursprünglichen Erscheinungen der Natur, die er im Grunde fürchtet und denen er mißtraut. Die Frau dagegen ist eine Verbündete der Natur, ihre Instinkte umfassen das Umsorgen, das Nähren, die Unterstützung gesunden Wachstums und die Einhaltung des ökologischen Gleichgewichts. Sie hat die natürliche Begabung, die Führung der Gesellschaft und der Kultur innezuhaben, und daß der Mann sich ihre ureigene Autorität angeeignet hat, ist die Ursache für das außer Kontrolle geratene Chaos, das die Menschheit unaufhaltsam in die Barbarei zurückführt.

Buckminster Fuller schockierte sein Studiopublikum bei einer Fernsehsendung im Jahre 1968 und löste nervöses Kichern aus, als er den Gedanken äußerte, unsere Gesellschaft könnte gerettet werden, wenn man den Frauen wieder ihre uralte Führung in der Regierung überließe, während die Männer sich auf ihre Apparaturen und Spiele beschränkten. Das ist ein ausgezeichneter Vorschlag, und in seiner Befolgung könnte die letzte Hoffnung für die Menschheit bestehen. Lediglich das maskuline Ego, eine erworbene Eigenschaft, keine angeborene, steht einer annehmbaren Gesellschaft, die sich humanen Zielen verschreibt, im Wege, einer Gesellschaft, die von weiblichen Eigenschaften wie Selbstlosigkeit, Mitgefühl und Einfühlungsvermögen bestimmt ist.

Als der Mann an seinem eigenen Bild Gefallen fand, wurden männliche Unzulänglichkeiten wie Arroganz, Selbstüberschätzung, Kampfeslust und Selbstsüchtigkeit durch die Alchemie seiner Eigenliebe in Tugenden verwandelt; das Gegenteil davon jedoch, Bescheidenheit, Freundlichkeit, Geduld und Verantwortlichkeit, wurden zu Fehlern degradiert, die für das ‚schwächere' Geschlecht charakteristisch sind.

Als der Mann die Eigenarten seines Geschlechts, nämlich Muskelstärke und geistige Unreife, überzubewerten begann, entwickelte er die Gewohnheit, Wirklichkeit mit Berührbarkeit gleichzusetzen. ,,Alles, was sinnlich (...) nicht zu erfassen war, wurde zu einem zweifelhaften oder fiktiven Pseudowert." (13) Indem er die mystischen Kräfte der Frau herabsetzte, durchtrennte er selbst seine Verbindung zu den höheren Dingen, den ,,ewigen Wahrheiten", deren Erkenntnis ihn von den niederen Tieren unterschieden hatte. Da er jede Offenbarung übersinnlicher oder außersinnlicher Wahrheiten vernichtete und nur noch sinnliche Materie anbetete, veränderte er sich selbst zu einem rein biologischen Organismus und versagte sich selbst die göttlichen Bereiche, die ihm einst die Frau enthüllt hatte. Doch auch sie, die Zauberin, mußte jetzt entwertet werden.

Ihr animalischer Leib jedoch blieb für den neuen körperorientierten Mann ein notwendiges Attribut, und er machte sich daran, sie aus seinem eigenen Grundmaterial in einen rein biologischen Organismus wie er selbst umzuformen — zu einem geeigneten Weibchen, einem hilfreichen Gegenstück für sich — seine biologische Ergänzung. Jahrhundertelang führte er erfolgreich eine Gehirnwäsche durch, um sie glauben zu machen, daß sie wirklich aus seiner Rippe gemacht sei, daß sie dazu da sei, ihm ein Trost zu sein, die Empfängerin seines Samens, der Brutkasten für *seine* Nachkommen, durch die *sein* Name fortbestehen würde.

So wurde die heilige Flamme ihrer ursprünglichen und göttlilichen Macht unterdrückt und beinahe ausgelöscht. Die ganzen Zeitalter des Widders und der Fische hindurch, jener Zeit des Krieges und des Materialismus, herrschte die plumpe Natur des Mannes, während das himmliche Licht der Frau unter dem Scheffel der männlichen Macht verborgen war.

Wir befinden uns nun an der Schwelle eines neuen Zeitalters des Wassermanns, den die Griechen Hydrochoos nannten, den Wasserträger, den Erneuerer, den Wiederbeleber, den Unterdrücker von Feuer und Durst. Vor 52 000 Jahren, am Beginn eines anderen Wassermannzeitalters war es, als die große Königin Basilea Ordnung und Gerechtigkeit in eine Welt brachte, die durch Gesetzlosigkeit und Krieg in Flammen stand, ähnlich unserer im 20. Jahrhundert. Heute wie damals sind die Frauen die Vorkämpferinnen der heraufdämmernden neuen Zivilisation; und die Frauen sind es, auf die wir bauen bei der Erlösung in den heilenden und erneuernden Wassern des Wassermanns.

Einem solchen neuen Zeitalter sehen wir jetzt mit Hoffnung entgegen, da das gegenwärtige Zeitalter des Maskulinen sich erfolgreich selbst zerstört wie alle seine Vorgänger in der unglaublich langen Kulturgeschichte auf unserem Erdball. Die älteste geschriebene Geschichte, die uns heute zur Verfügung steht, berichtet von der sumerischen Göttin Tiamat, die vor vielen tausend Jahren für eine aussterbende Menschheit die Kultur wieder zum Leben erweckte. In Ägypten rief die große Königin-Göttin Isis eine neue Kultur ins Leben, nachdem Typhon und Osiris in ihren Kriegen die bestehende Kultur zerstört hatten. Platon schreibt, daß die Göttin Athene ein neues Griechengeschlecht schuf, nachdem die Titanen die alte Ordnung der Zerstörung durch Feuer anheimgegeben hatten. Nach dem polynesischen Mythos erschuf die Göttin Atea die Welt von neuem, nachdem der Himmel in Flammen aufgegangen war, die von einem schrecklichen Krieg der alten Götter entfacht worden waren.

In den dreißiger und vierziger Jahren sah der Harvard-Soziologe Pitirim Sorokin die gegenwärtige sozio-kulturelle Revolution voraus. Er sagte vorher, daß sie das Ende der Zivilisation andeute, wie wir sie bisher in der Geschichte gekannt haben, und daß sie „einen der großen Übergänge in der menschlichen Geschichte von einer Kulturform zur anderen" ankündige. (14) Sorokins neue Kultur stimmt in erstaunlichem Maße mit dem Matriarchat überein, wie es andere beschreiben: Ein Utopia, das auf Liebe und Vertrauen, gegenseitige Achtung und Teilnahme begründet ist, in dem alle Männer und Frauen wahre Brüder und Schwestern unter der gerechten Führung einer wohlwollenden Gottheit sind, und in dem die Gesetze mehr aus Überzeugung und gutem Willen erfüllt werden und nicht unter Gewalt und Zwang.

In *Kritias* sagt Platon, daß die Göttin Athene „uns menschliche Wesen umsorgte wie der Schäfer seine Schafe – nicht mit Schlägen oder körperlichem Zwang, sondern durch *Überzeugungskraft.* So führte und leitete sie ihre sterblichen Geschöpfe." (15) Im Goldenen und Silbernen Zeitalter der Göttinnenherrschaft, schreibt Hesiod, „lebten die Menschen sorglos, ohne alt oder müde zu werden, und tanzten und sangen viel; der Tod war für sie nicht schlimmer als der Schlaf." Nach dem Tod der Göttin dagegen „machte die optimistische Vorstellung von der zukünftigen Welt, an die (die Menschheit) im Wiedererwachen am Busen der großen Göttin geglaubt hatte, einem düsteren Pessimismus Platz (...). Mit dem Rückzug der ursprünglichen mütterlichen Welt und dem Auftreten neuer, männlicher Götter wurde die Welt häßlich (...)." (16)

Die Fäulnis des männlichen Materialismus hat in der Tat alle Bereiche des Lebens des 20. Jahrhunderts durchdrungen und greift nun sogar auf sein Innerstes über. Das einzige Gegenmittel ist die Rückkehr zu den Werten des Matriarchates und die Wiederentdeckung des immateriellen Kosmos, der sich auf den erwachenden Geist unserer Vorfahren so vermenschlichend ausgewirkt hatte. Naturwissenschaftler vieler Länder gewinnen heute ein neues Verständnis dieser unsichtbaren Welt, da sie fast täglich neue Naturerscheinungen entdecken, die mit den bisherigen Gesetzen nicht zu erklären sind. Es gibt offensichtlich auch eine Wissenschaft des *Übernatürlichen,* deren Gesetze sich der moderne Mensch überhaupt nicht bewußt war und an die er sich erst jetzt allmählich anpaßt.

Dieses Wissen von der anderen Welt, am Anfang den Frauen bekannt, vom späteren materialistischen Mann jedoch aufs äußerste geschmäht, verlieh der Frau der Urzeit ihre Macht über den Mann.

Die Erhebung des Weibes über den Mann erregt dadurch vorzüglich unser Staunen, daß sie dem physischen Kraftverhältnis der Geschlechter widerspricht. Dem Stärkeren überliefert das Gesetz der Natur das Szepter der Macht. Wird es ihm von schwächeren Händen entrissen, so müssen andere Seiten der menschlichen Natur tätig sein, tiefere Gewalten ihren Einfluß

geltend gemacht haben. Es bedarf kaum der Nachhilfe alter Zeugnisse, um diejenige Macht, welche diesen Sieg vorzuweisen errang, zum Bewußtsein zu bringen. Zu allen Zeiten hat das Weib durch die Richtung seines Geistes auf das Übernatürliche, Göttliche, der Gesetzmäßigkeit sich Entziehende, Wunderbare den größten Einfluß auf das männliche Geschlecht, die Bildung und Gesittung der Völker ausgeübt. (...) Geschichtliche Erscheinungen aller Zeiten und Völker bestätigen die Richtigkeit dieser Beobachtung. Wie die erste Offenbarung in so vielen Fällen Frauen anvertraut worden ist, so haben an der Verbreitung der meisten Religionen Frauen den tätigsten (...) Anteil genommen. Älter als die männliche ist die weibliche Prophetie (...). Die Frau, wenn auch schwächer als der Mann, (ist) dennoch fähig, zu Zeiten sich weit über ihn emporzuschwingen. (...) *Mit solchen Kräften ausgestattet, vermag das schwächere Geschlecht den Kampf mit dem stärkeren aufzunehmen und siegreich zu bestehen.* Der höheren physischen Kraft des Mannes setzt die Frau den mächtigen Einfluß ihrer religiösen Weihe, dem Prinzip der Gewalt das des Friedens, blutiger Feindschaft das der Versöhnung, dem Haß die Liebe entgegen, und weiß so das durch kein Gesetz gebändigte wilde Dasein der ersten Zeit auf die Bahn jener milden und freundlicheren Gesittung hinüberzuleiten, in deren Mittelpunkt sie nun als die Trägerin des höheren Prinzips, als die Offenbarung des göttlichen Gebots herrschend thront. Hierin wurzelt jene zauberartige Gewalt der weiblichen Erscheinung, welche (...) dem offenbarenden und rechtsverkündenden Ausspruch der Frau Unverbrüchlichkeit sichert und in allen Dingen seinem Willen das Ansehen des höchsten Gesetzes verleiht. (17)
Das Zeitalter des Männlichkeitskultes geht nun seinem Ende entgegen. Seine letzten Tage werden durch ein Aufflammen einer alles erfassenden Gewalttätigkeit und Verzweiflung erhellt, wie es die Welt bisher noch kaum gesehen hat. Menschen guten Willens suchen von überall Hilfe für ihre zugrunde gehende Gesellschaft, doch vergeblich. Jegliche unserer kranken Gesellschaft verordnete soziale Reform hat nicht mehr Wert als eine Binde für eine klaffende und faulende Wunde. Nur eine vollständige Zerstörung der Gesellschaft kann die lebensgefährliche Krankheit heilen.
Nur der Sturz der dreitausend Jahre alten Bestie des männ-

lichen Materialismus wird die Menschheit retten.

In der neuen Wissenschaft des 21. Jahrhunderts wird nicht körperliche, sondern geistige Kraft maßgebend sein. Außersinnliche wird die sinnliche Wahrnehmung an Bedeutung übertreffen; und in diesem Bereich wird die Frau wieder überlegen sein. Sie, die vom Mann der Frühzeit wegen ihrer Fähigkeit, das Unsichtbare zu sehen, angebetet und verehrt wurde, wird erneut der Drehpunkt sein — nicht als geschlechtliche, sondern als göttliche Frau —, um den die nächste Zivilisation wieder wie die ursprüngliche kreisen wird.

Vorbemerkung zu den Anmerkungen.

Die Herausgabe dieses Buches war mit großen Schwierigkeiten verbunden. Auch standen wir unter erheblichem Zeitdruck, da es uns ein Anliegen war, *The First Sex* so schnell wie möglich auch den deutschsprachigen Leserinnen zugänglich zu machen. Schon 1973 hatten wir uns um dieses Buch bemüht, die Rechte waren aber bereits an einen anderen Verlag gegeben worden. Da dieser Verlag sich entschied, dieses Buch doch nicht zu publizieren, konnten wir schließlich die Rechte in diesem Jahr erwerben. Wir sahen uns nicht mehr in der Lage, die umfangreichen Zitate der Autorin in deutschsprachigen oder in deutscher Übersetzung erschienenen Büchern ausfindig zu machen, von Ausnahmen abgesehen, und haben uns daher entschlossen, alle Anmerkungen aus dem englischen Original zu übernehmen, auch wenn es sich um deutschsprachige Autorinnen und Autoren handelt, und eine deutsche Literaturliste hinzuzufügen.

ANMERKUNGEN

EINLEITUNG

(1) Die kognitive Minderheit ist eine Gruppe von Menschen, deren Weltanschauung sich wesentlich von der in ihrer Gesellschaft allgemein für selbstverständlich gehaltenen Auffassung unterscheidet. Es ist diese, von ihren Zeitgenossen leicht belächelte Minorität, die fast immer das wahre Wissen der Zukunft vorausahnt. Der Begriff ,,Wissen" bezieht sich immer auf das, von dem *angenommen* oder *geglaubt* wird, daß es ,,Wissen" sei. In der Anwendung verhält sich der Begriff zu der Frage, ob das gesellschaftlich anerkannte Wissen richtig oder falsch sei, vollkommen neutral. Es gibt nur wieder, was immer schon geglaubt wurde oder was die Gesellschaft zu glauben erlaubt. Wahres Wissen rührt von Tatsachen her, die nicht wegzuleugnen sind, gleichgültig ob sie von der Gesellschaft interpretiert werden. Wahres Wissen ist immer den Verkündern dessen, was als Wissen bekannt ist — das heißt, was gesellschaftlich als Wissen akzeptiert ist — um ein oder zwei Generationen voraus. — Aus Peter L. Berger, A Rumor of Angels (New York, Doubleday, 1969).

(2) Sylvain Bailly, *A History of Ancient and Modern Astronomy* (1776), zitiert in Bd. II Alexander Tytler, Lord Woodhouselee, *Universal History* (Boston, Jordan & Wiley, 1846), S. 356.

(3) Geoffrey Ashe, *The Quest for Arthur's Britain* (New York, Praeger, 1969), S. 235, 238.

(4) R.J. Cruikshank, *Charles Dickens und Early Victorian England* (London, Pitman, 1949), S. 150.

(5) Karen Horney, *Feminine Psychology* (New York, Norton, 1967), S. 136.

(6) Edward Carpenter, *Love's Coming of Age* (Manchester, England, Labour Press, 1896), S. 28.

(7) Margaret Sanger, *Woman and the New Race* (New York, Brentano's, 1930), S. 168-169.

(8) Anne Biezanek, *All Things New* (New York, Harper und Row, 1964), S. 98.

VORWORT — Die verlorene Zivilisation

(1) Eine bei den Chaldäern erhaltene Überlieferung, von der Berosus, Polyhistor, Abydenus und Apollodorus berichten, legt den Zivilisationsbeginn auf der Erde auf 120 sari oder 432 000 Jahre vor der biblischen Flut. Siehe I.S. Shklovskii und Carl Sagan, *Intelligent Life in the Universe* (San Francisco, Holden Day, 1966), S. 458; und Immanuel Velikovsky, *Worlds in Collision* (New York, Macmillan, 1950), S. 334.

(2) Ernest Wright, *Schechem* (London, Duckworth, 1965), S. 17.

(3) Jean Jacques Rousseau, ,,Essay on Inequality," in *Beaconlights*

of Western Culture, Bd. I, (Boston, Beacon Press, 1952), S. 334.
(4) Georg Wilhelm Hegel, Reason in History, übers. von Robert Hartman, (New York, Liberal Arts Press, 1953), S. 76-77.
(5) Theodor Mommsen, The History of Rome, Bd. I, übers. von William P. Dickson (New York, Scribner's, 1903), S. 18.
(6) Gemäß dem Hindu-Mythos wurde die Zivilisation zuerst von „roten Männern aus dem südlichen Kontinent" 50 000 Jahre v. Chr. (geschätzt) eingeleitet. Siehe Edouard Schuré, The Great Initiates, Bd. I (New York, McKay, 1913), S. 6. Das Rot oder die Rothaarigkeit dieser ursprünglichen Kulturbringer tritt möglicherweise wieder auf in dem Namen Adam (roter Mann); in dem Brauch der ägyptischen Künstler, ihre Landsleute in Rot darzustellen; in den roten (Haar)knoten der Megalithen auf den Osterinseln; in dem Erstaunen der Mittelmeervölker über die rothaarigen Kelten, wie Terence Powell berichtet, und in der Reaktion der frühindischen Menschen auf die Erscheinung des keltischen Rama und seiner rot-blonden Anhänger; auch in der Benennung des Persischen Golfes als der Erythräischen (Roten) See und dem Roten Meer zwischen Arabien und Ägypten.
(7) Flavius Josephus, Antiquities of the Jews, Bd. I (Philadelphia, Woodward, 1825), S. 9.
(8) Louis Ginzberg, The Legends of the Jews, 6. Auflage, Bd. I (Philadelphia, Jewish Publications Society, 1909), S. 5.
(9) Shklovskii and C. Sagan, op. cit., S. 456 ff.
(10) S.R.K.Glanville, The Legacy of Egypt, zitiert in Charles Hapgood, Maps of the Ancient Sea Kings, (Philadelphia, Chilton, 1966), S. 197.
(11) H.J. Massingham, Downland Man, (New York, Doran, 1936), S. 83-102.
(12) Hugh Auchincloss Brown, Cataclysms of the Earth, (New York, Twayne, 1967), S. 69; auch Hapgood, op. cit., S. 107.
(13) Mommsen, op.cit., S. 20, 39. Ein weiterer Beweis für das hohe Alter der Seefahrt ist durch den Nachweis erbracht, daß in der ursprünglichen indo-europäischen Sprache die Wörter „Schiff" und „See" vorhanden waren.
(14) Herodot erzählt von einem ägyptischen Kapitän, der, weil er sich weigerte, wie befohlen über Gibraltar hinaus auf das Meer zu segeln, von seinem Pharaoh durchbohrt wurde. Lieber ergab er sich in einen unabwendbaren Tod, als eine Fahrt zur See zu wagen.
(15) Terence G.E. Powell, The Celts, (New York, Praeger, 1958), S. 66.
(16) Edmund Curtis, A History of Ireland, 6. Auflage (London, Methuen, 1950), S. 1.
(17) Herodot, The Histories, Buch IV, übers. von Georg Rawlinson (New York, Tudor, 1944), S. 206.
(18) Ebd., Buch V, S. 294-95; Plutarch, De Defectu Oraculorum, zitiert in Louis H. Gray, Hrsg., Mythology of Al Races, Bd. III (New York, Cooper Square, 1964), S. 15.
(19) Richard Payne Knight, A Discourse on the Worship of Priapus (1786) (London, The Dilettanti Society, R.o.J.), S. 34.
(20) Mommsen, op.cit., S. 21.

(21) Herodot, *op.cit.*, Buch IV, S. 207.
(22) Charles Fort, *The Book of the Damned*, (New York, The Fortean Society, 1944), S. 32 ff.
(23) Lewis Spence, *History of Atlantis* (New Hyde Park, New York, University Books, 1968), S. 94.
(24) Platon, *Critias*, in *The Works of Plato*, übers. von Benjamin Jowett (New York, Tudor, o.J.), S. 383.
(25) Platon, *Republic*, in *The Works of Plato*, übers. von Benjamin Jewett (New York, Tudor, o.J.), S. 191.
(26) Spence, *op.cit.*, S. 94-95.
(27) Platon, *Timaeus*, in *The Works of Plato*, übers. von Benjamin Jowett (New York, Tudor, o.J.), S. 367.
(28) Platon, *Critias, op.cit.*, S. 382.
(29) Peter H. Buck, *Vikings of the Pacific* (Chicago, University of Chicago Press, 1959), S. 48.
(30) J.J. Bachofen, *Myth, Religion and Mother Right: Selected Writings of Johann Jakob Bachofen*, übers. von Ralph Manheim (Princetown, Princeton University Press, 1967), S. 150.
(31) Spence, *op.cit.*, S. 100.
(32) Zitiert in Alexander Tytler, Lord Woodhouselee, *Universal History*, Bd. II (Boston, Jordan & Wiley, 1846), S. 358.

1. KAPITEL — Die Frau und das zweite Geschlecht

(1) *The Enuma Elish*, übers. von William Muss-Arnolt, in *Assyrian and Babylonian Literature, Selected Translations* (New York, Appleton, 1901), S. 382 ff.
(2) Plato, *The Symposium*, in *The Works of Plato*, übers. von Benjamin Jowett (New York, Tudor, o.J.), S. 315 ff.
(3) J.J. Bachofen, *Myth, Religion and Mother Right*, übers. von Ralph Manheim (Princeton, Princeton University Press, 1967), S. 112.
(4) Raymond de Becker, *The Other Face of Love*, übers. von M. Crosland und A. Daventry (New York, Grove, 1969), S. 187.
(5) Susan Michelmore, *Sexual Reproduction* (New York, Natural History Press, 1964), S. 130.
(6) Frank Lester Ward, zitiert in Helen Beale Woodward, *The Bold Woman* (New York, Farrar, 1953), S. 339.
(7) Robert Graves, *The Greek Myths*, Bd. I (New York, Braziller, 1957), S. 37.
(8) James Mellaart, *Catal Huyuk* (New York, McGraw-Hill, 1967), Tafel 84 (Überschrift).
(9) Graves, *op.cit.*, Bd, I, S. 13.
(10) *Ebd.*, S. 28.
(11) Bachofen, *op.cit.*, S. 174-75.
(12) Charles Seltman, *The Twelve Olympians* (New York, Apollo, 1962), S. 27.
(13) Robert Eisler, *Man into Wolf* (London, Spring Books, 1949), S. 177.
(14) Graves, *op.cit.*, Bd. II, S. 163.
(15) Margaret Mead, *Male and Female* (New York, Morrow, 1949), S. 98.

(16) Robert Briffault, *The Mothers* (New York, Grosset & Dunlop, 1963), S. 398.
(17) *Journal of Expedition and Discovery into Central America*, I:212, (1845).
(18) *Ebd.*, S. 273.
(19) Paolo Mantegazza, *The Sexual Relations of Mankind* (Baltimore, Maryland, Eugenics Publishing Co., 1935), S. 113.
(20) *Ebd.*
(21) John Davenport, *Curiositates Eroticae Physiologiae* (London, Privatdruck, 1875), S. 85.
(22) Theodor Reik, *The Creation of Woman* (New York, Braziller, 1960), S. 115-16.
(23) Euripides, *The Bacchae*, übers. von Gilbert Murray, zitiert in Jane Ellen Harrison, *Epilegomena to the Study of Greek Religion* (New York, University Books, 1962), S. 33.
(24) Mead, *op.cit.*, S. 104.
(25) *Ebd.*, S. 103.
(26) Bachofen, *op.cit.*, S. 79, 144.
(27) Buckminster Fuller, „The Goddesses", *Saturday Review* 51 (9): 14,45 (1. März, 1968).
(28) Graves, *op.cit.*, Bd. I, S. 13.
(29) Kenneth MacGowan und Joseph A. Hester, Jr., *Early Man in the New World*, überarb. Auflage (New York, Doubleday, 1962), S. 37-38.
(30) *Ebd.*, S. 38-39.
(31) *Ebd.*, S. 39.
(32) *Ebd.*, S. 38, 41.
(33) *Ebd.*, S. 41.
(34) *Ebd.*, S. 39.
(35) Irven DeVore, zitiert in *The Christian Science Monitor* (3. Juni, 1969).
(36) Joseph Goetz, *Prehistoric Religions*, in Frederic-Marie Bergounioux, *Primitive and Prehistoric Religions*, übers. von C.R. Busby (New York, Hawthorn, 1966), S. 65-66.
(37) Briffault, *op.cit.*, S. 208.
(38) Theodor Mommsen, *The History of Rome*, Bd. I, übers. von William P. Dickson (New York, Scribner's, 1903), S. 20-21.
(39) Bachofen, *op.cit.*, S. 91.
(40) *Ebd.*
(41) *Ebd.*, S. 92.
(42) *Ebd.*, S. 106.
(43) Graves, *op.cit.*, Bd. I, S. 257.
(44) Herodot, *The Histories*, Buch I, übers. von George Rawlinson (New York, Tudor, 1944), S. 37, 68-69.
(45) Siehe Kapitel 8.
(46) *The Interpreter's Dictionary of the Bible* (Nashville, Abingdon Press, 1962).
(47) Louis H. Gray, Hrsg., *The Mythology of All Races*, Bd. V (New York, Cooper Square, 1964), S. 403.
(48) Robert Eisler, *Man into Wolf*, (London, Spring Books, 1949), S. 183

"Tag-Tug ist eine alternative Transkription identischer Keilschriftzeichen, wie der für Tibir."
(49) Herodot, *op.cit.*, S. 222.
(50) Graves, *op.cit.*, Bd. I, S. 96.
(51) Jacques Heurgeon, *Daily Life of the Etruscans* (New York, Macmillan, 1964), S. 96.
(52) B.Z. Goldberg, *The Sacred Fire* (New York, Liveright, 1930), S. 123
(53) Bachofen, *op.cit.*, S. 144.
(54) Edouard Schuré, *The Great Initiates*, Bd. I (New York, McKay, 1913), S. 15
(55) H.L. Mencken, *In Defense of Women* (New York, Knopf, 1922), S. 17-18.
(56) Bachofen, *op.cit.*, S. 144.
(57) Schuré, *op.cit.*, S. 11 ff.
(58) Leonard Cottrell, Hrsg., *Concise Encyclopedia of Archaeology* (New York, Hawthorn, 1960), S. 400.
(59) Violeta Miqueli, *Woman in Myth and History* (New York, Vantage, 1962), S. 143.
(60) Henry Fairfield Osborn, *Men of the Old Stone Age* (New York, Scribner's, 1915), S. 315-16. Vergl. auch Mellaart, *op.cit.*, S. 23.
(61) Leonard Cottrell, *Realms of Gold* (New York, New York Graphic Society 1963), S. 104.
(62) Seltman, *op.cit.*, S. 27.

2. KAPITEL — Aussagen der Mythologie

(1) A.C. Haddon, "Einleitung", in E.B. Tylor, *Anthropology*, Bd. I, (London, Watts, 1930), S. VII.
(2) *Ebd.*, S. vii.
(3) H.J.Massingham, *Downland Man* (New York, Doran, 1936), S. 291.
(4) *Ebd.*, S. 209.
(5) Zitiert in *Ebd.*
(6) Tacitus, *Germania*, in *Complete Works of Tacitus*, übers. von A.J. Church und W.J. Brodribb, (New York, Modern Library, 1942), S. 728.
(7) Massingham, *op.cit.*, S. 297.
(8) Richard Payne Knight, *A Discourse on the Worship of Priapus* (London, The Dilettanti Society, o.J.), S. 34.
(9) John A. McCulloch, "Celtic Mythology", in Louis H. Gray, Hrsg., *The Mythology of All Races*, Bd. III (New York, Cooper Square, 1964), S. 117.
(10) Zitiert in I.S. Shklovskii und Carl Sagan, *Intelligent Life in the Universe* (San Francisco, Holden Day, 1966), S. 457. Berosus wird von Polyhistor zitiert.
(11) Sabine Baring-Gould, *Curious Myths of the Middle Ages* (New York, University Books, 1967), S. 500.
(12) Zitiert in Theodor Reik, *Pagan Rites in Judaism* (New York, Farrar, 1964), S. 70.
(13) Peter N. Buck, *Vikings of the Pacific* (Chicago, University of Chica-

go Press, 1959), S.73.
(14) Robert Briffault, *The Mothers* (New York, Grosset & Dunlop, 1963), S. 342. Das weibliche genetische Symbol ♀ ist das uralte Symbol für die Mondgöttin — ihr Kreuz, über dem der volle Mond steht.
(15) Hesiod, *Works and Days*, zitiert in Plato, *Republic*, in *The Works of Plato*, übers. von Benjamin Jowett, Buch V (New York, Tudor. o.J.), S.205.
(16) Edward Gibbon, *The Decline and Fall of the Roman Empire*, Bd.II (New York, Hurst, o.J.), S.297; Harold Mattingly, *Christianity in the Roman Empire* (New York, Norton, 1967), S.72.
(17) Shklovskii und Sagan, *op.cit.*, S.459-60.
(18) *Ebd.*, S. 461. Da nach Immanuel Velikovskys Theorie (*Worlds in Collision*) — und auch vor kurzem durchgeführte Untersuchungen scheinen darauf hinzuweisen — die Venus ein neuer Planet ist, und noch nicht zur Zeit der Sumerer am Himmel erschienen war, ist es möglich, daß Hypotheticus jener neunte, verschollene Planet war, der einst etwas außerhalb der Bahn des Mars um unsere Sonne kreiste und heute durch tausende von Planetoiden und Asteroiden, die sich auf derselben Bahn bewegen, ersetzt ist. (Siehe Dandridge Cole, *Islands in Space*, Philadelphia, Chilton Books, 1964). Es ist möglich, daß, wie Velikovsky schreibt, dieser hypothetische Planet von dem *Komet* Venus zerstört wurde, als dieser sich auf seine heutige Position zubewegte und zu einem Planeten zu werden begann. Dieser Komet könnte auch auf seinem Weg durch den Weltraum die Erde erschüttert haben, die zu der Weltkatastrophe in alter Zeit führte. Es hätte ebenso die Verringerung der achsialen Erdumdrehung und die Verkürzung der Sonnenumläufe zur Folge haben können und damit die kürzeren Tage und Jahre der sumerischen, alt-ägyptischen und alt-mexikanischen (Toltekischen und Mayischen) Kalender erklärt. Zumindest die Sumerer und Ägypter konnten sich unmöglich in der Berechnung der Tages- und Sonnenzeiten geirrt haben, sie, die auf dem Gebiet der Astronomie und in anderen Wissenschaften Erkenntnisse gesammelt hatten, in die der heutige Mensch erst anfängt, Einblick zu erlangen.
(19) Herodot, *The Histories*, Buch VII, übers. von George Rawlinson (New York, Tudor, 1944), S. 389.
(20) *Ebd.*, S.214.
(21) Geoffrey of Monmouth, *History of the Kings of Britain* (London, Penguin, 1965), S.65.
(22) *Ebd.*
(23) Thomas Fuller, *The Worthies of England* (London, Allen and Unwin, 1962), S.344.
(24) Knight, *op.cit.*, S.34.
(25) *Ebd.* Im 18. Jahrhundert wurden in Krasnoyarsk in Sibirien ähnliche Bergwerke von einer von der Zarin Katharina der Großen beauftragten Gruppe von ‚Antiquitätensammlern' entdeckt. „Man entdeckte alte Bergwerke, die zu einer früheren Periode, über die es keine Aufzeichnungen oder Überlieferungen gibt, bearbeitet worden waren. In der Nähe von Krasnoyarsk fanden sie Ziergegenstände aus Kupfer und Gold, manche mit Figuren von äußerster Kunstfer-

tigkeit besetzt. Ein seltsamer Umstand deutet auf das gewaltige Alter dieser Bergwerke. Die Stützen sind heute versteinert und diese Versteinerungen enthalten Gold. Demnach ist soviel Zeit seit der Errichtung der Stützen vergangen, daß die Natur den langwierigen Prozeß der Metallbildung beenden konnte; und derselbe Zeitlauf hat jedwedes Zeichen von Städten oder Häusern vernichtet, in denen die Bergleute gewohnt haben müssen, denn wir müssen annehmen, daß sie in Städten gewohnt haben. *Aber von diesen Städten und Gebäuden ist nicht eine Spur geblieben.*" Alexander Tytler, Lord Woodhouselee, *Univerval History*, Bd.II (Boston, Jordan & Wiley, 1846), S.360.

Das rätselhafte Fehlen der Behausungen erinnert an die alten Bergwerke und megalithischen, burgähnlichen Bauten bei Zimbabwe in Rhodesien, wo die Archäologen zu dem Schluß kamen, daß die fehlenden Wohnungen darauf zurückzuführen sind, daß die mysteriösen Goldgräber und Erbauer des alten Zimbabwe Besucher und nicht Einwohner des Landes waren, in dem sie Gold abbauten. Wo sie herkamen, und wann und wohin sie das abgebaute Gold trugen, bleibt ein Geheimnis, genauso wie die Identität der alten Bergleute von Krasnoyarsk und Thrakien.

(26) Gibbon, *op.cit.*, S.312.
(27) Philostratus, *Apollonius of Tyana*, übers. von J.S. Phillimore, Bd.II, Buch 8 (London, Oxford University Press, 1912), S.233.
(28) W.K.C. Guthrie, *Orpheus and Greek Religion*, überarb. Aufl. (New York, Norton, 1966), S.224.
(29) Robert Graves, *The Greek Myths*, Bd.I (New York, Braziller, 1957), S.113.
(30) ,,Druidism", *Encyclopaedia Britannica*, 11. Aufl.
(31) Porphyry, ,,The Life of Pythagoras", in Moses Hadas, Hrsg., *Heroes and Gods* (London, Routledge, 1965), S.105-128.
(32) *Ebd.*, S.112.
(33) Geoffrey of Monmouth, *op.cit.*, S.65.
(34) Robert Graves, *On Poetry* (New York, Doubleday, 1969), S.13.
(35) E.R. Dodds, *The Greeks and the Irrational*, zit. in Hadas, *op.cit.*, S.39.
(36) Nicht nur Morgan le Fay, Morrigan und Morgana waren Feen, sondern auch Königin Medb oder Mav, ,,die größte Persönlichkeit des Heroischen Zeitalters in Irland", wie Dillon und Chadwick sie nannten, wurde, nachdem sie eines ganz natürlichen Todes gestorben war, eine Feenkönigin der Unterwelt — eigentlich *die* Feenkönigin, Königin Mab. Viele keltische Helden, von Cuchulain bis Arthur, hatten Beziehungen zu Feen, die meisten zu ihrem Leidwesen, manche zu ihrem Nutzen. Als Beispiel für den letzteren Fall erzählt Marie von Frankreich in einer sehr schönen Ballade von einer Fee, die ihren sterblichen Liebhaber, Sir Graelent of Britain, großzügig unterstützt. (Siehe *The Lays of Marie de France*, übers. von Eugene Mason, London, Dent, 1911), S.148-62.
(37) Robert Graves, *The White Goddes* (New York, Farrar, 1948), S.115. Apollonius Rhodius sagte, daß es diese Eichen waren, die tanzend den Berg Piria herunterkamen, als sie Orpheus' Musik hörten.

(38) Lewis Spence, *The History of Atlantis* (New York, University Books, 1968), S.112.
(39) André Parrot, *Nineveh and the Old Testament* (New York, Philosophical Library, 1955), S.24.
(40) Spence, *op.cit.*, S.185.
(41) A.B. Cook, *Zeus*, zit. in Guthrie, *op.cit.*, S.147.
(42) Guthrie, *op.cit.*, S.115.
(43) Leonhard Cottrell, *Realms of Gold* (New York, New York Graphic Society, 1963), S.163.
(44) Guthrie, *op.cit.*, S.115.
(45) Spence, *op.cit.*, S.42.
(46) *Ebd.*, S.182.
(47) *Ebd.*, S.183.
(48) U. Bahadir Alkim, *Anatolia I*, übers. von James Hogarth (New York, World, 1968), S.65.
(49) Spence, *op.cit.*, S.183.

3. KAPITEL — Das goldene Zeitalter und die Mutter Gottes

(1) Norman O. Brown, *Hermes the Thief,: The Evolution of a Myth* (Madison, University of Wisconsin Press, 1947), S.60.
(2) Hesiod, *Works and Days*. zit. in Robert Graves, *The Greek Myths*, Bd. I (New York, Braziller, 1957), S.36.
(3) *Ebd.*
(4) *Ebd.*
(5) Erich Fromm, *The Art of Loving* (New York, Harper, 1956), S. 55.
(6) Graves, *op.cit.*, S.36.
(7) Terence G.E. Powell, *The Celts* (New York, Praeger, 1958), S.162, 177-78. Diese Tatsache macht die etymologische Ableitung des Wortes „pixie" (das sind die kleinen schwarzen Männer aus dem Feenreich) von dem Wort „Pikten" lächerlich und unmöglich. Die Kelten waren groß und blond.
(8) Stuart Piggott, Hrsg., *The Dawn of Civilization* (New York, McGraw-Hill, 1961), S. 224).
(9) Graves, *op.cit.*, S. 36.
(10) Die Menschen des Goldenen Zeitalters waren im Laufe der patriarchalen Revolution des Zeus in Thrakien als untergeordnete Götter und Göttinnen in die Überwelt emporgestiegen, während die Menschen aus der Silber- und Bronzezeit von den Doriern der Eisenzeit in den Hades geschickt wurden — einzig, weil „sie sich weigerten, Zeus und seinem Olymp die gebührende Ehre zu erweisen". — Erwin Rohde, *Psyche*, Bd.I, übers. von W.B. Hillis, (New York, Harper), 1966), S.73.
(11) Jane Ellen Harrison, „Themis", in ihrem Buch *Epilegomena to the Study of Greek Religion and Themis* (New Hyde Park, New York, University Books, 1962), S.498.
(12) Robert Briffault, *The Mothers* (New York, Grosset & Dunlop, 1963), S.95. Im 3. Jahrhundert n. Chr. saß nochmals eine Frau, Julia Soemias, im römischen Senat und „gehörte zu den Konsuln und

unterzeichnete als volles Mitglied die Erlasse der gesetzgebenden Versammlung". – Edward Gibbon, *The Decline and Fall of the Roman Empire*, Bd.I (New York, Hurst, o.J.), S.148.

(13) Virgil, ,,Eclogue IV", in *Poems of Virgil*, übers. von James Rhoades (Oxford, England Oxford University Press, 1921), S. 401-2.
(14) Lucretius, *De Rerum Natura*, übers. von H.A.J. Munro (London, Bell, 1929), S.1-2.
(15) H.J. Massingham, *Downland Man* (New York, Doran, 1936), S.351.
(16) James Breasted, *The History of Egypt* (New York, Scibner's, 1912), S.135, 17.
(17) Arthur Evans, zit. in Massingham, *op.cit.*, S.101.
(18) Leonard Cottrell, *The Land of Shinar* (London, Souvenir Press, 1965), S.123, 126.
(19) Leonard Woolley, *A Forgotten Kingdom* (London, Penguin, 1953), S.116.
(20) G. Ernest Wright, *Shechem* (London, Duckworth, 1965), S.17.
(21) Massingham, *op.cit.*, S.217 ff.
(22) August Thebaud, *Ireland Past and Present* (New York, Collier, 1878), S.71.
(23) *Ebd.*, S.68.
(24) G. Eliot Smith, zit. in Massingham, *op.cit.*, S.352.
(25) E.O. James, *The Cult of the Mother Goddess* (New York, Preager, 1959), S.250.
(26) Theodor Reik, *Pagan Rites in Judaism* (New York, Farrat, 1964), S.76.
(27) Robert Aron, *The God of the Beginnings* (New York, Morrow, 1966), S.10-11.
(28) Raphael Patai, *The Hebrew Goddess* (New York, Ktav, 1968).
(29) E.O. James, *The Ancient Gods* (New York, Putnam's, 1960), S.91.
(30) Reik, *op.cit.*, S.69-70.
(31) James, *The Ancient Gods, op.cit.*. S.91-92.
(32) *Ebd.*, S.40. Dies war der Fall in Griechenland, Ägypten, Phrygien, Syrien, im Irak, in Palästina und Kanaan.
(33) Oswald Spengler, *The Decline of the West* (New York, Knopf, 1926).
(34) Ruth Benedict, *Patterns of Culture* (Boston, Houghton-Mifflin, 1935), S.59.
(35) Edward Carpenter, *Loves 's Coming of Age* (Manchester, England, Labour Press, 1896), S.28.
(36) James, *The Cult of the Mother Goddess, op.cit.*, S.260.
(37) Robert Graves, *The White Goddess* (New York, Farrar, 1948), S.391.
(38) Paul Misraki, *Les Extraterrestress* (Paris, Plon, 1962).
(39) Barry H. Downing, *The Bible and Flying Saucers* (Philadelphia, Lippincott, 1968).
(40) Apuleius, *The Golden Ass*, übers. von W. Adlington (London, Heinemann, 1915), S.545, 47.
(41) *Ebd.*, S.551.
(42) Carpenter, *op.cit.*, S.133.

(43) Apuleius, *op.cit.*, S. 543.

4. KAPITEL — Aussagen der Archäologie

(1) James Mellaart, *Earliest Civilizations in the Near East* (New York, McGraw-Hill, 1965), S. 18.
(2) Ivar Lissner, *Man, God, and Magic* (New York, Putnam's, 1961), S. 192.
(3) *Ebd.*, S. 209.
(4) E.O. James, *The Cult of the Mother Goddess* (New York, Praeger, 1959), S. 45, 11, 180.
(5) Wolfhart Westendorf, *Painting, Sculpture, and Architecture of Ancient Egypt* (New York, Abrams, 1968), S. 13.
(6) Glyn Daniel, Hrsg., *Ancient Peoples and Places* (New York, Praeger, 1956).
(7) J.J. Bachofen, *Myth, Religion and Mother Right*, übers. von Ralph Manheim (Princeton, Princeton University Press, 1967), S. 71.
(8) *Ebd.*, S. 70.
(9) Sabine Baring-Gould, *Curious Myths of the Middle Ages* (New Hyde Park, New York, University Books, 1967), S. 126.
(10) *Ebd.*, S. 127.
(11) Bachofen, *op.cit.*, S. 150-151.
(12) Alexander Pope, ,,Vorwort'', in Homer, *Iliad*, übers. von Alexander Pope (London, Oxford University Press, o.J.), S. VII.
(13) Erwin Rohde, *Psyche*, Bd. I, übers. von W.B. Hillis (New York, Harper, 1966), S. 69.
(14) Zitiert in Joseph Campbell, ,,Einleitung'', in Bachofen, *op.cit.*, S. XXXI.
(15) Erich Fromm, *The Forgotten Language* (New York, Holt, 1951), S. 205.
(16) Campbell, *op.cit.*, S. IV.
(17) U. Bahadir Alkim, *Anatolia I*, übers. von James Hogarth (New York, World, 1969), S. 65.
(18) Jean Marcadè, ,,Vorwort'', in Alkim, *op.cit.*, S. 11.
(19) Alkim, *op.cit.*, S. 68.
(20) *Ebd.*, S. 47.
(21) *Ebd.*, S. 78.
(22) *Ebd.*, S. 68.
(23) *Ebd.*, S. 70.
(24) James Mellaart, *Catal Huyuk* (New York, McGraw-Hill, 1967), S. 60, 202, 207, 225, Kapitel VI, IX-XI.
(25) Bachofen, *op.cit.*, S. 80-81.
(26) *Ebd.*, S. 139.
(27) A.M. Hocart, *Social Origins* (London, Watts, 1954), S. 3.
(28) Alkim, *op.cit.*, S. 68.
(29) *Ebd.*
(30) *Ebd.*, S. 62.
(31) Bachofen, *op.cit.*, S. 141.
(32) Frederic-Marie Bergounioux, *Primitive and Prehistoric Religions,*

übers. von C.H. Busby (New York, Hawthorn, 1966), S. 50.
(33) J.F.S. Stone, *Wessex before the Celts* (New York, Praeger, 1958), S. 98.
(34) Alkim, *op.cit.*, S. 68.
(35) Mellaart, *Catal Huyuk, op.cit.*, Darstellung 84 (Überschrift).
(36) Kenneth MacGowan, *Early Man in the New World*, neue Auflage New York, Doubleday, 1962), S. 40-41.
(37) Axel Persson, zitiert in Leonard Cottrell, *Realms of Gold* (New York, New York Graphic Society, 1963), S. 96.
(38) Mellaart, *Catal Huyuk, op.cit.*, S. 207, 225.
(39) Zitiert in Leonard Cottrell, *The Land of Shinar* (London, Souvenir Press, 1965), S. 116.
(40) *Ebd.*, S. 113.
(41) Jaques Heurgeon, *Daily Life of the Etruscans*, übers. von James Kirkup (New York, Macmillan, 1964), S. 94, 95.
(42) Mellaart, *Catal Huyuk, op.cit.*, S. 207.
(43) G.E. Mylonas, *Ancient Mycenae* (Princeton, Princeton University Press, 1957), S. 147-48.
(44) Heurgeon, *op.cit.*, S. 95.
(45) Terence G.F. Powell, *The Celts* (New York, Praeger, 1968), S. 72.
(46) *Ebd.*, S. 72-73.
(47) *Ebd.*
(48) „Plutarch erwähnt in *Defectu Oraculorum*, daß goldene Trinkgefäße zu den rituellen Gegenständen der irischen Druiden des 2. Jahrhunderts n. Chr. gehören." – John A. MacCulloch, „Celtic Mythology", in Louis H. Gray, Hrsg., *Mythology of All Races*, Bd. III (New York, Cooper Square, 1964), S. 15.
(49) Bergounioux, *op.cit.*, S. 50.
(50) *Ebd.*
(51) Alkim, *op.cit.*, S. 68.
(52) Zitiert in H.J. Massingham, *Downland, Man* (New York, Doran, 1936), S. 313.

5. KAPITEL – Aussagen der Anthropologie

(1) Lewis Henry Morgan, *Ancient Society* (Cambridge, Harvard University Press, 1965), S. 397.
(2) Roland Kent, *Language and Philology* (New York, Cooper Square, 1963), S. 11.
(3) *Ebd.*, S. 9.
(4) Bronislaw Malinowski, „Baloma; the Spirits of the Dead in the Tobriand Islands", in seinem Buch *Magic, Science, and Religion* (New York, Doubleday, 1965), S. 226.
(5) *Ebd.*
(6) Robert Briffault, *The Mothers* (New York, Grosset & Dunlap 1963), S. 433.
(7) Morgan, *op.cit.*, S. 397.
(8) B.Y. Somerville, "Notes on Some Islands of the New Hebrides," in *Journal of the Anthropological Institute*, Heft 24, S. 4 (1894) .

(9) Peter H. Buck, *Vikings of the Pacific* (Chicago, University of Chicago Press, 1959), S. 265.
(10) H.R. Codrington, zitiert in Ernest Crawley, *The Mystic Rose*, Bd. I (New York, Meridian Books, 1960), S. 161.
(11) Ernest Crawley, *The Mystic Rose*, Bd. I (New York, Meridian Books, 1960), S. 262-263.
(12) W. Mariner, zitiert in Crawley, *op.cit.*, S. 263.
(13) Buck, *op.cit.*, S. 309.
(14) Tacitus, *Germania*, in *Complete Works of Tacitus*, übers. von A.J. Church und W.J. Brodribb (New York, Modern Library, 1942), S. 719.
(15) Crawley, *op.cit.*, S. 263.
(16) *Ebd.*, S. 264.
(17) W.E. Griffis, zitiert in Crawley, *op.cit.*, S. 263.
(18) L.L. Bird, zitiert in Crawley, *op.cit.*, S. 264.
(19) Susan Michelmore, *Sexual Reproduction* (New York, Natural History Press, 1964), S. 15.
(20) G. Earnest Wright, *Shechem* (London, Duckworth, 1965), S. 17.
(21) E.B. Tylor, *Anthropology*, Bd. II (London, Watts, 1930), S. 132.
(22) *Ebd.*
(23) Paolo Mantegazza, *The Sexual Relations of Mankind* (Baltimore, Maryland, Eugenics Publishing Co., 1935), S. 61.
(24) J. MacDonald, „Manners, Customs, Superstitions, and Religions of South African Tribes", *Journal of the Anthropological Institute*, Heft 20, S. 119, (1891).
(25) M.H. Kingsley, zitiert in Crawley, *op.cit.*, S. 254.
(26) Crawley, *op.cit.*, S. 254.
(27) Mantegazza, *op.cit.*, S. 61.
(28) Erich Fromm, *The Forgotten Language* (New York, Holt, 1951), S. 213.
(29) Michelmore, *op.cit.*, S. 145.
(30) W. Jochelson, „The Koryak", in *Publications of the North Pacific Expedition*, 6. Jahrgang, S. 741, (1908). Vergl. auch Eisler, *op.cit.*, S. 212.
(31) James Bowring, zitiert in Crawley, *op.cit.*, Bd. II, S. 87.
(32) Aelian, zitiert in Crawley, *op.cit.*, Bd. II, S. 81.
(33) Crawley, *op.cit.*, Bd. II, S. 79.
(34) G.A. Erman, zitiert in Crawley, *op.cit.*, S. 82.
(35) Crawley, *op.cit.*, Bd. II, S. 78.
(36) Lester Frank Ward, zitiert in Helen Beale Woodward, *The Bold Women* (New York, Farrar, 1953), S. 339-40.
(37) Karen Horney, *Feminine Psychology* (New York, Norton, 1967), S. 232.
(38) Tacitus, *op.cit.*, S. 719.
(39) Edward Carpenter, *Love's Coming of Age* (Manchester, England, Labour Press, 1896), S. 65-66.
(40) Mary Wollstonecraft, *Vindication of the Rights of Women* (New York, Norton, 1967), S. 86.
(41) Horney, *op.cit.*, S. 231.
(42) Carpenter, *op.cit.*, S. 66.

(43) Edmond Perrier, zitiert in André Gide, *Corydon* (New York, Farrar, 1950), S. 60.
(44) Leslie Frank Ward, zitiert in Gide, *op.cit.*, S. 60.
(45) Robert Eisler, *Man into Wolf* (London, Spring Books, 1949), S. 33.
(46) Louis Berman, *Food and Character* (London, Methuen, 1933), S. 158.

6. KAPITEL — Fetische und ihre Ursprünge

(1) Jaquetta Hawkes, *The Dawn of the Gods* (New York, Random, 1968), S. 131.
(2) Das Rechtswesen und die Medizin können als Beispiele in der Vergangenheit angeführt werden; und in letzter Zeit bieten der Lehrberuf an öffentlichen Schulen, das Bibliothekarswesen, die Kinderpsychologie und die Sozialarbeit erschreckende Beispiele für den Verfall, der einsetzt, wenn Männer weibliche Berufe „organisieren".
(3) B.Z. Goldberg, *The Sacred Fire* (New York, Liveright, 1930), S. 70.
(4) *Ebd.*, S. 93-95.
(5) *Ebd.*, S. 125.
(6) Thomas Wright, *The Worship of the Generative Powers* (London, Dilettante Society, o.J.), S. 50.
(7) *Ebd.*, S. 52.
(8) Ernest Crawley, *The Mystic Rose*, Bd. II (New York, Meridian Books, 1960), S. 107.
(9) *Ebd.*
(10) Robert Lowie, *Primitive Religion* (New York, Grosset & Dunlap, 1952), S. 245.
(11) Crawley, *op.cit.*, S. 109 ff.
(12) Herodot, *The Histories*, Buch I, übers. von George Rawlinson (New York, Tudor, 1944), S. 41.
(13) Crawley, *op.cit.*, S. 107.
(14) Lowie, *op.cit.*, S. 243.
(15) Edward Westermarck, *The Origin and Development of the Moral Ideas*, Bd. II, 2. Auflage (London, Macmillan, 1917), S. 456.
(16) James G. Fraser, *The Golden Bough* (New York, Macmillan, 1958).
(17) Herodot, *op.cit.*, Buch II, S. 115.
(18) *Ebd.*
(19) John Davenport, *Curiositates Eroticae Physiologiae* (London, Privatdruck, 1875), S. 80.
(20) Goldberg, *op.cit.*, S. 69.
(21) Theodor Reik, *The Creation of Woman* (New York, Braziller, 1960), S. 152 n.
(22) *Newsweek*, 72 (17), 72 (21. Oktober, 1968).
(23) Zitiert in Davenport, *op.cit.*, S. 82.
(24) Davenport, *op.cit.*, S. 85.
(25) *Ebd.*
(26) *Ebd.*, S. 84.
(27) Pierre Grimal, *In Search of Ancient Italy*, übers. von P.D. Cummins (London, Evans, 1964), S. 236.

(28) *Ebd.*, S. 237.
(29) T. Bell, *Kalogynomia* (London, Stockdale, 1821), S. 71.
(30) *Ebd.*
(31) *Ebd.*
(32) J.J. Bachofen, *Myth, Religion, and Mother Right*, übers. von Ralph Manheim (Princeton, Princeton University Press, 1967), S. 89.
(33) Theodor Mommsen, *The History of Rome*, übers. von William P. Dickson, überarb. Auflage, Bd. I (New York, Scribner's, 1903), S. 21.
(34) *Ebd.*, S. 122.
(35) Robert Graves, *The Greek Myths*, Bd. I (New York, Braziller, 1957), S. 16.
(36) Wright, *op.cit.*, S. 35.
(37) Herodot, *op.cit.*, Buch II, S. 114.
(38) Wright, *op.cit.* S. 38.
(39) Herodot, *op.cit.*, Buch II, S. 93.
(40) Goldberg, *op.cit.*, S. 123.
(41) *Ebd.*
(42) Theodor Reik, *Pagan Rites in Judaism* (New York, Farrar, 1964), S. 76.
(43) Bachofen, *op.cit.*, S. 89.
(44) George Rawlinson, *Ancient Egypt* (New York, Putnam's, 1887), S. 92.
(45) Bachofen, *op.cit.*, S. 94.
(46) *Ebd.*, S. 104-5.
(47) *Ebd.*
(48) *Ebd.*
(49) Die Vor-Viktorianer wußten jedoch, daß die Sphinx weiblich war, denn die erste Auflage der *Encyclopedia Britannica*, die 1771 veröffentlicht wurde, beschrieb die große Sphinx als „ein Ungeheuer (...) mit Kopf und Brüsten einer Frau, den Klauen eines Löwen und dem übrigen Körper einem Hunde ähnlich".

7. KAPITEL — Mutterrecht

(1) Jane Ellen Harrison, *Epilegomena to the Study of Greek Religion an Themis* (New Hyde Park, New York, 1962), S. 495. Mary Daly, *The Church and the Second Sex* (New York, Harper, 1968), S. 139.
(2) Erich Fromm, *The Art of Loving* (New York, Bantam, 1963), S. 35-36.
(3) „Constantine", in Charles G. Herberman, Hrsg., *Catholic Encyclopedia*, Auflage 1910. Im 10. Jahrhundert war das Leben des Fötus bereits so heilig geworden, daß unter Kaiser Heinrich II (973-1024) im gesamten Heiligen Römischen Reich eine Frau zum Tode auf dem Scheiterhaufen verurteilt wurde, wenn sie durch Vorsatz oder durch *Zufall* eine Fehlgeburt hatte. (Montesquieu, *The Spirit of the Laws*, übers. von Thomas Nugent, Bd. II, New York, Hafner, 1949, S. 60) Gerechtfertigt wurde diese Ungeheuerlichkeit damit, daß das Geschlecht des Fötus nicht vor der Geburt bestimmt wer-

den konnte, während das Geschlecht der Mutter unzweifelhaft minderwertig weil weiblich war. Und ein ungeformter männlicher Fötus war natürlich wertvoller als eine lebende Frau. Ein vor kurzem in der Zeitschrift *Look* erschienener Artikel berichtet von einer Frau, deren Leben von Berufsmedizinern in Gefahr gebracht worden war, um den Fötus am Leben zu erhalten. Warum, fragt sie, ist für die Ärzte das Leben des Fötus „von größerer Bedeutung als das meinige?" Allerdings — warum?

(4) Vergl. Henry Hallan, *A View of the State of Europe During the Middle Ages*, Bd. I (New York, Appleton, 1901), S. 84-85.
(5) Robert Graves, *The White Goddess* (New York, Farrar, 1948), S. XII.
(6) Doris Faber, *The Mothers of the American Presidents* (New York, New American Library, 1968), S. XIII. Sigmund Freud („Ein von seiner Mutter bevorzugter Mann behält zeitlebens Vertrauen auf Erfolg, das oft zu wirklichem Erfolg führt.") *Collected Works*, Bd. IV, London, Hogarth Press, 1952, S. 367.
(7) *Ebd.*, S. XV.
(8) Jane Ellen Harrison, *Epilegomena to the Study of Greek Religion and Themis* (New Hyde Park, New York, University Books, 1962), S. 495.
(9) *Ebd.*, S. 497.
(10) J.J. Bachofen, *Myths, Religion and Mother Right*, übers. von Ralph Manheim, (Princeton, Princeton University Press, 1967), S. 80.
(11) *Ebd.*, S. 81.
(12) Sybille von Cles-Redin, *The Realm of the Great Goddess* (Englewood Cliffs, New Jersey, Prentice-Hall, 1962), S. 53.
(13) Bachofen, *op.cit.*, S. 79.
(14) Theodor Reik, *The Need to Be Loved* (New York, Farrar, 1936), S. 149.
(15) Robert Eisler, *Man into Wolf* (London, Spring Books, 1949), S. 218, 220.
(16) Georg Simmel, zitiert in Karen Horney, *Feminine Psychology* (New York, Norton, 1967), S. 55.
(17) Harrison, *op.cit.*, S. 494.
(18) John Stuart Mill, *On the Subjection of Women* (Oxford, Oxford University Press, 1912), S. 490.
(19) Montesquieu, *The Spirit of the Laws*, übers. von Thomas Nugent, Bd. I (New York, Hafner, 1949), S. 108.
(20) Ashley Montagu, „The Natural Superiority of Women", in *The Saturday Review Treasury* (New York, Simon & Schuster, 1957), S. 473.
(21) Montesquieu, *op.cit.*
(22) Robert Graves, *The Greek Myths*, Bd. I (New York, Braziller, 1957), S. 12.
(23) *Ebd.*, S. 13.
(24) *Ebd.*
(25) Bachofen, *op.cit.*, S. 141.
(26) A.M. Hocart, *Social Origins* (London, Watts, 1954), S. 76.
(27) Daß Geschwisterehen in der alten Kultur ausschließlich ein Privileg

der Adeligen oder oberen Klassen war, zeigt die Tatsache, daß heute in Polynesien „Schwester-Bruder Ehen nur den wenigen aristokratischen Familien erlaubt ist". Peter H. Buck, *Vikings of the Pacific* (Chicago, University of Chicago Press, 1959), S. 264.

(28) E.B. Tylor, *Anthropology*, Bd. II (London, Watts, 1930), S. 132.

(29) Lewis Henry Morgan, *Ancient Society* (Cambridge, Harvard Universitiy Press, 1964), S. 292.

(30) Ernst Curtius, *The History of Greece*, übers. von A.W. Ward, Bd. I (Oxford, Clarendon Press, 1871), S. 94.

(31) Polybius, zitiert in Morgan, *op.cit.*, S. 298.

(32) Bronislaw Malinowski, *Magic, Science, and Religion* (New York, Doubleday 1955), S. 115.

(33) Paolo Mantegazza, *The Sexual Relations of Mankind*, übers. von Samuel Putnam (Baltimore, Maryland, Eugenics Publishing Co., 1935), S. 215.

(34) Buck, *op.cit.*, S. 309.

(35) Ruth Benedict, *Patterns of Culture* (New York, New American Library, 1964), S. 76-77.

(36) Zitiert in Bachofen, *op.cit.*, S. 71.

(37) *Ebd.*

(38) Herodot, *The Histories*, übers. von George Rawlinson, Buch I (New York, Tudor, 1944), S. 36.

(39) Zitiert in P.L. Shinnie, *Meroe* (New York, Praeger, 1967), S. 46.

(40) Montesquieu, *op.cit.*, Bd. II, S. 85.

(41) Basil Davidson, *Old Africa Rediscovered* (London, Gollancz, 1933), S. 69.

(42) Leonard Cottrell, *The Land of Shinar* (London, Souvenir Press, 1965), S. 113.

(43) Immanuel Velikovsky, *Ages in Chaos* (New York, Doubleday, 1952), Kap. III.

(44) James Henry Breasted, *History of Egypt* (New York, Scribner's, 1912), S. 270, 269. Und doch gibt Breasted zu (S. 266), daß „der einzig gültige Anspruch auf die Krone", den Hatschepsuts Vater Thutmosis I stellen konnte, ihm durch die Heirat mit Königin Ahmosis, Hatschepsuts Mutter, zugekommen war. Auch daß später Thutmosis III den Thron nur auf Grund der Ehe mit seiner Schwester, Königin Hatschepsut, der Tochter der Königin Ahmosis, beanspruchte. Zweifellos beweisen diese Tatsachen das Bestehen einer gesetzlichen Mutterlinie in Ägypten, und doch nennt Breasted immer noch Hatschepsuts gewaltsame Entmachtung ihres Bruders und seiner Anhänger einen „Frevel".

(45) George Rawlinson, *Ancient Egypt* (New York, Putnam's, 1887), S. 173. Er nennt sie auch „eine der größten Regenten". (S. 187).

(46) Margaret Mead, *Male and Female* (New York, Morrow, 1949), S. 103.

(47) Livius, *Roman History*, übers. von J.H. Freese u.a. (New York, Appleton, 1901), S. 16.

(48) Tacitus, *Annals*, übers. von A.J. Church und W.J. Brodribb (New York, Modern Library, 1942), S. 186.

(49) Pierre de Bourdelle, Abbé de Brantome, *The Lives of Gallant Ladies*

(London, Elek Books, 1961), S. 76.
(50) Cottrell, *op.cit.*, S. 162.
(51) Hallam, *op.cit.*, Bd. I, S. 37, 73, 108, 200.
(52) Montesquieu, *op.cit.*, Bd. I, S. 285.
(53) *Ebd.*, S. 284.
(54) *Ebd.*, S. 285.
(55) Tacitus, *Agricola*, übers. von A.J. Church (New York, Modern Library, 1942), S. 686.
(56) Louis Ginzberg, *The Legends of the Jews*, Bd. I (Philadelphia, Jewish Publications Society, 1909), S. 203.
(57) *Ebd.*, S. 287.
(58) *Ebd.*, S. 288.
(59) Robert Briffault, *The Mothers* (New York, Grosset and Dunlap, 1963), S. 80.
(60) Sigmund Freud, *Moses and Monotheism* (New York, Random, 1939), S. 78.
(61) Demosthenes, zitiert in Morgan, *op.cit.*, S. 296.
(62) Joseph Gaer, *The Lore of the New Testament* (Boston, Little Brown, 1952), S. 13.
(63) *Ebd.*

8. KAPITEL — Widder gegen Stier

(1) Richard Payne Knight, *A Discourse on the Worship of Priapus* (London, Dilettanti Society, o.J.), S. 65-66.
(2) Bronislaw Malinowski, *Magic, Science, and Religion* (New York, Doubleday, 1955), S. 220 ff. Siehe auch A.M. Hocart, *Social Origins* (London, Watts, 1954), S. 99.
(3) Fabre D'Olivet, *Histoire Philosophique du Genre Humain*, in Edouard Schuré, *The Great Initiates*, Bd. I (New York, McKay, 1913), S. 26-52.
(4) Das Wassermann-Zeitalter, an dessen Schwelle wir heute stehen, wird „dem Manne feindlich gesinnt sein" prophezeite Macrobius in frühen Tagen des Zeitalters der Fische. Die „neue Moral" der heutigen Wassermann-Jugend zeugt von einer Rückkehr zu matriarchalen Sitten, die zu lange von den materialistischen, seit den letzten 2000 Jahren im Abendland vorherrschenden patriarchalen Wertvorstellungen unterdrückt wurden. Das Zeitalter im Zeichen des Wassermannes, die nächsten 2000 Jahre also, werden das Ende des patriarchalen Christentums, die Rückkehr zur Göttinnenverehrung und denselben friedlichen, sozialen Fortschritt erleben, den die Zeit des Stieres vor 4000 Jahren auszeichnete.
(5) Die Präcessionsbewegung auf den Frühlingspunkt dauert 26 000 Jahre, etwas mehr als 2000 Jahre für jedes Sternbild.
(6) J.J. Bachofen, *Myth, Religion, and Mother Right*, übers. von Ralph Manheim (Princeton, Princeton University Press, 1967), S. 80-81.
(7) Flavius Josephus, *The Antiquities of the Jews* (Philadelphia, Woodward, 1825), S. 11.

(8)   Louis Ginzberg, *The Legends of the Jews*, Bd.I (Philadelphia, Jewish Publications Society, 1909), S.112.
(9)   Robert Eisler, *Man into Wolf* (London, Spring Books, 1949), S. 34.
(10) Immanuel Velikovsky, *Earth in Upheaval* (New York, Doubleday, 1955).
(11) Eisler, *op.cit.*, S.33.
(12) Ginzberg, *op.cit.*, Bd.I, S.166.
(13) Eisler, *op.cit.*, S.29.
(14) Die Auffassung, daß der Mensch der rechtmäßige Ausbeuter und Mörder seiner Nachbarn, den wilden Tieren, sei, war so neu und revolutionär, daß die patriarchalen Autoren des Alten Testaments sich genötigt sahen, sie als Propaganda in das Erste Buch der Bibel einzubauen. Nur das Märchen von Evas Ungehorsam überbietet diese grausame Verfälschung an dauerndem Schaden, der daraus erwachsen ist, an kostspieligen Folgen, die durch den menschlichen Raubbau an der Natur entstanden sind, und an der daraus resultierenden Unmenschlichkeit und Ausbeutung der Schwachen.
(15) Leonard Cottrell, *The Land of Shinar* (London, Souvenir Press, 1965), S.101.
(16) *Ebd.*
(17) Leonard Woolley, *A Forgotten Kingdom* (London, Penguin, 1954), S.167, 112.
(18) *Ebd.*, S.85.
(19) Herodot, *The Histories*, Buch I, übers. von George Rawlinson (Tudor, 1949), S.93.
(20) *The Ramayana*, übers. von Romesh Dutt (London, Dent, 1899).
(21) Zit. in Mary Wollstonecraft, *A Vindication of the Rights of Women* (New York, Norton, 1967).
(22) Jean Jaques Rousseau, *The Social Contract* (Hafner, 1947), S.7-9.
(23) P.Donaldson, zit. in Margaret Sanger, *Women and the New Race* (New York, Brentano's, 1920), S.176.
(24) Edouard Schuré, *The Great Initiates*, Bd.I (New York, McKay, 1913), S.117.
(25) H.J. Massingham, *Downland Man* (New York, Doran, 1936), S.109.
(26) C.F. Keary, *The Dawn of History* (New York, Scribner's o.J.), S.22.
(27) Theodor Reik, *Pagan Rites in Judaism* (New York, Farrar, 1964), S.100.
(28) Im Gegensatz zu dem aus dem Alten Testament entstandenen Eindruck, waren die Kanaaniter ein hochkultiviertes Volk, von dem die weniger kultivierten Hebräer viel lernten. ,,Ihre Dichtung war von hoher Qualität; die Sprache, das Alphabet, der Stil und der Rhythmus wurde von den Juden übernommen", ebenso der ,,Ethos der sozialen Gerechtigkeit" und die Vorliebe für religiöse Prophezeihungen. — Immanuel Velikovsky, *Ages in Chaos* (New York, Doubleday, 1952), S.196.
,,Traditionen, Kultur und Religion der Israeliten sind unlösbar mit den frühen Kanaaniten verwachsen. Die Herausgeber des Alten Testamentes waren sich dieser Tatsache voll bewußt, daher die Verbissenheit, mit der sie ihre Dankesschuld zu verbergen suchen." — Claude F.A. Schaeffer, zit. in Velikovsky, *op.cit.*, S.192.

Der Mythos von dem Weg durch das Rote Meer — als die Wasser zurückrollten um die Flüchtenden hindurchzulassen — existiert in einem kanaanitischen Text aus dem 15. Jahrhundert v. Chr., also vor dem Exodus, als die Kinder Israel noch in Ägypten in Knechtschaft lagen. — R. Dussaud, zit. in Velikovsky, *op.cit.*, S.190. Der oben erwähnte Auszug läßt die Verläßlichkeit der Bibel als Geschichte ahnen. Und doch haben Historiker bis vor kurzem den zeitlichen Ablauf der Weltgeschichte auf dem Alten Testament aufgebaut!

(29) Reik, *op.cit.*, S.101.
(30) „The Enuma Elish", übers. von William Muss-Arnoldt, in *Assyrian and Babylonian Literature* (New York, Appleton, 1900), S.282-83.
(31) Robert Graves, *Adam's Rib* (New York, Yoseloff, 1958), S.12.
(32) Theodor Reik, *The Creation of Woman* (New York, Braziller, 1960), S.59.
(33) Reik, *Pagan Rites in Judaism, op.cit.*, S.69.
(34) Graves, *op.cit.*, S.69.
(35) *Ebd.*
(36) Einem alten keltischen Gedicht zufolge, kam Eva aus der urzeitlichen Rasse der Hermaphroditen, den sich selbst vermehrenden, bisexuellen Frauen, die Platon in *Symposium* erwähnt:
Sie trug sich selbst,
Die doppelte Last von Mann und Frau.
Sie gebar Abel
und auch Kain, den einsamen Mörder.
Zit. in Robert Graves, *The White Goddess* (New York, Farrar, 1948), S. 134.
(37) Robert Graves, *The White Goddess* (New York, Farrar, 1948), S.215.
(38) Edouard Schuré, *The Great Initiates*, Bd.I (New York, McKay, 1913), S.251.
(39) Graves, *Adam's Rib, op.cit.*, S.13.
(40) *Ebd.*
(41) Erich Fromm, *The Forgotten Language* (New York, Holt, 1951), S.234.
(42) *Ebd.*
(43) Louis Ginzberg, *The Legends of the Jews*, Bd.I (Philadelphia, Jewish Publications Society, 1909), S.97.
(44) Karen Horney, *Feminine Psychology* (New York, Norton, 1967), S.112.
(45) Jane Ellen Harrison, *Epilegomena to the Study of Greek Religion and Themis* (New Hyde Park, New York, University Books, 1961), S.500.
(46) Norman O. Brown, *Hermes the Thief, the Evolution of a Myth* (Madicon, University of Wisconsin Press, 1947), S.62.
(47) Harrison, *op.cit.*, S.500.
(48) Jacquetta Hawkes, *The Dawn of the Gods* (New York, Random, 1968), S.185.
(49) W.K.C. Guthrie, *Orpheus and Greek Religion* (New York, Norton, 1966), S.81.
(50) *Ebd.*, S.80.

(51) *Ebd.*, S. 62.
(52) *Ebd.*
(53) A.J. Symonds, *A Problem in Greek Ethics* (London, Privatdruck, 1901).
(54) *Ebd.*, S.16, 30.
(55) Robert Graves, *The Greek Myths*, Bd.I (New York, Braziller, 1957), S.117.
(56) Suetonius, *The Lives of the Twelve Caesars*, übers. von Joseph Gavorse (New York, Modern Library, 1931).
(57) Robert Burton, *The Anatomy of Melancholy* (New York, Tudor, o.J.), S.652.

9. KAPITEL — Die sexuelle Revolution

(1) J.J. Bachofen, *Myth, Religion, and Mother Right*, übers. von Ralph Manheim (Princeton, Princeton University Press, 1967), S.75.
(2) Edward Westermarck, *The Future of Marriage in Western Civilization* (New York, Macmillan, 1963), S. 241.
(3) *Ebd.*, S.250-51.
(4) *Ebd.*, S.241.
(5) Anthony M. Ludovici, *Woman a Vindication* (New York, Knopf, 1923), S.258.
(6) Georg Simmel, zit. in Karen Horney, *Feminine Psychology* (New York, Norton, 1967), S. 55.
(7) Margaret Sanger, *Woman and the New Race* (New York, Brentano's, 1920), S.179.
(8) Mary Wollstonecraft, *A Vindication of the Rights of Woman* (New York, Norton, 1967), S. 126, 121.
(9) Richard E. Evans, Hrsg., *Dialogue with Erik Erikson* New York, Harper, 1967), S.44.
(10) Karen Horney, *Feminine Psychology* (New York, Norton, 1957), S.62.
(11) *Ebd.*, S.136.
(12) Erich Fromm, *The Forgotten Language* (New York, Holt, 1951), S.233.
(13) Erich Fromm, *Sigmund Freud's Mission* (New York, Harper, 1959), S.31, 22.
(14) Evans, Hrsg., *op.cit.*, S.43. Im Alter räumt Freud jedoch ein, daß „irgendwann einmal große Muttergottheiten in Erscheinung traten, wahrscheinlich vor den männlichen Göttern und daß diese lange Zeit angebetet wurden." — Sigmund Freud, *Moses and Monotheism* (New York, Knopf, 1967), S.105.
(15) Harold Kelman, „Introduction", in Karen Horney, *Feminine Psychology* (New York, Norton, 1967), S.8-9.
(16) Theodor Reik, *The Need to Be Loved* (New York, Farrar, 1963), S.147.
(17) Horney, *op.cit.*, S.61.
(18) Gregory Zilboorg, „Male and Female", in Kelman, *op.cit.*, S.21.
(19) *Ebd.*, S.116-117.

(20) Margaret Mead, *Male and Female* (New York, Morrow, 1949), S.102-103.
(21) Edward Carpenter, *Love's Coming of Age* (Manchester, England, Labour Press, 1896), S.27.
(22) Richard Burton, *Love, War, and Fancy; Notes to the Arabian Nights* (London, Kimber, 1954), S. 108.
(23) John Davenport, *Curiositates Eroticae Physiologiae* (London, Privatdruck, 1875), S.100. Andererseits sagt Dr. T.Bell, daß eine Frau nicht *ohne* Orgasmus empfangen kann.
(24) *Ebd.*, S.95.
(25) *Ebd.*, S. 96.
(26) *Ebd.*
(27) *Ebd.*, S.102-103.
(28) *Ebd.*, S.94.
(29) T. Bell, *Kalogynomia* (London, Stockdale, 1821), S.177.
(30) Richard Burton, *op.cit.*, S.107.
(31) *Ebd.*, S.108.
(32) *Ebd.*, S.107.
(33) Noch im 19. und Anfang des 20. Jahrhunderts verursachte der männliche Sexualneid Klitorisentfernungen, denn die Mediziner „waren schnell bei der Hand, die Eierstöcke oder die *Klitoris*" einer Patientin wegzuschneiden oder abzuätzen, wenn sie dem Ehemann gefährlich willig erschien oder Anzeichen sexueller Frustration vorhanden waren. „Die Damen des 19. Jahrhunderts sollten keine Lust empfinden und die Männer rächten sich an den Frauen ihres Schoßes wegen (mit Hilfe medizinischer Beschneidungen." — Ashley Montagu, *The Natural Superiority of Women* (New York, Macmillan, 1952), S. 95-96.
(34) Paolo Mantegazza, *The Sexual Relations of Mankind* (Baltimore, Maryland, Eugenics Publishing Co., 1935), S.121-22.

10. KAPITEL — Patriarchat und Hymenkult

(1) Ernest Crawley, *The Mystic Rose*, Bd.I (New York, Meridian Books, 1962), S.69.
(2) *Ebd.*
(3) *Ebd.*
(4) Robert Eisler, *Man into Wolf* (London, Spring Books, 1949), S.200.
(5) Herodot, *The Histories*, übers. von George Rawlinson, Buch I (New York, Tudor, 1944), S.74.
(6) John Davenport, *Curiositates Eroticae Physiologiae* (London, Privatdruck, 1875), S.36.
(7) Crawley, *op.cit.*, Bd.II, S.69.
(8) *Ebd.*, S.67.
(9) Zit. in Crawley, *op.cit.*, Bd.II, S.74-75.
(10) Crawley, *op.cit.*, Bd.II, S.72.
(11) Louis Ginzberg, *The Legends of the Jews*, (Philadelphia, Jewish Publications Society, 1909), S.166.
(12) Montesquieu, *The Spirit of the Laws*, übers. von Thomas Nugent,

Bd.II (New York, Hafner, 1949), S.47; Zitat von Porphyry.
(13) Eisler, *op.cit.*, S.36-41.
(14) Zit. in Franz Hartmann, *The Life of Paracelsus*, 2. Aufl. (London, Kegan Paul, Trench and Trubner, 1841), S.78.
(15) Eisler, *op.cit*, S.22.
(16) Zit. in Davenport, *op.cit.*, S.35.
(17) Eric John Dingwall, *The Girdle of Chastity* (London, Routledge, 1931), S.3.
(18) Paolo Mantegazza, *The Sexual Relations of Mankind* (Baltimore, Maryland, Eugenics Publishing Co., 1935), S.117.
(19) Dingwall, *op.cit.*, S.108-110.
(20) *Ebd.*, S.109 f.
(21) Mantegazza, *op.cit.*, S.118-119.
(22) Dingwall, *op.cit.*, S.13.
(23) Zit. in Dingwall, *op.cit.*, S.43.
(24) Pierre de Bourdeille, Abbé de Brantome, *Les Vies de Dames Galantes* (London, Elek Books, 1961), S.86.
(25) *Ebd.*, S.87.
(26) *Ebd.*
(27) Dingwall, *op.cit.*, S.118-119.
(28) *Ebd.*, S.120.
(29) „Der Glaube, daß junges Taubenblut dem vaginalen Ausfluß ähnelt, ist überall anzutreffen." — Richard Burton, *Love, War, and Fancy* (London, Kimber, 1964), S.149.
(30) Brantome, *op.cit.*, S. 244.
(31) T. Bell, *Kalogynomia* (London, Stockdale, 1821), S. 196.
(32) Zit. in Davenport, *op.cit.*, S.36 und übersetzt von Davis.
(33) Bell, *op.cit.*, S.197.
(34) *Ebd.*, S.198.
(35) Ebd., S.194-96.
(36) *Ebd.* S.230.
(37) *Ebd.*
(38) Davenport, *op.cit.*, S.34.
(39) *Ebd.*, S.35.
(40) Zit. in *ebd.*, S.37.
(41) *Ebd.*, S.32.
(42) *Ebd.*, S.33-34.
(43) *Ebd.*

11. KAPITEL — Die Vor-Hellenen

(1) Charles Seltman, *The Twelve Olympians* (New York, Apollo Editions, 1962), S.27.
(2) Stuart Piggott, Hrsg., *The Dawn of Civilization* (New York, McGraw-Hill, 1961), S.224.
(3) Herodot, *The Histories*, übers. von George Rawlinson, Buch I (New York, Tudor, o.J.), S.36-37.
(4) *Ebd.*, S.37. Interessant ist, daß die enormen Steinwerke und technischen Wunder im historischen Babylon — die zu den sieben Wun-

dern der alten Welt zählen — dem Genius von zwei Frauen, den Königinnen Nictoris und Semiramis zugeschrieben werden.

(5) John M. Cook, *The Greek in Ionia and the East* (New York, Praeger, 1963), S.62.
(6) Herodot, *op.cit.* S.65.
(7) Herodot, *op.cit.*, S. 64.
(8) *Ebd.*, Buch VII, S.385.
(9) Philostratus, *Apollonius of Tyana*, übers. von J.S. Phillimore, Bd.II (Oxford, Claredon Press, 1912), S. 20.
(10) J.J. Bachofen, *Myth, Religion, and Mother Right*, übers. von Ralph Manheim (Princeton, Princeton Universitiy Press, 1967), S.107.
(11) Zit. in Immanuel Velikovsky, *Ages in Chaos* (New York, Doubleday, 1952), S.200.
(12) Herodot, *op.cit.*, Buch I, S.61.
(13) Virgil, *Aneid*, übers. von James Rhoades, Buch VII (London, Oxford University Press, 1921), Zeilen 801-17, S.178.
(14) Theodor Mommsen, *The History of Rome*, übers. von William P. Dickson, Bd.I (New York, Scribner's, 1903), S.422.
(15) Pierre Grimal, *In Search of Ancient Italy*, übers. von P.D. Cummins (London, Evans, 1964), S.195-96.
(16) *Ebd.*, S.164.
(17) *Ebd.*, S.163.
(18) Livius, *Roman History*, übers. von J.H. Freese, A.J. Church und W.J. Brodribb (New York, Appleton, 1901), S.16.
(19) Tacitus, *Annals 64*, in *Complete Works of Tacitus*, übers. von A.J. Church und W.J. Brodribb (New York, Modern Library, 1942), S.182. Vgl. Virgil, *op.cit.*, Buch VII, Zeilen 712-13, S.175.

12. KAPITEL — die Frauen Griechenlands und Italiens

(1) J.J. Bachofen, *Myth, Religion, and Mother Right*, übers. von Ralph Manheim (Princeton, Princeton University Press, 1967), S.157-58.
(2) Aeschylus, *The Eumenides*, übers. von Richmond Lattimore (Chigago, University of Chicago Press, 1959), S.158, 161.
(3) Montesquieu, *The Spirit of the Laws*, übers. von Thomas Nugent, Bd.I (New York, Hafner, 1949), S.261-62.
(4) E.F. Benson, *The Life of Alcibiades* (London, Benn, 1928), S.107.
(5) Robert Flaceliére, *Daily Life in Greece at the Time of Pericles*, übers. von Peter Green (New York, Macmillan, 1965).
(6) *Ebd.*, S.68.
(7) *Ebd.*, S.69.
(8) Paul Harvey, Hrsg., *The Oxford Companion to Classical Literature* (London, Oxford University Press, 1959), S.450-51.
(9) Flaceliére, *op.cit.*, S.59.
(10) Charles Anthon, Hrsg. *Dictionary of Greek and Roman Antiquities* (New York, American Book Co., 1843), S.277.
(11) Raymond Bloch, *The Etruscans*, übers. von Stuart Hood (New York, Praeger, 1958), S.58.

(12) Jaquetta Hawkes, *The Dawn of the Gods* (New York, Random 1968), S.286.
(13) *Ebd.*, S.285.
(14) A.J. Symonds, *A Problem in Greek Ethics* (London, Privatdruck, 1901), S.64.
(15) Hawkes, *op.cit.*, S.289.
(16) *Ebd.*, S.285.
(17) Plato, *Republic*, übers. von W.H. Rouse (New York, New American Library, 1956), S.253.
(18) Plato, *Republic*, in *The Works of Plato*, übers. von Benjamin Jowett (New York, Tudor, o.J.), S.182.
(19) Plutarch, *The Life of Pericles*, übers. von John Dryden (New York, Modern Library, o.J.), S. 200-201.
(20) Benson, *op.cit.*, S.57-58. Zitat von Athenäos, der Herodikos Cratetian zitiert.
(21) Plutarch, *The Life of Alcibiades*, übers. von John Dryden (New York, Modern Library, o.J.), S.238. „Sogar als Hipparete dort vor den Richtern stand, hob Alcibiades, ihr Mann, sie auf und trug sie in seinen Armen davon. Er hob sie einfach auf, mit einem Kuß den Mund schließend, der gerade über seine Ungezogenheiten erzählen wollte, und lief mit ihr davon. Sie liebte ihn und wußte, er liebte sie, und ihre Freiheit war ihr Staub und Asche, wenn er bei ihr war. So blieb sie für immer bei ihm." − Benson, *op.cit.*, S.108.
(22) Zit. in Edouard Schuré, *The Great Initiates*, übers. von Fred Rothwell, Bd.II (New York, McKay, 1913), S.92.
(23) Plutarch, *The Life of Lycurgus*, übers. von John Dryden (New York, Modern Library, o.J.), S.60.
(24) Schuré, *op.cit.*, Bd. II, S. 156.
(25) Hawkes, *op.cit.*, S. 285.
(26) Livius, *Roman History*, übers. von J.H. Freese, A.J. Church und W.J. Brodribb (New York, Appleton, 1901), S. 67.
(27) Jacques Heurgeon, *Daily Life of the Etruscans*, übers. von James Kirkup (New York, Macmillan, 1964), S. 96.
(28) J.A. Cramer, *A Geographical and Historical Description of Ancient Italy*, Bd. I, (Oxford, Clarendon Press, 1825), S. 153.
(29) Heurgeon, *op.cit.*, S. 86.
(30) Livius, *op.cit.*, S. 57.
(31) Heurgeon, *op.cit.*, S. 87.
(32) Bloch, *op.cit.*, S. 58.
(33) Heurgeon, *op.cit.*, S. 95, 96.
(34) Tacitus, *Annals 2:22*, in *Complete Works of Tacitus*, übers. von A.J. Church und W.J. Brodribb (New York, Modern Library, 1942), S. 157.
(35) Livius, *op.cit.*, S. 16.
(36) Bronislaw Malinowski, *Magic, Science, and Religion* (New York, Doubleday, 1955), S. 225.
(37) Myles Dillon und Nora Chadwick, *The Celtic Realms* (New York, New American Library, 1967), S. 153.
(38) Juvenal, *Satires* VI:246, zit. in Jerome Carcopino, *Daily Life in*

(39)   *Ancient Rome*, übers. von E.O. Lorimer (New Haven, Yale Universitiy Press, 1940), S.92.
(39) Martial, *Epigrams* XI:53, zit. in Carcopino, *op.cit.*, S. 91.
(40) Montesquieu, *op.cit.*, Bd. II, S. 22.
(41) *Ebd.*, S.21.
(42) *Ebd.*
(43) Montesquieu, *op.cit.*, Bd. II, S. 60.
(44) Plutarch, *The Life of Alcibiades*, op.cit., S.238.
(45) Juvenal, *Satires* VI:224, zit. in Carcopino, *op.cit.*, S.99.
(46) P.Donaldson, zit. in Margaret Sanger, *Woman and the New Race* (New York, Brantano, 1920), S.175-76.
(47) Edward Gibbon, *The Decline and Fall of the Rome Empire*, Bd.II (New York, Hurst, o.J.), S.298. Siehe auch Harold Mattingly, *Christianity in the Roman Empire* (New York, Norton, 1967), S.75.
(48) James Cleugh, *Love Locked Out* (New York, Crown, 1963), S.9.
(49) Paulus war nicht nur sein Leben lang Epileptiker, sondern, was noch viel schlimmer ist, er war ein Leprakranker, gemäß dem Wiener Gelehrten Hans Leitzmann. Wendland und Preuschen schreiben, daß die Lepra ihn deformiert und entstellt hatte, und ihn halb erblinden ließ. − Frederick Conybeare, *The Origins of Christianity* (New York, University Books, 1958). „Anmerkungen", S.363.
(50) Jerome Carcopino, *Daily Life in Ancient Rome*, übers. von E.O. Lorimer (New Haven, Yale University Press, 1940), S.87.
(51) Juvenal, *Satires* VI:284, zit. in Carcopino, *op.cit.*, S.93.
(52) Carcopino, *op.cit.*, S.85.
(53) Edward Gibbon, *The Decline and Fall of the Roman Empire*, Bd. I New York, Hurst, o.J.), S. 130.
(54) J.S. Phillimore, „The Author and His Times", in Philostratus, *Apollonius of Tyana*, übers. von J.S. Philimore, Bd. I (Oxford, Clarendon Press, 1912), S. IXI, IXXI, IXXXIII.
(55) H.M.D. Parker, *A History of the Roman World, A.D. 138-337*, 2. Aufl. (London, Methuen, 1958), S.99.
(56) Gibbon, *op.cit.*, S.142.
(57) *Ebd.*, S.148.
(58) *Ebd.*, Die Ehemänner der beiden Julias, Töchter der Julia Maesa, waren im Grunde genommen unbedeutend.
(59) *Ebd.*, S.149.
(60) *Ebd.*, S.155.

13. KAPITEL − Die Kelten

(1) Terence G.E. Powell, *The Celts* (New York, Praeger, 1958), S.52.
(2) Myles Dillon und Nora Chadwick, *The Celtic Realms* (New York, New American Library, 1967), S.17.
(3) Hugh Hencken, *Tarquinia and Etruscan Origins* (New York, Praeger, 1968), S.157.
(4) Stuart Piggott, *The Druids* (New York, Praeger, 1968), S. 45.
(5) *Ebd.*
(6) *Ebd.*, S.42.

(7)   *Ebd.*, S. 43.
(8)   W. Wistar Comfort, Hrsg., *Arthurian Romances of Chretien de Troyes* (London, Dent, 1914), S. IX.
(9)   Lady Charlotte Guest, „Original Introduction", in *Mabinogion* (London, Dent, 1906), S. 6, 12.
(10) Piggott, *op.cit.*, S. 54.
(11) Robert Graves, „The Devine Rite of Mushrooms", in *Atlantic*, 225 (2):110, Februar, 1970.
(12) Henry Hallam, *A View of the State of Europe during the Middle Ages*, Bd. I (New York, Appleton, 1901), S. 84.
(13) Jules Michelet, *Satanism and Witchcraft* (New York, Citadel, 1939), Kap. I.
(14) Zitiert in Dillon und Chadwick, *op.cit.*, S. 154.
(15) Julius Caesar, *The Gallic Wars*, übers. von John Warrington, Buch I (New York, Dutton, 1958), S. 27.
(16) Tacitus, *Histories*, 5:22, in *Complete Works of Tacitus*, übers. von A.J. Church und W.J. Brodribb (New York, Modern Library, 1942), S. 671.
(17) *Ebd.*, 5:25, S. 672.
(18) G.F. Browne, zitiert in Anthony Ludovici, *Woman : A Vindication* (New York, Knopf, 1923), S. 255.
(19) Edward Gibbon, *The Decline and Fall of the Roman Empire*, Bd. I (New York, Hurst. o.J.), S. 212-13.
(20) Edward Carpenter, *Love's Coming of Age* (Manchester, England, Labour Press, 1896), S. 64.
(21) Tacitus, *Germania* 18, in *Complete Works of Tacitus, op.cit.*, S. 718.
(22) *Ebd.*, S. 717.
(23) *Ebd.*, S. 718.
(24) *Ebd.* 20, S. 718.
(25) *Ebd.* 7, S. 712.
(26) *Ebd.* 40, S. 728-31.
(27) *Ebd.* 20, S. 719.
(28) J.J. Bachofen, *Myth, Religion, and Mother Right*, übers. von Ralph Manheim (Princeton, Princeton University Press, 1967), S. 73.
(29) *Ebd.*, S. 74.
(30) *Ebd.*
(31) Herodot, *The Histories*, übers. von George Rawlinson, Buch I (New York, Tudor, o.J.), S. 76-79.
(32) Tacitus, *Annals* 14:35, in *Complete Works of Tacitus, op.cit.*, S. 340
(33) Dio Cassius, *Roman Histories* (Epitome) Buch 62:3-4, zitiert in Agnes Stickland, *Lives of the Queens of England*, Bd. I (Philadelphia, Lea & Blanchard, 1850), S. XIV.
(34) G.R. Dudley, zitiert in Dillon und Chadwick, *op.cit.*, S. 27.
(35) Tacitus, *Annals* 12:37, in *Complete Works of Tacitus, op.cit.*, S. 267.
(36) *Ebd.*
(37) Dillon und Chadwick, *op.cit.*, S. 25.
(38) Tacitus, *History* 3:45, in *Complete Works of Tacitus, op.cit.*, S. 564.
(39) Tacitus, *Agricola* 16, in *Complete Works of Tacitus, op.cit.*, S. 686.
(40) *Ebd.* 31, S. 695.

(41) Dillon und Chadwick, *op.cit.*, S. 27.
(42) Tacitus, *Annals* 14:30, in *Complete Works of Tacitus, op.cit.*, S. 337.
(43) *Ebd.*, 14:36, S. 340.
(44) Tacitus, *Agricola* 11, in *Complete Works of Tacitus, op.cit.*, S. 683.
(45) Robert Graves, *The White Goddess* (New York, Farrar, 1948), S. 261.
(46) Powell, *op.cit.*, S. 166. Vergl. Dillon und Chadwick, *op.cit.*, S. 3.
(47) Dillon und Chadwick, *op.cit.*, S. 158.
(48) Bachofen, *op.cit.*, S. 74.
(49) Graves, *op.cit.*, S. 50.
(50) John Stow, *The Survey of London*, über. Aufl. (London, Dent, 1956), S. 3.
(51) Thomas Fuller, *The Worthies of England* (London, Allen & Unwin, 1952), S. 344. In Bezug auf die Ähnlichkeiten der Dana-Dianaverehrung bei den alten Briten und den Thrakiern siehe Kapitel 2, „Sumer und das keltische Kreuz".
(52) Sheumas MacManus, *The Story of the Irish Race*, 4. Auflage (New York, Devin-Adair, 1944), S. 2.
(53) *Ebd.*, S. 7.
(54) Edmund Curtis, *A History of Ireland*, 6. Auflage (London, Methuen, 1950), S. 1.
(55) *Funk & Wagnalls New Standard Encyclopedia,* Frank Vizetelly, Hrsg., Bd. IV (New York, Funk & Wagnalls, 1934), S. 183.
(56) Powell, *op.cit.*, S. 52.
(57) Hallam, *op.cit.*, S. 37, 73, 108.
(58) *Ebd.*, S. 200.
(59) *Cambridge Mediaeval History*, Auflage 1925, Bd. V, S. 717.
(60) *Ebd.*
(61) *Funk & Wagnalls New Standard Encyclopedia, op.cit.*, Bd. IV, S. 183. Vergl. MacManus, *op.cit.*, S. 153-55.
(62) Raphael Holinshed, *A Description of England (1577)*, zitiert in Strickland, *op.cit.*, S. XIV. Vergl. auch Geoffrey of Monmouth, *History of the Kings of Britain* (London, Penguin, 1965), S. 101.
(63) *Funk & Wagnalls New Standard Encyclopedia, op.cit.*, Bd. IV, S. 183.
(64) *Ebd.*
(65) Dillon und Chadwick, *op.cit.*, S. 153.
(66) *Ebd.* Siehe auch Robert Graves, *On Poetry* (New York, Doubleday, 1969).
(67) Nora Chadwick, *Celtic Britain* (New York, Praeger, 1963), S. 154.
(68) Zitiert in Lionel Smithett Lewis, *Glastonbury, the Mother of Saints, A.D. 37-1539*, 2. Auflage (London, Mowbray, 1927), S. XV.
(69) Zitiert in *ebd.*, S. 77.
(70) John Edward Lloyd, „The English Settlement", in Walter Hutschinson, Hrsg., *Hutchinson's Early History of the British Nations* (London, Hutchinson, 1940), S. 97-124.
(71) Herodot, *op.cit.*, S. 222.
(72) Graves, *The White Goddess, op.cit.*, S. 249.
(73) Powell, *op.cit.*, S. 120.

(74) Graves, *The White Goddess, op.cit.*, S. 249.
(75) Herodot, *op.cit.*, S. 37.
(76) Graves, *The White Goddess, op.cit.*, S. 249-50.
(77) Siehe Louis H. Gray, Hrsg., *Mythology of All Races*, Bd. III (New York, Cooper Square, 1964), S. 15.
(78) Siehe James Mellaart, *Earliest Civilizations of the Near East* (New York, McGraw-Hill, 1965), S. 93, Bild.
(79) „Der Gral war ein echter keltischer Mythos, dessen Wurzeln im Geheimnisvollen des Druidentums lagen". — Sabine Baring-Gould, *Curious Myths of the Middle Ages* (New Hyde Park, New York, University Books, 1967), S. 603.
(80) *The Mabinogion*, übers. von Charlotte Guest (London, Dent, 1906), S. 37.
(81) Siehe Kapitel 4, „Aussagen der Archäologie".
(82) James Mellaart, *Earliest Civilizations of the Near East* (New York, McGraw-Hill, 1965), S. 77.

14. KAPITEL — Das Emporkommen des Christentums

(1) Terence G.F. Powell, The Celts (New York, Praeger, 1968), S. 84.
(2) 1. Timotius 2, Vers 12.
(3) Zitiert in James Cleugh, *Love Locked Out* (New York, Crown, 1963), S. 265.
(4) Edward Gibbon, *The Decline and Fall of the Roman Empire*, Bd. I (New York, Hurst, o.J.), S. 433.
(5) *Ebd.*, S. 456.
(6) G.G. Coulton, Hrsg., *Life in the Middle Ages*, Bd. I (New York, Macmillan, 1910), S. 32.
(7) Bede, *The Ecclesiastical History of the English People* (London, Dent, 1910), S. 15.
(8) Geoffrey of Monmouth, *History of the Kings of Britain* (London, Penguin, 1965), S. 132.
(9) William of Malmesbury, *Antiquities of Glastonbury*, zitiert in Lionel Smithett Lewis, *Glastonbury, the Mother of Saints, A.D. 37-1539*, 2. Auflage (London, Mowbray, 1927), S. 4.
(10) Geoffrey of Monmouth, *op.cit.*, S. 138. „Anspruchsvolle" Historiker der letzten Jahrhunderte pflegten Geoffreys Geschichtsschreibung in den Bereich der Märchen einzuordnen, zusammen mit Homer und Herodot. Aber wie bei diesen beiden bösartigen Historikern, so haben vor kurzem archäologische Forschungen ein paar Einsichtige dazu veranlaßt, auch die Abwertung Geoffreys neu zu überdenken.
(11) *Ebd.*, S. 132.
(12) John Stow, *The Survey of London*, überarb. Auflage (London, Dent, 1956), S. 7.
(13) „Constantine", in Charles G. Herbermann, Hrsg., *Catholic Encyclopedia*, Bd. IV (New York, Appleton, 1912), S. 295-301.
(14) H.M.D. Parker, *A History of the Roman World, A.D. 138-337*, 2. Auflage, überarb. von B.H. Warmington (London, Methuen, 1958),

S. 251.
(15) Harold Mattingly, *Christianity in the Roman Empire* (New York, Norton, 1967), S. 89.
(16) Pierre de Bourdeille, Abbé de Brantome, *The Lives of Gallant Ladies* (London, Elek Books, 1961), S. 21.
(17) *Cambridge Mediaeval History*, Bd. II (London, Cambridge University Press, 1926), S. 106.
(18) Will und Mary Durant, *The History of Civilization*, Bd. IV, *The Age of Faith* (New York, Simon and Schuster, 1950), S. 843.
(19) „Constantine", in *Catholic Encyclopedia, op.cit.*, Bd. IV, S. 298.
(20) Charles G. Herbermann, Hrsg., *Catholic Encyclopedia*, Bd. VII (New York, Appleton, 1912), S. 202.
(21) *Ebd.*
(22) *Ebd.*, Bd. IV, S. 299.
(23) *Ebd.*, S. 300.
(24) Zitiert in Durant, *op.cit.*, S. 825.
(25) Zitiert in *ebd.*, S. 826.
(26) Gibbon, *op.cit.*, Bd. II, S. 301.
(27) Henry Thomas, *The Story of the Human Race* (Boston, Winchell and Thomas, 1935), S. 219.
(28) Zitiert in Arthur Findlay, *The Curse of Ignorance*, Bd. I (London, Psychic Press, 1947), S. 678-79.
(29) Durant, *op.cit.*, S. 829.
(30) *Cambridge Mediaeval History, op.cit.*, Bd. V, S. 724.
(31) Jean Jacques Rousseau, *The Social Contract: an Eighteenth Century Translation*, überarb. von Charles Frankel (New York, Hafner, 1947), S. 119, 121, 124.
(32) „Die letzte Stimme im Dunklen Europa, die von der Erde als Kugel und einer Vielzahl von Welten sprach, war der keltische Mönch Ferghild aus dem vor-Augustinischen Britannien im 6. Jahrhundert n. Chr." — Geoffrey Ashe, *The Quest for Arthur's Britain* (New York, Praeger, 1969), S. 239.
(33) Findlay, *op.cit.*, S. 658-59.
(34) „Neoplatonism", in Paul Harvey, Hrsg., *The Oxford Companion to Classical Literature* (London, Oxford University Press, 1959), S. 286.
(35) Montesquieu, *The Spirit of the Laws*, übers. von Thomas Nugent, Bd. II (New York, Hafner, 1949), S. 24.
(36) Daß Europa nicht in die totale Barbarei zurückverfiel, war einzig dem keltischen Einfluß zu verdanken. Während die Barbaren die Kelten vernichteten, wurden sie gleichzeitig von den Kelten kultiviert. „Die Kultivierung der Teutonen war das Werk der Kelten (...) Die Kultur in Europa war nie ganz erloschen, denn die Kelten erwehrten sich der teutonischen Wilden solange, bis diese keine Wilden mehr waren." — Geoffrey Ashe, *The Quest for Arthur's Britain* (New York, Praeger, 1969), S. 235, 238.
(37) James Cleugh, *Love Locked Out* (New York, Crown, 1963), S. 9.
(38) Jules Michelet, *Satanism and Witchcraft* (New York, Citadel, 1939), S. 87.
(39) Gibbon, *op.cit.*, Bd. I, S. 380.

(40) John Stuart Mill, *On Liberty* (New York, Liberal Arts Press, 1956), S. 59.

15. KAPITEL — Maria und die Große Göttin

(1) Jean Jacques Rousseau, *The Social Contract: an Eighteenth-Century Translation*, überarb. und hrsg. von Charles Frankel (New York, Hafner, 1947), S. 117.
(2) Edward Gibbon, *Decline and Fall of the Roman Empire*, Bd. II (New York, Hurst, o.J.), S. 306-07.
(3) Robert Graves, *On Poetry* (New York, Doubleday, 1969), S. 14.
(4) Henry Treece, *The Crusades* (New York, Random, 1962), S. 11.
(5) E.O. James, *The Cult of the Mother Goddess* (New York, Praeger, 1959), S. 181.
(6) Jane Ellen Harrison, *Epilegomena to the Study of Greek Religion and Themis* (New York, University Books, 1962), S. 541, 539.
(7) Robert Graves, *The White Goddess* (New York, Farrar, 1948), S. 44.
(8) *Ebd.*
(9) James, *op.cit.*, S. 258.
(10) Montesquieu, *The Spirit of the Laws*, übers. von Thomas Nugent, Bd. II (New York, Hafner, 1949), S. 45.
(11) André Gide, *Theseus*, übers. von John Russell (New York, Vintage Books, 1958), S. 79.
(12) Graves, *On Poetry*, *op.cit.*, S. 431.
(13) G.G. Coulton, Hrsg., *Live in the Middle Ages*, Bd. I (New York, Macmillan, 1910), S. 232.
(14) Rousseau, *op.cit.*, S. 117.
(15) Zitiert in Harold Mattingly, *Christianity in the Roman Empire* (New York, Norton, 1967), S. 72.
(16) Zitiert in Mattingly, *ebd.*, S. 74.
(17) Robert Briffault, *The Mothers* (New York, Grosset, 1963), S. 429.
(18) Henry Adams, *The Education of Henry Adams* (New York, Random, 1931), S. 387-88.
(19) Phillipa von Hainaut, die vielgeliebte Gemahlin König Edward III von England soll mit ihrem Sohn Edward, dem Schwarzen Prinzen, in den Armen, nach dem 12. Jahrhundert für fast alle Skulpturen und Bilder, die die Madonna mit Kind darstellen, in ganz Europa als Modell gedient haben.
(20) Joseph Gaer, *The Lore of the New Testament* (Boston, Little, Brown, 1952), S. 260-61.
(21) Lionel Smithett Lewis, *Glastonbury the Mother of Saints, A.D. 37-1539*, 2. Auflage, (London, Mowbray, 1927), S. 74. Diese Legende wurde untermauert, als Kardinal Baronius ein altes Manuskript in der Vatikanischen Bücherei fand, das von Joseph, Lazarus, Maria Martha und anderen Unbekannten erzählt, die in einem offenen Boot nach Marseille gesegelt und dort 35 n. Chr. an Land gegangen waren. — *Ebd.*, S. 2.
(22) William of Malmesbury schreibt über Freculphus, im 9. Jahrhun-

hundert Bischof von Lisieux, dieser habe berichtet, daß der Apostel Philip nach Frankreich gekommen und von dort nach Britannien weitergezogen war, um zu predigen, und später unter der Leitung von Joseph von Arimathea, ,,seinem liebsten Freund", 12 Personen nach Britannien geschickt hatte, um das Land zu bekehren. – Smithett Lewis, *op.cit.*, S. 3.
(23) Smithett Lewis, *op.cit.*, S. 74.
(24) *Ebd.*, S. 75.
(25) John of Glastonbury, zitiert in *ebd.*, S. 74. Bei Mallory ist es Sir Galahad und nicht Arthur, der von Joseph abstammt.
(26) Geoffrey Ashe, *The Quest for Arthur's Britain* (New York, Praeger, 1969), S. 56. Vergl. auch ,,Arthur legte einen Lederwams an, der einem so großen König zustand. Auf den Kopf setzte er einen goldenen Helm, gekrönt von einem geschnitzten Drachen und über seinen Schultern hing ein rundes Schild, das hieß Pridwen, auf welches das Bildnis der Heiligen Maria, der Mutter Gottes, gemalt war, weshalb er gezwungen war, immer an sie zu denken.

16. KAPITEL – FRAUEN IM MITTELALTER

(1) Harold Mattingly, *Christianity in Roman Empire* (New York, Norton, 1967), S. 71, 72.
(2) G.G. Coulton, Hrsg., *Life in the Middle Ages*, Bd. III (New York, Macmillan, 1910), S. 119.
(3) Eugene Mason, ,,Einleitung", in Marie de France, *The Lays of Marie de France* (London, Dent, 1911), S. X, XI.
(4) Bernardino of Siena, *Sermons*, in Coulton, Hrsg., *op.cit.*, Bd. I, S. 224.
(5) Jules Michelet, *Satanism and Witchcraft* (New York, Citadel, 1939), S. 53 n.
(6) *Ebd.*, S. 35.
(7) *Ebd.*, S. 52-53.
(8) Geoffrey de la Tour de Landry, *Book of the Knight of the Tower* (1371), in Coulton, Hrsg., *op.cit.*, Bd. III, S. 114-15.
(9) Berthold of Regensburg (Ratisbon), *Sermons* (1250), in Coulton, Hrsg., *op.cit.*, Bd. III, S. 65.
(10) Thomas More, *Dialogues*, in Coulton, Hrsg., *op.cit.*, Bd. III, S. 166-67.
(11) Petrus Cantor, *Verbum Abbreviatum*, in Coulton, Hrsg., *op.cit.*, Bd.I, S.32 n.
(12) Raymond de Becker, *The Other Face of Love* (New York, Grove, 1969), S.104.
(13) *Ebd.*, S.106.
(14) Montesquieu, *The Spirit of the Laws*, übers. von Thomas Nugent, Bd.II (New York, Hafner, 1949), S.60.
(15) Robert Burton, *The Anatomy of Melancholy* (New York, Tudor, o.J., S.717.
(16) James Cleugh, *Love Locked Out* (New York, Crown, 1963), S. 91.
(17) *Ebd.*, S. 91-92.

(18) Bernardino of Siena, *Sermons* (1427), in Coulton, Hrsg., *op.cit.*, Bd.I, S.229.
(19) Cleugh, *op.cit.*, S.288.
(20) Flavius Josephus, *The Antiquities of the Jews*, Bd.II (Philidalphia, Woodward, 1826), S.79.
(21) Robert Graves behauptet, die christlichen Kirchenväter waren „(dem feministischen) Hesiod sogar dankbar dafür, daß er Pandora als ein ‚schönes Übel' beschrieb". — Robert Graves, *Five Pens in Hand* (Freeport, New York, Books of Libraries, 1970), S.94.
(22) Ralph of Coggeshall, Chronicle of Ralph, Abbot of Coggeshall, in Coulton, Herausg., *op.cit.*, Bd.I, S.29-32.
(23) Cleugh, *op.cit.*, S.97.
(24) Francis Maziere, *Mysteries of Easter Island* (New York, Norton, 1967), S.30.
(25) Pierre de Bourdeille, Abbé de Brantome, *The Lives of Gallant Ladies* (London, Elek Books, 1961), S.9, 13.
(26) *Ebd.*, S.24.
(27) Giovanni Boccaccio, aus Brantome, *op.cit.*, S.429.
(28) Karen Horney, *Feminine Psychology* (New York, Norton, 1967), S.113.
(29) Michelet, *op.cit.*, S.X.
(30) Margaret Sanger, *Woman and the New Race* (New York, Brentano's, 1920), S.179.
(31) Roger Sherman Loomis, „Einleitung", in Thomas of Britain, *Tristram and Isolt* (New York, Dutton, 1967), S.XVI.
(32) Johann Nider, *Formicarius* (1428), in Coulton, Herausg., *op.cit.*, Bd.I, S.213-15.
(33) Michelet, *op.cit.*, S.IX.

17. KAPITEL — Einige mittelalterliche Frauen

(1) Johann Nider, *Formicarius* (1438) in G.G. Coultan, Herausg., *Life in the Middle Ages*, Bd.I (New York, Macmillan, 1910), S.212-13.
(2) R.E.L. Masters und Eduard Lea, *Perverse Crimes in History* (New York, Julian Press, 1963), S.30.
(3) „Joan, Pope", in Charles G. Herberman, Herausg., *Catholic Encyclopedia*, Bd.VIII (New York, Appleton, 1910), S.407.
(4) *Ebd.*
(5) Ramond de Becker, *The Other Face of Love* (New York, Grove, 1969), S.95.
(6) Zit. in Sabine Baring-Gould, *Curious Myths of the Middle Ages* (New Hyde Park, New York, University Books, 1967), S. 177-78.
(7) *Ebd.*, S.187.
(8) Siehe Kap. 19, „Die Aufklärung".
(9) Eric John Dingwall, *The American Woman* (New York, New America Library, 1958), S.9.
(10) Arnold J. Toynbee, *A Study of History*, gekürzte Ausgabe von D.C. Somervell, Bd.II (London, Oxford University Press, 1946), S.124-43.

(11) *Ebd.*
(12) Emily James Putnam, *The Lady* (Chicago, University of Chicago Press, 1970), S.46.
(13) James Boswell, *Journal of a Tour to the Hebrides* (New York, Literary Guild, 1936), S.188.
(14) Robert Graves, *Five Pens in Hand* (Freeport, New York, Books for Libraries, 1970), S.140.
(15) Agnes Strickland, *Lives of the Queens of England*, Bd.II (Philadelphia, Lea & Blanchard, 1850), S.196.
(16) Zit. in Strickland, *op.cit.*, Bd.II, S.197.
(17) *Ebd.*, S.178.
(18) *Ebd.*, S.178-79.
(19) John Froissart's *Chronicles*, zit. in Strickland, *op.cit.*, Bd.II, S.188. Strickland hatte zu einer frühen, vollständigen Ausgabe von Froissart Zugang, denn der Text der Autorin, von Thomas Johnes ‚überarbeitet' und 1901 bei Collier veröffentlicht, wurde offensichtlich vermännlicht in Übereinstimmung mit der Wissenschaftlichkeit des 19. Jahrhunderts: weibliche Geschichte so weit wie möglich abzuschaffen. Die Lobreden auf Phillipa, die Strickland zitiert, sind bis auf die eine Anmerkung (26 unten) aus dieser Ausgabe entfernt worden.
(20) Strickland, *op.cit.*, Bd.II, S.193.
(21) *Ebd.*, S.201.
(22) Froissart, zit. in Strickland, *op.cit.*, Bd.II, S.201.
(23) *Ebd.*, S.201.
(24) Strickland, *op.cit.*, Bd.II, S.177.
(25) John Froissart, *Chronicles of England, France, Spain and Adjoining Countries*, übers. und hrsg. von Thomas Johnes, überarb. Ausgabe, Bd.I (New York, Collier, 1901), S.126.
(26) *Foedere, Conventiones, et Cujuscunque Feneris Acta Publica*, zit. in Strickland, *op.cit.*, Bd.II, S.204.
(27) Strickland, *op.cit.*, Bd.II, S.205.
(28) Raphael Holinshed, zit. in Strickland, *op.cit.*, Bd.I, S.XV.
(29) Geoffrey of Monmouth, *History of the Kings of Britain* (London, Penguin, 1965), S.101.
(30) Zit. in Will and Mary Durant, *The History of Civilization*, Bd.IV, *The Age of Faith* (New York, Simon and Schuster, 1950), S. 488.
(31) *Anglo-Saxon Chronicle*, übers. und hrsg. von Dorothy Whitelock (New Brunswick, New Jersey, Rutgers University Press, 1961), S.67.
(32) *Ebd.*
(33) William of Malmesbury, *Chronicle of the Kings of England*, Bd.II (Oxford, Clarendon Press, 1884), S.5.
(34) *Saxon Chronicle*, zit. in Strickland, *op.cit.*, Bd.I, S.95.
(35) *Ebd.*
(36) Strickland, *op.cit.*, Bd.I, S.97.
(37) *Ebd.*, S.96.
(38) *Ebd.*, S.97.

18. KAPITEL — Die Frauen in der Reformation

(1) John Augustus Zahm, *Women in Science* (New York, Appleton, 1913), S.63.
(2) Myra Reynolds, *The Learned Lady in England, 1650-1760* (Gloucester, Massachusetts, Peter Smith, 1964), S.4.
(3) George Ballard, *Memoirs of Several Ladies of Great Britain*, zit. in Reynolds, *op.cit.*, S.15.
(4) Cresacre More, *The Life of Sir Thomas More* (1726), zit. in Reynolds, *op.cit.*, S.10.
(5) Ballard, zit. in Reynolds, *op.cit.*, S.10.
(6) Thomas Fuller, *The Worthies of England* (London, Allen & Unwin, 1952), S.358.
(7) *Ebd.*
(8) Foster Watson, *Vives and the Renascence Education of Women* (London, Longmans Green, 1912), S.43.
(9) Desiderius Erasmus, *Select Colloquies*, Merrick, Whitcomb, Hrsg., (Philadelphia, University of Pennsylvania Press, 1902), S.179.
(10) Reynolds, *op.cit.*, S.19.
(11) John Aubrey, *Brief Lives*, Oliver Lawson Dick, Hrsg. (London, Secker & Warburg, 1950), S.138-39.
(12) Arthur Quiller-Couch, Hrsg., *The Oxford Book of English Verse* (Oxford, Clarendon Press, 1926), S.264.
(13) William Wotton, *Reflections on Ancient and Modern Learning*, zit. in Reynolds, *op.cit.*, S. 22.
(14) „Calvinism", in Charles G. Herberman, Hrsg., *Catholic Encyclopedia*, Bd.III (New York, Appleton, 1912), S.203.
(15) Männer scheinen für dieses Verhalten anfällig zu sein, wenn ihnen Autorität über eine Gruppe junger Frauen gegeben wird. Die Militärärzte der U.S. Armee und Marine hielten sich so regelmäßig daran, daß die WACs (Armeehelferinnen) und WAVEs (weiblicher Marine-Notdienst) — und das war zu einem traurigen Standardwitz geworden — damit rechnen mußten, ‚vergewaltigt' zu werden (das Umgangswort für die wiederholten Vaginaluntersuchungen), wenn sie sich wegen eines Schnupfens krank meldeten. Dies ist keine unbewiesene Behauptung, denn gegen Ende des Kriegs erging vom „BuMed" (Medizinische Nachrichten) in Washington der Befehl an alle Marineärzte, daß von jetzt ab nur noch wenn medizinisch notwendig, Unterleibsuntersuchungen durchzuführen seien.
(16) Von Curt Stern und Arthur Jensen vor kurzem durchgeführte Untersuchungen zeigen, daß das weibliche X-Chromosom mehr Genenmaterial enthält als das männliche Y-Chromosom; und die Mutter gibt dem Kind das X-Chromosom mit — einer Tochter zwei, einem Sohn eins. Sie haben festgestellt, daß die bessere physiologische Veranlagung der Frau und auch ihre größere Intelligenz auf dieses zusätzliche X-Chromosom zurückzuführen sind. Frauen sind vom Kindergarten bis in die Studienzeit hinein „im Durchschnitt zwei bis fünf IQ-Punkte intelligenter als Männer". Siehe den Artikel von Marcia Hayes vom Women's News Service in St. Petersburg (Florida) in der *Times* und anderen Zeitungen am 15.11.1970.

(17) Franz Hartman, *The Life and Teachings of Philippus Theophrastus Bombast of Hohenbein (Paracelsus) 1943-1541* (London, Kegan Paul, Trench & Trubner, 1841), S.73.
(18) *Ebd.*, S.257-58.
(19) Reynolds, *op.cit.*, S.46.
(20) John Milton, *Paradise Lost*, in Frank Patterson, Hrsg., *Poems of John Milton* (New York, Macmillan, 1930), S.301.
(21) Reynolds, *op.cit.*, S.23-25.
(22) Doris Mary Stenton, *The English Woman in History*, zit. in Maurice Ashley, *The Stuarts in Love* (New York, Macmillan, 1964), S.29.
(23) Elizabeth Jocelyn, zit. in Reynolds, *op.cit.*, S.30.
(24) Zit. in Ashley, *op.cit.*, S.69.
(25) Zit. in Reynolds, *op.cit.*, S.317.
(26) Zit. in Raymond de Becker, *The Other Face of Love* (New York, Grove, 1969).

19. KAPITEL — Die Aufklärung: das 18. Jahrhundert

(1) Mary Astell, zit. in Myra Reynolds, *The Learned Lady in England, 1650-1760* (Gloucester, Massachusetts, Peter Smith, 1964), S.300.
(2) *Ebd.*
(3) Maurice Ashley, *The Stuarts in Love* (New York, Macmillan, 1964), S.7-8.
(4) James Boswell, *Journal of a Tour to the Hebrides* (New York, Literary Guild, 1936), S.188.
(5) Myra Reynolds, *The Learned Lady in England, 1650-1760*, (Gloucester, Massachusetts, Peter Smith, 1964), S.351.
(6) George Ballard, zit. in Reynolds, *op.cit.*, S.362.
(7) Mary Wollstonecraft, *A Vindication of the Rights of Women* (New York, Norton, 1967), S.91.
(8) *Ebd.*, S.84.
(9) Zit. in Wollstonecraft, *op.cit.*, S.131.
(10) Wollstonecraft, *op.cit.*, S.95, 86.
(11) Zit. in *ebd.*, S.134.
(12) *Ebd.*, S.114.
(13) Zit. in *ebd.*, S.135.
(14) *Ebd.*, S.135.
(15) Zit. in *ebd.*, S. 132.
(16) *Ebd.*, S.133.
(17) Wollstonecraft, *op.cit.*, S.96.
(18) John Stuart Mill, *On the Subjection of Women* (London, Oxford University Press, 1912), S.518, 522.
(19) Wollstonecraft, *op.cit.*, S.86.
(20) *Ebd.*, S.287.
(21) Englischer Romanschriftsteller und enger Freund von Thomas Paine, Autor von *The Rights of Man*. Mary Wollstonecraft und William Godwin waren die Eltern von Mary Wollstonecraft Shelley, der Autorin von *Frankenstein* und Frau des Dichters Percy Bysshe Shelley.

(22) Wollstonecraft, *op.cit.*, S.147.
(23) Edwin Valentine Mitchell, Hrsg., *The Newgate Calendar* (Garden City, New York, Garden City Publishing Company, 1926), S. 84-87.
(24) *Ebd.*, S.115-30, 63-65, 89-94.
(25) M.Dorothy George, *London Life in the Eighteenth Century* (London, Kegan Paul, Trench and Trubner, 1925), S. 231.
(26) *Ebd.*, S.232.
(27) *Ebd.*

20. KAPITEL — Nicht ganz Menschen: das 19. Jahrhundert

(1) Alice Clarke, *The Working Life of Women in the Seventeenth Century*, zit. in Anthony Ludovici, *Women, A Vindication* (New York, Knopf, 1923), S.259.
(2) M. Dorothy George, *London Life in the Eighteenth Century* (London, Kegan Paul, Trench and Trubner, 1925), S. 427-29.
(3) Grant Allen, zit. in Helen Beale Woodward, *The Bold Women* (New York, Farrar, 1953), S.339.
(4) Mrs. John Farrar, *The Young Lady's Friend*, 2. Aufl. (New York, Samuel and William Wood, 1847), S.287.
(5) *Ebd.*, S.219, 212.
(6) Helen Beale Woodward, *The Bold Women* (New York, Farrar, 1953), S.15-16.
(7) Farrar, *op.cit.*, S.215.
(8) Montesquieu, *The Spirit of the Laws*, übers. von Thomas Nugent, Bd.II (New York, Hafner, 1949), S.2.
(9) T. Bell, *Kalogynomia* (London, Stockdale, 1821), S.245-46, zit. Montesquieu, *op.cit.*, S.2-3.
(10) *Ebd.*, S.248-284.
(11) *Ebd.*, S.298-299.
(12) Woodward, *op.cit.*, S.15, 22. „Sie war nicht mehr jung, und eine Frau in der Öffentlichkeit, die in ihren Augen nicht attraktiv ist, scheint schon immer die Antifeministen zu ganz besonderen Obszönitäten herauszufordern." — *Ebd.*, S.16.
(13) R.J. Campbell, *Christianity and the Social Order* (New York, Macmillan, 1907), S.267.
(14) *Ebd.*, S.262.
(15) Jane Austen, *Emma*, in *The Complete Novels of Jane Austen* (New York, Modern Library, o.J.), S.814.
(16) Anthony Ludovici, *Woman, a Vindication* (New York, Knopf, 1923), S.244.
(17) Farrar, *op.cit.*, S.313.
(18) Zit. in F. W. Marshall, *Common Legal Principles*, Bd.I (New York, Funk & Wagnalls, 1929), S.147.
(19) John Ashton, zit. in Nina Epton, *Love and the English* (New York, Collier Books, 1963), S.338.
(20) Nina Epton, *Love and the English* (New York, Collier Books, 1963), S.339.
(21) *Ebd.* Gouverneur Yeo war in Portsmouth in England ein Nachbar von

Susan Sibbald, die voller Abscheu in ihren Memoiren, auf die sich Epton bezieht, auf das Ereignis hinweist.
(22) John Stuart Mill, *On the Subjection of Women* (London, Oxford University Press, 1912), S.521, 467, 463.
(23) Ludovici, *op.cit.*, S.248.
(24) *Ebd.*, S.253.
(25) *Ebd.*, S.316-319.
(26) Campbell, *op.cit.*, S.248.
(27) August Forel, *The Sexual Question*, 2. Aufl., überarb., übers. von C.F. Marshall (Brooklyn, Physicians' and Surgeons Book Co., 1922), S.160.

21. KAPITEL − Die Vorurteile bestehen fort

(1) Margaret Mead and Frances B. Kaplan, Hrsg., *American Women: the Report of the President's Commission on the Status of Women* (New York, Scribner's, 1965), S.53.
(2) Karen Horney, *Feminin Psychology* (New York, Norton, 1967) S.231.
(3) Robert P. Odenwald, *The Disappearing Sexes* (New York, Random, 1965), S.75.
(4) Bertrand Russell, *Marriage and Morals* (London, Allen & Unwin, 1929), S.170.
(5) Havelock Ellis, *Studies in the Psychology of Sex* Philadelphia, F.A. Davis, 1901), S.66 ff.
(6) Edward Westermarck, *The Future of Marriage in Western Civilization* (New York, Macmillan, 1936), S.94.
(7) H.L. Mencken, *In Defense of Women* (New York, Knopf, 1922), S.6-7.
(8) Odenwald, *op.cit.*, S.41.
(9) Westermarck, *op.cit.*, S. 93.
(10) Aubrey Beardsley, *Under the Hill* (London, The Bodley Head, 1903), S.26.
(11) Theordor Reik, *The Need To Be Loved* (New York, Farrar, 1963), S.150.
(12) Simone de Beauvoir, *The Second Sex*, übers. von H.M. Parshley, (New York, Bantam, 1961), S.353, 361.
(13) Ashley Montagu, ,,The Natural Superiority of Women", in *The Saturday Review Treasury* (New York, Simon & Schuster, 1957), S.474.
(14) Ashley Mantagu, *Human Heredity*, 2. Auflg. überarb. (New York, World, 1959), S.182, 186.
(15) Leonard Woolf, *Beginning Again* (New York, Harcourt, 1964), S.107.
(16) Stendhal, *On Love* (New York, Brentano's, o.J.), S.98.
(17) Montagu, ,,The Natural Superiority of Women", *op.cit.*, S.473. Siehe auch R.D. Gillespie, ,,*The Physiological Effect of War on Citizen and Soldier*", in Ashley Montagu, *The Natural Superiority of Women* (New York, Macmillan, 1952), S. 92-93. Die mit Klammern

versehenen Einschiebungen sind dem Fernsehinterview mit Montagu entnommen, das am 23. Juli, 1970 von Tampa, Florida übertragen wurde.

(18) Robert Eisler, *Man into Wolf* (London, Spring Books, 1949?), S.177.
(19) Herodot, *The Histories*, übers. von George Rawlinson (New York, Tudor, 1944), S.218.
(20) J.J. Bachofen, *Myth, Religion and Mother Rights*, übers. von Ralph Manheim (Princeton, Princeton University Press, 1967), S.74.
(21) Georgia Lolli, *Social Drinking* (New York, World, 1960), S.252.
(22) Odenwald, *op.cit.*, S. 23.
(23) Stendhal, *op.cit.*, S. 98.
(24) Mark Sullivan, Hrsg., *Our Times: the United States, 1900-1925*, Bd. VI (New York, Scribner's, 1935), S. 511-513.
(25) Helen Beale Woodward, *The Bold Women* (New York, Farrar, 1953), S.292.
(26) Joseph O. Schott, *Above and Beyond: the Story of the Congressional Medal of Honor* (New York, Putnam's 1963), S.94.
(27) National Organization for Women, *Statement of Purpose* (Washington, N.O.W., 1966), S.5.
(28) *Ebd.*
(29) Mead and Kaplan, Hrsg., *op.cit.*, S.215.
(30) Mary Wollstonecraft, *A Vindication fo the Rights of Women* (New York, Norton, 1967), S.147.
(31) Horney, *op.cit.*, S.231.
(32) St. Petersburg (Florida), *Times*, 7.4.1968.
(33) Theodore Sorensen, ,,Special Report on the Woman Voter", *Redbook*, 130:4, 61 (22.6.1968).
(34) Lolli, *op.cit.*, S.251.
(35) Montagu, ,,The Natural Superiority of Women", *op.cit.*, S.476.

22. KAPITEL — Die Frau im Zeitalter des Wassermanns

(1) Karen Horney, *Feminin Psychology* (New York, Norton, 1967), S.69.
(2) Siehe Amram Scheinfeld, *Women and Men* (New York, Harcourt, 1944); Theodosius Dobzhandsky, *Heredity and the Nature of Man* (New York, World, 1964); Remy de Goncourt, *The Natural Philosophy of Love* (New York, Boni and Liveright, 1922); Ashley Montagur, *The Natural Superiority of Women* (New York, Macmillan, 1952); Havelock Ellis, *Man and Woman* (London, Heinemann, 1934); Frank Leslie Ward, *Pure Sociology* (New York, Macmillan, 1911); Louis Dublin, *The Facts of Life from Birth to Death* (New York, Macmillan, 1951); Susan Michelmore, *Sexual Reproduction* (New York, Natural History Press, 1964); Edward Carpenter, *Love 's Coming of Age*)Manchester, England, Labour Press, 1896) u.v.a.
(3) Susan Michelmore, *Sexual Reproduction* (New York, Natural History Press, 1964), S.145.

ry Press, 1964), S.145.
(4) U.S. Bureau of the Census, *Current Population Report: Population Characteristics*, Serie P-20, Nr.170 (23.2.1968).
(5) „Die *allergrößte* Dichterin, die je lebte", sagt Algernon Swinburne. — Mark Van Doren, Hrsg., *An Anthology of World Poetry* (New York, Boni, 1928). S.257.
(6) Robert Graves, *On Poetry* (New York, Doubleday, 1969), S. 177.
(7) Plato, *Republic*, in *The Works of Plato*, übers. von Benjamin Jowett (New York, Tudor, o.J.), S.182.
(8) National Manpower Council, *Womanpower* (New York, Columbia University Press, 1957), S.208.
(9) National Broadcasting Company, *Today Show* (30.5.1968).
(10) Richard L. Evans, Hrsg., *Dialogue with Erik Erikson* (New York Harper, 1967), S. 44.
(11) Edward Carpenter, *Love 's Coming of Age* (Manchester, England, Labour Press, 1896), S.83-84.
(12) John Stuart Mill, *On the Subjection of Women* (London, Oxford University Press, 1912), S.452.
(13) Pitirim Sorokin, *The Crisis of Our Age* (New York, Dutton, 1941), S.312.
(14) *Ebd.*, S.315.
(15) Plato, *Critias*, in *The Works of Plato*, übers. von Benjamin Jowett (New York, Tudor, o.J.), S.381-82.
(16) Sybille von Cles-Redin, *The Realm of the Great Goddess* (Englewood Cliffes, New York, Prentice Hall, 1962), S.53.
(17) J.J. Bachofen, *Myth, Religion and Mother Right*, übers. von Ralph Manheim (Princeton, Princeton University Press, 1967), S. 85-86.

Von den zitierten Büchern sind im Deutschen erschienen:

Henry Adams: DIE ERZIEHUNG DES HENRY ADAMS, Mannesse 1957.
Aeschylus, „Die Eumeniden" in: GRIECHISCHE TRAGÖDIEN, Hrsg. H.J. Meinerts, Rütten und Loening 1963.
U. Bahadir Alkim: ANATOLIEN, Nagel 1968.
Apuleius/Longus: DER GOLDENE ESEL, DAPHNIS UND CHLOE, Fackelverlag 1964.
Jane Austen: EMMA, Fischer 1961.
J.J. Bachofen: DAS MUTTERRECHT, Suhrkamp 1975.
Aubrey Beardsley: DIE GESCHICHTE VON VENUS UND TANNHÄUSER, Hrsg. J. Wilkat, Heyne 1968.
Simone de Beauvoir; DAS ANDERE GESCHLECHT, Rowohlt 1961.
Ruth Benedict, URFORMEN DER KULTUR, Rowohlt 1960.
P.L. Berger: AUF DEN SPUREN DER ENGEL, Fischer 1970.
O.F.M. Bergounioux: DIE RELIGIONEN DER VORGESCHICHTLICHEN UND PRIMITIVEN VÖLKER, Pattloch 1960.
Raymond Bloch: DIE ETRUSKER, Hrsg. Louis Nagel, Nagel 1970.
G. Boccaccio; DECAMERONE, Fackelverlag 1967.
James Boswell: LEBEN UND MEINUNGEN MIT DEM TAGEBUCH EINER REISE NACH DEN HEBRIDEN, Manesse 1951.
Abbé de Brantome, Pierre de Bourdeille, DAS LEBEN DER GALANTEN DAMEN, Heyne 1967.
James H. Breasted: GESCHICHTE ÄGYPTENS, Phaidon, Zürich 1954.
Robert Burton: SCHWERMUT DER LIEBE, Manesse 1952.
G. Julius Caesar, DE BELLO GALLICO (dt. und lat.), Hrsg. Georg Dorminger, Heimeran 1973.
Jerome Carcopino: SO LEBTEN DIE RÖMER WÄHREND DER KAISERZEIT, Deutsche Verlagsanstalt, 1959.
Edward Carpenter: DAS WECHSELSPIEL VON LIEBE UND TOD, Prien 1924.
Nora K. Chadwick, Dillon, Myles: DIE KELTEN, Kindler, Zürich 1966.
Ernst Curtius: BLÜTE UND VERFALL GRIECHENALNDS, Deutsche Buchgemeinschaft, 1936.
Ernst Curtius: GRIECHISCHE GESCHICHTE VON DEN URANFÄNGEN BIS ZUM TODE DES PERIKLES, Olten 1935.
Glyn Daniel, Hrsg.: ALTE KULTUREN UND VÖLKER, Du Mont, Schauberg 1957.
Basil Davidson: URZEIT UND GESCHICHTE AFRIKAS, Rowohlt 1961.
John E. Dingwall: DIE FRAU IN AMERIKA, Droste 1962.
Theodosius Dobzhansky: VERERBUNG UND MENSCHENBILD, Nymphenburger Verlagshandlung 1966.
Will und Mary Durant: KULTURGESCHICHTE DER MENSCHHEIT, Bd.5, Francke 1961.
Henry H. Ellis: SEXUALPSYCHOLOGISCHE STUDIEN, Leipzig 1922.
Enuma-Elisch: DAS BABYLONISCHE WELTSCHÖPFUNGSLIED, Breslau 1921.
Nina Epton: AMOR UND DIE ENGLÄNDER, Rowohlt 1964.
D. Erasmus Roterodamus: ERASMUS-BIBLIOTHEK, Paperbackausg., Artemis 1975.

Euripides, DIE BAKCHEN, Reklam 1968.
August Forel: DIE SEXUELLE FRAGE, Reinhart 1931.
Sigmund Freud: GESAMMELTE WERKE, Fischer 1952.
Erich Fromm: MÄRCHEN, MYTHEN UND TRÄUME, Diana Verlag 1957.
Erich Fromm: DIE KUNST DES LIEBENS, Ullstein.
André Gide: VIER SOKRATISCHE DIALOGE, Suhrkamp 1964.
Pierre Grimal: AUF DER SUCHE NACH DEM ANTIKEN ITALIEN, Scheffler 1965.
Jaquetta Hawkes: GEBURT DER GÖTTER, Hallway 1972.
G.W.F. Hegel: SÄMTLICHE WERKE, Meiner 1958.
Herodot: DIE BÜCHER DER GESCHICHTE, Reclam 1958.
Hesiod, SÄMTLICHE WERKE, Dietrich 1938.
Flavius Josephus: JÜDISCHE ALTERTÜMER, Josef Belf, Wien, 1938.
Juvenal: SATIREN, Reclam.
Ivar Lissner: DIE CÄSAREN. MACHT UND WAHN, Deutscher Taschenbuchverlag 1963.
Titus Livius: RÖMISCHE GESCHICHTE, Deutsche Gesamtausgabe in 2. Bdn., Kroner 1968.
Caurus Titus Lucretius: DIE BIBLIOTHEK DER ALTEN WELT, Römische Reihe, Artemis 1956.
Paolo Mantegazza: DIE GESCHLECHTSVERHÄLTNISSE DES MENSCHEN, Verlag der Schillerbuchhandlung, Berlin 1925.
Bronislaw Malinowski: MAGIE, WISSENSCHAFT UND RELIGION, Fischer 1973.
Francis Maziére: INSEL DES SCHWEIGENS, Ullstein 1967.
Margaret Mead: MANN UND WEIB, Diana Verlag 1955.
James Mellaart: CATAL HÜYÜK, STADT AUS DER STEINZEIT, Lübbe 1967.
Jules Michelet: DIE HEXE, Rogner und Berhard 1974.
Susan Michelmore: SEX. ÜBER DAS FORTPFLANZUNGSVERHALTEN DER MENSCHEN UND DER TIERE, Goldmann 1970.
John Stuart Mill: ÜBER DIE FREIHEIT, Reclam 1974.
J. St. Mill, T. Harriet: DIE HÖRIGKEIT DER FRAU, Autoren- u. Verlagsges. Syndikat 1976.
John Milton: DAS VERLORENE PARADIES, Pick, Köln, 1947.
Theodor Mommsen: RÖMISCHE GESCHICHTE IN 8 Bdn., Dtv 1976.
Charles-Louis Montesquieu: VOM GEIST DER GESETZE, Goldmann 1968.
Stuart Pigott, Hrsg.: DIE WELT AUS DER WIR KOMMEN. DIE VORGESCHICHTE DER MENSCHHEIT, Droemer 1961.
Plato: SÄMTLICHE WERKE, Schneider, Heidelberg 1960.
Plutarchus, GESAMTAUSGABE in 6 Bdn., Goldmann 1964.
Robert Ranke-Graves: GRIECHISCHE MYTHOLOGIE, Rowohlt 1960.
Theodor Reik: DAS VERLANGEN GELIEBT ZU WERDEN, Kindler 1974.
Erwin Rohde: PSYCHE, Leipzig 1929.
Bertrand Russel: EHE UND MORAL, Kohlhammer 1951.
Jean Jaques Rousseau: DER GESELLSCHAFTSVERTRAG, Reclam 1958.
Edouard Schuré: DIE GROSSEN EINGEWEIHTEN, O.W. Barth 1956.
Pitirim Sorokin: DIE KRISE UNSERER ZEIT, IHRE ENTSTEHUNG

UND ÜBERWINDUNG, Heinrich 1950.
Oswald Spengler: DER UNTERGANG DES ABENDLANDES, Dtv 1975.
Stendhal: ÜBER DIE LIEBE, Goldmann 1969.
Tranquillus Caius Suetonius: LEBEN DER CÄSAREN, Dtv 1972.
Tacitus: WERKE, Phaidon 1935.
Arnold Toynbee: DER GANG DER WELTGESCHICHTE. AUFSTIEG UND VERFALL DER KULTUREN, Kohlhammer 1950.
Immanuel Velikovsky: WELTEN IM ZUSAMMENSTOSS. ALS DIE SONNE STILLSTAND, Kohlhammer 1951.
Immanuel Velikovsky: ZEITALTER IM CHAOS, Europa Verlag, Zürich, 1962.
Virgil, SÄMTLICHE WERKE, Heimeran 1972.
Wolfhart Westendorf: DAS ALTE ÄGYPTEN, Holle, Baden-Baden, 1968.
Sir Leonard (Charles) Wolley: EIN VERGESSENES KÖNIGREICH, Brockhaus 1954.
Mary Wollstonecraft: VERTEIDIGUNG DER RECHTE DER FRAUEN, Ala Verlag, Zürich 1975/76.

Aus unserem laufenden Buch-Programm:

- Atkinson, AMAZONENODYSSEE, feministische Theorie der ersten radikalen Jahre aus den USA. 203 S. DM 16.50
- Belotti, WAS GESCHIEHT MIT KLEINEN MÄDCHEN? Ein Beitrag zur rollenspezifischen Sozialisation. 176 S. DM 12.50
- Bernheim/Cardot, DIE RÄCHERINNEN VON PARIS. Kriminalromanze aus dem Französischen. 155 S. DM 13.--
- Braun/Levin/Schwarzbauer, Hg., MATERIALIEN zur Unterstützung von Aktionsgruppen gegen Klitorisbeschneidung. 82 S. DM 7.--
- Budapest/Clement, SELENE – die berühmteste Stierspringerin der Welt. Ein matriarchales Märchen für Kinder und Erwachsene. 52 S., großform., bebildert, DM 7.50
- Daly, JENSEITS VON GOTTVATER, SOHN & CO, Aufbruch zu einer Philosophie der Frauenbefreiung. 239 S. DM 21.--
- d'Eaubonne, FEMINISMUS ODER TOD, Thesen zur Ökologiedebatte. 220 S. DM 13.--
- „DIE FRAU UND RUSSLAND". Almanach 1, Texte aus Rossjanka, Marija 1. 250 S. DM 19.80
- Edschmid, ICH BIN EIN FAULES LENCHEN – DU AUCH? ... für eine rebellische Mädchenerziehung. 143 S. DM 10.--
- Ehrenreich/English, HEXEN, HEBAMMEN UND KRANKENSCHWESTERN. Beitrag zu einem feministischen Geschlechtsbewußtsein. 83 S. DM 6.50
- Ehrenreich/English, ZUR KRANKHEIT GEZWUNGEN. Geschlechtsspezifische Untersuchung der Krankheitsideologie im 19. und 20. Jh., USA. 96 S. DM 7.50
- Franco Lao, HEXENMUSIK. Zur Untersuchung einer weiblichen Dimension in der Musik. 96 S. DM 9.50
- FRAUENJAHRBUCH '76, 239 S. DM 10.--
- FRAUENJAHRBUCH '77, 239 S. DM 10.--
- Gipoulon, QIU JIN „Die Steine des Vogels Jingwei". Die Geschichte einer chinesischen Revolutionärin um die Jahrhundertwende. 227 S. DM 16.50
- Göttner-Abendroth, DIE GÖTTIN UND IHR HEROS. Die matriarchalen Religionen in Mythos, Märchen und Dichtung. 252 S. DM 20.--
- Gould Davis, AM ANFANG WAR DIE FRAU, Kulturgeschichte provokativ – aus weiblicher Sicht. 395 S. DM 18.50
- Havekamp, ... UND LIEBE EIMERWEISE. Die Geschichte einer magersüchtigen Frau. 167 S. DM 13.50
- Heinrich, DAS GESCHLECHT DER GEDANKEN. Roman. 131 S. DM 10.--
- Herrmann, SPRACHDIEBINNEN. Ansätze zu einer feministischen Sprachwissenschaft. 131 S. DM 13.50
- Ein italienisches Kollektiv, ... AUSGEBEUTET SEIN. Ein theoretischer Beitrag zum Verhältnis von Klasse und Kaste. 227 S. DM 15.--
- Kassner/Lorenz, TRAUER MUSS ASPASIA TRAGEN. Die Vertreibung der Frau aus der Wissenschaft. 264 S. DM 15.50
- Kittler, HAUSARBEIT. Zur Geschichte einer „Natur-Ressource". 202 S. DM 16.--
- Kuckuc, DER KAMPF GEGEN UNTERDRÜCKUNG. Materialien aus der deutschen Lesbierinnenbewegung. 144 S. DM 8.50
- Meulenbelt, DIE SCHAM IST VORBEI. Ein autobiographischer Roman aus dem Holländischen. 298 S. DM 18.--
- Oppezzo, MINUTE UM MINUTE. Erzählung aus dem Italienischen. 107 S. DM 9.50
- Orbach, ANTIDIÄTBUCH. Über die Psychologie der Dickleibigkeit, die Ursachen von Eßsucht. 162 S. DM 13.--
- Perkins Gilman, DIE GELBE TAPETE. Erzählung aus dem Amerikanischen. 59 S. DM 6.50
- Reinig, MÜSSIGGANG IST ALLER LIEBE ANFANG. Gedichte. 128 S. DM 12.--
- Rich, VON FRAUEN GEBOREN. Mutterschaft als Erfahrung und Institution. 288 S. DM 21.--
- Riley, ALL DIESE FALSCHE MORAL. Lesbenroman aus Australien. 264 S. DM 17.50
- Roldewald, MAGIE, HEILEN UND MENSTRUATION. Über die Anwendung alternativer Heilweisen. 239 S. DM 17.50
- Mander/Kent Rush, FRAUENTHERAPIE. 151 S. DM 10.--
- Rush, GETTING CLEAR. Ein Therapie-Handbuch für Frauen. 302 S. DM 20.--
- Rush, MOND, MOND. Ein Versuch, den Mond in unser Bewußtsein zu integrieren. Großform., reich bebildert. 367 S. DM 25.--
- Sarton, MRS. STEVENS HÖRT DIE MEERJUNGFRAUEN SINGEN. Roman aus dem Amerikanischen. 204 S. DM 16.--
- Savier/Wildt, MÄDCHEN ZWISCHEN ANPASSUNG UND WIDERSTAND. Neue Ansätze zur feministischen Jugendarbeit. 201 S. DM 14.--
- Schreier, GÖTTINNEN. Ihre Bedeutung von der Urzeit bis zur Gegenwart. 179 S. DM 14.50
- Smedley, TOCHTER DER ERDE. Ein autobiographischer Roman. 432 S. DM 16.--
- Stark, GEBOREN WERDEN UND GEBÄREN. Eine Streitschrift für die Neugestaltung von Schwangerschaft, Geburt und Mutterschaft. 240 S. DM 12.50
- Starrett, ICH TRÄUME WEIBLICH. Essays und Gedichte. 191 S. DM 15.--
- Stefan, HÄUTUNGEN. Autobiographischer Roman. 128 S. DM 8.50
- Stefan, MIT FÜSSEN MIT FLÜGELN. Gedichte und Zeichnungen. 56 S. DM 12.--
- Turin/Bosnia, ASOLINA UND DIE GLÄSERNEN SCHATULLEN. Kinderbuch. Vierfarbdruck, 48 S. DM 15.50
- Turin/Bosnia, ASOLINA IM LAND DER RIESEN. Kinderbuch. Vierfarbdruck. 44 S. DM 15.50
- Wilkins Freeman, DIE REVOLTE DER MUTTER. Vier Erzählungen. 96 S. DM 8.50
- Wittig, DIE VERSCHWÖRUNG DER BALKIS. „Les Guérillères". 151 S. DM 15.80
- Wolff, FLICKWERK. Autobiographischer Roman. 189 S. DM 13.50
- Woolf, DREI GUINEEN. Politisches Essay. 215 S. DM 15.--
- REIHE BEITRÄGE ZUR FEMINISTISCHEN THEORIE UND PRAXIS
  Nr. 1 ERSTE ORIENTIERUNG. 127 S. DM 12.50
  Nr. 2 SOZIALWISSENSCHAFTLICHER KONGRESS in Köln 1978. 160 S. DM 12.50
  Nr. 3 FRAUEN UND DRITTE WELT. 125 S. DM 12.50
  Nr. 4 FRAUEN RÄUME ARCHITEKTUR UMWELT. 108 S. DM 12.50